国家社会科学基金
博士论文
出版项目

幼儿童书阅读反应的田野研究

A Field Research on Children's Book Reading Reaction

苏 敏 著

中国社会科学出版社

图书在版编目(CIP)数据

幼儿童书阅读反应的田野研究/苏敏著.—北京：中国社会科学出版社，2021.8
ISBN 978-7-5203-8683-8

Ⅰ.①幼… Ⅱ.①苏… Ⅲ.①阅读课—教学研究—学前教育 Ⅳ.①G613.2

中国版本图书馆 CIP 数据核字（2021）第 127208 号

出 版 人	赵剑英
责任编辑	周晓慧
责任校对	刘　念
责任印制	戴　宽

出　　版	中国社会科学出版社
社　　址	北京鼓楼西大街甲 158 号
邮　　编	100720
网　　址	http://www.csspw.cn
发 行 部	010-84083685
门 市 部	010-84029450
经　　销	新华书店及其他书店

印　　刷	北京君升印刷有限公司
装　　订	廊坊市广阳区广增装订厂
版　　次	2021 年 8 月第 1 版
印　　次	2021 年 8 月第 1 次印刷

开　　本	710×1000　1/16
印　　张	25.25
字　　数	352 千字
定　　价	148.00 元

凡购买中国社会科学出版社图书，如有质量问题请与本社营销中心联系调换
电话：010-84083683
版权所有　侵权必究

出 版 说 明

为进一步加大对哲学社会科学领域青年人才扶持力度，促进优秀青年学者更快更好成长，国家社科基金2019年起设立博士论文出版项目，重点资助学术基础扎实、具有创新意识和发展潜力的青年学者。每年评选一次。2020年经组织申报、专家评审、社会公示，评选出第二批博士论文项目。按照"统一标识、统一封面、统一版式、统一标准"的总体要求，现予出版，以飨读者。

全国哲学社会科学工作办公室

2021年

序

新西兰语言学家史蒂文·费希尔（Steven Fischer）在《阅读历史》一书的开篇写道："世间最神奇的事莫过于阅读了。"古往今来，无论长幼，没有人否定阅读的意义和价值。因为阅读是人类最主要的认知过程，是人类最重要的获取知识的手段。从更广泛的意义上说，人类的阅读并不是始于文字的，而是始于旨在寻求事物意义的经验式阅读。这样的阅读使人类不断积累知识并发展壮大，最终创造包括文字在内的一切文明成果。自文字产生以后，阅读就特指对文字和图画的理解。对于识字的人来说，阅读关乎学习和精神，业已成为一个人生命历程中不可或缺的一部分。

一个人的阅读史同人类的阅读史一样，先是目之所及的感知与理解，然后扩大为对纸质或者是电子屏幕的阅读。在我们今天所处的时代，早教可谓是家喻户晓、深入人心的事情了，学龄前阅读也不是什么新生事物，供幼儿阅读的出版物浩如烟海。但是，对于幼儿阅读的研究却是乏善可陈：幼儿阅读的偏好是什么？阅读理解是怎样发生的？阅读理解的内在机制是什么？因为幼儿是未成熟的个体，主体意识尚不健全，故而为相关研究带来种种困难。其中，数据的获取和解释的难度令诸多研究者望而却步。因此，以实证的方法探究幼儿阅读的相关问题对研究者的素质有很高的要求。研究者不仅需要有深厚的幼儿教育理论素养，还要有深入幼儿教育一线经验的丰富积累。

苏敏博士在攻读博士学位前，就是学前教育专业的老师，同时也是一个学龄前孩子的妈妈。她认识到研究幼儿阅读，首先需要解决规避幼儿主体意识不健全的问题，而最为恰当的方法就是进行田野研究，走进幼儿园，去记录、体验和感受幼儿在阅读时所发生的一切。这不仅要求研究者具有人文关怀，而且要有浸入田野的耐力和决心。苏敏博士的研究正是在7个月的田野生活之后，面对观察、访谈、文本收集、录音录像等"如山"数据资料，经过细致的分类和整理，进行严谨分析后得到的结果。它不仅需要研究者采用质性研究的方法，还需要其具备多学科融合的视角去解释和分析数据，这也是该研究真正的价值所在！

该研究的田野是指幼儿园班级环境，这是幼儿进行阅读活动时最正式最有仪式感的场所。研究者细致地观察了幼儿在集体阅读活动、区角阅读活动和随机阅读活动等不同组织形式下的反应表现，以及成人共读、同伴分享阅读与独自阅读等不同阅读方式下的反应表现。还以个案描述的方式，对颇具典型性的幼儿在阅读过程中的反应过程进行"深描"，尝试"临摹"出几类幼儿个体反应风格的代表性样态。给予读者一幕幕幼儿阅读的真实镜像，并跟随研究者的步履去追寻幼儿阅读背后的本质特征。

本研究最终呈现了幼儿童书阅读反应在视觉感知、行为互动、语言描述、情感表达和审美表现方面的五类核心特征。其中，视觉感知是幼儿阅读反应发生的基础前提；身体动作的参与和口头语言的伴随，是幼儿童书阅读反应的突出表现；情绪情感反应和审美表现则是具有显著个体差异的阅读反应表现。前阅读经验丰富的幼儿，往往表现出更积极主动的阅读行为倾向，如强烈的语言表达愿望、较好地内容理解能力、丰富的想象力、凸显的前文字意识和特有的专注性等。同时更深入的研究试图说明幼儿童书阅读的过程及其反应表现是受其个体内部、环境及家庭众多复杂因素综合性影响的。借此发现幼儿在学前教育特殊场域中，在阅读理解发生过程中存在的种种问题，据此提出阅读指导的建议。

作为一名年轻的学者，一位有着两个女儿的妈妈，带着使命感和责任感涉足幼儿阅读领域的研究，得到了诸多师者、学者的认可，被评为山东省优秀博士论文，同时也得到国家社科基金优秀博士论文出版的资助，这对于苏敏这样一位初出茅庐的学前教育研究者而言，是一种莫大的鼓舞和荣耀，更是一种鞭策。因为幼儿阅读的"田野"是浩瀚而广阔的，所呈现的幼儿是如何阅读的样态也是丰富多变的，该项研究只是呈现了幼儿在一定场域一段时间里的阅读。它奏响了幼儿阅读研究的序曲，但是更多深入、细致的问题依然有待学者们思考与研究。幼儿阅读研究在路上。

魏 薇

2021年3月24日于山东师范大学

摘　　要

幼儿是未成熟的生命主体，阅读是幼儿借由各种媒介与文化符号交互作用从而达成个体生命成长的发展路径。幼儿是如何理解阅读文本的？尽管学界对此问题进行了广泛研究，但是在教育学视野下对于幼儿阅读理解过程的研究仍有广阔的探索空间。

本书在幼儿园自然教育情景下，考察和分析了幼儿童书阅读的反应表现，挖掘幼儿阅读反应对幼儿阅读理解过程的解释力，探讨幼儿阅读理解建构的内隐过程，为教育者提供更有价值的学理分析与具体建议。研究过程主要采用质的研究方法，进行目的性抽样，选择的研究现场为山东省 WFBH 幼儿园，根据教育人类学研究的相关特点，分层选取了六个不同年龄班作为研究对象，并以其中一个作为关键研究场域。研究者在七个月的田野调查过程中，基于幼儿在园阅读的三种活动情景，主要采用观察、访谈、文本收集、录音录像等方法和技术手段，收集了包括田野观察笔记、教研与访谈记录、幼儿阅读活动实录（录音/录像）等不同类型的研究资料；利用三角互证等研究方式，保证了研究的信度与效度；依循自下而上的行动者逻辑分析线索，归纳原始数据，形成田野报告，发现本土概念，建构理论框架。

通过田野考察，研究发现：

幼儿童书阅读反应是基于阅读文本特质与幼儿主体心理互动的产物。首先，幼儿阅读反应与幼儿个体发展需求的内在差异性紧密关联。幼儿性别需求的差异、识字与不识字的差异、前阅读经验的差异等都对幼儿童书阅读的过程及其反应表现具有显著影响。其次，教师是影响幼儿阅读反应的重要他者，其阅读指导方式对于幼儿童书阅读的过程及其反应表现产生了关键性影响。最后，童书文本的内容与形式也对幼儿阅读过程及其反应表现产生潜在性影响。这种潜在性影响包括：不同文本的呈现形式影响幼儿阅读过程的意义建构方式，不同体裁类型影响幼儿阅读过程的审美感受，不同叙事风格影响幼儿阅读过程的心理互动等。其中，幼儿教师的阅读指导与童书的内容形式在所有环境因素中对于幼儿阅读反应的影响十分显著。

不同文本特质与幼儿阅读反应具有紧密关联性。通过考察不同文本特质与幼儿阅读反应之间的关联性，将幼儿童书阅读反应概括为视觉感知、行为互动、语言描述、情感表达、审美表现五个方面，并作为分析幼儿阅读理解过程的基本表现形式。童书文本中的所有视觉要素（颜色、造型、空间比例和媒材质地等）会自然促发幼儿表现出不同的反应类型与个人风格，而幼儿的想象性表达与审美性表现几乎都是在文学阅读过程中发生的，这也表明了鼓励幼儿在文学阅读过程中发展多元化阅读反应的重要性。在此基础上，进一步解释与揭示幼儿童书阅读理解过程的内在结构与作用机制。首先，对幼儿的社会性交往在阅读理解过程中的价值进行分析；其次，对幼儿童书阅读理解过程的结构进行分析；最后，对童书文本特质在幼儿阅读理解过程中的功能进行分析。

基于对幼儿阅读反应的研究发现，本书深刻反思了童书阅读与幼儿发展的内在关系。首先，幼儿自我发展的内在需求是幼儿阅读行为发生的原动力；其次，童书意义与幼儿心理的高度契合构成幼儿阅读理解的可能性；最后，童书阅读的多维价值体现幼儿阅读过程的发展性。幼儿阅读过程及其反应表现是一个涉及知识经验、语言、想象、思维、情感、社会化及审美发展等诸多因素的复杂心理过程，童书对于儿童想象空间的无限呈现与幼儿对主体未知领域的无限探求是幼儿童书阅读的根本动因；独特的文学环境与丰富的叙事内容所构成的文化背景能够促使幼儿的原初心智在更广阔的发展空间里进行心理互动与自我建构。因而，幼儿童书阅读的过程必然不是简单的对一种"客观现象"的感知。

田野研究关于幼儿童书阅读理解过程所形成的初步结论，可以作为反观幼儿阅读现实问题的参考镜鉴，以获得关于现实具有更广泛意义的观点、认识和判断。反观现实，发现在幼儿阅读指导过程中存在幼儿自我发展能力被忽略、童书本体意义式微、早期阅读认识存在误区及阅读指导趋于功利等问题。基于问题分析，本书在幼儿阅读指导的价值追求、内容选择与组织过程等方面提出了合理性建议。

关键词：幼儿阅读；童书；阅读反应；理解过程；田野研究

Abstract

  Children are immature bodies of life. Reading is the learning path to children to achieve individual growth of the interaction between various media and cultural symbols. How do children comprehend the reading texts? Though a thorough study of the subject has been made in the academic world, there is still vast space for exploration from the perspective of pedagogy.

  In the situation of kindergartens' natural educational process, this thesis investigates and analyses children's reaction in the course of reading children's book, explores its explanation of children's reading comprehension process and discusses the implicit process of children's reading construction in order to provide more valuable academic analysis and concrete suggestion for educators. The process of this study primarily adopts the qualitative research method and makes purposive samples. Shandong WF-BH Kindergarten is selected for investigation. According to research characteristics of the educational anthropology, six classes of children from different age groups are chosen to be studied, with one of them as the main research target. In the seven months' field research , based on three types of reading activities in the kindergarten , primarily with technical methods like observations , interviews, text collecting , video and audio recording, etc. , the researcher has collected various kinds of research data , including field observation records , records of teaching and research , interview notes, together with records of children's reading activities (audio and video recordings). To ensure the reliability and validity, the study adopts research methods like triangulation. Tracking the bottom-up clues to the actors' logical analysis, the study sums up first-hand data, makes field to report, discovers a native concept, and constructs a theoretical framework.

Through field research, this study holds the following findings:

Children's reading reaction is on the basis of the outcome of the interaction between the features of reading contents and children's psychology. In the first place, children's reading reaction is inseparably bound up with intrinsic differences due to their individual development needs. Children's gender needs, literacy or illiteracy and previous reading experience all have noticeable effects on their reading process and reaction performance. In the second place, teachers are the vital factor of affecting children's reading reaction, since their guidance method for reading exerts a decisive influence on children's reading process and reaction performance. Finally, the contents and forms into children's books have potential influences on children's reaction performance during reading. These potential influences include: different forms of text presentation impact children's meaning construction in the reading process; various genres affect their aesthetic feelings while reading; diverse narrative styles influence their mental interaction during the reading process. It is noteworthy that, among all the environmental factors, kindergarten teachers' guidance, contents and forms into children's books, both as external environments in children's reading process, are the most remarkable ones affecting children's reading reaction.

texts' traits are closely associated with children's reading reactions. Through analyzing the association with various texts' traits and children's reading reaction, this study summarizes children's reading reaction as five aspects, which also serve as the basic patterns of manifestation in analyzing children's reading and comprehending process. All visual factors of children's books, for example, colors, shapes, spatial proportions, material textures, will naturally urge children to show varied reaction patterns and personal styles. And it is simply not that children's imaginative and aesthetic expressions practically occur in the process of literary reading. Therefore, it clearly indicates the significance of encouraging children to develop diversification in the process of reading literature. On this basis, this study further explains and reveals the inner structure and functionary mechanism in children's reading comprehension process: First, to analyze the value acquired from children's social communication in the process of reading comprehension. Second, to study the structure of children's reading comprehension course. Finally, to examine the functionality of children books' text traits in their process of reading comprehension.

Based on the findings of early children's reading reactions, this study reflects deeply the internal relation between children's book reading and their development. Firstly, children's internal need of self-development is the initiative of their reading behaviors. Secondly, the fact that the meaning of children's books and children's mentality are closely intertwined brings children's reading comprehension all probability. Lastly, children book reading's multidimensional values reflect the expansibility of EC's reading process. Their reading and their reaction performance is a complicated psychological process which involves various factors like knowledge and experience, language, imagination, thoughts, affect, socialization and aesthetic development and so on. Children book 'infinite presentation of kids' imaginary space and children's infinite exploration of terra incognito is the essential motive of children's reading books. The unique literature environment and abundant narrative content constitute a cultural background, which enables children's original mind to experience mental interaction and self-construal in a more capacious development space. Accordingly, the process of children's reading is inevitably not simple perception of the "objective phenomenon".

The initial findings of field research about the process of children's book reading and comprehending can serve as the reference to reflect the practical problems with children's reading, so as to acquire viewpoints, understanding and judgments with more practical significance. To reflect the reality, this study finds the problems in the process of guiding children reading books like the neglect of children's self-development ability, the decreasing significance of children's books, the existing misunderstanding in early reading and the utilitarian tendency in reading guidance. Based on the analysis of the above problems, the study offers reasonable suggestions for the aspects of value pursuit, content selection and organizational process in children's reading guidance.

Key Words: children's reading; children's books; reading reaction; comprehension process; field research

目　　录

绪　论 …………………………………………………………（1）

第一章　幼儿阅读问题的田野研究设计 ………………………（33）
  第一节　幼儿阅读问题的田野考察价值 …………………（33）
    一　教育人类学研究视角的思考 ………………………（33）
    二　质性研究范式的选择 ………………………………（37）
  第二节　田野研究的具体实施 ……………………………（39）
    一　教育民族志方法的应用 ……………………………（39）
    二　田野研究地点的选择 ………………………………（47）
    三　研究资料的收集与处理 ……………………………（57）
    四　研究的信度和效度问题 ……………………………（76）

第二章　走进幼儿童书阅读的世界 ……………………………（80）
  第一节　班级里的阅读环境 ………………………………（82）
    一　幼儿教师的教育观念 ………………………………（82）
    二　阅读环境的空间与结构 ……………………………（85）
    三　童书资源情况与活动例程 …………………………（87）
  第二节　幼儿园童书阅读活动的主要形式 ………………（94）
    一　集体阅读活动中的幼儿阅读反应 …………………（94）
    二　区角阅读活动中的幼儿阅读反应 …………………（113）

三　随机阅读活动中的幼儿阅读反应 …………………（121）
　第三节　幼儿童书阅读过程的典型情景 ………………………（123）
　　一　熟悉文本的重复选择 …………………………………（124）
　　二　阅读过程的自发性游戏 ………………………………（130）
　　三　阅读内容的情景化理解 ………………………………（135）
　　四　自由阅读的多元化反应 ………………………………（138）

第三章　幼儿童书阅读反应的类别分析 ……………………（149）
　第一节　幼儿童书阅读反应类别的划分 ………………………（149）
　第二节　幼儿童书阅读反应类别的表现 ………………………（153）
　　一　视觉感知 ………………………………………………（153）
　　二　行为互动 ………………………………………………（156）
　　三　语言描述 ………………………………………………（159）
　　四　情感表达 ………………………………………………（161）
　　五　审美表现 ………………………………………………（164）
　第三节　幼儿童书阅读反应类别的理解 ………………………（167）

第四章　幼儿童书阅读反应的影响因素 ……………………（170）
　第一节　幼儿发展的内在需求 …………………………………（171）
　　一　性别需求差异的影响 …………………………………（171）
　　二　识字与不识字的影响 …………………………………（177）
　　三　前阅读经验的影响 ……………………………………（186）
　第二节　幼儿教师的阅读指导 …………………………………（188）
　　一　幼儿教师是影响幼儿阅读过程的重要他者 …………（189）
　　二　幼儿教师阅读指导的理念蕴含 ………………………（191）
　　三　不同阅读指导方式的独特意义 ………………………（199）
　第三节　童书的内容与形式 ……………………………………（205）
　　一　童书呈现形式与幼儿阅读过程的意义建构 …………（206）

二　童书体裁类型与幼儿阅读过程的审美感受 ………… (217)
　　三　童书叙事风格与幼儿阅读过程的心理互动 ………… (227)

第五章　幼儿童书阅读理解的过程阐释 ……………… (241)
第一节　社会性交往在幼儿阅读理解过程中的
　　　　　价值性分析 ………………………………… (242)
　　一　与教师共读的价值 …………………………… (242)
　　二　与同伴分享性阅读的价值 …………………… (248)
第二节　幼儿童书阅读理解过程的结构性分析 ……… (253)
　　一　幼儿童书阅读过程的前提条件：幼儿—文本—
　　　　环境 …………………………………………… (253)
　　二　幼儿童书阅读理解的基本方式：符号互动 …… (254)
　　三　幼儿童书阅读理解的动态结构：经验联结 …… (257)
　　四　幼儿童书阅读理解的主体意义：自我建构 …… (259)
第三节　童书文本特质在幼儿阅读理解过程中的
　　　　　功能性分析 ………………………………… (261)
　　一　图文交织的呈现与幼儿丰富的理解 …………… (262)
　　二　无文图画的直观意境与隐性力量 ……………… (264)
　　三　纯文字类童书的符号困境 ……………………… (267)

第六章　童书阅读与幼儿发展的内在关联 ……………… (273)
第一节　幼儿自我发展的内在需求是幼儿阅读行为
　　　　　发生的原动力 ……………………………… (274)
　　一　幼儿具有内在的发展需要 ……………………… (275)
　　二　幼儿身心未成熟且不确定 ……………………… (276)
　　三　幼儿具有自我意义建构的可能 ………………… (278)
第二节　童书意义与幼儿心理的高度契合构成幼儿阅读
　　　　　理解的可能性 ……………………………… (279)

一　童书致力于儿童的发展 …………………………（280）
　　二　童书的美学品位根源于儿童文学的艺术特质 ………（282）
　　三　童书蕴含儿童文学所秉具的文化意义 ………………（290）
　第三节　童书阅读的多维价值体现幼儿阅读过程的
　　　　　发展性 …………………………………………（292）
　　一　求知的本能与想象的愿望 ……………………………（292）
　　二　信息的互动与情感的社会化 …………………………（293）
　　三　语言的表达与思维的呼应 ……………………………（294）
　　四　审美的感受与自我的发现 ……………………………（296）

第七章　幼儿阅读现实问题的反观与指导建议 ……………（298）
　第一节　幼儿阅读现实的反观 ………………………………（298）
　　一　幼儿自我发展能力被忽略 ……………………………（299）
　　二　童书本体存在意义式微 ………………………………（301）
　　三　早期阅读认识存在的误区 ……………………………（303）
　　四　阅读指导趋于功利 ……………………………………（305）
　第二节　幼儿阅读指导的建议 ………………………………（307）
　　一　幼儿阅读指导的价值追求 ……………………………（308）
　　二　幼儿阅读指导的内容选择 ……………………………（311）
　　三　幼儿阅读指导的组织过程 ……………………………（315）

结　语 …………………………………………………………（323）

附录一　幼儿园阅读教育现状调查问卷 ……………………（327）
附录二　幼儿童书阅读情况的家长问卷调查 ………………（335）
附录三　幼儿阅读反应观察记录表 …………………………（340）
附录四　幼儿教师访谈提纲（部分） …………………………（341）
附录五　区角阅读活动实录（节选） …………………………（342）

附录六　本书引用的童书 ……………………………………（349）

参考文献 ……………………………………………………（353）

索　引 ………………………………………………………（368）

后　记 ………………………………………………………（372）

Contents

Introduction .... (1)

Chapter 1 Field Research Design for Children's Reading Problem .... (33)

  Section 1 Fieldwork Value of Children's Reading Problem ...... (33)

    1 Thoughts on the Perspective of Educational Anthropology .... (33)

    2 The Choice of Qualitative Research Paradigm .... (37)

  Section 2 Specific Implementation of Field Research .... (39)

    1 Application of Educational Ethnography Method .... (39)

    2 Selection of Field Research Site .... (47)

    3 Collection and Processing of Research Data .... (57)

    4 Reliability and Validity of Research .... (76)

Chapter 2 Entering the World of Children's Book Reading .... (80)

  Section 1 Reading Environment in the Class .... (82)

    1 Educational Concepts of Preschool Teachers .... (82)

    2 The Space and Structure of the Reading Environment ...... (85)

    3 Children's Book Resources Situation and Activity Routines .... (87)

Section 2　The Main Forms of Kindergarten Children's Book
　　　　　Reading Activities ……………………………………（94）
　　1　Children's Reading Reactions in Group Reading
　　　　Activities ……………………………………………（94）
　　2　Children's Reading Reactions in the Corner Reading
　　　　Activity ………………………………………………（113）
　　3　Children's Reading Reactions in Random Reading
　　　　Activities ……………………………………………（121）
Section 3　Typical Scenes of Young Children's Book Reading
　　　　　Process ……………………………………………（123）
　　1　Repeated Selection of Familiar Text ………………（124）
　　2　Spontaneous Play in the Reading Process …………（130）
　　3　Contextualized Understanding of Reading Contents ……（135）
　　4　Diversified Responses to Free Reading ……………（138）

Chapter 3　Category Analysis of Children's Book Reading
　　　　　　Reactions ………………………………………（149）

Section 1　Classification Children's Book Reading Reaction
　　　　　Categories …………………………………………（149）
Section 2　Performance of Children's Book Reading Reaction
　　　　　Categories …………………………………………（153）
　　1　Visual Perception ……………………………………（153）
　　2　Behavioral Interaction ………………………………（156）
　　3　Language Description ………………………………（159）
　　4　Emotional Expression ………………………………（161）
　　5　Aesthetic Performance ………………………………（164）
Section 3　Understanding of Children's Book Reading Reaction
　　　　　Categories …………………………………………（167）

Chapter 4 Influencing Factors of Children's Book Reading Reactions ················ (170)

Section 1 The Intrinsic Needs of Early Childhood Development ···················· (171)
 1 The Impact of Gender Demand Differences ············· (171)
 2 The Impact of Literacy and Illiteracy ···················· (177)
 3 The Influence of Previous Reading Experience ··········· (186)
Section 2 Reading Guidance by Preschool Teachers ············ (188)
 1 Preschool Teachers Are Important Others Who Influence Children's Reading Process ···················· (189)
 2 The Concept of Preschool Teachers' Reading Guidance ·· (191)
 3 The Unique Significance of Different Reading Instruction Methods ·· (199)
Section 3 Contents and Forms of Children's Books ············ (205)
 1 The Presentation Form of Children's Books and the Meaning Construction of Children's Reading Process ······ (206)
 2 Genre Types of Children's Books and Children's Aesthetic Feelings in the Reading Process ·················· (217)
 3 The Psychological Interaction between the Narrative Style of Children's Books and Children's Reading Process ·· (227)

Chapter 5 Explanation of the Process of Children's Reading Comprehension ···················· (241)
Section 1 Value Analysis of Social Communication in the Process of Children's Reading Comprehension ······ (242)
 1 The Value of Reading with Teachers ······················ (242)
 2 The Value of Sharing Reading with Peers ················ (248)

Section 2　Structural Analysis of the Process of Children's Reading Comprehension ……………………………… (253)
　　1　Prerequisites for the Process of Children's Book-Reading Comprehension …………………………………… (253)
　　2　Basic Ways of Children's Book-Reading Comprehension …………………………………………… (254)
　　3　Dynamic Structure of Children's Book-Reading Comprehension …………………………………………… (257)
　　4　Main Significance of Children's Book-Reading Comprehension …………………………………………… (259)
Section 3　The Functional Analysis of Children's Book Text Characteristics in the Process of Children's Reading Comprehension ……………………………………………… (261)
　　1　The Intertwined Presentation of Pictures and Texts and Children's Rich Understanding ………………………… (262)
　　2　The Intuitive Artistic Conception and Hidden Power of Unwritten Pictures ……………………………………… (264)
　　3　The Symbolic Dilemma of Text-only Children's Books …… (267)

Chapter 6　The Internal Relations between Children's Book Reading and Early Childhood Development …… (273)

Section 1　The Intrinsic Needs of Children's Self-Development are the Driving Force behind Children's Reading Behavior ……………………………………………… (274)
　　1　Young Children Have Inherent Developmental Needs …… (275)
　　2　Young Children are Immature and Uncertain Physically and Mentally ……………………………………………… (276)
　　3　Young Children Have the Possibility of Self-Meaning Construction ……………………………………………… (278)

Section 2   The High Degree of Agreement between the Meaning of Children's Books and Children's Psychology Constitutes the Possibility of Children's Reading Comprehension .... (279)
  1   Children's Books are Committed to Children's Development .... (280)
  2   The Aesthetic Taste of Children's Books Is Rooted in the Artistic Characteristics of Children's Literature .... (282)
  3   Children's Books Contain the Cultural Significance of Children's Literature .... (290)
Section 3   The Multi-Dimensional Value of Children's Book Reading Reflects the Development Feature of Children's Reading Process .... (292)
  1   The Instinct for Knowledge and the Desire to Imagine .... (292)
  2   The Interaction of Information and the Socialization of Emotions .... (293)
  3   The Language Expression and the Echo of Thinking ...... (294)
  4   The Aesthetic Feelings and the Self-Discovery .... (296)

Chapter 7   Reflections on the Problems of Children's Reading Reality and Guiding Suggestions .... (298)
Section 1   Reflections on Children's Reading Reality .... (298)
  1   Children's Self-Development Ability Is Neglected .... (299)
  2   Existential Meaning of Children's Book Noumenon Declines .... (301)
  3   Misunderstandings in Early Reading Understanding ...... (303)
  4   Reading Instruction Tends to Be Utilitarian .... (305)
Section 2   Guidance Suggestions for Children's Reading ...... (307)

1　The Value Pursuit of Children's Reading Guidance …… (308)
2　The Content Selection of Children's Reading Guidance ……………………………………………… (311)
3　The Organizational Process of Children's Reading Guidance ……………………………………………… (315)

Conclusion ……………………………………………… (323)

Appendix Ⅰ ……………………………………………… (327)
Appendix Ⅱ ……………………………………………… (335)
Appendix Ⅲ ……………………………………………… (340)
Appendix Ⅳ ……………………………………………… (341)
Appendix Ⅴ ……………………………………………… (342)
Appendix Ⅵ ……………………………………………… (349)

References ……………………………………………… (353)

Index ……………………………………………… (368)

Postscript ……………………………………………… (372)

绪　　论

一　研究问题的缘起

（一）研究背景

　　幼儿教育是我国基础教育的有机组成部分，早期阅读是幼儿园教育活动的重要构成。追溯我国幼儿园早期阅读教育的发展历程，其作为一个独立的研究领域始于20世纪90年代初，研究者所关注的问题主要集中在引入国外早期阅读研究成果、讨论早期阅读对幼儿个体发展的价值问题、早期阅读概念的界定问题以及早期阅读教育的实践问题等方面。相较而言，国外研究者早在20世纪初就展开了对幼儿早期阅读教育的研究，历经"阅读准备""读写萌发""全语言阅读"与"语音教学"之争、"平衡式"阅读等一系列阅读理念的变革，这对我国初期的研究产生了巨大影响。在新世纪以后，社会整体的教育价值取向、家庭教育结构、个人文化素质等都发生了深刻的变化，人们越来越认识到阅读对幼儿的生长、生活与发展具有独特的意义与价值。"知识经济""学习型社会""全民阅读"等理念日益为社会所普遍认同，儿童阅读及儿童阅读教育亦越来越为人们所关注和审思。我国幼教界以前所未有的热情积极开展早期阅读教育的理论研究与实践反思，早期阅读教育问题逐渐成为学前教育研究的独特范域。必要性问题的确证是其有效性路径探讨的逻辑前提，基于对早期阅读及其教育价值的共识，人们对于幼儿阅读过程的心理机制、幼儿阅读内容的形式与特点、幼儿阅读指导的理念与方法等问题的研究，越来越丰富和深入。

图书是儿童在读写之路上的重要起点，也是幼儿听力活动中的良好资源。看书、接触书、与书互动的幼儿阅读活动是学前教育课程研究的一个重要领域。然而，面对琳琅满目却又纷杂参差的儿童读物，幼儿教育工作者必然面临着如何选择与甄别幼儿阅读内容的问题，以及如何基于不同内容特点与幼儿发展需要进行阅读指导的问题。虽然关于儿童阅读教育的新理论层出不穷，理念上已形成了重视儿童阅读的精神土壤，但大多数幼儿教师由于缺乏对儿童发展规律的科学认知基础及系统可操作的教育方案，因此在实际阅读指导过程中常感到无所适从，或表现出一定的盲目心理与焦虑心态。如关于儿童阅读的发展阶段与起始年龄的认识存在偏差、对幼儿阅读内容的选择存在困难，甚至对于早期阅读的认识和理解还存在一定的误区等。由此，真正优质的童书不一定能够成功进入幼儿阅读的内容范围，甚或即使身处较完善的阅读环境且具备丰富的童书资源，也可能难以充分发挥童书阅读之于幼儿读者所应该具有的教育影响和价值。无疑，上述问题的存在需要教育研究者对幼儿阅读本体的意义、幼儿阅读的内容及幼儿阅读的过程进行更为系统、深入的研究和探讨，这亦构成了本书所关注问题的研究背景。

（二）问题提出

基于上述研究背景，笔者借由 2015 年 11 月山东省骨干幼儿教师培训的机会，对来自省内 17 个县市的百位幼儿教师进行了问卷调查和个别访谈，以期初步了解幼儿教师对于幼儿阅读的基本认识及其对幼儿园阅读教育情况的现实反映。共发放问卷 100 份，有效问卷 100 份（调查问卷详见附录一）。根据 SPSS 数据分析软件对问卷调查的统计结果，结合个别教师的访谈情况，对如下几个典型而具有普遍性的问题作出初步分析。

1. 对于幼儿阅读内容与形式的整体把握不够

从数据结果上看,绝大多数幼儿教师认为自己对所教班级幼儿的阅读偏好和阅读能力有较好的把握,其中,有21%的幼儿教师认为自己"非常了解",有64%的幼儿教师认为自己"比较了解",只有6%的幼儿教师认为自己"不太了解"。但在与教师座谈时发现大部分教师对于幼儿阅读内容的范围与形式并没有全面且清晰的概念,有75%的幼儿教师会以幼儿园统一征订的语言类教程中的文学作品作为本班幼儿阅读的主要内容。如果在我们提供的所谓"丰富"的阅读环境下,内容材料就未能保证全面和多样,又何谈对于幼儿阅读的偏好有所了解和把握呢?毕竟每个幼儿的经验、兴趣与需要都具有显著的个体差异,我们只有为其提供类型十分多样、风格十分丰富、主题十分多元的内容材料才能发现幼儿的阅读偏好,并基于此更好地了解和把握他们的阅读方式与阅读能力。

2. 对于幼儿阅读反应的多元化理解不够充分

从问卷情况来看,有24%的幼儿教师认为幼儿总是积极参与阅读活动的,有49%的教师认为幼儿比较经常地参与阅读活动,只有较少的教师认为幼儿不积极参与阅读活动。然而,在进一步访谈中,教师们却坦言在大多数情况下幼儿参与阅读活动的积极性并不高,且欠缺自主阅读的能力,如不能独自阅读、阅读不专注等。显然,访谈结果与问卷调查结果是互相矛盾的,这是否说明教师在早期阅读理念与具体实践中具有不一致性呢?造成这种不一致性的原因又是什么?此外,大部分教师将幼儿阅读的积极性不高归因于幼儿自身能力水平不够和家长参与度不足等,而欠缺深入的自我反思意识;对于幼儿阅读行为表现的评价采用的是一种"合教学目的性"的有效性标准,而忽视了幼儿阅读反应的多元化表现。事实上,大多数幼儿教师并不确定他们所选择的内容及方法设计是否真的能满足孩子们的所爱与所需,是否真正有利于幼儿的成长。由此可见,教师所认为的幼儿并不喜爱阅读的结论也许是站不住脚的,需要进一步考察。

3. 对于童书文本内容的理性分析较为欠缺

从问卷情况来看，教师在幼儿阅读指导过程中，更关注对内容呈现方法的设计而缺乏对文本内容特点的理性分析，且有90%的教师认为那些有趣味且教育性强（认知或道德教育）的材料是首选，仅有少数教师认为完全无任务目的倾向的阅读材料是需要选择的，甚至依然有很多教师把童书阅读作为儿童识字或教化的工具。虽然有部分教师也认同幼儿阅读反应多元化的观点，却往往忽略幼儿阅读反应与文本内容所具有的紧密联系，不同的文体特征、叙事特点等文学性因素所引起的阅读指导方式的差异并未引起足够的重视。由于大多数教师未能对幼儿阅读内容的整体情况有所考察和把握，因此在应对各种内容形式的童书材料时，往往缺乏对其进行理性选择与反思批判的能力，常表现出无所适从的困惑、无立场的盲从，或者"重实用""讲效果"等工具性与功利化的价值取向，而欠缺对童书内容本身所蕴含的生命关怀与儿童精神的深度考量。

对问卷调查结果的初步分析，反映了幼儿园阅读教育的一些现状，即幼儿教师对于幼儿阅读与幼儿阅读教育的认识，理念先行而实践滞后，思想上重视然而实践中存在诸多问题。在调查中幼儿教师普遍反映了一个问题——幼儿参与童书阅读活动的积极性不高，基于分析我们发现，幼儿园的童书阅读教育主要侧重于以下几个方面：其一，关注幼儿对文本图文信息的视觉特征的了解，以及这类知识对于幼儿阅读方式的帮助，但对幼儿阅读反应的多元化表现重视程度不够；其二，致力于挖掘童书作品本身对于幼儿教育的实际价值，但往往不够重视幼儿在阅读过程中的审美感受与想象空间；其三，幼儿阅读处于相当低层次的信息性理解层面，而文学性阅读理解层面相对未受到应有的重视。事实上，大多数童书作品之所以对幼儿具有吸引力，不仅仅是因为教师们所关注的字面理解层面，而是因为童书内容本身的文学性意义。例如童书里的很多故事都具有丰富的文学内容，强大的语言、完善的人物，复杂而令人兴奋的结构和严肃的主题等，这些故事本身就有能力使幼儿参与到令其满意的情感和智力体验中，并唤起几乎无限的个人反应和与其他故事的联系。① 如果不关注这一层面，是难以真正理解幼儿童书阅读教育中诸多问题的。据此，本书旨在通过对幼儿园教育情景内幼儿阅读反应的现实考察，关注幼儿童书阅读过程的一个重要方面：幼儿阅读理解的过程是如何建立起来的，拟基于对幼儿阅读反应的系统分析，对这一问题进行充分的探讨。

可以说，"必要性究源"与"现实性考证"是"有效性指导"的基础和前提。因为所有设问与探讨的逻辑前提，都应基于教育现实情景的回归与真实存在问题的考证——幼儿的阅读过程到底是怎么样的？人们所普遍秉持的阅读理念与践行方式实际上存在着什么样的问题？我们到底以何种研究立场与视角才更有可能接近与理解幼儿阅读过程的内在体验？阅读之于幼儿到底意味着什么？幼儿为什么需要阅读？幼儿喜爱阅读什么？幼儿怎样阅读？幼儿阅读教育到底如何开展才更有利于幼儿的成长需要与发展？随着研究的逐步展开，笔者所了解的这些问题事实上也复演了早期阅读研究先行者的思想轨迹。振奋当中也逐步意识到这个问题的复杂性，远非"喜爱""能够""应该"等浅层意向能说明问题的，也不可能有同一的答案。探寻此问题，必然需要立足于幼儿读者本身的实际阅读情景与完整阅读过程，唯如此才有获知的可能。

二 研究目的与意义

（一）研究目的

本书旨在通过研究幼儿阅读不同内容的外显反应来探讨幼儿阅

---

① L. R. Sipe, The Construction of Literary Understanding by First and Second Graders in Response to Picture Storybook Readalouds, Ph. D. Dissertation, The Ohio State University, 1996, p. 10.

读理解建构的内隐过程，考察不同文本内容与幼儿阅读反应之间的关联性，为教育者的阅读指导提供更有价值的学理分析与具体建议。

（二）研究意义

其一，有助于推进早期阅读理论研究与范式改革。从多学科融合的视角探讨幼儿的阅读过程，采用教育田野研究的方式开展问题研究过程，这在我国相关研究领域中还比较欠缺，具有一定的学术价值。研究视角的跨学科融合体现出研究思路与范式的改革与探索，将儿童心理学研究、文学理论研究与教育学研究的成果深入融合，并对幼儿阅读过程的现实反应进行细致、严谨的田野考察与理性分析。这一尝试无疑对研究思路与方法范式提出了新的考量。

其二，有助于推动幼儿园阅读教育改革实践。幼儿园阅读教育的实践领域，存在诸多理念与方法的问题与困惑，我们致力于通过这样一个研究认识幼儿阅读对幼儿发展和教育的价值，为幼儿教育者提供学理参照，深化对于幼儿阅读过程及其本真意义的价值认识，也能从某个层面上深入理解幼儿"读什么，怎么读"的问题，有利于推进幼儿园阅读教育的实践改革。

三 文献回顾与反思

（一）国内外学者的相关探讨

1. 文艺美学视角的相关研究

基于幼儿审美需求的视角，侧重探讨文本中图文语言符号、语义等内容对幼儿发展的美学意义和教育意蕴。尤其结合符号学研究视域，为我们认识幼儿阅读过程的复杂性提供了新的视角。

（1）基于文本的理论与探究

①不同材料形式对幼儿阅读反应的影响

其一，图书样式对幼儿阅读的影响。童书阅读对于幼儿建立书籍概念和形成阅读经验都具有独特的意义。已有研究从版本大小与版式设计（Jeanne M. Machado，2012；周兢，2007）、材料质地（J. V. Woude，2001；韩映红，2012）等方面，对于幼儿阅读过程展开了大量的实证研究，并提出应为幼儿提供更丰富的阅读环境和更多的阅读机会。

其二，图画形式对幼儿阅读的影响。有研究者指出，当儿童和他人讨论文本时，他们"首先对插图感兴趣，并随之逐步记住配图的项目或者成年人重复阅读的词汇"；[1] 图画向幼儿传递着他们无法现实感知的外部信息；[2] 幼儿借助图画了解故事的角色、情节等。[3] 此外，很多学者对于幼儿阅读图画书过程的反应展开了观察研究，如对图画书整体进行单因素（颜色、造型、比例和空间）的交叉分析，[4] 我国研究者（屠美如，2001；高晓妹，2009；李林慧，2011）也对图画书中插画的风格、品质、文字的美术风格等展开了关于幼儿阅读理解过程的相关探讨。当然，随着幼儿阅读理解能力的不断提高，幼儿对于童书中的图画理解呈现出与文字资料相关的更复杂的思考，国内关于图文关系的研究比较有代表性，如对幼儿前文字意识的相关研究等（周兢，2010；刘宝根，2011）。

②不同文体与幼儿阅读反应关系的相关研究

基于文学作品的文体特征、故事结构、叙事方式等探讨幼儿阅读理解的过程（Evants Janet，2007；保罗·阿扎尔，2014；黄郇英，2002）。文学理论研究者发现，幼儿对故事的理解总是与其生活体验

---

[1] Bowman T. Bowman, M. Suzanne Donovan and M. Susan Burns, Eds., *Eager to Learn: Education our Preschoolers*, Washington, DC: National Academy Press, 2000.

[2] Judy S. Deloache, Mark S. Strauss and Jane Maynard, "Picture Perception in Infancy," *Infant Behavior and Development*, Vol. 2, January 1979, pp. 77 – 89.

[3] Simcock Gabrielle and Deloache Judy, "Get the Picture? The Effects of Iconicity on Toddlers," *Developmental Psychology*, Vol. 42, No. 6, 2006, pp. 1352 – 1357.

[4] 康长运：《幼儿图画故事书阅读过程研究》，教育科学出版社2007年版，第5页。

相联系，而文学作品的丰富内涵也会充实他们的精神世界。

国外研究者如安德鲁·奥登尼就从理论层面探讨了故事文体中隐喻的本质，并采用实证的方法研究了幼儿对隐喻的理解。他发现幼儿能够基于已有的语言表达技巧理解隐喻，而不需要特殊的技巧。① 近年来，台湾地区研究者也关注幼儿对文学阅读的反应问题，如林以德在其博士论文《第七种语言：行动网络时代儿童的阅读、游戏与学习》中，② 探讨故事文体与幼儿文学理解的关系，阐述童书的故事性可以引导幼儿融入角色，对世界产生更丰富的理解。总体来讲，文学理论研究者都较为认同幼儿童书阅读的本质是对话，内隐的阅读理解过程可以通过外显的阅读反应来展示，如通过幼儿在阅读过程中所表现出来的语言、动作等阅读反应来分析文本的内容线索对幼儿阅读理解过程的影响，从而进一步探讨幼儿从阅读中如何获得经验、不同类型内容材料对于幼儿阅读理解会产生何种影响的问题，这无疑为幼儿阅读研究领域的深入提供了更为广阔的探索空间。

（2）读者反应理论对幼儿阅读研究的相关探讨

接受美学研究者认为，在幼儿阅读前，文本仅是一种客观存在，当然，它具有文学本身的意义和价值，然而，只有当幼儿读者开始阅读时，文本才会成为作品，实现其应然的存在意义。读者反应理论作为接受美学的一个研究视角，重在思考阅读内容本身对于幼儿读者所具有的审美与教育意蕴，它使得研究者开始探索儿童的审美体验与审美反应并以此来说明审美过程。如广泛的"读者反应"理论、本顿二次世界理论、兰格的"设想"模式和博格丹的文学反应理论等。他们关注的是幼儿在阅读作品时如何建构意义，关注文学

---

① Andrew Ortony, "Theoretical and Methodological Issues in the Empirical Study of Metaphor," In Charles R. Cooper, *Researching Response to Literature and Teaching of Literature*, Norwood, N. J. , Ablex Publishing Corporation, 1985, pp. 151 – 168.

② 林以德：《第七种语言：行动网络时代儿童的阅读、游戏与学习》，博士学位论文，台湾台东大学，2014年。

作品理解与幼儿自我经验的相互交融,关注幼儿作为读者与作品之间发生的互动过程等(Martinez, Roser & Dooley, 2006; Sipe, 2000; 玛丽·伦克·贾隆格,2008;王玉,2009;艾登·钱伯斯,2001)。这种互动事实上是一种对话,阅读的本质就是对话。在上述研究的基础上,教育者可以形成教育策略和行为技巧,确认儿童理解的内容,以及了解哪些技巧有助于儿童阅读。不过,有研究者认为,基于读者反应理解对儿童阅读反应进行连续观察记录是很困难的,因为成人的出现会影响儿童的自发性和表现性。同时,因为儿童的注意范围广、灵活性大,几乎不可能抓住较长的时间段与学龄前儿童进行交谈。所以,"对于很多教师来说,花时间去观察儿童被认为是一件很奢侈的事情"①。可是,在所有的教学领域中,观察幼儿的反应也被认为是教师的一项持续性的重任。展开对幼儿阅读反应的持续观察与多元交流,更有利于我们了解幼儿对文本意义的理解过程。

2. 阅读心理机制的相关研究

研究者从认知心理学、审美认知心理学视域对幼儿阅读心理发生与过程机制进行了相关研究。

(1) 关于幼儿阅读偏好的研究

国外自20世纪90年代末以来,很多研究者从幼儿阅读内容的图书样式(材质、大小、版式等)、图画样式(色彩、线条、风格等,包括色彩的变化、线条的形态和形状等)、图文辅配(图文比例、有无文字)等方面对幼儿阅读反应及其变化进行实验研究,致力于发现"幼儿真正喜欢阅读什么"的问题,以此判断幼儿阅读过程中的关注度和兴趣点。每个幼儿都是在已有心理发展水平和知识经验基础上走进图画书世界的,在与图画书的对话与互动中逐步发现、欣赏和品味图画书。研究者们普遍认为,幼儿阅读偏好与其认

---

① [美]Jeanne M. Machado:《幼儿语言教育》,王懿颖等译,北京师范大学出版社2012年版,第150页。

知发展水平相关，但在处理各种变量时，常会得出一些互为矛盾的结论。其实，对儿童阅读偏好的研究致力于确定一个认知性的模式是相当困难的，幼儿个体理解的差异性是造成相关研究结论难以达成共识的根本原因。

（2）关于幼儿阅读心理机制的研究

早期的心理学往往把幼儿阅读当作一个单纯的认知过程（信息加工的过程），并把这一过程分解成各种独立的心理活动，如杰何达等（Jahoda etc.，1977）从幼儿在阅读时注意的是单个物体还是关注物体间关系问题方面展开研究，[1] 致力于发现幼儿阅读思维的特点，并基于幼儿认知与理解事物间意义的问题展开幼儿阅读思维过程的探析。随着研究的不断深入与发展，有更多研究者逐渐将情意加入认知心理过程中，如加登纳认为："经过恰当的训练，会提高幼儿识别绘画中所包含的信息量，提高他们看待艺术品的方法，加强他们对感官与特质方面的注意程度等。"[2] 我国研究者也在尝试突破对幼儿阅读理解过程的单纯认知性研究，如楼必生与屠美如发现："2—3岁孩子观察视觉形象特征偏重于审美的知觉倾向……他们比3岁以后的儿童更加富有随意创造的性质。"[3] 康长运利用行动研究者的质性研究范式探讨幼儿阅读情境，对幼儿图画故事书阅读过程中的反应进行大量的叙事分析，以探讨幼儿参与图画故事书阅读过程中的心理要素及其影响机制。[4] 可以说，学界愈来愈认识到阅读理解过程是一个整体性的、各种因素交互影响作用的过程，单纯的认知心理过程研究很难解释幼儿阅读理解过程中的复杂性与整体性。

---

[1] 参见康长运《幼儿图画故事书阅读过程研究》，教育科学出版社2007年版，第10页。

[2] ［美］H. 加登纳：《艺术涂抹——论儿童绘画的意义》，兰金仁等译，中国商业出版社1994年版，第292页。

[3] 楼必生、屠美如：《学前儿童艺术综合教育研究》，北京师范大学出版社1997年版，第36页。

[4] 康长运：《幼儿图画故事书阅读过程研究》，教育科学出版社2007年版。

总之,"幼儿到底是如何阅读的?其内在的反应机制到底是怎样的?"基于前人的研究,通过观察幼儿阅读的外显行为表现,进一步尝试分析这些反应表现所产生的原因。儿童心理学研究成果为其他学科视域的进一步探讨提供了方法论基础,而幼儿在何种环境或情景下的阅读会更有利于其形成意义、实现阅读的应然价值,则是教育学者始终关心的主要问题。

3. 教育学视角的相关研究

教育学者对于幼儿阅读过程的研究,主要表现在对幼儿阅读过程的外在影响因素及其意义的探讨上,关注的是怎样通过提供更好的阅读指导来促发幼儿更丰富多元的阅读反应,主要包括物化环境的设计和人文环境的创设两个方面。

(1) 物化环境对幼儿阅读反应的影响

"早期阅读环境是儿童走向成功阅读者的基础,同时也是儿童作为终身学习者的开端。"[①] 很多研究者关注阅读环境与阅读内容的适宜性和丰富性对幼儿阅读过程及其反应表现的影响,如阅读材料的提供、阅读环境的创设等问题。

阅读材料的提供帮助幼儿在潜移默化中接触阅读材料,丰富幼儿阅读的经验,满足幼儿对图文书面符号的兴趣,感受书面语言与口头语言的联系;为幼儿提供一个丰富的读写环境与多元化表达的教育氛围,帮助其在游戏中体验阅读的乐趣。有研究者明确提出,阅读材料的提供应符合幼儿的年龄特点(任少平,2003;贺红、蒋慧,2005)。其中,任少平对不同年龄班幼儿阅读材料的特点做了分析与描述,指出要为他们选择一些具有复杂的故事结构和概念结构的图书(如不同文体和不同风格的图书),而在选择班级图书时,应尽可能满足所有幼儿的阅读需求。贺红和蒋慧通过调查研究表明,不同年龄阶段的幼儿对阅读材料的选择具有不同倾向,应提供多元

---

① 周兢:《论早期阅读教育的几个基本理论问题——兼谈当前国际早期阅读教育的走向》,《学前教育研究》2005 年第 1 期。

化的早期阅读材料。不过，相关研究对于阅读材料范围与形式的探讨明显不够，仅单纯从幼儿阅读材料的外在表现形式来谈对其阅读效果的影响，而欠缺对于幼儿阅读内容本身特点的分析，以及文本内容与幼儿阅读互动融合过程的探讨。

（2）人文环境的支持对幼儿阅读反应的影响

读写能力和语言作为高级心理过程，其发展是在社会指导和互动中获得的（Vygotsky，1978），这种互动既是人与人的互动，也是人与环境的互动。所以，有研究者非常关注幼儿教师、父母或同伴间的互动等对幼儿阅读反应的影响；或者其所代表甚至隐含的某种文化背景对幼儿阅读过程及其反应表现的影响等。其中，教育者对幼儿所读内容的呈现过程与方法设计一直备受关注。

Pressley等人曾指出："优秀教师在教学中能够有效教授读写技能的各个重要方面，包括为儿童创造能接触多种阅读材料的环境，在任何情景下为儿童提供明确的指导。"[1] 吉姆·崔利斯也曾提出明确的观点，认为为孩子大声读书就是让孩子把书本、印刷品与愉悦画上等号。[2] Strickland和Morrow（1990）论证了那些可能发生在阅读活动中的教师互动行为的重要性，如提问、支架式对话与反馈、给予表扬或积极的强化、提供和扩展信息、澄清信息、重述信息、引导讨论、分享个人的反应、把概念与生活经历联系起来等。[3] 可见，国外研究者认为，教师自身是环境影响的重要因素，其注重阅读过程的环境支持，引导孩子利用读写环境中丰富的阅读材料开展游戏活动，激发幼儿对阅读的兴趣，向自主性阅读能力的形

---

[1] Michael Pressley, Joan Rankin and Linda Yokoi, "A Survey of Instructional Practices of Primary Teachers Nominated as Effective in Promoting Literacy," *The Elementary School Journal*, Vol. 96, No. 4, 1996, pp. 363 – 384.

[2] ［美］吉姆·崔利斯：《朗读手册：大声为孩子读书吧》，沙永玲等译，天津教育出版社2006年版，第19页。

[3] ［美］Jeanne M. Machado：《幼儿语言教育》，王懿颖等译，北京师范大学出版社2012年版，第241页。

成自然过渡。我国研究者也非常重视对幼儿阅读指导过程的相关探讨，尤其重视通过有效地制订教学计划以满足不同儿童的阅读兴趣和阅读能力的相关研究。如从幼儿阅读内容的选择上，提出教育者应根据儿童的年龄特点和阅读兴趣为儿童提供支持性阅读材料，同时积极引导儿童阅读创意材料（张明红，2005）；从幼儿阅读的教学方法上，鼓励幼儿复述或者复写故事，因为这提供了对于读写体验的积极主动的参与，有助于提高语言结构、理解力和对故事结构的概念（金小梅，2010；邱云，2003）。除了复述策略外，还有研究者提出了联想策略、语义策略和表象策略等早期阅读教学所需策略。近年来，研究角度有所转变，如加强了关于幼儿阅读的日常生活化研究、幼儿阅读与幼儿园其他活动的整合性等更多问题的探讨（余珍有，2005；周兢，2007；翁瑞玉，2008）。这种转向也体现了幼儿阅读指导理念的转变——从直接的介入性指导向间接的支持性指导转变。然而，无论是直接阅读指导理念还是间接阅读指导理念，都要求我们深入省思幼儿阅读本真意义与价值追求到底是什么？无疑，幼儿阅读的反应是我们探知幼儿阅读偏好、阅读能力与阅读理解过程的重要线索，不同的阅读反应与不同的阅读内容与形式有关，所以应重视对当下幼儿阅读内容范围的探讨，充分关注幼儿运用书面符号表达的机会、表达的方式和多元化反应等。

综上所述，前人从不同的研究视角对阅读内容的文本特质、幼儿阅读的心理发生机制和外在影响因素等展开了丰富的研究，学科范域涉及儿童文学、儿童心理、儿童美学与儿童教育学等，属跨学科研究，为我们后续探讨提供了宝贵的经验和研究基础。概括来说，这些都是尝试从不同视角探索幼儿阅读的"实然"，即"幼儿能够读什么""幼儿能够怎样读"等问题，最终又以各自的研究视角和话语体系阐发幼儿阅读的应然，即"幼儿应该阅读什么""幼儿为什么要这样阅读"，以及"如何更好地指导幼儿阅读"等问题。这就关涉到我们作为教育者所应秉持的基本原则和价值追求。可以说，此处的"应该怎样"关涉的即是各个言说主体自身的价值判断。正如杜威在其《民主主义与教育》中所说:"某种事物被认为是有价值的,是肯定它能满足某些情况的需要。"① 价值的判断一定是基于不同的价值主体而言的。据此,幼儿阅读的"应然",事实上是不同主体对于幼儿阅读的本真追求和最终指向的价值判断。进一步说,只有当我们基于已有研究,坚定了自身对于幼儿阅读理解的研究立场与价值追求,我们才能够对于"幼儿能够读什么,应该读什么;幼儿能够怎样读,应该怎样读""我们应该如何理解幼儿阅读""它的本真意义与价值追求应该是什么"等问题,建构自己的理解、思考与判断。

(二) 已有研究的问题与反思

综观以往关于幼儿早期阅读的相关研究我们可以发现,研究角度多元,研究内容丰富,对其整体特点与存在问题、现实反思以及研究假设,可作如下概括。

1. 已有研究的整体特点与存在问题

(1) 研究主体的多元与术理分离

在对现有相关文献的梳理过程中发现,幼儿阅读研究的关注者与研究者来源范围广泛,既有理论研究者又有实践一线的园长与教师。其所探讨的问题方向趋同,然而其论述的方式与层面却表现出一定的脱节。如理论研究者更关注对幼儿阅读和幼儿阅读教育理念的认识,而幼儿教师更强调幼儿阅读指导策略等方法性问题;理论研究者与国际早期阅读研究保持着紧密联系且各有研究视角,如文学、心理学、教育学等,然而其研究结果对于实践者的指导却显现出各自不同视域的关注点。一线幼儿教师一方面接受前沿阅读理念,另一方面困囿于传统集体阅读指导的改革困境之中。

---

① [美] 约翰·杜威:《民主主义与教育》,王承绪译,人民教育出版社1990年版,第30页。

（2）研究视角的多维与论域界限

学界关于幼儿阅读的研究涉及儿童文学与美学研究、儿童心理研究和儿童教育研究等领域，不同视角关注问题的不同维度与层面。

例如心理学研究者与文学理论研究者都强调幼儿读者与文学作品的互动，但文学视角在论述幼儿阅读过程中，往往更关注阅读之于幼儿的意义建构、生命触动与自我精神等方面的价值；而心理学研究则更关注幼儿心理要素及其作用机制的分析等。我们在现有关于幼儿阅读研究的价值判断上，衡量其价值的唯一标准即其是否有助于现实问题的明晰、确定和解决。因为在现实的教育问题中，我们需要的不仅是心理学的研究结果，也并非文学理论的单纯探讨，而是基于现实教育问题的整合性应对与理解的方式。所有的实践问题都可能有多元的本质，"我们需要尊重差异、个性与多元，但也需要追求一致和统一"①。然而，这绝不是本质主义的确定性寻求，而是努力探寻现实中的这一问题现象——"幼儿阅读"作为它自身具有何种意义？我们不探究事物的本质，因为也许本质不可知，然而不可知不代表不可追问。我们追问的是"幼儿阅读"这一现象本体作为它自身所具有的意义，我们需要探寻可以言说它的各种方式。这种言说，即是将经验上升为一种具有特殊深度与一般意义的理论思维能力。因为没有高度的理论思维，就无法透视泛化意义上的各种概念体系，更无法引领和推动实践中的经验改革。

（3）研究方法的多样与量质两难

幼儿阅读研究领域因各自视域不同，所选择的主要研究方法亦具有明显的差异性。心理学研究视域主要以量化研究为主，如大样本调查研究和小样本眼动研究等，以量化数据呈现问题原貌，辅以深层分析，得出研究结论；文艺美学研究领域主要以理论分

---

① 徐继存：《教育学的学科立场——教育学知识的社会学考察》，北京师范大学出版社2014年版，第165页。

析为主,如文本的分析、读者反应视域的理论阐述等,以描述性语言分析文本特点与读者之间互动关系;教育学研究则较注重采用质性研究方法探讨幼儿阅读过程中的影响因素及其作用机制问题,但较少对文本内容与幼儿读者之间的意义互动、审美互动关系等进行深入分析。当然,量化研究和质性研究都有其研究优势与局限性。作为教育者,我们的研究对象是人,且是处于人生之初的幼儿,他们具有各种发展可能性,其反应与表达的方式丰富多元却又难于完全表达内在完整的感受。因而,一方面基于量化研究获得幼儿年龄阶段的一般性特点及幼儿读者的一般性理解水平,另一方面从具体情景出发了解幼儿个体的阅读经验与阅读反应的个性特点,从作品与文献分析中剖析内容与读者的深层关联,并尽力抽象出具有理论意义的研究结果。这应该是比较可取的充分了解幼儿读者的研究思路。

2. 现实反思与研究假设

不同领域的研究者对幼儿阅读及其过程的理解不尽相同,研究也遵循着不同的路径,它们共同构成了我们进一步探索的坚实基础,并提供进一步探索的借鉴价值。然而,在现实教育情景下,幼儿阅读过程作为一个有机整体,不同的内容材料对幼儿阅读反应的促发与影响,以及由此所阐发的幼儿思维与理解过程的意义,是我们作为教育者必须直面的。基于此,既有研究显然不能很好地反映这个问题、解决这个问题,从而也构成了本研究走向田野开展实地考察的基本动力和问题指向。

(1) 关于幼儿阅读内容范围与形式的整体考察,探索不同内容对于幼儿阅读过程的可能性影响。

(2) 关于幼儿阅读内容与幼儿阅读反应互动的田野研究。紧密围绕现实教育问题的解决,突破不同理论视域局限,基于已有研究,深入考察与分析不同内容的文体类型、叙事方式、呈现方式与载体样式等对幼儿阅读过程的心理因素、审美经验与意义理解所具有的影响。

（3）关于幼儿阅读反应与幼儿阅读理解过程的理论思考。幼儿阅读反应的表现可以类别化吗？幼儿阅读过程的基本构成有哪些？幼儿阅读反应对幼儿阅读理解过程的解释力如何体现？幼儿阅读的本真意义是什么？幼儿阅读指导的价值追求应是什么？

基于此，本书也提出了三个研究假设：

其一，幼儿阅读的反应是我们探知幼儿阅读理解过程的重要线索。

其二，幼儿阅读反应与其阅读的内容之间具有紧密的关联性。

其三，幼儿已具备的语言与行为能力参与意义建构的过程，影响幼儿阅读过程的感受、理解与表达。幼儿对书籍与阅读的概念认识、对图画—文字的视觉感受、对故事内容的理解与评判等都具有显著的个体性差异，而童书阅读的经验、童书阅读的内容与阅读参与的方式都会对幼儿阅读的理解过程产生影响。

综合对于幼儿阅读研究的文献回顾与问题反思，本书提出幼儿阅读研究问题的三个发展向度，并以此作为我们的基本研究立场。

（三）幼儿阅读研究的发展向度

1. 基于多学科维度，同构研究共同体

事实上，教育本身的多维属性已然决定了教育学研究方法的特殊性与复杂性。不过，任何方法都是针对问题的方法。换句话说，理论和方法都是用来解决问题的工具，研究者不应用方法来限定问题，而应具有问题意识，让"真实的问题"浮现出来。米尔斯认为："反思理论和方法时，最大的收获就是对问题的重新阐述。"[①] 身处教育生活世界，关注一切与儿童密切相关的日常生活事件（现象），敏感地从"千头万绪"之中剥离教育"问题"，并反思所有习以为常的"结构"或如真知存在般的"结论"，这种"反思性"，即教育

---

① [美] C. 赖特·米尔斯：《社会学的想象力》，生活·读书·新知三联书店2001年版，第130页。

行动者创造了一种情境并形成对该情境的理解,[①] 由此恰恰可能获得意想不到的思路。因而可以说,情境的复杂性与行动的反思性决定了教育学需要跨学科的视野,需要关照现实回归田野的勇气和能力。幼儿早期阅读的研究问题作为教育学领域的问题之一,是生活世界真实存在的教育现象,其本身所具有的跨学科问题性质,亦是教育学学科属性的整合性体现。幼儿童书阅读的过程,涉及幼儿主体的审美心理过程、所读内容的文本特质分析、幼儿与文本之间的互动过程等现实问题,这已然表明了阐释这一过程所需要的不仅仅是文艺美学、儿童心理学、教育学等各个独立的研究视野,而且是相互糅合渗透于过程之中,整合聚焦于现实问题之上的研究思路。正如刘云杉关于其博士论文撰写过程所谈:"研究者对具体问题的研究方法有两个:一是师无定法,没有一定之规;二是取法自然,一切随情境而定。"[②] 所以,在开展相关问题研究与探索前,应明晰其跨学科立场,并积极开展研究共同体的构建与发展。

2. 寓于研究问题,建构主体意义

问题存在的意义及对其缘由的阐释,往往可以追溯至研究者的学术立场和理论倾向。已有的幼儿阅读研究处于几种不同理论取向的张力之中:其一,注重对研究现象实证性量化的研究,如利用眼动仪对于幼儿阅读过程的追踪研究与量化报告,强调研究结果的科学性与数据化;其二,注重后实证性经验主义的考察与分析,如通过质性研究方法对于幼儿阅读过程的行为观察与意义阐释,强调研究结果的"真实性"和"可靠性"。而对于某一研究问题来说,各种不同的"理解"和"解释"立场,虽阐述方式不同,但其最终指向具有同一性,都是研究者基于问题或现象对研究对象的阐释。

---

① 杨善华:《当代西方社会学理论》,北京大学出版社1999年版,第45—80页。
② 刘云杉:《学校生活社会学》,南京师范大学出版社2000年版,第24页。

阐释是研究者对研究对象的"解释性理解",随着经验主义考察的深入,它已逐渐成为衡量研究价值的基本尺度。阐释不是一定要论证什么,重要的是从实际的事物中发现什么,从单一的个案中学到什么特殊的东西。它强调描述对象的自然变化过程,关注研究的过程,注重对研究对象自身的特点和周围环境的深入考察。[1] 研究者所感兴趣的是问题或现象本身所呈现出来的特质,它关注研究者与被研究者之间的主体间性和"视域融合",其最终结果则在于呈现出"事实"全貌以供参照。虽然自然主义传统主张"价值无涉",然而,随着阐释主义与建构主义在人文社会学科问题研究中的不断强化,我们越来越意识到,研究者不可能成为他者,而所谓的"客观真实"也许并不存在,而是人为的建构。故而,在阐释的"解释性理解"中我们应采取建构主义的立场。先对原始材料进行"深描",通过细节呈现本质和意蕴,继而对资料中隐含的、有据可依的主体、特征及主体之间的交互过程进行分析,将它们系统有序地呈现出来,最后对资料的意义进行解释,构建话语知识体系,达致理解的目的。[2] 对幼儿阅读问题也应注重这种阐释性研究,因为它更强调基于较为深入的、细致的、长期的对幼儿园情境下幼儿阅读活动真实情况的考察,并通过描述、归纳和解释的方式将案例作为认识问题的工具,概括出研究对象的一些特征,从中透视某种具有一般性意义的结论。同时,幼儿阅读研究者应理解"幼儿"作为"人"的各种错综复杂的方式和关系。任何事物的存在都有其合理性,且任何事物的发展都有其复杂性。合理性规定了其恒长存在的价值意义,而复杂性则从侧面凸显了其瞬息万变的发展变化。幼儿阅读过程是一个复杂的建构过程,依赖于阅读的内容,也依赖于互动的情景,是幼儿知识经验、认知、情感和态度等多方面共同参与的相互作用的

---

[1] M. Q. Patton, *Qualitative Evaluation and Research Methods*, London: Sage Publications, 1990, pp. 53–64.

[2] [美]凯西·卡麦兹:《建构扎根理论:质性研究实践指南》,边国英译,重庆大学出版社2009年版,第Ⅵ页。

统合过程,我们应该看到在这一过程中"人—社会"之间的交往性和相互性,注意到研究者在理解和解释中的能动作用,使我们的研究成为一种不断在主体交互中动态生成的过程。正是这种阐释性的或解释性的理解,使得我们逐渐更加关注研究者与研究对象之间的主体间性和"视域融合"、不确定性与"生成建构"的过程性意义。

3. 回归日常生活,走向田野研究

相较实验研究的实证主义取向,学界越来越倾向采取一种后实证主义的取向。[①] 后实证主义注重对研究现象做后实证的、经验主义的考察和分析,强调的是自然主义的传统,注重对研究结果的"真实性"与"可靠性"进行探究。即开展研究之首要,是研究者相信所要研究问题确是真问题,是真实存在的。不过,正如苏格拉底所说,真实是需要拷问的。如何拷问?回归生活世界。狄尔泰说:"一切沉思、严肃的探讨和思维皆源于生活这个深不可测的东西,一切都只是根植于这个从未充分认识的东西。"[②] 从生活的视野看待教育问题,我们可以感受到,人绝不是旁观者,不是站在世界之外旁观世界,而是作为参与者"纠缠"在世界万物之中,这种"纠缠"就是生活。[③] 所以,教育学者不可能抽身教育现象之外研究教育,而是要融入教育生活,只有融入才有意义,人的本质即是意义的探寻。

走向田野研究即回归生活世界。田野研究作为质化研究范式中的一种,就是在自然情景下对个人的生活世界和活动过程进行研究的最好方式之一,其重点即通过叙述性的或描述性的方式来仔细观察与记录人们的语言、行动以理解参与者所经历的情形。可见,这种研究方式认为,如果要了解和理解个人,就必须把他放在自然情

---

① [美]凯西·卡麦兹:《建构扎根理论:质性研究实践指南》,边国英译,重庆大学出版社2009年版,第Ⅵ页。
② 张世英:《美在自由——中欧美学思想比较研究》,人民出版社2012年版,第5页。
③ 张世英:《美在自由——中欧美学思想比较研究》,第5页。

景下进行考察，因为个人是生活世界中的个人。幼儿早期阅读研究的对象是幼儿园自然教育情景下的幼儿阅读过程与反应，这一主题需要对幼儿阅读过程的反应表现进行细致的描述和分析。幼儿处于人生之初，具有其独特的年龄阶段特征，必须认识到每个幼儿都有自己的思想和情感，幼儿阅读的过程更是一个涉及知识经验、认知、情感、态度等诸多因素的复杂心理过程，所以要研究幼儿阅读过程就不是对一种"客观现象"的简单的描述，而应该深入幼儿的内心世界。虽然幼儿难以用符合成年人规范的语言系统进行自我表达，但是正如瑞吉欧教育所倡导的儿童有"一百种语言"表达方式，需要我们以个人的角色去"了解"这个世界，"理解"这个世界。生活是整体的，这就需要研究者走进田野，走进幼儿园里的幼儿生活，走近幼儿园管理者、教师群体，与他们进行交谈和沟通，倾听他们，理解他们的关注点；观察他们的行为，了解他们的生活体验；挖掘出他们所认同的理念与观点，从而获得真实的活动体验。正因如此，田野研究所具有的特性与本书的研究对象与目的具有适切性。走向田野，深入幼儿园生活，对现实情景中的问题进行参与性观察、访谈、思考与分析，致力于在真实而自然的教育情景下，亲身体验幼儿参与童书阅读的互动过程，收集第一手资料，以期对幼儿阅读过程及其反应表现获得更为整体、深入的理解和把握；采用个案描述的方式，展示幼儿走进童书世界的过程并对其阅读过程中的反应进行"深描"，从而在"纵向"上呈现幼儿阅读的一般过程及其现实表现，并基于此深入阐释幼儿阅读理解建构的内在过程。

四 核心概念的界定

为保证研究的清晰性和一致性，本部分将对研究中使用的概念作如下界定。

(一) 幼儿阅读

本书所指的幼儿是我国入学幼儿园的一般年龄范围3—6岁的儿童，选取的幼儿研究对象有着不同的童书阅读经验。

阅读之于人类具有重要意义，它使人有了突破狭小生活空间而开阔生命视野的机会和可能。对于阅读含义的理解，既可以微观具体，专指观看并理解文本的行为，如最早将"阅读"作为复合词使用的宋代曾巩在《徐禧给事中制》一文中所说："惟精敏不懈，可以周阅读；惟忠实不挠，可以司论驳。"[1] 阅读包括"目治"和"口诵"，即阅读是一种视觉认知行为；也可以是宏观宽泛的，指向一切视觉行为和认知活动，如法国哲学家笛卡尔的箴言"阅读世界这部大书"。近现代以来，阅读心理学研究者对于阅读的概念越来越清晰明确，如道林和莱昂曾界定说："个体通过感官获得信息或有所体验的过程都是阅读，可以是对自然信号的解释，也可以是对社会符号的解释。"[2] 这一方面是将阅读推及了人类的一切视觉行为，认为但凡人们用眼睛看到的、用心去体会的，都是阅读；另一方面，是将阅读推及人类的一切认识活动，认为但凡人们认识社会、理解社会的活动都是阅读。相较之下，本书倾向于采用宏观理解—微观考察的思路来把握阅读的含义。阅读是人类视觉行为的情形之一，而非人类所有视觉行为；阅读是人类认知活动的一种方式，但并非所有认知活动。阅读是读者与书面语言互动的过程，包括对书面图文符号的感受、理解与表达，既是认知的过程，也是意义建构的过程。

依据对于阅读含义的理解，本书在理论逻辑层面认为幼儿阅读即幼儿与书面图文符号互动的过程，包括幼儿对图文符号的感受、

---

[1] 曾巩：《曾巩集》，中华书局1984年版，第337页。
[2] 转引自张必隐《阅读心理学》，北京师范大学出版社1992年版，第1页。

理解与表达的过程。这一界定蕴含着三个层面的内容：

其一，早期阅读即指儿童早期阅读，泛指 0—6 岁婴幼儿的阅读，而幼儿阅读即 3—6 岁学前儿童的阅读。有研究者常将两者通用，如在引进国外"读写萌发"（Emergent Literacy）或早期读写概念时，有研究者直接提出幼儿阅读与幼儿早期读写意味相当，在国内常被称为早期阅读（余珍有，2005）。

其二，幼儿阅读是 3—6 岁学前儿童与书面图文符号互动的过程。梳理相关研究，以往文献对于幼儿阅读含义的典型界定有：幼儿阅读是一种"读写"萌发活动。幼儿在"读和写"的过程中包括了一系列与"读写"有关的态度、期望、情感、行为技能等（Teale & Sulzby, 1989）；幼儿阅读是一种图文视觉互动，是 3—6 岁幼儿凭借变化的色彩、图像、文字和成人形象的读讲，来理解以图为主的低幼儿读物内容的活动过程，它是一个融观察、记忆、思维、表达等多种认知于一体的综合过程；[1] 早期阅读是儿童接触书面语言的形式和运用的机会，是儿童发展语言能力的机会，是儿童掌握词汇构成和文字表征的机会，同时也是儿童发展学习读写的倾向态度的机会。[2] 可见，已有研究普遍认为幼儿阅读是幼儿运用书面语言进行理解与表达的过程。

其三，概念理解的关键词是"幼儿""书面图文符号""理解与表达"，它们分别明确了三个本体论问题，即"谁阅读"（主体）、"阅读什么"（载体）、"怎样阅读"（过程与方法）。首先，阅读主体是 3—6 岁幼儿。幼儿作为阅读主体，有其独特的学习方式、思考方式和行为方式，也更具有潜在的可塑性与发展的可能性；其次，阅读内容是书面语言符号，由图文两种表达形式构成。其载体形式，既包括物化形式，也包括非物化形式；最后，幼儿阅读是一个多感

---

[1] 张明红：《关于早期阅读的思索》，《学前教育研究》2000 年第 4 期。
[2] 周兢：《论早期阅读教育的几个基本理论问题》，《学前教育研究》2005 年第 1 期。

官统合与多元化表达的过程。对于幼儿来说，阅读既包括浅层次的书面符号信息的传递和理解，更蕴含着深层次的情感体验的融入与表达。

事实上，幼儿的生活环境充盈着各种形式与内容的书面图文符号，幼儿的一日生活大多与各种图文符号相关，故事课、唱儿歌、看动画、涂鸦想象、游戏活动等都直接或间接地与阅读相关联。因而，宏观的理解可以使研究者更易于接纳、更倾向于多元，而不致偏狭，但也容易失去问题聚焦点。例如，如果从这一宏观理解出发，幼儿一日生活中的活动形式几乎都可以视为与幼儿阅读活动相关，这无疑是不可取的，且没有可行性，需要对幼儿阅读的理解进行重新阐释与界定。人性秉具寻找内在平衡状态的本能，随着认识与经验的积累，原初对于核心概念的理解与界定逐渐从"逻辑的实践"向"实践的逻辑"转化，对于幼儿阅读概念的理解需要获得一个更加符合行动逻辑的操作性定义，以使研究得以深入开展。在现实中，幼儿生活中的书面图文符号确实广泛且繁杂，然而，有一种书面图文符号载体却是独具儿童精神意蕴且最为幼儿喜爱的存在形式——童书。童书，可以被认为是幼儿阅读书面图文符号的最重要的内容载体，也是专门提供给幼儿满足想象力与审美感受的基本阅读材料，它以儿童文学为主体，蕴含着儿童文学作家的美学意蕴与儿童观阐释，且具有丰富的表现形式。基于此，对幼儿阅读的概念可以从宏观层面"幼儿与书面图文符号互动的过程"来理解，而基于微观层面"幼儿与童书的互动过程"来考察。当然，其前提需明确所提出的"微观层面"不仅仅是能够使得研究对象更聚焦，使得论证考察过程更具体，更为重要的是它确实具有解释整体的关键意义。故而，寓于幼儿童书阅读中的是幼儿的生活世界，关注的是幼儿对阅读内容的多通道感受路径，鼓励的是幼儿在阅读过程中更多元化的表达方式。旨在发展幼儿对童书文本的情感联结，重构幼儿阅读主体的教育交往，丰富幼儿在阅读过程中的生命体验，彰显幼儿阅读教育本身的文化意义。至此，本书在田野实践中获得了相对更为可行的操作性定义：幼儿阅读是幼儿与书面图文符号互动的过程，其中以幼儿与童书的互动过程为主体，寓于幼儿生活来理解幼儿阅读的意义。

据此，本书所指的幼儿阅读是3—6岁学前儿童与书面图文符号互动的过程，是幼儿对书面图文符号进行理解与表达的过程。它是一种以幼儿感官机能为基础，寓于幼儿生活经验中的内在体验与外在表达过程，包括以"听赏"为主的接受方式，以"读图"为主的理解路径，以"体验"为主的审美特性等。相较成年人阅读来说，幼儿阅读是一个多感官统和作用的过程。在不同的环境与情景下，幼儿对图文书面符号的多通道感受与多元化表达，是一个互动与体验的过程，包括幼儿阅读童书以及相关各种形式的书面语言萌发活动。书面语言萌发就是基于幼儿在0—3岁以听说为主的语言发展，继而对幼儿认识和理解书面语言展开的适宜启蒙与发展。甚至可以说，幼儿早期阅读在本质上可以理解为是一种书面语言萌发活动或读写萌发活动，此亦为本书对于幼儿阅读概念的基本观点。对其理解可分四个维度：

其一，从个体间关系形态来说，包括独自阅读和与他人共读（同伴与成人）。

其二，从个体内在体验过程来说，包括以"听""看"为主的理解过程与以"说""写"为主的表达过程，其目的是一样的，都是为了建构意义。

其三，从阅读内容的载体形式来说，包括物化载体与非物化载体两种形式。

其四，从阅读内容的文体类别来说，包括文学性文本阅读与信息性文本阅读两大类别。

一是文学类童书文本：以情节性的书面语言呈现一种想象的情景和丰富的情节，能够极大地满足幼儿读者的想象需求、审美体验与愉快感受，常被称为文学性阅读材料。

二是信息类童书文本：以情景性的书面语言呈现某一事实或呈现某一现实信息，主要是以认知目标为主而进行的阅读，常被称为信息性阅读材料。

上述关于幼儿阅读概念理解的四个维度，是本书对幼儿阅读的整体性理解，它们构成了研究者的基本价值取向。

（二）幼儿阅读反应（reading responses）

阅读反应是幼儿与童书图文对话的真实反映：既包括幼儿在与书面图文符号互动过程中所表现出的语言、行为与情绪情感等方面的外显反应，也包括幼儿运用自己原有的知识经验与童书图文互动的内在反应过程。

有研究者尝试给阅读反应进行过界定，认为反应包括认知、观念以及一些情感或态度表现，且随着阅读过程的改变而不断发生变化，伴随着阅读过程的始终，并可能导致儿童概念、态度或情感的改变。为了深入认识阅读行为，还有研究者采用对读者口头和书面报告进行内容分析的方法来划分阅读反应的类型。不同的研究者对反应类别的命名不同，比如普维斯将阅读反应分为专注、领悟、诠释、评价和混合反应；库珀将阅读反应分为对比、分类、因果、物质环境、时间顺序几个类别。后来的研究者发现，这种内容分析的方法并不能全面反映儿童读者复杂的心理表现，从而修正了这种研究方法，他们开始研究儿童读者对不同的文学要素的反应。例如有研究者基于读者对作品中的角色、主题和事件的反应来划分类别；[1] 还有研究者观察了5—13个月大的婴儿阅读图画书的行为，总结出

---

[1] Beach Richard and Hynds Susan, "Research on Response to Literature," in David Pearson, *Handbook of Reading Research*, Lawrence Erlbaum Associates, Vol. 3, 2002, pp. 453 – 489.

他们的阅读反应有面部表情、肢体动作、寻索图片中熟悉的物体和细节，能表达对书的内容之偏爱等。[1] 可以说，当下对阅读反应类别的一般性研究趋势，是从笼统地划分阅读反应的类别发展到关注阅读反应的复杂性和读者阅读反应背后的深层心理动机问题，力图深入与全面地理解儿童读者的阅读反应机制。3—6 岁学前儿童读者的阅读反应研究也是如此。

正如前文界定幼儿阅读概念时所言，幼儿生活中的书面图文符号是广泛且繁杂的，而基于不同书面图文符号的阅读过程及其反应必然是丰富而复杂的。然而，当我们将幼儿在一日生活中所有与书面图文符号相关的外在表现状态都视为幼儿阅读反应时，我们的研究过程将难以进行，在"所有都是"的同时即意味着"所有都不是"，从而欠缺操作层面的可行性。据此，秉持对幼儿阅读反应的宏观理解，而聚焦于一种微观且更具有操作性层面的界定进行考察与论证，将"幼儿与童书互动过程的反应"作为考察"幼儿与书面图文符号互动过程的反应"的关键路径。基于此，本书认为，幼儿阅读反应是幼儿童书阅读过程中所表现出来的一系列语言和非语言反应、外显反应与内隐反应，也包括那些随着时间的推移而对童书意义有更深刻理解之后的反应。幼儿对于作品的阅读反应有很多种，而不仅仅局限于语言的反应，其非语言的阅读反应也许更为重要。在对幼儿阅读反应进行观察、描述与分类时，笔者拟基于扎朗格（Jalongo）对幼儿阅读反应类型的五维度划分——语言反应、动作反应、微表情反应、情绪情感反应和审美表达反应，[2] 从语言和非语言的多元化理解角度来描述阅读反应，这使得研究低年龄的幼儿读者成为可能。

---

[1] 廖春美：《婴儿在婴儿中心阅读图画书的反应行为之探讨》，第七届儿童文学与儿童语言学术研讨会论文，台北，2003 年，第 211—232 页。

[2] 李慧加：《幼儿图画书阅读反应研究现状与考察》，第九届儿童文学与儿童语言学术研讨会论文，台北，2005 年，第 255—276 页。

教育者应鼓励幼儿用他们所擅长的多种方式参与和表达其对于作品意义的理解。深描幼儿阅读反应的情景，关注幼儿个体阅读反应的复杂性，更要尝试探讨幼儿阅读反应背后的深层心理动机问题，力图深入而全面地理解幼儿的阅读理解过程。简言之，本书致力于挖掘幼儿阅读反应对幼儿阅读理解过程所具有的解释力。

（三）童书

童书，即儿童读的书，是专门创作或提供给儿童听或看的一种图书形式，被认为是幼儿阅读书面图文符号的最重要的内容载体。不同年龄阶段的儿童读者对于童书内容会获得不同的感受与理解，3—6岁的学前儿童亦是如此。幼儿所能接受的童书，内容上以儿童文学为主，形式上以图画书为主。几乎每本图画书都拥有自己的风格、内容与主题，这是图画书的"表达方式"。我们要对幼儿所读的图画书和喜欢读的图画书范围有所把握，其实这是一个非常困难而复杂的问题，这里最基本的一个情况就是"图画书是一个包容性很强的概念，它种类繁多，且种类与种类之间的界限也非常模糊"[①]。但是，我们依然需要对这个问题有所认识和探索。

综观现有关于幼儿阅读内容及其范围的相关研究，发现其各有所论，都不够清晰和系统，类型之间多有交叉重复。分类的目的是明确不同类别之间质的规定性，尽量避免重复性交叉。梳理关于幼儿阅读内容及其范围的相关文献，对幼儿阅读的内容形成了如下认识：

其一，幼儿所读童书从总体上讲，包括两种表现形式：文字书和图画书。

---

① 彭懿：《世界图画书阅读与经典》，接力出版社2011年版，第7页。

表 1　　　　　　　　　　童书的总体类别与形式

文字书	纯文字性的以听成人讲述为主的文字图书作为幼儿阅读（听读）的重要内容。听也是"阅读"的方式			
图画书	基于图文关系分类	无字图画书	图画具有叙事性和情节性的图画书，即无字绘本	①文学类图画书 故事类：童话、寓言、民间传说、神话等 诗歌类：儿歌、散文诗 ②信息类图画书 说明类：关于自然世界与社会现象的说明性文本，拓宽儿童背景知识，帮助探索新观点 概念类：无故事情节，旨在认识事物与形成概念等
		有字图画书	字 + 图 图文相互独立	①文学类图画书 故事类：童话、寓言、民间传说、神话等 诗歌类：儿歌、散文诗 ②信息类图画书 说明类：关于自然世界与社会现象的说明性文本，拓宽儿童背景知识，帮助探索新观点 概念类：无故事情节，旨在认识事物与形成概念等
			字 × 图 图文共成一体	
	基于图画功能分类	绘本类	图画具有叙事性和情节性的图画书，即 picture story books	
		插图类	图画具有描述性和情境性的图画书	

其二，就童书内容本身而言，可以进一步具体划分为文学类童书、信息类童书、操作性童书和工具书几种类型。

表 2　　　　　　　　　　童书内容的具体类别与特征

内容类别			教师偏向特征	幼儿偏好特征
文学类童书	叙事性书籍	诗歌叙事	儿歌		
			散文诗		

续表

内容类别				教师偏向特征	幼儿偏好特征
文学类童书	叙事性书籍	故事叙事	文体：童话、寓言、神话、民间故事、传记等	分享的时刻；儿童极感兴趣；使角色能表达；介绍人类现实生活和富有想象力的冒险；分享；儿童容易认同	想象和幻想；认同角色的人性；愿望和需要的满足；冒险；激动人心的事物；动作；自我实现；形象多样化；词语乐趣
			主题：一般主题：适合所有幼儿		
			特殊主题：治疗性主题、多元文化等		
信息类童书	说明性文学类或非小说类文学书籍	说明性文学类	关于自然世界与社会现象的说明性文本，拓宽儿童背景知识，帮助探索新观点	扩展个人和群体兴趣；培养"读而知之"的态度；准确的事实；包含科学内容	事实、信息和思想的发现；对现实和事物怎样运转及其功能的理解；对"为什么"和"怎样"的解答；新词语和新含义
		概念类书籍	无故事情节，旨在认识事物与形成概念等，具体充实、主题明确	促进分类能力；提供了解和发展概念的机会；丰富的例子	增加知识；直观呈现抽象事物
			具体概念书：认识字母、词汇等建立简单知识性概念的图书		
			抽象概念书：认识情绪、自我等建构复杂经验性概念的图书		
操作性童书	专门互动游戏书籍	加入游戏互动内容，鼓励幼儿动手操作、积极参与的童书		使儿童参与其中和集中注意发展根据指令来听的技能	活动和群体的感受；个体的创造性和表达；对感官的吸引力；可操控的特征
工具书	寻找问题答案的资源性书籍	图画字典		同儿童一起查找问题的机会；个别学习的机会	获得答案；同教师在一起；寻找回答他们问题的资源
		百科全书			
		专题图书			

资料来源：基于 Jeanne M. Machado《幼儿语言教育》（王懿颖等译，北京师范大学出版社 2012 年版）与莱斯利·曼德尔·莫罗《早期儿童读写能力发展》（叶红等译，南京师范大学出版社 2013 年版）所列童书清单的梳理与分析。

上述内容材料是否都为儿童文学范畴，首先需从关于文学意义的界定来谈。文学从狭义上讲即内容本身的文学性，如故事性文学与非小说性文学；在操作性图书与概念性图书中，那些语言富于描述性和叙事性，具有文学语言特点的图书，也可以视作属于儿童文学范畴。甚至从更广泛的意义上讲，教师呈现文本内容的过程也隐含着一定的文学意味，其启发幼儿的过程和方法充满了想象性、趣味性和故事性，这种也可视为属于文学阅读的范畴，因为幼儿读者能够获得同样的文学体验。所以，我们将上述幼儿阅读内容宽泛地看作儿童文学范畴，仅在文体形式上将第一类视为属于儿童文学的狭义范围。

其三，幼儿所读图书在装帧形式上可以分为平装书与新奇书两大类。除此之外，师幼自制图书也具有特殊意义。

表3　　　　　　　　　　童书的装帧形式

平装书	传统装帧形式的简本活页书	
新奇书	包括立体图片的图书；卡片图书、折页图书；电子图书；邮票和粘贴式图书、字谜图书、刮刮闻闻图书、插图藏物图书、有声读物等	无论平装书、新奇书等现装成品书还是师幼自制图书，它们在图文比例、材质、版式的设计上都需紧密关注幼儿阅读需要的独特性：强调可操作性，强调可预知性，即增强互动
自制书	教师和幼儿自制的图画书	

上述关于童书的分类，概括了本书对于幼儿童书内容与形式的认识与理解，是研究者看待幼儿园童书资源的一个类别前见与概念前提。当下的媒介载体形式发展迅速且文化多元，图文符号既可以是纸质媒介的形式，也可以是电子媒介的形式，甚至可以是无物化载体而通过口头语言进行传达与交流的形式，它们在本质上都是对图文书面符号的承载材料与呈现方式。可以说，阅读材料的内容和形式是丰富多样的，而幼儿对阅读材料的感受是多感官通道的，有听的、看的、读的、玩的……可以是故事与儿歌，也可以是广告或说明书……所有幼儿生活环境中他们能接触到的，且能为幼儿所接纳的书面语言材料都可以作为幼儿阅读的内容。从这个意义上说，

凡是为幼儿感官所摄入的书面语言材料及其所构成的丰富而又复杂的图文符号形式及其视觉文化过程，都应该属于幼儿阅读内容的范畴。换言之，凡是基于阅读材料载体的活动，都可被界定为幼儿阅读活动。其中，基于文学性阅读材料的幼儿阅读活动对于幼儿的想象力和审美体验的满足与发展具有更多的可能空间。诚如北京师范大学王泉根教授所明确指出的："儿童阅读的内容应是以儿童文学为主体的童书，它是直接影响儿童精神健康成长的最深刻、最广泛的教育载体。"[1] 对于幼儿来说，童书即为3—6岁年龄阶段儿童所能接受与理解的儿童读物，是幼儿阅读内容的主要物化形式。物化，即可看、可听、可触的书面语言材料。在幼儿园教育情景下，幼儿与图文内容文本互动的过程有两种情况：一是与童书、课件或教具等书面图文符号物化载体形式直接互动的情况，幼儿可以通过倾听、观察、翻看、讲读等方式参与阅读，与物化阅读内容直接互动；二是当成人阅读者对阅读内容非常熟悉，即使不呈现物化阅读材料，也能对内容进行熟练而流畅地讲述、诵读与讲演等，即通过口头语言对图文书面符号进行传达与交流的形式，也可以视为幼儿与书面图文符号互动的过程，最典型的场景就是幼儿园教师组织的故事"课"，就是"口头讲述—倾听"形式的幼儿阅读活动。在进入田野研究现场之前，对于童书资源的认识与分类基本以上述对于童书的认识为基础。

---

[1] 转引自杜羽《好童书滋养儿童心灵》，《光明日报》2015年6月3日第9版。

第 一 章

幼儿阅读问题的田野研究设计

任何研究的开展都有其理论基础与相关研究支撑，它为梳理和厘清各种研究视域及其界限提供了重要的基础和理论前提；而方法论的严密考证则是整个研究的思想立场与态度取向，不仅具有方法论意义，而且具有直接的操作性意义。本书基于对研究视角与研究范式的深入反思，旨在对幼儿阅读问题进行田野考察的思想立场和态度取向、研究方法与实施过程等作出更为清晰的理解和把握。

第一节 幼儿阅读问题的田野考察价值

本书是一项关于学前教育领域的课程与教学问题研究。教育现象繁复，教育问题往往隐迹于琐碎之中，看似熟识，却未必真知。因为熟识所以不证自明、无须深思，所以如若尝试突破，就离不开教育学的批判与反思品性。这种对情景与行动的反思性决定了教育学是一门多范式学科，即教育学需要跨学科的视野，且需要关照现实、回归田野的勇气和能力。

一 教育人类学研究视角的思考

研究问题所渗透的相互糅合的多学科视角必然会体现在其对于

问题探讨的多方法取向上。本书的问题对象——"幼儿童书阅读反应"作为教育生活世界的一种教育现象，所涉猎因素无不昭示着它必然具有跨学科的性质，要求教育研究者体现出多学科融合的视角或进行多种研究范式的整合。前人的研究之路是我们进一步探索的基础，然而教育学的研究更应该明确所有学科视域的逻辑起点——"人"本身，因为我们必须对"人"本身作出整体而全面理解之后，才能探讨基于此的其他问题。正如乌申斯基在《人是教育的现象：教育人类学初探》中所阐述的："如果教育学希望全面地教育人，那么它就必须首先全面地了解人。"[1]

如何整体而全面地理解"人"呢？乌申斯基用"教育人类学"表达了对教育问题所进行的人类学思考，这也是历史上第一次使用"教育人类学"这一术语。现下学界普遍认同的是，教育人类学是一门以人为研究对象的跨学科性的边缘学科，它把人类学的概念、理论和方法应用于教育领域，从宏观与微观、现实与观念等方面描述和解释教育现象、教育事实和教育问题。[2] 它反映了我国教育研究逐渐走向"教育真实"以及"活教育"的教育学科学化诉求。[3] 甚至有研究者论断，唯有教育人类学才真正把研究人的学科与研究教育的学科结合起来。无论其结论是否合理科学，我们都可以探知这是整体而全面理解"人"的一种方式或者路径。

从研究视角和研究方法而言，这种理论视角主张通过田野研究与民族志等方法论体系对"人"的理解问题进行深入考量，即浸入研究对象的生活世界里，直面生命的存在样态。田野研究（field research），即实地研究，其最初是人类学研究者对少数民族或者特殊人群进行深入实地考察的一种方式，是一种通过田野地点的选择、田野实践的范式、田野质量评价标准等考察方式开展实地调查的研

---

[1] ［俄］康·德·乌申斯基：《人是教育的对象：教育人类学初探》（上卷），张佩珍等译，人民教育出版社1989年版，第10页。
[2] 李复新、瞿葆奎：《教育人类学：理论与问题》，《教育研究》2003年第10期。
[3] 孙杰远：《教育研究的人类学范式及其改进》，《教育研究》2015年第6期。

究过程。作为田野工作者(不仅是人类学者),不仅要"做"田野,而且要写下在田野中所收集的信息,还要保证写得翔实而具有反思性。可以说,田野研究者旨在深入所要参与的"田野"生活,逐渐成为"局内人",力图通过"局内人"的视角对所关注的问题进行观察、描述和阐释,以无限地接近其原有的生活样态与面貌。当然,人类学田野研究与教育学田野研究存在着差异,这种差异主要体现在目标指向上,如有研究者曾经将人类学田野研究工作比喻为"找事"和"说事"[1],人类学秉承的是多元存在的价值观,对于现存的任何民族或特殊人群主张理解与尊重,而不要过多地干涉与介入,所以人类学研究者以超乎寻常的客观理性在"局内人"与"局外人"的角色中幻进幻出,在田野中尽可能地"放逐自我",而每到夜深人静时,在回到书案之前,就要尽可能地以研究者的身份进行文字梳理与描述,在研究结束时,"田野"依然是原来的那个田野,所不同的是研究者本身对田野的理解在深入。至此,就突显出了其与教育学价值理解的不同,教育学研究也要走向"田野",深入被研究者的生活日常,但作为教育学研究者,我们面对的研究对象是儿童,是发展中的儿童;我们研究的田野是学校,是应该提供积极影响的教育环境。所以,作为秉持教育学立场的田野研究,除了基于人类学田野研究的"找事""说事"之外,还要"成事",对在学校田野中所存在的问题和弊病与"局内人"进行深入的对话和交流,尽可能以"局内人"的身份组织实践研究共同体,对问题解决的路径作出尽可能深入的理论探索与实践尝试,这即是教育人类学的基本研究立场与价值担当。

总之,教育人类学的视域所体现出的生命价值立场是更为深层次的教育学思考,这激励着研究者在即将进行的田野研究中关注幼儿生活,直面现实问题,满含人文关怀,坚守生命价值立场。

第一,教育人类学对教育问题的所有思考都以"人的生命"作

---

[1] 李政涛:《教育人类学引论》,上海教育出版社2009年版,第91—92页。

为教育现象的切入口，以"人的发展"作为田野研究的追寻目标，其出发点和立足点与本书的研究目标指向具有适切性。一方面，研究者置身于教育现实问题的具体情景中，从以往的思辨性教育研究转向重视科学方法的经验性研究；另一方面，融于幼儿生活情景中，积极参与到幼儿童书阅读过程中，力图在真实的幼儿童书阅读情景中观察幼儿、体悟幼儿，进而自觉承担对他者生命的责任。

第二，每一个教育现象背后都有整体性的背景。[①] 田野研究是教育人类学主要的方法论，其核心是严格的参与性观察。相比其他研究方法而言，田野研究过程具有往复性和变化性，包括对同一现象进行反复观察，与同一位信息者进行反复交谈，就同一现象访谈多位信息者和收集多种资料等，这样更有利于确保研究结果的可靠性，为理解的多样性和微妙性提供了大量的描述性资料，对实际情景的生动描述也有利于增强读者的认同感。有研究者曾坦言："民族志研究者进入现场所要带的是'开放的心灵'，而非'空空的脑袋'。"[②] 这就要求在田野研究中，研究主体与研究对象是平等的双向建构关系，认同不同文化存在与文化现象都各自有其独特的教育价值。对幼儿童书阅读反应的研究，要求研究者保持与幼儿的平等关系，倾听幼儿的声音，观察幼儿的反应，理解幼儿的表达，探究不同文本阅读所渗透的文化观念及其独特情景的教育价值，还要求研究者在考察幼儿童书阅读反应过程中运用整体性的视野进行分析，以帮助我们科学细致和全面地理解幼儿童书阅读的过程及其反应表现。

第三，教育人类学以"人的生命发展和文化的关系"作为分析单位，本书聚焦于对幼儿童书阅读反应过程的考察，因此也具有适切性。对于文化的理解可以是多层面的，如童书本身是一种文化形式的载体，童书呈现的过程则既是教育情境影响幼儿的过程，也可

[①] 李政涛：《教育人类学引论》，上海教育出版社 2009 年版，第 91—92 页。
[②] David Fetterman, *Ethnography: Step by Step*, Thousand Oaks, Calif: Sage, 1998, p. 1.

以将之理解为教育过程本身即一种文化现象或过程。从这个意义上说，教育人类学的分析视角，确实有利于考察现实文化背景下幼儿童书阅读活动过程中幼儿的生命发展状态。

追溯本书的理论视角，不是为给本书建立一个理论框架，而是为了给本书提供一个背景，判断研究问题在所涉及领域中的定位，不断审思其应然的价值立场和追求，同时帮助研究者深入分析原始材料，为在抽象层面上建构理论提供参考。

二 质性研究范式的选择

本书的问题对象是幼儿园自然教育情景中幼儿阅读的过程及其反应，需要对幼儿阅读过程的情景与表现进行尽可能客观、细致的描述与分析。质性研究范式所具有的特性与本书的研究对象和目的具有相宜性。

质性研究是"研究者在自然情景下采用多种资料收集的方法对社会现象进行整体性研究，使用归纳分析资料形成理论，通过与研究对象互动对其行为和意义获得解释性理解的一种活动"[①]。换句话说，就是以归纳的和整体的方式了解在各种特定情景中的人类经验，试图解释事件和被研究者的意义。有研究者认为，量化的方法只能了解到研究对象的一些自然特性和"表面事实"，却触摸不到研究对象的内心世界和"隐藏的真实"，这促使他们尝试运用质性的研究方法，通过叙述性的或描述性的方式来仔细观察和记录人们的语言、行动以理解参与者所经历的情形。这种研究范式除了与研究对象进行深度访谈外，还包括对所研究场域的历史与现实、社会文化、教育活动情景进行"深描"与"深释"。如果要了解和理解个人，就必须把他放在自然情景中进行考察，个人是生活世界中的个人。回到生活世界即以生活世界为意义基础进行实践，它"冲破从维柯至狄尔泰及当代人文主义者对世界作出'自然—人文'的二元划分。

---

① 陈向明：《质的研究方法与社会科学研究》，教育科学出版社2000年版，第56页。

在实践逻辑即在生活世界的基础上重建两者的统一。"① 因此，质性研究是在自然情景下对个人的生活世界和活动过程进行研究。有一些研究者通常是在某一段或某几段时间里到特定教育情景中去专门获取连续生成的特定事实，用以作为研究素材；还有一种与之不同，研究者尝试将在不同的时空、情境、场景的自然状态下通过访谈、座谈、交流、对话等获取的各种事实作为研究素材，并将之称为"累积的教育事实"，认为这是开放而连续的过程，且更具有随机性、自然性、非结构性和非功利性的特征。② 幼儿园不是一般意义上的学校组织机构，它没有正式的课堂教学，但其在各种各样的活动中同样充满了教师与作为教育对象的幼儿之间的互动。③ 所以，本书拟尝试使用这种累积的教育事实经验进行质性研究。

需要注意的是，质性研究作为一种研究范式，绝不仅仅具有工具性色彩，仅局限于具体的技术和方法（参与观察、深度访谈、个案分析、作品解读等）层面，也更具有本体论的意义，即人作为主体，是一种自然的、社会的存在，主体在日常生活中的行动是有意义的行动；人与人之间的关系是一种"主体"与"主体"的关系，这种"主体间性"的关系及其互动过程表现为一种"分割的、连续的或者不连续的日常事件构成的个人、小群体和社会"④。换言之，累积的事实与经验建构了主体对世界和自我的建构方式。研究者进入田野，基于对幼儿园情境下幼儿阅读活动的真实情况进行较为深入、细致与长期考察，通过参与性观察、深度访谈和整体性研究收集资料，采用描述、归纳、分析和解释的方式对幼儿童书阅读反应进行理解，探索幼儿在阅读过程中的心理因素、审美特点与所阅读内容及其呈现方式之间的内在关联，将某些典型性的情境案例作为

---

① 刘云杉：《学校生活社会学》，南京师范大学出版社 2000 年版，第 5 页。
② 马维娜：《写作：一种反求诸己的追问》，《江苏教育研究》2003 年第 2 期。
③ 吴康宁：《我国教育社会学的三十年发展（1979—2008）》，《华东师范大学学报》2009 年第 2 期。
④ 刘云杉：《学校生活社会学》，南京师范大学出版社 2000 年版，第 14 页。

认识问题的切入点，分析其生成与存在的整体性文化背景，概括研究对象的一些普遍性、独特性及典型性特征，从中透视某种具有一般性意义的结论，以寻求在幼儿园教育环境中开展幼儿阅读教育的有益建议。

第二节　田野研究的具体实施

一　教育民族志方法的应用

正如塔夫脱曾明确提出的："民族志是一种质的研究方法而不是量的研究方法。"[①] 基于质性研究的深度及其详尽性特征，以及这种定性的、描述性的自然主义研究调查了幼儿园教育情景下幼儿童书阅读过程的反应表现，并探讨其对于幼儿阅读理解过程的解释与揭示。

这项研究在一个致力于发展幼儿文学阅读的幼儿园小班和大班的教室里进行了七个月（每周三到四天）。幼儿大多具有普通工薪家庭的文化背景；教师（与研究者在日常研究过程中广泛合作的幼儿教师）使用教室阅读角和幼儿园公共童书馆的童书，每天开展两次童书阅读活动。虽然幼儿对于所阅读内容的回应，渗透在一日生活和教室的方方面面，如游戏、体育、艺术等各种形式的活动中，但本书旨在集中围绕幼儿阅读童书之前、之中和之后的具体反应，包括语言、行为动作、微表情、情绪情感和审美表现等反应展开研究。这项研究考察了幼儿在幼儿园三种阅读活动形式中的反应：集体阅读活动中的幼儿阅读反应、区角阅读活动中的幼儿阅读反应、随机阅读活动中的幼儿阅读反应。因此，研究者的立场是在

[①] R. Taft, "Ethnographic Research Methods," in J. P. Keeves, Ed., *Educational Research*, *Methodology and Measurement: An International Handbook*, Elsevier Science Ltd., 1997, p. 71.

"参与式观察"[①] 与"观察式参与"[②] 的连续而往复的过程中进行整体讨论（研究者对 20 个集体阅读活动实录、25 个区角阅读活动实录和 20 个随机阅读活动进行了文字记录、音视频转录等）；其他数据来源还包括与教师的教研座谈、个别访谈与现场说明等。又根据研究问题的需要而从上述数据中选择出进行深入分析的案例情景，包括 10 个集体阅读活动、15 个区角阅读活动和 10 个随机阅读活动，以作为数据补充。根据不同方式对于数据进行编码、分类、比较和分析，并基于此，概括幼儿发生阅读反应和形成阅读理解的基础理论。研究的主要问题是：幼儿在童书阅读过程中所呈现出的对童书内容理解的外显阅读反应是什么？幼儿阅读反应与其阅读内容之间具有紧密的关联性，童书文本中的哪些关键性因素或结构对于幼儿阅读过程中的感受、理解和表达产生了显著影响？它们是如何表现的？其影响为什么会存在？幼儿已具备的语言与行为能力参与意义建构的过程具有显著的个体性差异，而教师和同伴对幼儿童书阅读的反应和理解过程有哪些影响？据此，教育人类学所一贯主张的民族志方法在田野研究工作中的应用，无疑显得非常重要。首先，自然性。研究者需要在日常化的、大量随机的"田野"实践中亲身接触、身临其境，按照事物的自然状态来观察和研究问题。其次，理解性。理解自然情景中人的行为是民族志研究的核心，它强调参与性观察和非结构性访谈为主的研究方法，以期了解田野生活的文化背景，及其与生活于其中的人的独特关系与意义，并将自己对所研究对象的理解、对社会文化现象的解释，置于一个整体性的社会文化背景中来看待。最后，发现性。民族志研究将研究过程视为一个

[①] L. R. Sipe, The Construction of Literary Understanding by First and Second Graders in Response to Picture Storybook Readalouds, Ph. D. Dissertation, The Ohio State University, 1996, p. 99.

[②] L. R. Sipe, The Construction of Literary Understanding by First and Second Graders in Response to Picture Storybook Readalouds, Ph. D. Dissertation, The Ohio State University, 1996, p. 99.

归纳与建构的过程，而不是局限于对一个清晰假设的检验上。研究者以其个人化的方式投入大量的时间与精力浸融于某一个特定的组织与情景中，描述自己眼中的世界，建构自我与教育、生活之间的关系和对话，其个人独特的生活史及与环境组织的私人化对话方式使得研究富于浓烈的个性化色彩与主体性意义的渗透。

在田野研究过程中，教育民族志方法与其说是一种研究方法，毋宁说是一种思维方式和一段研究历程。在这段研究历程中，多种具体研究方法的使用皆旨在收集和分析更有价值的数据信息。

（一）文献分析

基于研究问题，通过 CNKI 资源、Google 引擎、Proguest 等途径查阅中外期刊、书籍、数据库等相关资料，检索有关早期阅读（Early Reading）、幼儿阅读（Children's Reading）、读写萌发（Emergent Literacy）、幼儿阅读反应（Young Children's Responses to Literature）等关键词，掌握国内外相关研究领域的理论成果和方法经验，并初步形成本书的理论基础。此外，对搜集来的一手文献资料，包括一线幼儿教师的相关文章、幼儿教师的访谈实录、幼儿阅读反应的观察记录、活动过程的录像片段、田野笔记等，逐一进行整理、编码、提炼和总结，并据此提出本书对幼儿阅读过程的基本认识和研究假设。

（二）调查研究

田野调查工作是一个收集资料的过程，研究者"能够使用大量只要是合适的研究方法，包括观察法、交谈法、问卷法、生活史法、文件档案法、事件分析法等"[①]，获取尽可能全面、真实的资料，力图了解现实情况。

1. 观察法的运用

在本书中，笔者根据具体情景决定对幼儿童书阅读的参与程度。

---

① ［美］奥格布等：《教育人类学的研究目的和研究方法》，《现代外国哲学社会科学文摘》1988 年第 1 期。

具体而言，在集体共读阅读活动中，站在"参与式观察者"的立场，与幼儿一起融入课堂教学，同时对幼儿与老师在阅读活动中的表现进行观察；在图书角分享性阅读活动中，以"观察式参与者"的身份，在对整个图书角阅读情景进行观察的同时与参与者共同遵守阅读角的纪律规范；在幼儿独自阅读时，既对幼儿童书阅读的情景进行观察，又作为"伴读者"对幼儿的阅读辅以必要的互动。

在社会科学研究领域，观察法被认为是所有研究方法的基础。"参与观察"亦是民族志研究方法的基本方式。在参与观察中，"参与者和观察者的角色基本上是相互补充、相互排斥的；一个角色扮演得好，另一个角色的效果就会差"[①]。有学者提出"参与式观察"和"观察式参与"是两种立场，以往研究者认为，观察者在田野研究中的理想状态是与被研究者高度分隔，是"不多嘴的"和边缘化的；而当代田野工作者认为，这种想法站不住脚，他们提倡高度参与，认为这样研究者才能真正参与被研究者的核心生活活动。所以，研究的过程也是在"参与式观察"与"观察式参与"的不断转换中完成的。"在一定期间进入特定情境，描述通过直接观察与体验获得的事实材料，并由此发现、抽取文化特质，结构性地阐明对象之特质的方法。"[②] 在一定时期里深入特定的幼儿阅读情境，通常包括长时间的"蹲点"或同研究的人保持联系，通过反复参与、观察、提问和攀谈等方式，获得在其他情况下无法得到的信息，对所观察与记录的事实，可作出多义解释，并努力将之概念化或概括化。

2. 访谈法的运用

本书在参与观察中根据具体情况运用随机访谈或半结构性访谈方法，旨在深入理解幼儿童书阅读过程参与者的想法。收集有关幼儿园的背景性资料，如幼儿园发展历程、办园理念、园所环境与硬

---

① ［美］沃尔科特：《校长办公室的那个人：一项民族志研究》，杨海燕译，重庆大学出版社 2009 年版，第 6 页。

② 李洪修：《学校课程实施的组织社会学分析》，博士学位论文，东北师范大学，2010 年。

件条件、教师素质情况、童书资源构成与来源、家庭社区资源概况等，以获得对幼儿童书阅读的过程及其反应表现更多、更全面的理解。在田野研究中，访谈作为一种交流形式，是访谈者与访谈对象建立关系的过程（陈向明，2000），通过访谈获得有关访谈对象在感受与观念上的丰富理解。本书主要采用的是半结构性访谈，按照一个粗线条式的访谈提纲分别对幼儿个体、教师个体和群体进行非正式访谈。选择半结构性访谈有两方面的原因：其一，关注本书的研究主题，希望访谈对象围绕主题表达感受，因此需要设计访谈提纲，而在具体访谈问题的设计上，所用语言尽量选用访谈对象能理解的；其二，关注更多元的反应表达，需要给予被访谈对象足够的表达空间，依据具体情境进行调整，提出新问题并进行追问（陈向明，2000）；其三，半结构性访谈能够基于主题，使访谈对象感到自己的声音被聆听、想法被尊重，从而处于更愿意更真实的自我开放中。

不同阶段的、多种形式的、多个层次的访谈强调"浸入"自然情景中，更适用于不善于"表达内心"的早期儿童，能够为研究处于多种文化情景中的早期儿童提供众多可能性。

3. 问卷法的使用

问卷调查的最大优点是它有可能从相当大的样本中获得大量的信息，如果需要进一步了解某些问题的更多细节，则可以对幼儿教师进行个别访谈。[①] 在借鉴国外幼儿阅读教育问卷基础上，设计幼儿园阅读教育问题的调查问卷与家庭幼儿童书阅读情况的调查问卷（家长问卷调查见附录二），将之作为辅助性研究手段，幼儿园幼儿阅读教育问题的问卷设计包括这样几个维度：幼儿教师基本信息、幼儿教师对幼儿阅读本身的认识、幼儿教师对幼儿阅读教育的认识、幼儿教师对幼儿能够阅读什么的认识、幼儿教师对幼儿应该阅读什么的认识、幼儿教师对幼儿能够怎样阅读的认识、幼儿教师对幼儿

---

① ［美］杰克·R. 弗林克尔、诺曼·E. 瓦伦：《教育研究的设计与评估》，蔡永红译，华夏出版社2004年版，第581页。

应该怎样阅读的认识。采用五等级量表的形式对省内幼儿园教师进行了调查。幼儿童书阅读情况的家长问卷设计所包括的问题维度为：家长对幼儿阅读培养的价值取向、家长对幼儿阅读内容选择的主要依据与方式、家长对幼儿阅读方式的认识情况、家长本身的阅读素养问题等，以期在问题研究过程中了解幼儿教师与家长对幼儿阅读与幼儿阅读教育的认识和实践情况，并为进一步深入实地获得幼儿园阅读教育的概况提供辅助。

4. 符号表征法（Symbolic Representation）

符号学研究符号系统，特别是研究物体怎样传达意义以及符号形态怎样与人的行为联系起来（Patricia Enciso Edmiston，1990；苏珊珊，2010）。苏珊·朗格的符号美学研究认为："语言，无论书面语言或是口头语言，都是一个符号群，是一种符号体系。"而"理解符号的能力，即把关于感觉材料每一物都完全看成其所包含的特定形式的能力，是人类独具的精神品质"[①]。这与本书的文本分析理念相契合。

其一，幼儿阅读内容以图画书为主，其富于趣味性的图画、恰当的色彩运用、合理的节奏推展和细节描写等符合幼儿心理发展特点，能激发幼儿阅读的兴趣和动机，促使幼儿通过图画书获得快乐和情感的满足，其中图书形式（材质、大小、版式等）、图画样式（色彩、线条、风格等，包括色彩的变化、线条的形态和形状等）、图文辅配（图文比例、有无文字）等都需要从符号美学的研究视角去分析与理解。

其二，幼儿阅读反应多元，其运用书面符号进行表达的方式最为普遍（如涂鸦、绘画等），对于这些符号的理解以及由幼儿符号表达所体现出的思维特点，也需要运用符号分析法来解释。

---

① ［美］苏珊·朗格：《情感与形式》，刘大基等译，中国社会科学出版社1986年版，第427页。

(三) 田野笔记与民族志

田野研究的最终目的是文化理论建构。

撰写田野笔记是民族志形成过程中的明确关注点和主要工作，也是进行田野研究工作（field work）的第一个层次，旨在收集和分析材料。[1] 在收集资料的过程中，参与性观察是最主要的方式。[2] 也常常使用如访谈法、问卷法、生活史研究等，以丰富资料的类型与拓宽资料的范围。研究者在对田野中正在发生的事情进行参与、观察和速记之后，回到书桌前，将速记转化为详细的书面记录（尽可能记录现场所注意到并且感觉很重要的东西，并以能够有效捕捉和呈现当事人意义世界的方式来撰写）。在撰写过程中，田野研究者所秉持的价值立场会影响领会和表达事件。换句话说，田野笔记反映出研究者的价值选择。当田野研究进展到某个阶段时，就要进行田野笔记的处理，通过编码和备忘等手段，以确定、提出和修正分析性的论点。田野笔记使得一个社会世界跃然纸上，向那些不了解当地生活和当地人的人传递着独具主体意义的理解与观点。

基于此，研究者再将田野笔记转化为民族志文本，[3] 即进入田野工作的第二个层次。通过田野工作而得出的研究结果，以文章或报告的形式体现出来。在这一过程中，首先需要认识到自身作为当事人和局外人的双重身份，以及田野笔记与民族志作为事实描述与理论分析的不同意义，然后选择、编辑田野笔记，撰写完整的民族志。一份好的民族志"应该使得田野中的声音以它们独特的方式被展现出来，同时，又能够以读者理解的语言提出他们心中的问题、理论和兴趣点"[4]。美国学者奥格布（John U. Ogbu）曾提出要开发多层

---

[1] 李复新、瞿葆奎：《教育人类学：理论与问题》，《教育研究》2003年第10期。
[2] 孙立平：《社会学导论》，首都经济贸易大学出版社2014年版，第33页。
[3] [美] 罗伯特·埃默森等：《如何做田野笔记》，符裕等译，上海译文出版社2012年版，第244页。
[4] [美] 罗伯特·埃默森等：《如何做田野笔记》，符裕等译，上海译文出版社2012年版，第295页。

次的民族志研究法,① 旨在把握"当地人"的观点,了解他们与生活的关系,弄清他们对自己世界的看法。需要明确的是,撰写田野笔记与形成民族志的最终目的是建构理论。不过,一种本土文化理论的建构往往不可能通过几次田野工作与民族志完成,而是需要深入被研究者的日常生活,与被研究对象之间进行持续的、循环性的对话与描述,以立足于生命发展价值的角度理解当地文化,理解"当地人"。

虽然有不少研究者质疑其所呈现的"不过是一些'常态化的'或者说'人所熟悉'的图景",所提供的可能总是"一些无休止的描述和一系列的故事"②,这种描述与解释过于强调主观世界的不确定性。但也不得不承认,民族志研究者总是将自己置于一个开放的立场上,不断地在理论假说与实证研究中对"熟识的现象"或"常识性的观点"实现着循环修正。斯加伯格(Sjoberg)和莱特(Nett)认为,研究者必须将自己的心智和情感从当下的社会情景中抽离出来,回溯到一个更宽泛的视界中检查自己的行为。③ 但是,抽离的过程是复杂的,因为研究者在研究过程中对自身不同角色间的转换与理解过程是复杂而艰难的。在这个过程中,某些陈旧而看似"恒在"的"学说"因为赋有灵动生命力的实践过程而不断生成新的主体意义和现实影响,这难道不是一种研究价值的体现?! 这种对于"群体互动生活方式的叙述"④,不也是一种对某个历史时空下的人和事的记录方式吗? 可以说,民族志研究是研究者主体不断对世界开放的过程,"是一种叙述文化过程的科学"⑤。当然,正如人类学者桑耶

---

① [美] 奥格布等:《教育人类学的研究目的和研究方法》,《现代外国哲学社会科学文摘》1988 年第 1 期。
② 杨小微:《教育研究的原理与方法》,北京师范大学出版社 2008 年版,第 251 页。
③ 杨小微:《教育研究的原理与方法》,第 251 页。
④ H. Wolcott, "Criteria for an Ethnographic Approach to Research in Schools," *Human Organization*, Vol. 34, No. 2, February 1975, pp. 111 – 128.
⑤ H. Wolcott, "Criteria for an Ethnographic Approach to Research in Schools," *Human Organization*, Vol. 34, No. 2, February 1975, pp. 111 – 128.

克（Sanjek）曾谈到的，田野笔记是在田野点记录的，是关于访谈和观察的详细"原始"资料以及"自发"的主观反应；而民族志则通常是在"家乡"完成的，是经过认真思考、反复推敲，基于理论高度撰写的文本。① 这种将"田野"与"家乡"进行界限划分的观点虽然明晰了田野笔记与民族志存在差别的深层观念，但也可能隐藏着一种对田野选择的标准和取向，这里的田野概念往往是一种地理意义上的概念，意味着某个地点。这正如费孝通先生的深刻阐释："人文世界，无处不是田野。"田野不应仅仅是一个空间或地理上的概念，也有空间、时间和历史的维度。文本、社会场景和历史时空都可以作为一种田野，具有历史和社会场景的意义。从这个意义上说，人的生活应是一个不断对世界开放的过程，② 开放意指研究者不能说揭示了全部，甚或没必要揭示全部，我们只是在某个时间点、某个情境里，在某个立场上，在某一段事件与经历中看到了什么、捕捉到了什么。最终，用自己的方式，把它完整地呈现出来。在切磋琢磨中，在行走于书斋与田野之间，田野研究者总是致力于挖掘日常生活所隐含的深刻思想，在躬身践履中实现更彻底的自我反思与重建。

二 田野研究地点的选择

围绕研究问题，如何选择研究地点是田野研究面临的首要问题。相较人类学，教育学的内涵与使命规定教育学者走进田野的目的是影响人的身心发展，是有意识地促进"成人"。所以有研究者曾坦言："选择什么样的学校作为田野，不是取决于学校所处的地域是否遥远和它的文明程度，也不取决于其文化背景，而是取决于具体的教育问题。"③ 教育问题的核心是人的成长与发展。

（一）幼儿园作为田野的属性

幼儿园是幼儿生活、成长与发展的场所，是幼儿教育的专门场

---

① 庄孔韶：《人类学经典导读》，中国人民大学出版社2008年版，第275页。
② 刘云杉：《学校生活社会学》，南京师范大学出版社2000年版，第379页。
③ 李政涛：《教育人类学引论》，上海教育出版社2009年版，第124页。

所，因而也是幼儿教育现象与教育问题集中发生的场域，具有开展幼儿教育的空间条件和精神氛围。作为基础教育的一部分，它提供了正规化和制度化的幼儿教育条件，且对整个基础教育质量产生着影响。虽然与进行系统学科知识学习的中小学教育具有显著差异，但其也是学校教育的一种独特形式。如果将幼儿园作为一个教育学概念，那么对其的理解应是立体而多维的，它既是静态物化的所在，是师幼教与学的场所；更是灵动思想的栖息之地，是师幼生命成长的原野。据此，将幼儿园作为教育田野实践的焦点，我们需思考它的两种属性及其意义：其一，幼儿园具有物化空间的属性；其二，幼儿园具有社会文化的属性。这既构成理解幼儿园童书阅读的背景性元素，也是研究者开展田野工作应做好的认识准备。

1. 幼儿园具有物化空间的属性

幼儿园是一个专门化的社会场所，具有其独立的场域特征和物化形态，是幼儿教育活动得以发生和发展的物质基础和前提条件。

一方面，幼儿园的物化空间与环境结构从一定意义上讲是一种客观存在，是其作为教育田野的固有特征。物质条件包括一切支持幼儿正常教育活动的空间布局、建筑设施、材料设备等，在空间设计与使用上强调对幼儿主体性的开放与鼓励。各种物化空间与环境条件对幼儿的成长与生活、生命与发展具有潜移默化的教育意义，诚如蒙台梭利所强调的"有准备的环境"，苏霍姆林斯基所提倡的"让学校的墙壁说话"等环境理论，是教育影响的重要方式，这也是为什么研究者会在第二章开篇就对班级里的阅读环境作出介绍的原因。另一方面，幼儿园环境内的各种关系结构构成了幼儿生活的另一个客观事实，且影响着师幼间各种关系结构的可能性。各种关系结构是指环境内所有共存的人、事、物之间的关系格局，其中的师幼关系在幼儿园教育关系中最为核心。师幼关系是指幼儿园教师与幼儿之间通过心理和行为方面的相互影响而建构的人际关系，它从根本上讲是教师与幼儿的主体性交往关系。就知识、能力、经历等方面来说，教师较幼儿而言当然是"闻道有先"；然而，基于人性本质而言，师幼在人格意义上是完全平等的。正如奥地利哲学家马丁·布伯在其对话哲学理论中所阐明的，正是因为"你""我"之间关系的存在，才有"你—我"的存在，师与幼的本质关系是人与人的关系，是我与你之间对话的平等关系。此外，幼儿间同伴关系是幼儿个体间在交往过程中通过心理和行为的相互影响而建立和发展的人际关系，同样互为主体性；教师群体作为促进幼儿园发展和引领幼儿成长的无以替代的人文力量，是幼儿园教育与管理中最关键、最活跃、最根本的因素，也是最复杂的因素，它包含了行政管理人员、行政工作人员、一线教师相互之间的各种关系。总之，在幼儿园情境中人与人之间的关系，不仅显现出既定的物质环境和制度框架特征，而且体现了关系主体作为教师、幼儿、行政管理人员等角色的社会关系与结构特征。当然，幼儿园情境中的各种关系格局相较其他社会情境关系来说，具有质的规定性，即教育性。

幼儿园作为儿童学习与发展的教育场域，具有独特的空间优势。这是因为幼儿园环境空间是专为幼儿提供和创设的、融合了自然元素与社会元素的独具潜力的空间，儿童在其中体验运动、自由游戏、探索事物、发展创造力并形成自我概念与社会认识。积极的环境空间设计对幼儿的想象力、创造力以及自我概念的发展产生着影响。正如博罗善斯克（Proshansky）和戈特利布（Gottlieb）曾指出的："空间经验在很大程度上影响儿童的认识发展以及他们对周围世界的理解。"[1] 不一样的环境空间提供给幼儿的绝对是不一样的参与、运用和创造的机会。研究者对幼儿园这一田野并不陌生，但是在进入田野之前需要尽可能悬置先见，置身其中，与田野的"当地人"深入互动，帮助他们发现并解决问题。而在田野工作之后进行理论建构时，必然需要考虑幼儿园作为教育田野的物化空间、环境关系等背景性因素，以更深入而全面地理解突发事件产生的"土壤"条件

---

[1] Ruth Wilson, "A Sense of Place," *Early Childhood Education Journal*, Vol. 24, No. 3, March 1997, p. 191.

和本土概念的特殊含义等。

2. 幼儿园具有社会文化的属性

幼儿园是学校的组成部分，是幼儿融入社会的第一个正式组织，是幼儿与教师交往互动、相互影响的专属空间，是幼儿教育场域的存在样态和构成因素，它极大地塑造着幼儿园每个人的日常生活和社会关系，呈现出其特有的社会文化属性。

事实上，幼儿园作为一个社会机构，自产生之日起即印刻着鲜明的社会附属性质，并具有显著的社会意义。初期阶段的幼儿教育机构更像是家庭育儿的延伸场所，随着现代化公办教育机构的不断发展，以及社会变革对人的要求的不断提高，新的幼儿教育机构逐渐应时而生。创立了第一所近代公共学前教育机构的"现代幼儿园之父"福禄培尔，对公共学前教育机构有着深刻的认识，他曾这样阐述道："学校与生活一致，家庭生活与学校生活一致。"[1] 作为教师与家长应当积极对话，"引导儿童达到完善境界的完善的人的发展和人的教育"[2]。这种对话既是幼儿教育机构对家庭幼儿教育的一种帮助，又是一种榜样，既满足了社会发展的需求，又能维护社会互动与稳定，凸显公共学前教育机构的社会附属性质与社会意义。杜威也曾论述说，学校是实现"多种多样的人共同生活的生存方式"[3]。幼儿园作为学校的一种独特形式，也必然负有某种深刻的社会烙印，完全化的自然属性空间和物理属性空间一般是不存在的，因为有人及其群体存在的地方，就有社会关系，就具有社会性交往的属性。

据此，相较于家庭生活，幼儿园是一个正式的社会机构，是一个制度化的场域，其一日生活、常规、交往伦理和道德规范都具有

---

[1] [德] 福禄培尔：《人的教育》，孙祖复译，人民教育出版社1991年版，第185页。

[2] [德] 福禄培尔：《人的教育》，孙祖复译，第185页。

[3] [美] 约翰·杜威：《民主主义与教育》，王承绪译，人民教育出版社1990年版，第27页。

不同于家庭教育的制度化与规范化特质，具有一套明确的、完整的组织章程与机构规范。可以说，幼儿自进入幼儿园起就开始接受正式的制度规约与熏陶。当然，相较中小学而言，幼儿园更类似一个弱制度化的组织机构，这与其"保育"性质分不开，因为幼儿园教育"弱教学重保育"的保教结合原则，使其相较中小学教育而言更具生活化、师幼关系倾向于养育而非教育、空间编排倾向于游戏区域、教育内容倾向于生活适应而非学科知识体系、学习方式强调综合性主题活动与游戏方式而非学科认知活动等，呈现出"弱制度化"与"弱学习化"的场域特征。

上述对于幼儿园独特属性的讨论，除了确定幼儿园教育田野对于幼儿阅读研究的特殊价值外，还旨在明晰幼儿阅读严格区别于中小学阅读。幼儿阅读的方式、内容和指向都与中小学阅读具有显著差异，这是由幼儿本身的年龄特征、知识经验、接受能力与思维方式所决定的。对幼儿来说，阅读与游戏同样是幼儿生活中的基本活动方式。游戏是对当下生活环境探索的重要方式，阅读则满足孩子在现实生活环境中无法满足而在虚拟想象世界中进行探索的愿望，从而为幼儿适应、探索、改变、改造生活环境提供了想象的空间与视野的拓展。所以，幼儿的阅读更需浸融于一个整体的、充分的、丰富的读写环境中，这种多通道感官统和的学习方式是幼儿以感官动作为基础，以形象思维为主的学习与认知发展过程。幼儿阅读相较于中小学生阅读，并不着重于知识与文本信息本身，而更为关注熏陶幼儿的情感、建立书籍的概念、感受想象的自由、享有阅读的乐趣、获得阅读的经验，形成阅读的能力与习惯、生发思考的萌芽、建构自我的意义。杜威曾在《民主主义与教育》中主张，学习者必是在自我经验中发现意义。[①] 儿童生命早期的教育是启蒙性的，在生活中发展，以直接经验为基础，旨在向每个幼儿展示其自身发展的

---

① [美]约翰·杜威：《民主主义与教育》，王承绪译，人民教育出版社1990年版，第169—175页。

各种可能性，为幼儿发展创造机会和条件，引导幼儿形成面向自我和他人的开放心态，为幼儿生命发展奠基，从而将幼儿引向对美好人生的追求。从这个意义上说，为幼儿提供童书阅读的机会，既满足其求知的需要，开阔孩子探索世界的视野，更能够启蒙幼儿获得更多的经验与体验的机会，从而为幼儿的成长与发展提供更多的可能空间。生活的价值对于幼儿来说是同样的，幼儿的童书阅读只有寓于日常生活的广泛视域里，才能使幼儿获得独特的生活经验，获得自我体验的机会。

（二）本书幼儿园田野地点的选择

幼儿园教育田野的独特属性是笔者选择田野研究场域的依据与前提。但具体选择什么样的幼儿园作为田野调查的地点，则是由多种因素相互作用的结果。一方面，依据研究问题而定，同时考虑相关限制条件。综合考量时间、精力、资金和设备等客观条件的限制，首先划定一个可行的研究地区，然后在这个范域内寻找可能的、适合的研究对象。另一方面，兼顾研究进展情况。对于研究者来说，进入现场的最大困难不是技术问题，而是一种内在的心灵开放问题，因为研究过程至少需要一个双方真诚开放的前提。然而，在现实情境中，很多幼儿园并不愿接纳"研究者"身份的外来人，换句话说，它们往往并不希望成为"被研究"的对象。因为被"研究"可能会使他们直接联想到被"窥视"，从而存在"曝光""泄密"的可能性。当然，这反映了一种问题心态——问题是自然存在的，但人们对于"问题"缺乏直面的勇气，至少不想将问题展示给研究者身份的"局外人"所知。所以，一些幼儿园会选择婉拒研究者的申请从而限制了田野地点的选择，或者有幼儿园选择"观望"态度，并不真正开放，从而影响田野研究的深入，当然后者至少是可行性的一个开端。

选择切合本研究要求的田野地点，研究者主要采取了如下策略：

第一，划定研究者所处的市辖区 WF 为研究的主要区域。该市辖区学前教育发展迅速，截至 2016 年，市辖区共建有幼儿园 1774

所，其中，省级示范性幼儿园 265 处，总数居全省首位。据相关统计，截至 2015 年 5 月，公办及具有公办性质的幼儿园有 1214 所，占全市幼儿园总数的 66.81%，在园幼儿 162490 人，占全市在园幼儿总数的 67.40%；民办幼儿有 603 所，占全市幼儿园总数的 33.19%，在园幼儿 78600 人，占全市在园幼儿的 32.60%。[①] 考虑到各方面因素，笔者与市辖区内的四所幼儿园的园长取得联系，表明了研究者的身份、研究单位、研究内容及目的。

第二，四所幼儿园分别是（幼儿园名称用笔者自定的代码表示）SZJG 幼儿园、GE 幼儿园、FB 幼儿园、YZ 幼儿园。这一确定过程考虑了以下因素：在幼儿园组织类型上，兼顾公办园与民办园；在幼儿园的定级类别上，兼顾省级示范园、市级示范园和普通幼儿园。以上考虑遵循了教育人类学选择教育田野的标准，即对田野地点的选择取决于具体的教育问题，以有助于对幼儿童书阅读活动有更全面深入的了解为参照。

第三，最终选择 SZJG 幼儿园为研究者长期深入的教育田野。之所以选择这所幼儿园，主要是因为考虑到样本选择的典型性问题和进入现场的便利性原则。SZJG 幼儿园是"省十佳幼儿园"和省级示范性幼儿园，具有一定的代表性和典型性；同时，这所幼儿园是笔者现工作单位的合作办园单位，所以相对来说进入现场比较方便。在进入田野前，通过校方关系与集团总业务园长 W 取得沟通，因为是合作单位，所以进入田野的程序还算顺利。W 园长请笔者到 BH 分园开展研究（随着研究的逐步深入，我了解到 BH 园应算作 SZJG 幼儿园对外的一个"窗口"，但凡接待外来检查、参观等对外活动都是由这个幼儿园承担的）。BH 园的 Y 园长负责接待和全程支持笔者研究工作的开展。可以说，研究者是以这样一种半行政化的身份进入 BH 园的，这为研究的开展打开了两个局面：其一，顺利进入现

[①] 辛国庆：《潍坊市学前教育状况分析与发展对策研究》，《潍坊高等职业教育》2015 年第 6 期。

场，由行政力量支持；其二，BH 园是被动的接受者与执行者，对话与合作的开展进程比较滞缓。当然，正如哈贝马斯所认为的，真正的交往是主体间相互理解的交往，随着时间的推移，研究的深入，尤其是在涉及细节问题的处理过程中，研究者与 BH 园园长、老师们的交流越来越频繁，从陌生到熟悉，再到无话不谈，直到后来我们不再避讳内心的困惑和存在的问题，彼此真诚开放。笔者真诚地向他们袒露想法、思路与困境，老师们也会真诚地开放他们的生活世界、情感态度、职业感受、专业发展和教育观念等。我们的共同话题就是班里的孩子，我们共同的关注就是希望幼儿在园生活是快乐而充实的，而我们走到一起的基本共识，即认为童书阅读是能够为幼儿在园一日生活带来更为丰富的经验和体验的，让孩子的童年更富有想象、更开阔视野、更快乐充实。

（三）研究现场的说明

教育田野研究的特性即在于强调"连续的过程"与"整体的背景"，了解研究对象的基本情况，有助于以整体的、发展的视域看待其中开展的各类阅读活动。

BH 园作为 SZJG 幼教集团最大的分园，依托集团化办学热潮，于 2013 年进行了大规模的改造与新建，并成为以"传统文化"为特色的现代化园所。该园以培养"健康、博爱、聪慧、自信"的儿童为办园目标，以"用快乐滋养心灵，用智慧缔造品质"为办园宗旨，以主题教育、区域游戏为主要教育活动、以"传统文化"（包括传统节日、传统美德、传统文学）为主要教育特色，其中将"童书阅读"与"户外活动"作为贯彻"传统文化"三方面内容的两个核心主题。开设有小小班、小班、中班、大班 20 余个教学班，收托幼儿 668 名，拥有教职员工 66 人，其中本科学历 18 人，专科学历 34 人。BH 园占地面积 5678 平方米，建筑面积 4812 平方米，园内环境净化、美化、儿童化浑然一体，配套齐全，有符合幼儿健康发展要求的活动室、午睡室、洗漱室；有存储童书万余册且可以容纳 50 名幼儿同时阅读的公共童书馆；有培养幼儿兴趣与能力的特色舞蹈室、美术创意室；有功能多样的大型玩具和沙池，设施先进环保，活动空间丰富适宜。

（四）典型研究对象的抽取

每一个独立的场域都有其不同的组织结构、价值精神与气候文化，而每一所幼儿园都是一个独特的文化领域与生命场域的存在。在初期，因为对本园的园所情况不熟悉、对老师们的工作常态不了解、对孩子们的一日生活状态不甚清楚，所以研究者首先充分地浸融于幼儿园一日生活，旨在观察、倾听、感受和理解这所幼儿园的特性。在这个场域内生活的园长、老师们和孩子们是最有发言权的，尤其是幼儿的声音……

在确定好实施调查的教育田野后，选取 BH 园自愿参与到本研究课题的六个年龄班（两个大班，四个小班。共有幼儿 196 人，其中 3—4 周岁 56 人，4—5 周岁 77 人，5—6 周岁 40 人，6 周岁以上 23 人）为具体研究对象，观察幼儿集体共读活动、分享性阅读活动和独自阅读活动三种类型，三种阅读活动一般都是以班级为单位展开的，可供选择的研究样本数量较多，研究者需要进行选择性分析，选择的过程主要考虑如下因素：

第一，田野研究要求尽可能长时间地在固定的田野地点进行观察，除了要留意不寻常的状况之外，还要观察发生在自然状态下的日常事件与每天的活动。所以，要选择可以直接与被研究的人长期接触的机会，亲身经历自然情景下每日生活的过程；能够获得整体性地（如整个单元、非片段地）观察事件的机会，重视社会场景的个别差异等可以不断深入的具体情境。

第二，在一般情况下，班级内阅读活动的组织方式、指导方法在短时间内不会发生很大变化，所以尽量选择不同年龄班的童书阅读活动进行观察，以检测幼儿园童书阅读会因幼儿主体的年龄增长而发生哪些显著变化，并探究其内在依据。蒙台梭利曾提出 3—8 岁是儿童对书面语言的敏感期，如果基于家庭阅读教育环境的角度来开展的话，年龄越小呈现出的可能性越丰富；不过，若从幼儿园阅读教育环境的角度来切入，就不得不考虑更为复杂的因素了。如因小班幼儿在入园后适应程度不同，幼儿园童书阅读活动面临的突发因素较多，在初来园时，几个自愿参与课题研究的年龄班中没有中班，所以研究者首先选择大班和小班作为观察班级，以便呈现幼儿园童书阅读活动的普遍性特征。

经过一段时间的参与性观察和与教师、幼儿的多方互动，研究者最终以大班为主，这是因为大班幼儿一般处于5—6周岁，语言表达能力相对比较完善，能够较好地表达自己的想法，并自愿积极主动地与研究者沟通；具有一定的阅读经验和倾向、阅读能力和习惯等。所选择的大六班在七个月的教育观察中，研究者对所有幼儿的名字、基本的性格特征、语言表达能力，尤其是个别幼儿阅读的情况，都有了较为深入的了解。可以说，从经过三年幼儿园生活的大班幼儿着手，较之小班、中班幼儿具有更多获得丰富资料与感受的可能性。通过与这个年龄段的幼儿对话与交流，逐渐融入他们的生活，参与他们的阅读活动，倾听幼儿的声音、观察幼儿的反应、理解幼儿的表达，并基于他们的立场与教师沟通、与幼儿园环境互动，能够比较好地全面了解幼儿童书阅读的兴趣、需求与能力发展的动态过程。同时，深入自然情景考察幼儿童书阅读的过程，不仅需要注意到文化显在的层面（为社会所认识到的、意识到的、说出来的），也需要注意到文化缄默的层面（较少被意识到的、内含的、没有表达出来的）。

在所选择的幼儿园里，幼儿与童书的直接互动情景是本研究最典型的观察对象，而其童书资源可以概括为两种类型：教材类与非教材类。教材类童书资源主要作为幼儿园集体阅读活动的素材来源与内容载体，是由幼儿园统一配备的，不同年龄阶段辅之以相应的教学用书；非教材类童书资源主要是指图画书（以绘本为主），幼儿园会统一配备一部分，各个班级还会根据自己的情况，组织幼儿家长带图画书来园充实图书角，非教材类童书资源主要用于幼儿园的区角阅读活动。在个别情况下，集体阅读活动与闲散时间的随机阅读活动也会选择非教材类童书作为内容载体。

三 研究资料的收集与处理

(一) 研究资料的收集过程

1. 研究者的角色

"日常"是"田野"中的人最自然的状态，亦是最真实的状态。专注日常教育研究，是教育田野研究最本质的价值所向，亦是研究者最基本的角色立场。因为我们旨在理解自然情景下幼儿一日生活的状态、幼儿教师一日生活的状态、阅读在幼儿一日生活中所占有的地位与扮演的角色，它们具有哪些表现形态？幼儿在阅读过程中都有哪些反应和表现？为什么会有这样的反应和表现？它们的影响因素有哪些？幼儿园的积极教育影响，如幼儿教师、幼儿园整体氛围等，在幼儿阅读过程中扮演着什么样的角色？发挥着怎样的作用？如果我们对幼儿教师的阅读指导进行重新设计，会不会对幼儿的阅读产生很显著的影响？如果显著，会有哪些反应和表现？如果不显著，原因是什么？还有哪些其他影响因素？所有疑问都发生于现象，所有发现都需基于现实，所有反思都需根植于日常生活。唯有如此，才能认识到幼儿阅读反应与表现的丰富意义，体验到幼儿生活与成长过程的深刻意味，才能感受到阅读在幼儿生命状态中的内在意义与价值。

然而，当研究者真实地置身于幼儿的生活世界里时，作为一个陌生人，怎样让老师们、孩子们少一些戒备或被干扰的情绪，而自然地融入他们的生活？如何透过纷繁琐碎的一日生活细节去剥离自己想要了解的现象与情景？甚至怎样的自处，才算最自然的状态？现在想来，田野研究的独特价值与意义也许就在于，研究者进入教育现场，从"局外人"逐渐成为"局内人"的过程。存在即为合理，所有现象、所有生活的存在方式与样态，都具有其合理性，这亦包括了研究者对本身的反思。随着研究过程的推展，研究者也渐渐体悟到自进入研究现场开始，即已融入了田野生活之中，不可能如冷冰冰的机器一般没有思想地进行机械记录，更不可能不与人发生任何交流……事实上，研究者融入田野生活的整个过程与心路历程即是研究的一个必然过程，亦是田野研究的独特意义，它打下了研究者本身的生活体验、学科视野、个性特质等独特烙印，充满了生命的活力与张力。虽然这一历程充满了未知与艰辛，但是亦因这未知而赋予生活以深度，因这艰辛而赋予人性以深刻。

田野研究的过程也是研究者角色建构的过程。作为田野研究者，一方面进入某个之前并不熟悉的社会场景，参与这一场景中的日常生活，开始了解身处其中的人及其生活，与其建立持久的关系，并始终观察正在发生的事情；另一方面，规范且系统地记录自己在田野生活中的所见所闻，尽可能地保持客观或价值无涉的立场进行描述与分析。研究者本身的存在首先即应该是自我接纳与关怀，以一种自然而然的实践性逻辑不断推进所关注的问题。当然，教育田野研究应更具有人文情怀和生命关照，发现问题是必然结果，只有当研究者以"局外人"的身份和视角看待和理解田野中"局内人"的生活时，才有可能发现问题，而问题的呈现正是深入互动的契机。因为在发现、剖析、解决问题的过程中，研究者的身份才会逐渐被接纳，由"局外人"转换为"半局外人"，从而逐渐成为特殊的"局内人"。这个过程是艰辛而漫长的，但也是快乐而充实的。研究者基于问题展开的研究过程，实质上就是研究者寻找教育与生活对话方式的过程；研究本身是对田野生活的一种解释，是教育憧憬理念化，教育理念情境化，教育情境抽象化的过程。研究过程即是对日常生活的一种记录方式，研究者为记录者，然而写的不是荒郊野外，而是人们非常熟悉的所在，是人人眼中有，人人笔下无的所在；研究的结果也是努力尝试寻找适合田野中的教师教科研方式和表达方式的过程。所以，从教育人类学研究视角上讲，除了基于人类学田野研究的"找事""说事"外，还要"成事"，这亦是教育人类学田野研究者的基本立场与价值担当。

2. 田野调查的阶段

田野研究的资料收集过程，即研究者努力让"事实说话"的过程，"一方面，让事实自己说话，强调对事实本身的尊重；另一方面，事实不能挑选自己，挑选事实的是研究者"①，所以对事实的呈现必定基于研究者的理解。研究者在进入研究现场收集资料之前，自己的个人因素，包括文化身份，对研究问题的预设，与研究对象的关系等都会成为研究问题的一套价值确定系统。因此，在资料收集的过程中，研究者要尽量"悬置"自己所习得的理论，这样收集到的资料才可能更加全面。当然在面对资料时，我们习惯于用相关文献（如已有研究成果、相关理论）来解释资料或评述别人的观点，提炼出自己的理论假设或研究模式。可以说，前见难以回避，它是理解的基础，也是理解的偏狭处，韦伯提出"价值无涉"的观点，②即针对于此。所以，研究者在问题的提出时肯定有价值观的参与，但确定问题后，尤其是在资料收集过程中，要尽力做到价值无涉。

笔者对资料整理采取的步骤是：首先，在对幼儿童书阅读活动进行参与、观察、速记或录音、录像之后，从田野回到书桌，将资料进行拷贝、浏览并对相关遗漏信息进行补充；其次，将回忆、速记、录音、录像转化为现场和事件的详细书面记录（尽可能地记录自己注意到并感觉重要的信息），在此基础上撰写田野笔记初稿。田野笔记实际上是对资料进行初步分析，对经历过的事件和书面记录进行最原初的筛选。完成一天的田野笔记初稿后，重读自己撰写的笔记，将某段经历写得更充实或者对某段经历的意义和重要性进行反思、评论。经过数月的田野笔记撰写之后，再对田野笔记进行处理。阅读已有的田野笔记，并选择有价值的主题进行内容编码。最后，对田野笔记中的观点、议题和主题的编码进行归纳和聚类，并

---

① ［英］英克尔斯：《社会学是什么》，陈观盛等译，中国社会科学出版社1981年版，第34页。

② ［德］马克斯·韦伯：《社会科学方法论》，韩水法译，商务印书馆2013年版，第151页。

初步建构理论框架。具体来说，研究分三个阶段进行，数据资料来自 2016 年 9 月 1 日至 2017 年 5 月 31 日的实地调查。虽然我在 2016 年 9 月至 10 月多次到幼儿园，但最初更多的是与幼儿园建立关系和熟悉园所，真正系统化的研究交流和合作历程是从 11 月开始的。

第一阶段，从 2016 年 9 月到 2016 年 12 月初，旨在熟悉幼儿园和所在教室的环境因素、活动常规，并描述幼儿与童书互动的机会、情景和方式。在这一阶段，非常关注幼儿教师的集体故事课与区角阅读活动。观察了十个故事课阅读和十个区角阅读活动，并与幼儿教师进行了两次教研座谈与两次个别访谈。这一过程是极其缓慢的，因为熟悉与了解是研究开展的前提。

第二阶段，从 2016 年 12 月到 2017 年 4 月，由四个子阶段组成。笔者对参与本课题研究的六位老师进行针对性的观察和记录，制定观察记录表（观察记录表见附录三），合作选择了 10 名幼儿进行追踪观察（对 10 名幼儿的选择考虑了性别、阅读能力、前阅读经验和阅读兴趣等因素）。经过一段时间的观察、记录和实验过程，对幼儿进行了初步选择，并基本保持固定和持续性的个案研究。

子阶段 I（2016 年 12 月到 2017 年 1 月前）：非参与性的观察，旨在了解幼儿在原环境中自发阅读行为的阅读反应。

子阶段 II（2017 年 1 月和 2017 年 2 月）：是数据收集最密集的阶段。在这一阶段，每周至少观察和录制一次集体阅读活动；通过区域阅读活动中的参与性观察与访谈，与幼儿交流以了解他们在阅读内容选择与反应过程中更深入一点的资料；与教师进行了两次教研和一次访谈。

子阶段 III（2017 年 2 月和 2017 年 3 月）：与幼儿教师沟通并对其班级的阅读材料进行调整和变化，旨在了解幼儿在这种间接支持性引导过程中阅读前、中、后的反应。同样首先观察其自发阅读行为的反应，并通过与幼儿交流以了解他们在内容选择与反应过程中对于不同内容体验的进一步资料。这是逐步积累与反复经验的过程，因为一方面幼儿在材料变化后的阅读反应也许并不明显，或者反应滞后，需要逐步积累；另一方面，不同内容类型需要分别进行投放与提供，是一个反复经验的过程。

子阶段Ⅳ（2017年3月和2017年4月）：通过对阅读内容不同呈现方式的设计，包括内容本身呈现方式以及教师基于内容特定的语言引导设计等，来观察幼儿阅读前、中、后的反应。四个子阶段层层深入，对于幼儿阅读不同内容（文体、叙事、结构）的反应（语言、身体行为与审美表达等各方面），以及不同内容呈现方式对于幼儿阅读反应的影响进行描述和分析。

第三阶段，从2017年4月到2017年5月，主要涉及退出程序。对集体阅读和区角阅读的密集录音和录像已经基本结束；与教师进行两次教研和座谈，继续进行一般性观察。此外，邀请所在班级的家长进入课堂开展了一次亲子阅读活动，一次问卷调查，还举行了一次座谈会议，向幼儿园所有语言组教师介绍初步调查结果。

研究的三个阶段，搜集资料的主要途径是研究者的观察，而研究对象的性质与特点决定了材料收集方法的选择与实施过程。通过多方面考虑，结合质性研究特点，笔者在实际的资料搜集过程中综合运用了观察法、访谈法和实物收集法。对幼儿童书阅读反应的实地研究分为三个方面：阅读前反应、阅读中反应和阅读后反应，并聚焦于幼儿对不同内容材料的语言反应、行为动作反应、微表情反应、情绪情感反应和审美反应等，每个研究阶段都包含阅读反应的三个完整过程。

3. 数据资料的类型

（1）田野观察笔记

相对民族志文本，田野笔记是最原始的文本，是对早期印象的记录，能反映文化多样性的一些基本方面。它十分琐碎、零散，但是确如马林诺夫斯基所说，是"本土生活和特殊行为的不可估量之事物"① 的一部分。

现场手写的观察笔记通过研究被保存在笔记本中。② 笔记有多种类型,当观察幼儿在区角阅读活动的反应时,研究者特别注意幼儿参与阅读的积极性、对图文符号的关注点和同伴间交流的方式等;在观察集体阅读课时,笔者对教师指导过程的相关背景、教师与幼儿间的互动方式及其与文本内容间的关系等更为关注;在随机阅读活动中,幼儿自发的一些偏好倾向、图文符号互动方式、阅读环境支持等,相对更为凸显。还有一些田野笔记是研究者对自身研究程序、概念理解、研究历程以及与幼儿、教师建立关系的自我反思等。尤其是当选择了深入分析的 10 名幼儿后,关于他们的具体阅读过程、反应方式及反应风格都进行了"深描"式记录和某种假设等。观察实录保留在页面的左侧,右侧为初步编码和分析,形成了近 50 万字的笔记资料。可以说,通过最初记录的直觉、假设、问题以及对所观察结果的推测,笔者对田野笔记进行了初步的分析。

(2) 教研与访谈

在研究过程中,与教师共进行了七次教研座谈和三次"开放式"个别访谈。教研包括 2016 年 9 月初次进入幼儿园时的研究课题介绍与合作关系建立;自 11 月始至次年 5 月,通过不同的教研主题开展周期性教研,旨在了解和交流关于教师在童书阅读教育方面的理念和实际做法等情况。访谈主要基于实践的逻辑和问题的需要而开展。

首先需要了解教师关于幼儿学习和阅读的教育理念和支持;其次是对于个别幼儿阅读反应的追踪记录和沟通;再次是记录幼儿阅读反应与效果的变化,了解教师对这项研究的认识、反思和理解等;最后,访谈也构成了比教研更深入的问题的讨论和检查,如大六班

---

① [美] 康拉德·菲利普·科塔克:《简明文化人类学:人类之镜》,熊茜超等译,上海社会科学院出版社 2011 年版,第 27 页。

② L. R. Sipe, The Construction of Literary Understanding by First and Second Graders in Response to Picture Storybook Readalouds, Ph. D. Dissertation, The Ohio State University, 1996, p. 199.

班主任 L 老师与笔者分享其对于班级幼儿常出现或新出现的反应表现及内容理解方式的观察和判断（幼儿教师访谈提纲节选见附录四）。

（3）集体阅读活动实录

所在班级每天会组织一次集体阅读活动，主要包括两种类型：绘本阅读课（绘本图画书，主要选自阅读角或幼儿园统配图画书系列教材）与故事讲读课（无图画书，故事大多选自于幼儿园统配《教师用书》）。上午的集体阅读课通常是每天的第一个正式活动，在此期间，所有的幼儿都坐在教室中间的固定座位上，每个幼儿都有一本同样的图画书以便其倾听、观察和互动参与。班主任 L 老师在绘本故事的集体阅读中所呈现出的特征（在第二章中有更细致的描述）包括在这一部分里，因为这些也为在区角阅读和随机阅读过程中对需深入分析的幼儿选择作了一定的铺垫。

在集体阅读活动进行时，研究者坐在孩子们座位的后面，进行手写记录和录像，以帮助在整理田野笔记时，更细致地重温与分析幼儿的细微反应，如微表情、情绪、互动参与的方式等。共观察了 20 个集体阅读活动，基本都是在研究第一和第二阶段观察的，在此期间全部都有观察笔记记录。

对大六班两位老师整个阅读活动过程进行建模，概括教师阅读指导的一般流程，并适时参与阅读指导。研究者通常选择一个故事，也支持幼儿从所推荐的几本书里作出选择。每一次与幼儿集体共读，都试图给幼儿们呈现封面并引导幼儿阅读标题、作者信息、出版信息、环衬、扉页、文本正文与封底。事实上，幼儿在童书阅读过程中，尤其是在与教师共读或是在其引领下，往往表现出强烈的阅读兴趣和情感倾向。只要是愿意表达，无论是语言的还是非语言的，都鼓励幼儿大胆描述和充分想象。所提的问题大都是开放性的，目的是鼓励幼儿表达，而不是指导答案。这些过程也都请 L 老师协助进行录音或录像，直到结束。在活动结束后，立即做观察笔记，记录了非口头行为和录音手段无法记录的除声音外的其他方面。

(4) 区角阅读活动实录

选择 15 个区角阅读活动情境的数量是基于幼儿童书阅读反应表现的丰富性及典型性来确定的。虽然幼儿在区角活动的选择上比较自然随意，在阅读过程中的反应情况也非常不同，但是经过一段时间的观察，发现幼儿在区角选择的过程中具有一定的倾向性，在与童书、同伴互动过程中的反应也具有某种典型性特点。因而，笔者将比较能够凸显出这些倾向性和典型性特点的情境进行编码和归类。

这些小组的选择有几个标准：其一，幼儿的选择主要是与班主任教师合作努力的结果，是以一种有代表性的抽样形式呈现的；其二，选择能够反映与教室里所有幼儿的典型性阅读反应特征和个别独特性阅读反应的案例；其三，在选择这些活动情境时，我们会考虑这些情境中的性别和人数比例。此外，在考虑选取的区角阅读活动情境中，反映了集体阅读活动中存在的某些范围。如有的幼儿在集体阅读活动中的参与感不强，或者不参与，如果有机会我们会考虑将其包括在区角小组阅读活动中。总之，这些标准旨在确保所选取的区角阅读活动的案例中的幼儿，不仅是整个班级的典型回应者或者独特回应者，而且是以不同的方式反映了整个班级的普遍情况。

几乎所有的区角阅读活动都是在自然主义的参与性观察下完成的，区角阅读活动通常在每天下午 15：00 开始，15：45 结束，共 45 分钟。阅读角由两排书架围成一个条形的独立区域，两张拼接式长桌和八个小椅子构成了一个简单而温馨的阅读空间。来阅读角寻找童书阅读的孩子，每次大概 6—9 人，且人员总会有些变化，不过，固定每次都选择图书角阅读的有 5 名左右的幼儿，并表现出较稳定的阅读偏好。研究者选择坐在与孩子们一样大小的椅子上，和每次来阅读角读书的幼儿围在一起，位置一般都在桌角。这个座位安排的目的有两个原因：其一，当进行非参与性观察时，这个角落不突兀，且可以比较全面地观察每一个幼儿的阅读情况和微表情反应；其二，当需要了解幼儿在同一本童书阅读上的反应时，可以确保每个幼儿都可以看到同一本书，每个人都很舒服，且大家都能彼此靠近，都能触摸到图画书。如果幼儿们愿意接触和触摸这本书，还可以直接指出图画或文字上的某些标示，哪怕是一些很微小的细节。

区角阅读活动的图书是班级已有的童书资源，关于这些童书的构成和来源在本书第二章会有详细介绍和分析。选择和孩子们在集体阅读和区角阅读活动中分享共读的图书是与幼儿老师合作交流的结果。所选择的童书与幼儿园单元学习活动主题相一致，而且会在内容上选择那些幼儿更感兴趣的作品。尤其是那些重读的作品，在集体阅读活动中对某一图书进行共读后再放回到区角阅读中，幼儿自主选择的作品将被作为一种独特的文本来分析幼儿不同的反应类型。总共有15个区角阅读活动实录被全部转录。

（5）随机阅读活动实录

研究期间，发现除了集体阅读活动和区角阅读活动这种由教师组织的正式活动外，还有在闲散时间里个别幼儿的随性随机阅读活动。因为这类活动大都发生在活动与活动之间的空隙或餐后休息时段，属于自由随意活动时间，故此时自发选择阅读活动的幼儿会很自然地走进研究者的视线。与其中经常性自发选择阅读的十名幼儿进行了一对一的童书阅读和访谈。2017年1月，完成了对随机阅读活动中的五名幼儿一对一童书阅读的参与性观察，每次活动后都做了细致记录；3月末，又对另外五名幼儿进行了一对一童书阅读的参与性观察，并在其后做了细致记录。在同一时间段，因为是闲散时间的随性阅读，幼儿们是一个一个来到图书角（如餐后逐个进入），其他孩子还在与班主任或配班老师进行别的活动，所以安排这样的随机观察，使得幼儿们并不感到异常或不寻常。此外，在此阶段，幼儿们已经习惯了"我"这个"故事老师"的存在。因此，能够确保幼儿的反应是自然的、常态的。

像集体阅读活动和区角阅读活动一样，在与幼儿进行随机阅读活动中的一对一童书共读时，研究者总是鼓励回应，而不是指导过程。当每一个一对一的共读随机阅读活动结束后，即会将这个过程中关于非口头行为和环境氛围等其他方面的信息及时记录到观察笔记中，因为这些不会在录音中被捕获。在这类活动中，录影常会使幼儿们感到不自在或受影响，所以较少使用。需要明确的是，区角阅读和随机阅读实录的目的是多方面的：首先，收集这些数据不仅仅是作为独特幼儿阅读活动的材料数据，也是为了结合这一部分幼儿的更多数据，补充集体阅读活动中所获得的数据信息。在初始编码期间，对所收集的资料进行分析的重点是对每个个体所表现出的特征间关系进行逐步的发现和验证，抽样的方式主要是根据"关系和变化"的分析形式，① 即对个体特征数据进行仔细研究，并试图将其内在关系进行类别化。基于此，本书对一些幼儿可能有的可识别的个人反应风格进行一些假设。而随机阅读活动中的一对一阅读情景与区角阅读活动中的个体幼儿阅读情景代表了这样一种抽样方式，因为它最大限度地提高了验证研究假设的机会。其次，区角阅读活动和随机阅读活动所聚焦的一些个体幼儿阅读情景，会给那些在集体阅读活动中不愿参与或基本不参与的幼儿有表达的机会。最后，在三个嵌套活动环境中收集数据，不在于比较集体阅读、区角阅读和随机阅读的差异情况，而是要确保对这些幼儿阅读反应过程的最终描述尽可能完整和丰富。

（6）文本资料与影音资料的转录

这是一个非常复杂的工作过程。当然，现在有很多专业人员可以转录数据，或者使用昂贵的转录软件进行信息输出，但是只有身处现场才会清楚，其中的很多因素是不可机械复述的。如环境氛围的背景及其变化、幼儿间的小动作和表情互动、教师的语言语气倾向、文本内容的呈现与幼儿视觉的瞬间融入，以及教研活动过程中，老师们发言的微表情和文化背景等，对于没有亲身在现场和从没有

---

① L. R. Sipe, The Construction of Literary Understanding by First and Second Graders in Response to Picture Storybook Readalouds, Ph. D. Dissertation, The Ohio State University, 1996, p. 185.

读过这本童书的人来说，是很难捕捉和感受的。所有这些因素结合在一起，使研究者必须亲自进行数据转录，如若不然，就极易导致好像在听一些无关紧要的人不断输出信息，却没有发现信息本身的意义。

一方面，在转录过程中，对数据更加熟悉和掌握，每次转录信息，脑海中就会对当时记录的情景有一个"重温"；另一方面，转录的过程，实际上已经是数据分析的过程，很多信息的记录已然具有了研究者的控制和主导，且随时都会将脚注进行添加和注释。此外，对于转录时的解释性观察，需要创建脚注或批注进行标识，如在页面右侧留下了大量空白，以便于手工编码，使其与原始数据分别开来。转录过程不仅仅记录幼儿、教师的互动及幼儿的反应，还要对童书文本的信息、符号、主题、意义等进行分析，以使童书内容线索及其特征与幼儿阅读反应有更紧密的对应。

（二）数据资料的编码和分析

质性研究范式秉持的是建构主义的立场，其主要原则之一即"发现"，数据收集和数据分析具有相互处理的关系，调查结果是逐步在研究过程中生成的。[1] 尤其民族志研究方法所处理的是非结构化的数据，即在数据收集的集合里，并不是按照既定的分析类别在数据集合上进行编码，而是在收集数据的过程中，逐渐形成类别代码。也就是说，研究的类别和代码是从数据中逐渐浮现出来的。[2] 当然，研究人员在走进调查现场之前不可能秉持完全的中立立场，而总是尽可能悬置"前见"，从而能够基于原始材料的数据发现来进行"建构"，遵循的是一种"实践的逻辑"，而非"逻辑的实践"。

---

[1] L. R. Sipe, The Construction of Literary Understanding by First and Second Graders in Response to Picture Storybook Readalouds, Ph. D. Dissertation, The Ohio State University, 1996, p. 111.

[2] L. R. Sipe, The Construction of Literary Understanding by First and Second Graders in Response to Picture Storybook Readalouds, Ph. D. Dissertation, The Ohio State University, 1996, p. 111.

本书的大部分数据资料是由各种阅读活动情景的录音、录像、田野笔记、访谈记录等组成的，它们之间既相互联系又相互验证。文字记录保留了幼儿们在童书中发展的想法和概念，这些阅读理解的表现在转录文本中体现出来，虽然它们都是静态的文本形式，但是可以在一定程度上进行数据源的交叉分析。有研究者曾提出，在民族志研究中，数据收集与数据分析是同步进行的。① 事实上，每一阶段的数据分析都会涉及数据的类别化，而编码是数据类别分析的前提方式。其中，开放编码、轴心编码和选择性编码是由 Strauss 和 Corbin（1990）提出的编码类型，所收集的大量数据在分析过程中被纳入可管理的数据集合中，并作为研究者对研究参与者的言语和行为的有意义的见解。② 本书的数据编码处理沿用了这三种类型。

1. 开放编码

在田野研究初期，除了录音、录像等记录方式外，田野观察笔记是最为重要的数据收集方式，连同录音录像的转录本在内，随时记录了很多解释性脚注，这些脚注并非专门的理论反思环节，而是一种最初的直觉、推测、假设、疑问或者对数据的初步解释。例如将每日观察到的活动情景转化成观察笔记且经过一段时间的积累后，会自然地对其进行最原初的分类：集体阅读的情景、区角阅读的情景和随机阅读的情景，对所有案例数据都依据这三种阅读情景类别进行收录，以使数据的梳理和分析更为便利。其后，对不同阅读情景下的数据资源进行系统描述和数据解释，这亦是开放编码的关键步骤——通过仔细检查现象来分析数据意义，并命名数据。例如研究者首先会对幼儿阅读过程的一个情景进行深描，其后将那些直接反映幼儿阅读反应的描述进行标注和分析，形成初期的命名编

---

① ［美］保罗·D. 利迪、珍妮·艾丽斯·奥姆罗德：《实证研究：计划与设计》，吴瑞林等译，机械工业出版社 2015 年版，第 123 页。
② L. R. Sipe, The Construction of Literary Understanding by First and Second Graders in Response to Picture Storybook Readalouds, Ph. D. Dissertation, The Ohio State University, 1996, p. 113.

码——编码1：视觉反应；编码2：动作反应；编码3：语言反应；编码4：情绪反应；编码5：审美反应等（详见附录五），这些编码主要是针对情景案例中幼儿阅读反应的最直接描述的注释。事实上，这种描述和注释潜隐着研究者的学科基础、理论背景、教育立场和文学理解等方面的某种导向。

开放编码的目标是命名和描述每一个活动情景发生的关键事件、典型幼儿的独特反应及其变化，并关注所发生的转变原因及其问题实质。在经过一段时间横向的、宽泛的开放编码后，我们即获得了大量的具有不同命名意义的编码数据，此时即进入系统整理数据的过程中。不过，这里就存在了一个重要的研究任务，即我们对这些初期编码数据进行分析的维度有哪些。在本书中，我们将分析的维度重点放在了幼儿反应的转折点上，因为幼儿往往会因为某一个显著的线索、突然的变化、持续的刺激等产生变化反应，而这些都是我们对于文本线索、社会互动、环境因素等进行进一步分析的切入点。例如在2017年1月20日，研究者在与幼儿共读绘本图画书《这是一本书》时，注意到一个特别的现象：书中插入了一个"书中书"的片段，内含了一段英国作家罗伯特·路易斯·史蒂文森的《金银岛》中的情节，这样的设计很容易通过一种文本间的联系、比较和联结，来建立幼儿对于书籍阅读的认识。幼儿在看到此处时，要么强烈要求大声朗读这段"书中书"的文字描述，似乎要把这本书（《金银岛》）大声地读给另一本书（《这是一本书》）里的"驴子"听；要么停下来仔细观察这个完全不同于其他图画风格的页面，关于这方面的详细描述见第二章。基于这样的方式，一种初步的认识和概念就从最初的开放编码中逐渐浮现出来，如"语言反应—文本间联结—建立书籍概念"等。在最初阶段数据的混杂中，这类编码方式会逐步扩展到其他数据资料上，并成为笔者最初几类编码的命名方式。当然，这类编码命名的方式是非常分散而无条理的，甚至可以将此认为是一种情景概括力和理论想象力的训练。不过，正如 L. R. Sipe 所说的："在我们的研究中，我们可能会想出几十个，甚至几百个概念标签……这些概念也必须被分组，否则我们就会陷入一种困境。"① 继而，分类的过程也就开始了。基于此前"文本间关系与联结"的幼儿阅读反应案例，对各种关于"文本间关系的联结"的概念继续加以探索。这样，出于对所有最初命名的编码进行分类，继续探索几个典型命名的概念，如"文本间联结""文本与生活经验的联结""文本与个体心理体验的联结"等，所有这些联系和联结都是基于幼儿外在反应的发现和概括。

当然，在开放编码中出现的类似描述性分类的示例有很多。类似"文本间关系的联结"最终被作为一个重要的类别编码而存在。不过，也有一些描述性的编码因为太具体或者太笼统而不能长期存在和使用，从而常常与其他内容相近的数据信息相互整合为一个新的命名代码。例如研究者关于"思维与语言"概念的理论知识，②使自己对幼儿口头语言的阅读反应十分关注，这似乎表明幼儿在使用他们的背景知识、语言储备、思考方式等来描述和想象文本或图画的信息。然而，当研究者像发现"新大陆"一样用这个命名代码进行转录编码时，却发现幼儿所表现出的所有口头语言或书面语言或身体语言似乎都可以理解为一种"思维"图式，那么这个代码也就不能再使用了。因为太笼统，几乎可以涵盖所有内容的编码方式，这就相当于是无意义的编码。事实上，不仅仅在开放编码过程中，实际上在数据编码的所有阶段，数据都不断地做着往复运动和进行着交叉检验的过程。很多代码因为材料的支持，而常常会使用很长时间，直到出现新的假设，面临着一定数量的材料不支持的情况，这时，研究者就必须回到起点进行重新编码。这个过程是繁复的，往往在已有的编码数据之外，同一水平线轴上又出现新的编码数据，

---

① L. R. Sipe, The Construction of Literary Understanding by First and Second Graders in Response to Picture Storybook Readalouds, Ph. D. Dissertation, The Ohio State University, 1996, p. 65.

② [苏]列夫·维果茨基：《思维与语言》，李维译，北京大学出版社2010年版，第140页。

且相互存在一些冲突或不匹配，这时就需要研究者对原有编码进行重新循环校正了。

2. 轴心编码

在完成初步的开放编码后，数据会形成几个大的类别，每个类别之下还会有子类别。至此即需要将所有数据置于更大的分析背景中，进行大类别与其子类别之间的关系建立，这就是轴心编码。① 例如笔者在经过初期的开放编码后，形成了关于"文本间关系的联结""文本与生活经验的关联""文本与幼儿心理体验的关联"等几个大的类别编码，在每一个大类别之下都是一个数据矩阵，包括不同的次类别编码的叙事案例。譬如在"文本与文本间的联结"中，有的是两个文本间的情节相似，有的是因为人物角色相像，或者是因为两本书的插画风格相接近……据此，形成了一个大概念的普遍范畴之下的子类别，如大类别"文本间关系的联结"作为一个主题，其下又分别涵盖"文本情节相似的反应联结""文本角色人物相似的反应联结""文本图画风格相似的反应联结"等次类别，在每一个次类别编码的案例中，我们又进行了三级编码，即对幼儿的视觉、动作、语言、情绪和审美等反应的直接描述都进行了细致编码（如同附录五中的编码方式）。

除此之外，研究者在后续梳理材料时还发现这种联结有时候会存在某种迁移，如文本与电视卡通片、电影儿童文学等作品中的故事经验也会建立联系，"文本"的概念可以具有更广泛的定义——"文化产品的多媒介载体形式"，那么在同一类别的文本联结中就可以将此包含进去，如数字化阅读与传统纸质阅读的比较和联结（详细阐述见第四章）。由此，编码由最初的开放编码和数据积累，逐步进行纵向的、同质性的数据分类，一定数量的编码数据在类别化后

---

① L. R. Sipe, The Construction of Literary Understanding by First and Second Graders in Response to Picture Storybook Readalouds, Ph. D. Dissertation, The Ohio State University, 1996, p. 135.

即可以被概括为不同的主题并命名，那些同主题相关且类属于主题概念之下的编码数据，即可作为主题之下的子类别，并通过重新定义类别里所包含的概念进行类别拓宽。可见，数据需要类化，类化实际上是对数据的进一步细化与分离，与此同时整合相关信息，再进行数据合成。

事实上，数据分析的过程也是数据减少的过程，尝试将已有的概念和类别再合并成一个更小数量的类别。这个更小数量的类别的包容性却更大，因为它既反映着原有的概念和类别，还将其他原有数据集合中的相关概念和类别含纳进来，通过呈现几个主要类别的相关问题，形成比较整体的理论构想。当然，这个过程和开放编码一样，一方面体现出在水平线性轴上递进与循环的性质，另一方面在纵向线性轴上也呈现出"归纳推理"与"演绎推理"的交互验证。轴心编码最终聚焦于三种阅读活动与五个反应类别的发展，这些类别描述了幼儿阅读的反应过程，在第三章中将详细讨论这些概念分类。而其他编码数据则为分析这一过程提供了解释线索和相关基础。

3. 选择性编码

基于开放编码与轴心编码的结果，数据中的概念类别范围是非常广泛的，此时对各种概念分类进行更细致的解释工作，这个过程就是"选择性编码"的过程，其旨在所有类属中选择一个核心类属，[1] 使概念类别之间具有更核心的类别间关系。在本书中，选择性编码的核心线索主要体现在三个方面：其一，幼儿的反应类别是相互关联的；其二，幼儿的反应和文本的要素需要相关；其三，幼儿的反应和教师的因素需要也相关。这一过程会导致所有其他的"核心类别"的再命名。因为，当我们查看类别列表时，就会发现存在一个足够抽象的类别，其具有丰富而深刻的现象学意义，但在其所

---

[1] 陈向明：《扎根理论在中国教育研究中的运用探索》，《北京大学教育评论》2015年第1期。

涵盖和描述的所有内容中，没有其他单一的一个类别可以如它一样具有更宽泛的意义，那么其所包括的所有子类别就可以被视为一个"核心类属"①，是能够将所有其他类属加以整合的中心概念，在资料中频繁出现，很容易与其他类属相联系，能够包容最大限度的变异，②具有构建关系模式的关键价值。在本书中，"核心类属"和"中心概念"是幼儿阅读反应和文学阅读理解的过程，解释这一分析过程所构建的关系和模式构成了研究结果的重要部分，这些将在第四章、第五章中分别进行细致阐述。

（三）研究关系的处理

本书的直接观察对象是3—6岁幼儿，"早期儿童既是有能力的，又是易受伤害的"③。所以在有关幼儿的研究过程中更应注重伦理问题。

首先，"知情、同意、主动"是研究伦理中的基本原则。研究对象同意参与研究，并且理解研究的目的是什么、为何被邀请参与研究、会让他们做什么、了解该项研究的有关信息、匿名性、有权随时退出、了解数据记录的方式和用途等。④本书针对幼儿园这一机构中的幼儿进行研究，因此事先必须获得幼儿园中负责对幼儿实施监护的个体或群体的同意，如幼儿园园长、相应班级的幼儿园教师，以及个别家长。在研究伦理方面，研究者根据具体研究需要也要得到幼儿的同意，尤其是针对幼儿个人的访谈，研究者必须注意幼儿所表现出的行为敏感性，如果幼儿拒绝与研究者交往、变得极为沉静或是发出不悦的声音，就要及时尊重幼儿的意愿，让幼儿自由、

---

① B. Glaser, "Theoretical Sensitivity," in A. Strauss, and J. Corbin, *Basics of Qualitative Research: Grounded Theory Procedures and Techniques*, Newbury Park, 1990, p. 116.

② 陈向明:《扎根理论在中国教育研究中的运用探索》,《北京大学教育评论》2015年第1期。

③ ［英］慕荷吉、阿尔班:《早期儿童教育研究方法》,费广洪等译,高等教育出版社2012年版,第40页。

④ ［英］慕荷吉、阿尔班:《早期儿童教育研究方法》,费广洪等译,第41页。

自然地选择继续参与或者选择退出。

其次，关于幼儿研究的最核心伦理规范，是研究者对于参与研究幼儿的保护，包括身体性的、社会性的和情感性的。例如，在研究中对幼儿进行观察和记录，但不对幼儿作出评价；在研究中保持匿名的一贯原则；将对幼儿的观察结果与教师分享等。这些都要求研究者不能将幼儿看成是被动消极的研究对象，而是平等互动的研究伙伴和参与者。并且在研究范式的选择、研究设计、数据收集以及数据分析和表述中，要考虑到有关的伦理问题。

最后，构建研究者与研究对象的关系是研究过程中的一个重点和难点，是研究伦理的核心议题，亦是能否接近真实的幼儿园生活的重要方面。相较来说，幼儿是本书中最重要的信息提供者。所以，如何与幼儿打交道，获取真实的资料，是研究的重要问题。根据研究对象的特性，研究者选择通过参与性观察访谈、录音、录像、档案追踪等具体研究方法自然地融入幼儿的日常生活之中，走进儿童的阅读世界，透过体验，接近幼儿的生活世界、阅读世界，渐渐明白幼儿所处的环境，理解幼儿一言一行、一举一动的意义，并充分考虑研究的伦理问题。范梅南曾指出："对于小孩子来说，通常很难写出书面材料或参与对话访谈，所以为了获得小孩子们的经验，我们就得重视和他们一起玩耍、交谈、演木偶戏、画画，跟他们去游戏场所，做他们所做的事情，你应该清楚地意识到这就是孩子的生活。"[①] 确实如此，研究幼儿在幼儿园童书阅读的过程，就是体验幼儿童书阅读的过程，而这种体验的获得实际上是对幼儿声音的捕捉，是对幼儿生活的体验。幼儿的声音在哪里？瑞吉欧幼儿教育开创者马拉古奇曾提出"儿童有一百种语言"，这意味着儿童表达方式的丰富多样。幼儿在童书阅读过程中的表达除了用诸如交谈、讲述、歌唱等有声语言外，还隐藏在他们的涂鸦、绘画、手工制作、节目表

---

① [加] 马克斯·范梅南：《生活体验研究——人文科学视野中的教育学》，宋广文等译，教育科学出版社2003年版，第87页。

演等小作品的创作中;隐藏在幼儿们的眼神、表情、动作甚至是沉默不语的情感流露中;也隐藏在幼儿们上课、游戏、思考的活动中……这些都是研究者获取研究资料的源泉。而研究的过程不仅仅是从他们那里或者在其帮助下获取资料,也是一个相互促进的过程,是一个成长的过程,是一个经历体验的过程。正是依托与研究对象之间的良好关系,才使研究活动得以顺利进行,也使研究者在研究活动中积累了田野经验,学习做研究。而在与他们真诚的交往中,笔者遵循研究应有的保密原则,即文中所提的幼儿园名称、教师及幼儿姓名均只有研究者才能辨识的化名;观察记录、访谈记录仅作为研究资料,使用后会加以妥善保管;在涉及幼儿园内有争议的问题时,在客观上做到不参与、不发表意见。同时,在实地研究过程中,笔者还先后应邀为相关的几所幼儿园的教师举办多次研讨、报告等活动,希望以此作为接纳本研究的一些回报。

有学者曾这样谈道:"在一个很短的'适应期'后,研究者完全融入学校的环境中去了,而且校内的每个人对研究者的存在完全视若无睹,这是非常吸引人的。"[1] "学术并非都得绷着脸讲大道理,研究也不限于泡图书馆。有这样一种学术研究,研究者对一个地方、一群人感兴趣,怀着浪漫的想象跑到那里去生活,在与人亲密接触的过程中获得他们生活的故事,最后又回到自己原先的日常生活里,开始有条有理地叙述在那里的所见所闻。"[2] 教育民族志与其依托的田野工作组合成特有的学术规范和研究范式,基于研究者在现场的亲身经历、对事实的叙述,将田野工作、田野日记、民族志和文化理论的建构融为一体。资料的整理与分析直至最终田野笔记的撰写花费了大量的时间和精力,但这有助于笔者与他人分享自己的研究心得和研究结果,也有助于促进人们对幼儿阅读过程的认识并改善

---

[1] [美]沃尔科特:《校长办公室的那个人:一项民族志研究》,杨海燕译,重庆大学出版社2009年版,第6页。

[2] 高丙中:《日常生活的文化与政治:见证公民性的成长》,社会科学文献出版社2012年版,第338页。

教育实践。尤其是通过幼儿的生活了解幼儿的世界，与幼儿在一起时，笔者感受到了发自内心的愉悦与欣喜。

四 研究的信度和效度问题

定性研究的设计，涉及的往往是少数的人、教室或其他某个单一的完整单位，[①] 需要处理研究的信度和效度问题，包括其可靠性、有效性和可推广性的问题。

首先，研究的可靠性，是指数据随着实践推移的稳定性。数据材料的来源往往是相互重叠的，如反映幼儿阅读反应的情景主要有三种：集体阅读活动、区角阅读活动和随机阅读活动，然而无论是何种阅读活动情景，都涵盖了幼儿阅读的三种样态：与成人共读、与同伴分享阅读和独自阅读，也显现出幼儿阅读反应的五个维度。因而在研究这一现象的过程中，所有数据来源都在彼此嵌套的意义上存在着理论或现象的重叠，对研究这一现象所采用的方法的理论定位也存在着重叠。

其次，研究的有效性，是指研究发现与解释是完整地"根植于数据本身"[②] 的结果。在本书中，数据编码与分析的递进和循环性质，在一定程度上保证了研究发现是基于数据的，即通过数据分析得出发现和结论，并且能够通过大量数据支持或替代所获得的发现和结论。

研究的可靠性与有效性，可以通过以下几个方面进行反复验证：

其一，长期而持久地参与。本研究田野工作大概持续了七个月，研究者每周在幼儿园相关班级观察三至四天。最初进入现场，经过

---

① L. R. Sipe, The Construction of Literary Understanding by First and Second Graders in Response to Picture Storybook Readalouds, Ph. D. Dissertation, The Ohio State University, 1996, p. 137.

② ［美］达莱纳·E. 温甘德：《基础理论与定性方法》，北京国际图联大会中国组委会秘书处编：《国际图书馆协会联合会第58、59届大会论文选译》，书目文献出版社1996年版，第3页。

两个月的彼此观察和适应，实现对整个园所与班级环境的了解。所收集和积累的数据包括录音、录像和观察笔记，其中有关于集体阅读活动情景的 20 个田野观察笔记、关于区角阅读活动情景的 25 个田野观察笔记、关于单个幼儿随机阅读活动情景的 20 个田野观察笔记，总共有 65 个田野观察记录；对 10 个集体阅读活动、15 个区角阅读活动、10 个随机阅读活动的影像进行了文字转录；还包括了对教师的正式访谈等。在整个田野研究过程中，共形成了近 50 万字的笔记资料。这些因素保证了研究者的参与是长期和持久的。其二，与导师和其他研究者的汇报交流。研究者在研究过程中，会定期将数据收集方法、研究假设、可能的解释以及个人的发现等，与导师、同学及其他研究者进行交流讨论。"与其他学者交谈"是一个"交流有效性的问题"，它涉及在对话中测试知识的有效性，[1] 以实现对理论知识、数据收集范围与分析思路的反思性实践。其三，反向案例论证。研究者不可能完全保持中立立场进行数据收集和分析，所以当出现不"符合"已有编码和类别的案例情景时，需要特别审慎。因为这类数据往往会帮助我们跳出"前见"的预设和理解。在这种情况下，对数据信息的自我反思无疑是最关键的，而与同行研究者进行特定交流，往往会获得某种具有差异性的观点，以延伸或开拓我们的知识和视野。其四，田野参与者的确证。在研究过程中，对幼儿教师进行了三次开放式访谈；更重要的是，幼儿教师和研究者每天、每周都在讨论这项研究，老师们的实践反思和研究者的自我反思笔记，提供了这些成员检查的记录。可以说，研究者与研究参与者之间的交互检查提供了关于幼儿阅读教育的"立体愿景"，因为这些笔记同时还记录了我们所基于的不同的解释视角，尤其是实践者视角会对研究者的理论解释产生一定

---

[1] L. R. Sipe, The Construction of Literary Understanding by First and Second Graders in Response to Picture Storybook Readalouds, Ph. D. Dissertation, The Ohio State University, 1996, p. 139.

的影响。基于上述验证方式的交叉使用，如方法互证、理论互证和成员互证等形成了各类型数据的三角测量，从而确保了质性研究过程的有效性。

最后，研究的可推广性，即研究结果是否可推广到类似的人群和情境中。① 事实上，任何与一个教师打交道的研究都必须解释以何种方式从这种情况中获得的信息在另一种情况中是有用的。② 当然，每一个教育案例情景都具有独特性，我们不能期望这种独特性被完全重复，而质性研究对于案例情景进行"深描"的目的也不在于引导模仿和重复，而在于提供尽可能广泛、详细、充分的信息，以帮助读者进行情景的迁移和发现。在解释主义范式中，读者是唯一能够确定和决定研究中的案例分析是否适用于自己所处的问题情景的。这也正是质性研究范式中的案例研究所具有的价值。Patton（1990）就认为，案例被选择来做研究，乃是引起在研究目的下具有特别的意义，或者简单地呈现案例研究的过程，或者在多个案例研究的基础上进行高度的概括。③ 但是，需要明确的是，质性研究中的案例解释、描述和探索，不是一定要论证什么，而是从实际的事物中发现了什么，从单一的个案中学到了什么。它强调描述对象的自然变化过程，关注研究的过程，注重对研究对象自身的特点和周围环境的深入考察。④ 通过在不同的案例中积累知识，我们可以形成一种基于案例的方式来学习，基于内容的描述来探索，基于不同情况下的"场景"来建立联系的认知过程。据此，本书所提出的研究结论，旨

---

① 杜文军：《作为一种方法论的课堂人种志研究》，博士学位论文，西北师范大学，2009年。

② L. R. Sipe, The Construction of Literary Understanding by First and Second Graders in Response to Picture Storybook Readalouds, Ph. D. Dissertation, The Ohio State University, 1996, p. 141.

③ 转引自［美］罗伯特·K. 殷《案例研究：设计与方法》，周海涛等译，重庆大学出版社2017年版，第23页。

④ M. Q. Patton, Qualitative Evaluation and Research Methods, London: Sage Publications, 1990, pp. 53 – 64.

在形成对幼儿阅读理解的"小范域"理论，而不是一种对幼儿阅读各类文本理解过程的宏大叙事。当然，这里存在一个需要对其建立一般性理解的问题，即在幼儿阅读过程的案例研究中，探索幼儿在阅读过程中的心理因素、审美结构与所阅读内容及其呈现方式之间的内在关联性及其分析，以寻求在幼儿园教育环境中优化幼儿阅读教育活动实施的可能性路径。这是一个通过研究典型个案帮助认识进一步深入的问题，而案例是完成任务的一个工具。所以本书所采用的是工具性案例研究范式，基于较为深入的、细致的、长期的对幼儿园情境中幼儿阅读活动真实情况的考察，通过描述、归纳和解释的方式将案例作为认识问题的工具，概括出研究对象的一些特征，从中透视某种具有一般性意义的结论。不过，必须明确只有基于大量详细的案例研究，且致力于发现和建立情景与情景之间的关系与联结，才有可能从这些研究案例中总结出具有丰富意义的研究结论。

第 二 章

走进幼儿童书阅读的世界

"我"来到一个先在的世界,并试图由此进入儿童的视界,一个好比"潘多拉盒"似的奇妙领域。对"我"来说,这里原初的一切是什么?这个场域空间有什么?"我"所见所闻的是什么?它所展示的是真实的"生活"吗?来到幼儿们的身边,浸融于他们的生活,去观察、去发现、去体验他们有哪些阅读活动?所阅读的内容有什么?他们在阅读过程中的真实状态是怎样的?他们是如何阅读的?童书内容与幼儿阅读反应存在怎样的关系?这就是本章所要谈及的内容。

"阅读者""文学作品""阅读情景"是构成幼儿阅读过程的三个基本要素,[①] 对每一要素的理论阐释仅仅能够帮助我们通识性地了解幼儿阅读的概念话语体系,却无法深入揭示内蕴于主体阅读过程中动态生成的独特精神意蕴与生命状态。幼儿作为读者,有哪些独特性?幼儿是怎样阅读的?在与幼儿阅读研究的先行者们进行理论梳理与对话的过程中,无论是心理学研究者、儿童文学研究者还是教育学研究者,都进行了不同理论视域的系统研究。

---

① 康长运:《幼儿图画故事书阅读过程研究》,教育科学出版社2007年版,第8页。

然而，若从整体上进行理解的话，不同视域的探讨其实是对同一问题三个维度的深层阐释——谁在读？（幼儿读者）；读什么？（阅读文本）怎样读？（阅读环境）。此三个问题是对幼儿阅读过程中三个构成要素的具体情境化。不过，事实上还可以对其加以进一步聚焦，从幼儿作为读者角色的价值认同角度，探讨三个更能体现本书价值立场的问题：幼儿爱阅读吗？幼儿读什么？幼儿怎样读？

  有研究者用"黑匣子"比喻幼儿的精神世界，[①]认为成年人其实是很难通过传统研究方法对幼儿阅读的世界进行深入研究和分析的。确实如此，即使是对成人读者进行研究，单纯通过外在的反应表现对其阅读过程的内在复杂性进行全面、准确而深入的判断，也是困难的。何况当研究对象是一些自我表达能力尚不完善的幼儿读者时，这种在自然情景下的观察分析与交流对话的研究方法，无疑更加挑战性。正如很多研究者所言，幼儿阅读过程是一个动态的发展过程，受到多方面因素的影响，同时又"是一个极为复杂的心理过程"[②]，以致人们无法想象其复杂程度。然而，研究者不应该放弃努力，基于这种探索，发展更为广泛的互动方式，形成更加多元的理解视角，最起码能够促使我们获得了解幼儿及其生活更丰富的材料，开拓我们走进幼儿阅读世界的机会与路径，从而能够更了解他们，有更多的理解和给予他们更适合的爱的方式。这些恰是我们研究此问题的内在动力。基于对幼儿阅读反应的参与性观察与分析，力图于真实之中明晰现象本身的意义，了解幼儿对书籍和阅读的概念，透视幼儿阅读的内容，理解幼儿阅读过程的逻辑，即幼儿阅读反应的现象学阐释。

---

  ① ［美］M. H. Jane：《孩子的智力成长之路：从婴儿期到青少年期》，陈海天等译，四川大学出版社2013年版，第1页。
  ② 康长运：《幼儿图画故事书阅读过程研究》，教育科学出版社2007年版，第145页。

第一节　班级里的阅读环境

阅读环境是幼儿阅读理解过程的外在因素之一，包括物化环境的设计和人文环境的创设两个方面。其中，"我"更关注幼儿教师关于阅读环境创设的理念和呈现方式的问题，以进一步了解其是如何支持班级内幼儿获得丰富阅读经验的。

一　幼儿教师的教育观念

教师是陪伴幼儿在园一日生活的重要他者。幼儿教师对所带班级幼儿的年龄特点、兴趣需要、个性表达等都具有比较深入的了解，对幼儿成长与发展的感受十分深刻。因此，在初时对话幼儿教师，分析他们对幼儿阅读状态的认识与判断，具有一定的分析价值。

幼儿教师对于幼儿阅读的认识和理念

会议室里，六位参与研究的老师围坐在一起，围绕一个主题"幼儿爱阅读吗"进行教研。T老师是小三班班主任，她说："我们班有图书角，但是孩子们都不喜欢看，书也不多。"说完，又有些揶揄地笑着说："我带的班是从小小班（托班2—3岁）上来的，基本上没组织过阅读活动，也没法组织啊，都太小了！"（T老师认为本班幼儿不喜欢到图书角，原因是年龄太小，一般的童书都看不懂，因此本班组织的阅读活动也较少。）

W老师是小四班班主任，不过她的观点不同于T老师："我们班还好，图书角里的很多书，孩子就是说不太喜欢（自己）看，但是很喜欢让我拿着给她讲的，可能与我们班孩子小有关，就比如有时候她不知道故事的名字，就说'老师，这里有个小兔子，你给我们讲一下吧。'就这样拿着一块儿给他们讲，但是我就用我的语气，添了话语给他们讲，他们都爱听……"（W老师认为，本班幼儿不喜欢自己去阅读角阅读，可能是因为很多内容看不懂，但是非常喜欢听老师读这些故事书。）

大六班班主任L老师也接着谈了自己的想法："一般，每天我在下午安排一次区角活动，因为我觉得孩子特别喜欢玩区角。但是说实话啊，图书角是我们班不大受孩子欢迎的区角活动，就是每次组织孩子自主选区角的时候啊，可能是别的区角都满了，他们才去图书角。"此言一出，几位老师都点头称是，表达出对L老师说法的一定程度的认同。（L老师认为，图书角是本班最不受欢迎的区角活动，表现在自主选择活动区过程中对阅读角的冷落方面，但并未对原因做深入分析。）

C老师也是一名大班班主任，在L老师说完后附和说道："我们班也有这个问题，娃娃家啊、搭建区啊那些动手操作类的区角活动，都特别受孩子们欢迎，像图书角，一般孩子都不会首选来这儿。我曾经还对我们班的孩子进行过一段时间的观察，有个别喜欢阅读的孩子，在图书角时选择的童书大多是游戏探索类的，就是那种益智类的书。另外，我发现认字多的孩子喜欢阅读。"（C老师认为，本班大多数幼儿也不喜欢选择图书角活动，但是观察到两个现象：一是发现个别喜欢阅读的孩子有比较稳定的阅读偏好；二是认为识字多的孩子喜欢阅读。）

（选自教育田野笔记：失落的图书角与热烈的教研，2016年10月）

在教研交流的过程中，老师们基于自身经验进行了热烈讨论，所谈的诸多问题存在一定的共性：都肯定了阅读对幼儿发展的重要性，尤其重视幼儿的阅读兴趣和习惯问题；都认为在所开展的班级活动区中，阅读区是最不受欢迎的，并由此判断所任教班级的幼儿并不是十分喜爱阅读。其中，有几位老师还潜在地关注了一个问题，即幼儿能阅读吗？

据此，教研的交流反映了幼儿教师们对于幼儿阅读认识存在两个关注点：其一，"幼儿爱阅读吗？"其二，"幼儿能阅读吗？"其中，论题"幼儿能阅读吗"是论题"幼儿爱阅读吗"的逻辑前提，如果幼儿并不具有阅读的能力，又何谈其通过阅读获得感受与经验呢！事实上，这一问题也是学界始终讨论和关注的问题。如美国儿童阅读研究者苏尔齐（1985）曾致力于研究自然发生的幼儿阅读行为，观察了2—6岁的儿童是如何开始尝试阅读自己所喜爱的故事书的过程。提出幼儿可以参与到阅读活动中，并且能够非常熟悉这些故事，但是幼儿的"阅读"并非传统意义上的阅读。[①] 所以，我们不能从传统意义上的"阅读"来规限幼儿阅读的方式，或者说，如果把幼儿阅读单纯理解为"幼儿看书"，无疑狭隘化地理解了幼儿阅读过程中对书面图文符号的感受与表达方式。不过，在我国，这种狭隘的"阅读观"是有一定的文化背景基础的，也是有一定的历史渊源的。我国幼儿阅读活动的初次萌发已难以考证，但正式的幼儿阅读教育则是"从晚清时期（蒙养院）开始起步"的，[②] 虽然在近30年来尤其是改革开放以来，在阅读观念上已然发生了较大的变迁。但是，很多"传统观念"似乎根深蒂固地渗透于人们对幼儿阅读的理解上，而这种狭隘的理解易导致人们对于幼儿多元化阅读方式与反应的忽视，从而逐渐转化为判断"幼儿不爱阅读"这一结论的主要依据，并不断得到强化，形成一种"负期待效应"，会事实性地对幼儿的阅读过程形成消极的环境暗示，影响幼儿阅读的心理状态。

对于观念上的偏狭理解，最好的应对方式是基于现实生活的实地分析。关于幼儿是否爱阅读的论题，即幼儿对于阅读的感受到底是怎样的？当然只有幼儿主体本身最具话语立场。"幼儿期具有他们

[①] P. David Pearson, *Handbook of Reading Research*, London: Lawrence Erlbaum Associates, 2002, p.506.

[②] 周兢主编：《早期阅读发展与教育研究》，教育科学出版社2007年版，第3页。

自己的观察、思考和感受的方式与途径。"① 他们对周围事物所具有的独特的感知方式，判断喜好的标准，表达自我的语言方式等，是客观存在的基本现实。当然，还有一个客观现实是必须加以关注的，即学龄前儿童对生活环境的感受非常具有依赖性，且随机性强。正如儿童语言学家 Jeanne M. Machado 所说："每一个孩子都是遗传特性和环境作用的独特组合。从出生起，孩子就被看成交流者，对所处环境兴趣盎然。"② 但是，这种依赖性还表现在幼儿对其所身处环境的被动适应上，孩子们睁开眼睛看到什么、张开双手触摸什么、开放心灵吸收什么等从一定意义上说，是由幼儿生活的"重要他者"提供和创设的（例如幼儿教师与家长等）。这些"重要他者"对于幼儿童书阅读及其过程的认识、理解和判断，可以作为我们从更广泛意义上分析幼儿阅读过程复杂性影响因素的机会和切入点。

二　阅读环境的空间与结构

班级阅读环境与童书资源主要集中在阅读角，它构成了班级环境的一个独特空间和功能区域，承担着区角阅读活动的空间功能，也具有集体阅读活动与随机阅读活动的资源提供功能等。其中，以幼儿园区角阅读活动为主。

（一）阅读环境设置的空间功能

班级阅读环境的典型场景即阅读角，其环境构成见表 2-1 所示。

除了环境设置与布置外，图书材料的类别与构成是核心问题。从班级环境来看，图书角是童书集中的区域，因此也是幼儿阅读活

---

① P. David Pearson, *Handbook of Reading Research*, London: Lawrence Erlbaum Associates, 2002, p. 506.

② ［美］Jeanne M. Machado:《幼儿语言教育》，王懿颖等译，北京师范大学出版社 2012 年版，第 3 页。

动发生的最典型场所。

表2-1　　　　　　　　大六班图书角的环境构成

阅读角环境构成	物化材料	两排1×1米书架；童书；铁质挂架	书架上的童书材料是图书角显著的核心构成
	空间设计	1. 空间安排 班级门口与衣帽室相间的角落；班级内唯一设置在北面的活动区，阳光少，较为阴暗 2. 区域功能 （1）显性功能 区角活动时的阅读角 （2）潜在功能 门口接待处；幼儿喝水必经之地	阅读角处于班级里偏僻、光线较差的门口，且与喝水间交叉，所以其功能交叉复杂且核心不突出，其阅读空间的独特意义易被忽视、冷落或边缘化。 可能性原因：幼儿也许会因太熟悉而不易重视它。幼儿们出入门口、喝水吃饭（班里孩子多，所以老师安排了两个孩子用图书角桌子用餐）、画画或手工课等都会"征地"图书角。是因熟悉而喜欢，还是因为太熟悉而容易忽视？图书角的空间安排很重要

（二）阅读环境区域的结构特点

童书资源集中在阅读角，且是幼儿自主阅读活动发生的典型场所。所以，图书角构成了幼儿童书阅读的重要环境，它在空间设置与格局安排上，具有一些特点：

其一，阅读角处于教室入口与喝水之间交叉的区域，这个角落虽然是幼儿进班与喝水的必经之地，但是属于较偏僻的一个角落空间，且光线感较差。同时，正是由于其属于"必经之地"，且与教室其他功能有交叉，因此它作为阅读区功能的核心价值反而并不突显，区域空间所应该具有的某种独特意义，也容易被幼儿忽视、冷落或边缘化。

其二，阅读环境的基本构成比较完整，能够满足幼儿日常阅读的需要，只是形式比较单一，对于幼儿的审美关照较少；进出区角的制度规范虽有文本形式，但主要以教师口头约定为主，对于幼儿自主阅读习惯养成的规则意识不凸显。

其三，阅读环境的设置与阅读材料的提供，主要由幼儿教师完成，幼儿极少参与，且较少更新。因而，这一环境空间对于幼儿来说，并非主动建构的角色，而是被动参与的角色，在一定程度上潜在地影响了幼儿对阅读角环境积极情感的建构。

三　童书资源情况与活动例程

（一）阅读角童书资源情况

研究者对所在班级的阅读环境和童书资源进行了考察，发现阅读环境的设置与资源的构成对于幼儿阅读反应具有较大的影响。

表2-1和表2-2是对所在班级的整体阅读环境与童书资源情况的线性呈现，它构成了大六班幼儿阅读环境与内容的物化形式。此外，环境的价值必然是在与幼儿、教师的互动关系上建立起来的。那么，所列举的环境构成在与师幼发生相互关系时具有怎样的功能特点？这些特点对幼儿童书阅读的过程有什么影响？存在什么问题？笔者就上述问题，概括了大六班阅读环境与童书资源的整体特点，并结合与幼儿教师、幼儿之间的访谈、对话与沟通过程中所获得的真实资料与亲身经验，探讨幼儿与童书、幼儿教师在阅读过程中建立的互动关系状态，从而对班级阅读环境、童书阅读资源等各方面存在的现实状况进行深入剖析。

1. 阅读角童书资源的来源构成

大六班的童书来源情况具有一定的普遍性。班主任L老师介绍其图书角童书来源构成主要包括：

其一，幼儿园配备的主要是教材类，也包含绘本（不过类似于教材用书里的故事的配图版，说教性很强，大都重在让幼儿们懂得一个什么道理等）。

其二，原班级（毕业班）留下来的书（往往比较陈旧，且老师们反映孩子们并不是特别喜欢翻看）。

其三，家长从家里带来的书（是老师们普遍认为最切合本班孩子阅读兴趣和需要的书籍）。

表 2-2　　　　　　　　　　大六班童书资源情况

童书数量	共有童书 261 册。				
童书来源	大六班图书角的所有童书皆是由本班幼儿从家里带来的，幼儿园除统一配备省编统一教材类用书外，无其他配书				
童书资源及其结构类型	形式	材质	全部都是纸质材料的书籍		
^	^	图文比例	纯图无文字	1 册	
^	^	^	纯文字无图	4 册（全部是格林童话与安徒生童话）	
^	^	^	图文相辅	以图为主，以文为辅（图大文小/图多文少）	37 册
^	^	^	^	以文为主，以图为辅（字多图少/图仅为插图，少情节意义）	42 册
^	^	^	^	图文相配（图大/多，文也较多/图文各有故事意义，需配合才行）	147 册（其中，连环画 22 册，绘本 76 册）
^	内容	文学类童书 206 册	故事 136 册	童话 130 册	经典童话 94 册
^	^	^	^	^	动画影视 36 册
^	^	^	^	寓言	3 册
^	^	^	^	成语故事	3 册
^	^	^	儿歌童诗 47 册	儿歌	19 册
^	^	^	^	童诗	24 册
^	^	^	^	古诗	4 册
^	^	^	科普文学	23 册	
^	^	信息类童书	9 册	标志、安全自求、识物、职业等常识性信息	
^	^	操作类童书	27 册	谜语故事	3 册
^	^	^	^	故事游戏	16 册
^	^	^	^	任务解决操作书	7 册
^	^	^	^	棋艺书（图报类）	1 册

相较小学教育，幼儿园教育具有弱制度化与弱学习化的特点，所以幼儿教师在对班级环境创设、童书资源管理方面，具有较大的自主权。正因如此，童书资源的来源问题往往反映了不同来源方式的主体价值取向。如果教师对童书资源的结构、分类与来源问题具有明确的意识与清晰的理解的话，幼儿园的阅读环境与童书资源结构问题将会有不一样的呈现。正是因为其欠缺对此问题的关注与分析，所以大多数幼儿园班级图书角的资源构成与来源路径可能不甚合理，对幼儿的适宜性、适用度也普遍不高。

2. 童书资源的核心问题

(1) 童书材料的结构性问题

分类有利于建构认识和形成概念，类别化与概括化是概念形成的过程。关注幼儿对童书概念的建构，并对童书进行横向维度的分类，以帮助幼儿形成对阅读的经验和认识。

其一，关于童书数量。大六班图书角共有童书261册（不包含为幼儿园统一配备的幼儿用书和教材），全班39名幼儿，童书配比在1∶7左右，即每名幼儿人均拥有童书7本左右。如果单纯从数量上来说，这个比例是可以满足幼儿阅读需要的，但是从童书内容的丰富性程度与对幼儿阅读需求的满足性程度来说，这些童书显现出比较欠缺的满足率。如在图书角活动过程中，当童书材料更新不及时或者内容形式较单一时，常会在不经意间听到有幼儿说："这些书我都不爱看了……""我家里的书比这些好看多了……"通过表2－1可以了解到，大六班的童书资源样式是比较单一的，都是平面纸质书。整体来说，其内容题材与文体形式以文学类为主，且以童话故事类为主要形式，间杂有信息类童书与操作类童书。事实上，每一种题材与体裁形式的童书，对于不同幼儿来说都具有不可预知的吸引力，对于幼儿发展的不同方面，亦具有不可估量的潜在影响。甚至随着年龄的增长，幼儿们对内容本身的多样性需求将更为凸显。由此可见，童书资源的数量不作为评判童书是否满足幼儿阅读需要的核心标准，我们需要对童书内容本身进行评定与分析，以此把握童书内在的丰富性与多样性。

其二，关于童书类别。在与老师们针对此问题进行交流时，很多老师坦言："并未对童书分类问题有过专门的关注。"而当老师们开始对图书角的童书材料进行整体梳理与类别分析时，发现他们对童书的分类概念是较为模糊的，尤其是对童书资源的结构性问题往往没有相关经验。如幼儿老师们对于童书类别（内容上的与形式上的）都不是很清晰，所以在梳理班级现有图书资源的过程中，表现出对童书内容类别的单一性划分与形式化认识，如按照丛书系列的书目名称、按童书的来源构成、按故事的大概主题进行呈现，基本都属于按书目进行类别化处理的方式。这种处理方式可以帮助教师具体把握内容，但往往因为太过具体而显纷杂，缺少对童书不同维度的类别化梳理和童书整体结构的系统化思考，由此影响幼儿建立关于书籍的概念。

（2）童书内容的适宜性问题

每个班级的阅读角或童书资源，最起码应该是适合本班幼儿年龄发展阶段基础与需要的。包括考虑本班幼儿的文学接受能力，对童书进行纵向层次分级，最基本的保证即我们在班级环境中的童书资源都是幼儿能看懂的、所提供的童书内容是符合本班大多数幼儿阅读兴趣与需要的；尽可能将童书内容主题与本班阶段内主题活动进行一定的相互融合与渗透；对所有童书资源进行梳理，尽可能使所提供的童书资源是经典作品或优秀作品。然而，由于幼儿教师并未意识到或并不重视对童书适宜性问题的思考，幼儿园对于童书资源的分配与支持缺少规划；幼儿教师在判断本班童书内容与本班幼儿接受能力问题上缺乏一定的理论素养与价值立场。因而，常常会忽视幼儿周围环境中的童书资源的适切性问题，为幼儿的阅读需要提供了很多不适宜的童书资源与阅读环境。例如大六班阅读角出现的纯文字书，显然超出了幼儿的阅读能力。

（3）童书资源利用的适用度问题

适用度问题是指对幼儿所能阅读的童书资源进行有效利用的程

度。BH 园童书资源整体来说是较为丰富的，幼儿园设有独立的公共童书馆，有万余册图画书；所有班级均设置阅读区角。不过，各个班级的童书结构与来源差异性很大，这些差异在一定程度上反映了教师教育理念与幼儿阅读观的不同。研究者在大六班观察童书资源利用的情况，并与其他几个班级进行比较，发现几个班级在组织幼儿进行童书阅读活动中，对于童书资源的管理、利用等方面虽然有差异但更多的是属于共性问题，这些问题也反映在幼儿进行童书阅读活动的一些反应表现上。

其一，有认识但少理解。

"大部分孩子据我感觉，（阅读）就是跟玩玩具似的，就那样玩一玩……"（很多孩子会表现出把童书看作玩具的行为）小丰和小端是两个调皮的小男生，这次 M 老师打算给幼儿们一段自由阅读的时间。故事课后，M 老师请幼儿们坐在自己的座位上把刚刚讲过的《绘本阅读》故事"神奇的文字"进行自主阅读（在 M 老师的理解上，自主即意味着自由，所以几乎有 20 分钟的时间是完完全全的自由阅读活动），幼儿们哪能坐得住，瞧，只是一会儿的工夫小丰和小端就用自己桌上小朋友的几本《绘本阅读》书搭建了一座"壮观"的城堡；旭旭与硕硕则用两本书夹住了胳膊，说："我们在烤肉呢！"此时的幼儿们将童书等同于玩具，其益处是：赋予书籍以娱乐性和操作性，使这种互动感增强了愉快体验，从而增加了幼儿与书籍的积极情感联结。然而，问题是：缺少了阅读本质上的对话感，缺少了文学想象的空间，不利于建立书籍和阅读概念，不利于深层次阅读情感的建构等。

其二，有兴趣但少情感。

L 老师："看书的时候，她很喜欢，但是呢，她一般就是翻翻翻（不专注），差不多就……"

T 老师："我觉得我们小班孩子看书兴趣不太高，那次观察就只有两个小朋友可以说在那看书……甚至还有撕书的，可以说大部分小朋友可能没有形成阅读习惯，年龄基本偏小，三岁多一点，也可能在家里也没有那个习惯……"

幼儿对于事物的关注力具有一定的时间性。持续时间的长短受幼儿对事物感兴趣程度的影响,即幼儿对于自己感兴趣的事物的观察时间多于对不感兴趣事物的观察时间。观察首先是一种知觉,是有目的、有组织、有计划、比较持久的知觉,它包含感知、认识、理解与思考的成分,因此又称为"思维的知觉"。在案例中,教师感受到幼儿在阅读过程中,对于童书阅读具有一定的翻阅兴趣,但是注意力与专注性不够,对于书籍的认识与玩具概念相似,区别在于对玩具有着浓厚的操作意识与娱乐意识,在玩具操作的过程中更容易获得愉快的情绪体验。相较来说,幼儿对于书籍作为"一个事物"的存在有好奇心和兴趣,但是对于书籍的内容,如果没有获得积极的反馈与情感的体验,那么对于书籍的认识就仅仅停留于材料化的形式上,而缺失了内容上的吸引力,没有形成正确的书籍认识与概念。所以,"撕书现象"才会发生,这本质上源于幼儿没有形成正确的童书概念,或者说没有得到适宜的阅读引导。

其三,有互动但不深入。

L老师:"在区域活动时,我发现(幼儿)在里边(阅读角)待五分钟就走了,待得长的也不到十分钟。翻一遍以后他就没有兴趣,不吸引他了,他就算进到图书区,在里边待的时间也不会超过十分钟,我当时(在观察记录表里)也写了,她待的时间很短。后来,我就发现自从由家长带书(进班级)以后呢,这个情况改善了很多。"(幼儿园阅读氛围的欠缺,或者图书架上的材料不够丰富,更新不够及时等,幼儿缺乏新鲜的阅读内容和信息。童书材料的构成能体现出主体参与与体验的过程,这本身也构成幼儿阅读互动的一个动因。)

通过观察和梳理所在班级的图书角构成及其与幼儿互动的情况,对大六班幼儿所身处和所能接触到的阅读环境、童书资源与活动方式有了基本了解。可以说,环境背景与文本材料具有同构性,幼儿就是构成此同一性的关键节点。独特的环境与资源构成了独有的文化背景，幼儿的原初心智与环境互动的心理建构过程，就是其语言自然习得与文化熏染的过程，亦是命名世界与自我意义逐渐形成的过程。一个班级的环境带给幼儿们的影响是深刻的，每个班级的阅读环境与童书资源都是独特的，问题的关键在于幼儿在这些环境中的真实阅读状态。

(二) 幼儿园童书阅读活动例程

从整体来看，幼儿园童书阅读活动主要有三种形式：集体阅读、区角阅读和随机阅读。不同班级在这三种阅读活动形式的具体安排上具有自主权，研究者所在的大六班在幼儿阅读活动安排上，有其例程安排：上午的第一个集体活动就是师幼集体阅读（时间在20分钟到30分钟；内容为幼儿园教材或绘本故事书）；下午的第一个活动是区域游戏活动，幼儿可自主选择阅读角（时间在45分钟左右；内容为阅读角所有童书）。此外，在每日的闲散时间里，幼儿教师也会给幼儿提供一定的自由活动时间，这时会伴随着个别幼儿的随机阅读活动。幼儿园童书阅读活动例程体现了幼儿园与幼儿教师给幼儿提供的阅读时间和空间，也展现了幼儿在园一日生活中与童书和阅读环境充分互动的机会与情景。可以说，幼儿在不同的阅读活动形式中，会出现不同的阅读反应，观察与分析这些反应所蕴含的意义，阐释与推测其可能需要的支持方式，是非常有价值的。

据此，本书基于对幼儿阅读环境与童书资源情况的考察，观察幼儿在集体阅读活动、区角阅读活动与随机阅读活动中的参与度与阅读反应；深入分析不同文本内容的特点，并对幼儿阅读不同童书内容所表现出来的语言、行为、情感、审美等反应作细致记录、分析与解释；了解幼儿童书阅读活动的组织形式有哪些？组织过程有什么特点？会选择阅读什么样的童书内容？对本班阅读环境与童书资源的利用情况如何？通过对这些问题的追踪，旨在对不同童书内容与幼儿主体意义之间的关系有所了解，对幼儿在阅读内容上的偏好与倾向有所把握，从而为幼儿的阅读需要提供更适宜的支持。

第二节 幼儿园童书阅读活动的主要形式

幼儿在幼儿园是怎样阅读的？要回答这个问题，就要对幼儿阅读方式与阅读活动过程进行考察与分析。基于田野资料的数据编码与分析，发现幼儿的阅读方式主要表现为三种样态：与成人共读、与同伴分享性阅读、独自阅读。这些阅读方式融合于幼儿园教育场域，往往表现为三种阅读活动过程形式：集体阅读、区角阅读和随机阅读。幼儿园阅读教育活动的组织，是幼儿阅读方式的具体实现过程。每一种活动形式都可涵盖幼儿不同的阅读方式与活动样态：共读、分享性阅读与独自阅读。幼儿在不同的阅读活动形态与表现形式中，会产生不同的阅读反应，下文笔者将观察与分析这些反应所蕴含的意义，并对幼儿阅读理解过程机制给出可能性解释。

一 集体阅读活动中的幼儿阅读反应

集体阅读活动属于集体教学，具有自身的完整性，包括参与者、时间、空间、场所和程序等，其中的每个构成要素都有自身的特殊规定性，这也使得集体阅读具有了其他阅读活动形式所不能取代的作用。在构成集体阅读教学的要素中，参与者"教师"和"幼儿"是十分积极主动的要素。其中，教师是集体阅读的发起者、承担者、组织者和维护者，是影响幼儿阅读效果的重要变量。可以说，集体阅读区别于其他阅读活动的本质特征在于参与者的角色定位与结构特征，即教师与幼儿在集体阅读活动中各自具有不同的角色、关系与地位。

以下通过对一个完整的集体阅读活动的课堂实录，分别分析教师和幼儿在集体阅读活动中的过程表现，梳理幼儿在集体阅读活动中的阅读反应特点，并尝试探讨其行为产生与表现的可能性原因。

《是谁嗯嗯在我的头上》——M 老师的绘本"阅读课"

孩子们早早地坐在自己的小椅子上，好奇地看着 M 老师"忙活"，从小电脑移到电视机，难道是要播放动画片？应该不是，现在离午饭时间还早哩。孩子们眼巴巴地向前方看齐，当电视屏幕上出现播绘本图画书封面时，孩子们应该是猜到了，因为小声议论的声音基本听不到了，都在等着老师讲故事了。（今天全班到园三十多个孩子，每次集体教学都是分成两排坐，第一排坐 23 人，呈半弧形排列，中间 13 人，两边各环形排着 5 位幼儿。）

M 老师准备就绪，对孩子们说："今天啊，老师给大家讲一个好听又好玩的故事。故事的名字是《是谁嗯嗯在我的头上》！"（讲到故事名字时，M 老师故意变化了音调，加强了故事的神秘感！）

有几个孩子可能听过这个故事，或者是大多数孩子对于故事封面上（电视屏幕上播放的电子书）的某部分"鼹鼠脑袋上面的嗯嗯"特别关注，七零八落的声音忍不住发了出来："便便！"M 老师立即把食指放在嘴边，做出"嘘"的动作说："嘘！是谁啊？"在这个过程里，几个孩子还在反复地说着："便便！"M 老师更加强调说："嘘！小朋友安安静静地听好了，到底是谁？"显然，老师没有直接回应孩子们对于"便便"的钟爱，而是继续着故事内容。

（幻灯片播放第一页：画面上一只小鼹鼠从泥土堆里钻出头来，上方有一条长长的嗯嗯要掉下来。）M 老师柔声开讲："有一天，小鼹鼠从地下伸出头来，开心地迎着阳光说：'哇！天气真好！'（孩子们非常安静，认真地倾听着老师的讲读，观察着电视机屏幕上的绘本画面。）这时候，事情发生了，一条长长的、好像香肠似的嗯嗯掉了下来，糟糕的是，它正好掉在小鼹鼠的头上。"（孩子的笑声响起来，大概是被这个倒霉的小鼹鼠逗乐了。浩宁听到这里，伸直了手臂，用食指指着屏幕，像是想与身边的小朋友交流，还转头笑着望了望身边的轩轩，然后扭过头继续听 M 老师讲故事；一帆的眼睛一时一刻也没有离开过电视屏幕，安静地聆听着。）

(屏幕上呈现出第二张画面：胖乎乎、戴着眼镜、一看就应该是个好脾气的小鼹鼠，叉着腰，头顶一团不明物嗯嗯，看起来挺生气。)"小鼹鼠气得大叫：'搞什么嘛，是谁嗯嗯在我的头上？'有一个影子闪过去，但是小鼹鼠的视力不好，看不清楚到底是谁。"(M老师尝试用一种比较低、有些粗的嗓音模拟小鼹鼠先生的话，用自然柔和的声音进行故事旁白的处理。可能对故事内容不是特别熟悉，所以M老师一直站在电视屏幕前，拿着遥控器，时不时地侧转身看着画面讲述着。)

(伴随着"到底是谁"这个疑问，屏幕上呈现出第三张画面：从画面右上方飞来一只大鸟，有力的翅膀看起来还在扇着，大鸟低下头对着小鼹鼠，小鼹鼠先生则依然头顶着一团嗯嗯，戴着小小的眼睛仰着头向大鸟问话。)M老师刚把画面转过来，一看到画面，小承就发声说："燕子，我看过！"(当故事中小鼹鼠提出的疑问"到底是谁"由老师发出时，画面上也呈现着一些线索，很多幼儿会本能地就所看到的画面上的信息进行观察、发现和回答。)小承声音很大，非常清晰地回答："燕子！"且紧跟着补充道："我看过！"其他孩子都没有作声，听到小承的回答，M老师立即回过头来，对孩子们作了"嘘"的动作，且明显比前几次的要用力一些！像是告诉大家要保持安静，听老师讲！(课后与M老师交流时，她谈道，最担心的就是准备的故事孩子们都听过，或者是孩子的关注点跑得太远。事实上，M老师所担心的，恰恰是现实中的常态，孩子们听过某个故事或看过某个绘本是非常自然的现象，这是更可以加以利用的教育机会，所以回避常态不是可取的态度，接纳与倾听才是老师应该有的素养。)M老师眼睛未离开屏幕上的画面，继续颇有感情地读故事："一只鸽子飞过来了，小鼹鼠问它'是不是你，嗯嗯在我头上呢？'"(问完，M老师回头看了看孩子们，孩子们很安静，也很专注，所以M老师很放心地继续看着画面读故事。)

(M老师拿着遥控器，播放第四张画面：在画面左上方，鸽子一扇翅膀上的几片羽毛向上提拉着，翅膀的画面方向与所勾勒线条的走向，明晰地传达出鸽子飞走的信息，头顶着一团嗯嗯的小鼹鼠使劲地后侧着身子，躲避着从天而降，确切地说是从鸽子尾巴处落下的白色嗯嗯。）M老师压低了声音扮演着鸽子的角色："不是我，我的嗯嗯是这样的。"（边讲边回头看了孩子们一眼，当说到鸽子的嗯嗯时，M老师用左手指指着画面中的相应位置，孩子们非常专注而安静地倾听着。）"鸽子说完，一团又湿又黏的白色嗯嗯就掉在小鼹鼠的脚边了。"

（呈现出第五张画面：画面上除了小鼹鼠在哇哇大叫外，剩下的半面空间，都是马先生的头部特写。）"小鼹鼠只好跑去问正在牧场上吃草的马先生：'是不是你嗯嗯在我头上？'马先生说：'不是我，我的嗯嗯是这样的。'马先生屁股一扭，五坨又大又圆的嗯嗯像马铃薯一样咚咚咚掉下来，小鼹鼠失望地走开了。"M老师在描述小鼹鼠失望地走开了时，语气低了一下，应该是拟表现失望的一种情绪状态。（M老师刚才的话很有效，已经没有孩子插话了，他们正努力地用眼睛看，用耳朵听这个好玩的故事，唯独再不用嘴巴了。只是，当孩子们听到故事里马先生屁股一扭时，还是忍不住笑了，旭旭右脚搭在左腿膝盖上面，眼睛定定地看着电视屏幕上的画面，嘴巴笑得合不拢，估计是早就知道马先生的大屁股一扭，肯定有不一样的嗯嗯出现，但是没出声音；再看浩宁，他咧着嘴巴，露出两排小门牙，听得十分投入；凯凯左胳膊撑在左腿上托着腮，认真倾听；相较之下，小男生们显得兴味盎然，而小女生则大多只是专注地聆听，笑容没有男孩子表现得明显，但是专注的状态是非常好的，平日里性格比较内向的小静像在思考问题，一边听故事，一边把左手食指轻轻地点在小嘴唇上，好像在问"马先生的嗯嗯是什么样的？"不过，她平时不是特别擅长语言表达，也不大愿意流露出丰富的情感，属于特别乖巧的女孩，所以没有表现出更外显的情绪反应，这应该有其性格因素的原因；另一个女孩可欣，是全班唯一一个在听到这个环节时，像男孩子一样洋溢出笑容的女孩；程程个子比较小一些，而他的座位呢，处在第一排两边弧形排位的南边，他左边挨着比自已高半头的小泽,今天小泽离桌子近,他弯着身子伏在桌子上听,身体前倾着,有点挡住了程程的视线,所以,小程不得不使劲儿向前倾着上半身,这样才能看到屏幕上的画面,感受到小朋友们被故事内容吸引的着急劲儿;而挨着程程右手边的是平时最不容易专心静听的小女生稚然,她也是拼命地直起身子张望着,希望看清楚画面,不错过老师的讲读。)

M 老师:"小鼹鼠问一只野兔,'是不是你嗯嗯在我头上?''不是我,我的嗯嗯是这样的。'15 粒像豆子一样的嗯嗯掉了下来,哒哒哒哒在小鼹鼠的耳边响着,鼹鼠立刻跑开了。"一个幼儿的声音响起来:"还有……"M 老师:"又去问谁啊?"孩子们刚想积极回答老师的问题,就被老师更大的声音盖过了,M 老师继续着故事:"小鼹鼠问刚睡醒的山羊:'是不是你嗯嗯在我的头上?'"

(M 老师这次在问句里加强了"你"的语气,使听众包括研究者自然地关注到这回被问到的主角"山羊",在屏幕上出现的第六张画面上,山羊……)山羊说:"不是我,我的嗯嗯是这样的。"(M 老师在这里,不仅通过低沉的声音表现山羊角色,同时放慢了语速,能比较好地表现出山羊刚睡醒似的懒懒的状态。)山羊的嗯嗯像一颗颗咖啡色的球掉在草地上,小鼹鼠看了看,默默地走开了。"幼儿反应:听到这里,故事已经进行差不多一半了,孩子们大都非常感兴趣,仰着头看着老师和屏幕上的画面,聆听着老师绘声绘色地讲的故事。不过,有部分孩子稍显坐不住了,小琛前倾着身体,泽凯咬着手指头,尤其是坐在第二排的硕硕,来来回回地站起身三次了,他向前张望张望,但是又不只是看老师和画面,站起来几秒钟再坐下去。在一定程度上,这个过程或状态反映出孩子们的注意力开始不集中了。M 老师将画面定格在第六张上,说道:"还没有找到,到底是谁啊?"(这是 M 老师第一次没有根据故事里的文字讲读,而是用自己的语言与孩子对的一句话。)效果是明显的,马上就有好几个孩子抢答:"是狗!"M 回头"嘘!不要告诉他们!我们继续往后听故事啊!听过的小朋友不要告诉他们啊!"(已听过这个故事的小朋友，往往被老师们视为"隐患"，因为他们随时有可能"泄露天机"，而忽略了他们本身所存有的"资源"价值。他们与老师具有相同的前提，都是故事的已知者；如果提供给他们一个评论故事和向其他小朋友推荐故事的机会，往往会更好地营造阅读的氛围。）M老师看着画面，却更关注文字，继续讲读："小鼹鼠问正在吃草的奶牛，'是不是你嗯嗯在我的头上？'"

（呈现出第七张画面：草地上一大摊棕色的奶牛嗯嗯，小鼹鼠躲在奶牛粗壮高大的腿后面。虽然看不到奶牛的表情，但是奶牛一定很得意：早就告诉你，你头上的嗯嗯不是我的！画面让人忍俊不禁，充满喜感和想象。）粗粗的、憨憨的声音响起："'不是我的，我的嗯嗯是这样子的！'" M老师一边讲一边用手指指着画面上奶牛的嗯嗯，有孩子们立即作出受不了"作呕"的样子并发出声音，M老师也笑了，不知道是笑这个奶牛嗯嗯，还是笑孩子们可爱的阅读反应，也许两者都有。她继续讲道："奶牛的嗯嗯好像一盘巧克力蛋糕！（听到这里，好几个孩子忍不住张大了嘴巴，笑开了，尤其是浩宁，他张大了嘴，反复摇着头，看了看身边的轩轩，像是在寻找共鸣，怎么可能嘛，"嗯嗯"和巧克力蛋糕，实在是让人难以接受呀！不过嘛，长得还真像！转过头，继续兴味盎然地听故事，孩子们又开始对故事感兴趣了，紧盯着画面，歪着脑袋，等待着下一个画面的精彩。）"小鼹鼠一看就知道它头上的嗯嗯不是奶牛的。你看，根本不是一个样子对不对？"（M老师指着小鼹鼠头顶的嗯嗯，问大家。）孩子们活跃起来，浩宁突然指着画面大声说："这个好像尿啊！"不过老师并没有用语言反馈或者鼓励孩子们说出看法，甚至没有用眼神关注浩宁，就继续讲述着："哎，我们继续往后看，又问谁了？"（老师指着画面）孩子们声音不大，但是很清晰地回答道："猪！" M老师没有反馈，而是自顾自地接着讲读故事，一边讲一边用手指指着画面："小鼹鼠又跑去问猪先生，'是不是你嗯嗯在我的头上？'" M老师转过头来停顿了两三秒，有孩子学着猪的吭吭声，不过M老师没有反馈，继续讲道："猪先生说，'不是我的，我的嗯嗯是这样子的。'（M老师压低声音，用短促而有力的声音，边讲边指着画面上猪先生的嗯嗯）"这时，硕硕再次站起来，提了提裤子；程程有一小会儿没有看屏幕了，看起来不若开始时那么拼命向前倾着身子着急看了。"猪先生立刻'噗'一声掉下一坨软软的嗯嗯，小鼹鼠捂着鼻子跑开了。"当听到"小鼹鼠捂着鼻子跑开了"时，好几个孩子也模仿小鼹鼠的样子捂起了鼻子，并表现出好像真的很难闻的样子。

　　M老师继续讲道："远远地，小鼹鼠又看见两个小家伙，就是这两个小家伙！"（幼儿的反应：瞬间都直起了身子，抬起头来看着画面，注意力提高很多。推测：故事的叙述方式有了变化，原来的几个角色形象出场的方式都是相同的，而这里出现了变化，没有直接呈现是谁，而是用'两个小家伙'替代，容易激发幼儿的好奇心和探究心，从而仔细观察画面。）"'是不是你们？'他一面说一面走近它们。原来是两只又肥又大的苍蝇。"M老师转过身对着孩子们讲道："小鼹鼠想：'啊！我知道谁可以帮我了！'它兴奋地问苍蝇：'到底是谁嗯嗯在我的头上？'"

　　（呈现出第八张画面：小鼹鼠稳稳地坐在草地上，手臂交叉在胸前，两只苍蝇在它头顶上忙活着。）配合着M老师的讲读："'你乖乖坐好，我们试试就知道了！'苍蝇戳了一下它头上的嗯嗯，立刻说：'啊，这太简单了！这是一坨狗大便！'"M老师转过身来，笑着对孩子们说："终于找到真相了！是谁啊？"孩子们大声地回答："大狗！"M老师笑容灿烂，这是她第一次对孩子们的回答作出积极反馈，说："是狗大便是不是？！"孩子们并没有作出积极回应。

　　（M老师播放第九张画面：知道真相的小鼹鼠从画面的左边向前飞跑出来……）M老师指着小鼹鼠说："小鼹鼠终于知道是谁嗯嗯在它头上了。你看小鼹鼠生气地去找它了！"（这个"生气"的状态，是老师对画面的感受，孩子们是否也感受到了呢？是否注意到了呢？是否能理解呢？老师真应该先倾听一下孩子的想法，而不是急于把故事讲完。）

（呈现出第十张画面：大狗真的好大！小鼹鼠站在它边上，也就只比它的耳朵大一点。它正在睡大觉呢！）M老师模仿着生气的小鼹鼠的声音说："好啊！原来是这条大狗！是这条大狗！"（这最后一句重复，是对孩子们强调的，找了半天，原来"肇事者"就是它啊！）M老师继续讲道："大狗正在打瞌睡，小鼹鼠爬到它的屋顶上，扑哧一声，一粒小小的、黑黑的嗯嗯掉了下来，正好掉在大狗的鼻子上！"听到这里啊，孩子们不约而同都笑出声来。M老师说："故事讲完了，你看它去问了这么多的小动物，那最后是谁的啊？"浩宁使用全身力气大声喊道："大狗！"其他孩子也都回答是大狗，不过声音很小。M老师道："那为什么不是它们的啊？"

浩宁急着回答："因为……"又赶紧站起身来："因为那些大便都不像它们的。"说着用手指着屏幕，又坐下来，摇着头。M老师看了看浩宁后又转向其他幼儿笑着说："是不是？！"半转身看着屏幕，播放前面的画面，边播放边配合着问道："小朋友们知道吗？为什么不是牛的？不是羊的？也不是猪的？你们发现了没有？"

孩子们想了想说："大狗的！"

M老师："你从哪发现是大狗的？"

孩子们讨论开了，小泽看着屏幕上的画面（正好是山羊嗯嗯的画面）说："这是羊屎蛋儿！"

M老师一边播放画面一边继续追问："啊？为什么说这些不是它们的，是大狗的？为什么啊？"

孩子们也急了，纷纷说："就是它！""不一样！"

M老师因为孩子声音多，没听清楚："啊？"

个别孩子："因为不一样！"

M老师强调："举手回答！"

小泽随口笑着答道："还有鼠屎蛋儿！"好几个孩子听后都笑起来。

M老师没有反馈小泽，而是点名说："姗姗起来说，为什么啊？"

姗姗站起来答："因为不一样。"

M 老师重复:"不一样,是不是?"

小泽继续说道:"还有臭屁呢!狗屎!"明显,好几个孩子都关注到小泽的发言,听到他说这些,都有回应,或者笑或者发出惊讶的声音。

M 老师:"小泽起来说,为什么,为什么最后我们断定这个嗯嗯是大狗的,它不是羊的,不是兔子的,也不是猪的?"

小泽:"因为不像它。"("它"指的是小鼹鼠头上的嗯嗯)

M 老师:"不像它们的,小朋友这块儿看到没有?有没有仔细看?"(播放画面)"根本就不一样是不是?这个是鸽子的,鸽子的是这个样子的。"凯凯:"这个不就是鸟屎吗?"M 老师愣了一下,但是马上回答说:"对!"转过话题,边播放画面边说道:"这是马先生的,马先生……"孩子们在老师停顿的几秒钟里观察着画面,有些耐不住地想表达,浩宁用手指指着屏幕上的"马先生的嗯嗯"大声说:"这是马铃薯!"M 老师:"是这个样子的,马先生……"孩子们显然还沉浸在自己对画面的描述上,不过,浩宁已尝试着用故事里的语言做描述了。小泽又接话道:"这就是马屎蛋儿!"孩子们都笑了,浩宁坚持说:"是马铃薯。"不过,M 老师都没有直接作出反馈,而是继续将画面播放到野兔那张,指着屏幕,提高了声音说:"这个是兔子的(嗯嗯)。(停顿 2 秒钟)兔子的是这样子的。"凯凯声音细细的,但是挺洪亮地配合着老师说:"像巧克力豆!"M 老师马上反馈道:"对,就像巧克力豆。"(老师之所以反馈及时,应该是因为这个说法符合原文描述的。)这时,有孩子说像"葵花籽",但是 M 老师已经将画面播放到奶牛嗯嗯那张,所以没有回应。M 老师指着画面反问道:"这是谁的?"几乎全部孩子都齐声回答道:"奶牛!"尤其是浩宁,兴奋地站起来指着画面大声说:"一盘巧克力蛋糕。"

M 老师没有直接回应,而是转过话题说道:"你们听完这个故事,有没有什么问题想要问的?"孩子们纷纷举手,M 老师鼓励地说道:"你们有什么问题想要问吗?"

看了看孩子们，M老师点名浩宁，浩宁站起来，想了想说："为什么，那个狗，它的大便，好像一坨香蕉啊，在天上的时候。"M老师重复着浩宁的问题："为什么狗的大便好像一坨香蕉呢？还有吗？"M老师刚说完，浩宁就小声补充说："在天上的时候，我是说。"M老师没有回答，而是另外叫了辰浩起来回答。没有举手，正用手挠头的辰浩站起来想了想，断断续续地说道："就是，就是它们的大便都不一样。"说完坐下了。M老师继续点名，明显辰浩的回答得到了老师的肯定："对。杰杰！"杰杰是班上不怎么爱积极发言的男孩，他站起来轻声说："因为它们……"声音实在有点含糊，没有听清，只听到M老师打断说："那老师要有问题了，刚才小朋友都说了，它们的大便都不一样，它们为什么都不一样？"说到这里，M老师停顿下来，过两三秒后，孩子们纷纷举手想要发言，轩轩最先举手，高高地举着小手等待着老师给自己发言的机会。他身边的浩宁应该是全班把手举得最高的，举手最积极，不过老师没有马上让孩子们回答，而是继续引导说："为什么呀，我也看出来啦，动物们的大便都不一样，但是为什么不一样啊？"孩子们大部分都举手了，老师看了看，选择让涵涵来说，涵涵站起来用柔柔的声音说："因为它们的便便如果一样的话，它们就成为一样的动物了。"孩子们小声议论着，老师接着鼓励道："还有吗？"话音刚落，旭旭等几个小朋友率先举手，M老师："那个，旭旭。"

　　旭旭马上站起来回答："吃了不一样的东西！"终于等来了盼望着的答案，M老师看起来有点激动，开心地鼓励旭旭："你再对小朋友们说一遍，大声说！"眼光还朝我这边示意了一下，意思可能是说："终于有个差不多的答案了！"旭旭就又重复了一遍："吃了不一样的东西！"

　　M老师马上回应所有的孩子说："哎，请坐！"看了看其他孩子，老师继续说："还有吗？"孩子们没有说话，M老师总结说："因为它们的消化系统不一样，是不是？好了，今天的故事讲完了！"

　　（选自教育田野笔记：阅读角的内容选择，2016年12月）

在集体阅读活动中，班级里所有幼儿都在教师的指导下，共同阅读一本童书，共同倾听着一位教师讲述故事，同一年龄阶段幼儿的理解能力与兴趣需求共性会在这一过程中自然地呈现出来，而不同幼儿个体的观察关注点、语言表达力与情绪表达方式等的差异性也会即时反映出来。可以说，幼儿阅读状态的共同性特征与个体性差异的交叉表现在集体阅读活动中最为凸显。在上述课堂实录过程中，幼儿呈现出一些典型性特征，这些典型性特征在集体阅读活动中并非顺序性地呈现，而是前后交叠呈现的。研究者在案例中的标注，只是为了凸显这种反应的个别情景，有利于结合具体情景对集体阅读的方式与过程进行理解与分析。下面，研究者将从整体上对集体阅读活动中幼儿的阅读反应进行阐释性分析。

（一）师幼对话的文学性表达

维果茨基在《思维与语言》中说："在儿童那里，发展来自于合作。"[1] 教学在本质上就是"交往的最有计划性、系统性的形式。"[2] 在集体教学中的交往，主要是师幼交往与同伴交往，其中以师幼交往为主导。换句话说，幼儿的集体阅读作为一个集体学习的过程，必然需要成年人的支持与引导。此外，幼儿处于儿童发展的初期阶段，既具有儿童学习方式的普遍性需求——交往与对话的学习情景；也存在着幼儿独特的学习需要——情景的生活化、具体化与直观性。

集体阅读的过程，既是故事情景创设的过程，更是师幼寓于故事情景对话的过程，这种对话是以童书内容为载体的，语言的互动是依故事线索展开的，而幼儿对于内容信息中的趣味性线索的捕捉亦是非常敏感的。如在 M 老师组织的集体阅读活动中，M 老师通过

---

[1] ［苏］维果茨基：《维果茨基教育论著选》，余震球选译，人民教育出版社 2004 年版，第 15 页。

[2] ［苏］维果茨基：《维果茨基教育论著选》，余震球选译，人民教育出版社 2004 年版，第 16 页。

变化音调与丰富的表情讲述故事的开头——"今天啊，老师给大家讲一个好听又好玩的故事。故事的名字是《是谁嗯嗯在我的头上》！"开启了故事的神秘氛围，激发了幼儿的探索欲望。当出现第七张画面——草地上一大摊棕色的奶牛嗯嗯，小鼹鼠躲在奶牛粗壮高大的腿后面——时，虽然看不到奶牛的表情，但是奶牛一定很得意：早就告诉你，你头上的不是我的嗯嗯！画面就已经让人忍俊不禁，充满喜感和想象。而 M 老师用粗粗的、憨憨的声音讲述道："'不是我的，我的嗯嗯是这样子的！'" M 老师一边讲一边用手指指着画面上奶牛的嗯嗯，有孩子立即作出"作呕"的样子并发出声音，M 老师也笑了："奶牛的嗯嗯好像一盘巧克力蛋糕！"听到这里，孩子们大都又对故事感兴趣了，紧盯着画面，歪着脑袋，等待着下一个精彩的画面。M 老师指着小鼹鼠头顶上的嗯嗯，继续讲述并提出问题："小鼹鼠一看就知道它头上的嗯嗯不是奶牛的。你看，根本不是一个样子对不对？"孩子们活跃起来，七嘴八舌地讨论着奶牛的嗯嗯。可见，教师与幼儿基于故事内容本身进行观察、描述、讲说、讨论与表达等的交流、沟通与对话的过程是寓于故事情景的，是以故事情节的推展为线索的，是以角色形象的特点为内容的，所以我们说在集体阅读过程中，师幼之间的对话是文学性的表达。

当然，既然是对话，那么对话的主体首先是平等的、双边的。诚如马丁·布伯关于对话哲学理论所言，正是因为"你""我"之间关系的存在，才有"你—我"的存在，师与幼的本质关系是人与人的关系，是我与你之间的对话关系。虽然，就知识与经验来说，教师较幼儿当然是"闻道在先"；然而，就人本身的存在性而言，师幼之间在人格意义上是平等的。如果不能深刻认识彼此互为存在前提的关系基础，就不能构成对话的关系。在案例中，M 老师在听到有幼儿对于故事封面上的某部分"鼹鼠脑袋上面的嗯嗯"特别关注，并有七零八落的声音忍不住发出"便便"时，也许因为与自己预设的情况不相同，与自己预期的教学关注点有所背离，所以 M 老师立即把食指放在嘴边，做出"嘘"的动作，说："嘘！是谁啊？"在这个过程里，几个孩子还在反复地说着："便便！"M 老师更加强调说："嘘！小朋友安安静静地听好了，到底是谁？"师幼在故事讲述过程中，是以教师的讲述为主，虽然保证了故事讲述活动的"有效"推进，然而却忽略了幼儿的"声音"，这样的过程并不能算作真正意义上的共读。俄国文学理论家巴赫金曾在其对话理论中阐释说："两个声音才是生命的最低条件……"① 对话过程中这种"你—我"关系的建构和敞开心怀的直面，才是幼儿在人生之初表达情感、自主思考与形成个性的根本基础，集体阅读作为师幼之间的故事性表达过程，当然也不能背离这一关系的最本质要求。

（二）画面信息的共同性关注

当幼儿教师呈现童书内容时，画面信息的呈现时间、方式、过程都是统一步调的，所以，集体阅读之"集体"，意味着师幼全体的同步观察与共同发现。幼儿对童书画面的观察是同步的，对教师描述与讲读的倾听是一致的，这也是集体教学的典型特点。

在案例中，M 老师呈现幻灯片第一张：画面上一只小鼹鼠从泥土堆里钻出头来，上方一条长长的嗯嗯要掉下来。并同时柔声开讲："有一天，小鼹鼠从地下伸出头来，开心地迎着阳光说：'哇！天气真好！'"孩子们非常安静，认真地倾听着老师的讲读，观察着电视机屏幕上的绘本画面。这时候，"事情发生了，一条长长的、好像香肠似的嗯嗯掉下来，糟糕的是，它正好掉在小鼹鼠的头上。"孩子的笑声响起来，大概是被这个倒霉的小鼹鼠逗乐了。当然，幼儿由于自身的知识经验、兴趣需要的差异，他们在共同关注同一个画面时，会有不同的聚焦点与相应的反应表达。案例中在观察同一个画面时，浩宁看到嗯嗯掉到小鼹鼠的头上时，兴奋地伸直了手臂，用手指指

---

① ［俄］M. 巴赫金：《诗学与访谈》，白春仁等译，河北教育出版社 1998 年版，第 340 页。

着屏幕，还转头望了望他身边的轩轩，边大笑边扭过头听 M 老师讲故事。而轩轩呢，虽然也很愉悦，但是并没有激动地做出大幅度的身体动作，而是更加专注地观看和倾听，眼睛一时一刻也没离开电视屏幕，安静而投入地观察、聆听着童书的画面和老师的讲读。而从幼儿群体来说，在整个集体阅读活动过程中，则经历了从专注、积极的倾听状态—被动、非积极专注的状态—重新聚焦注意力，再次产生倾听兴趣的过程。这一过程虽然伴随着个别幼儿的差异性表现，但更具有普遍性的群体特征，如 M 老师在呈现第一张第二张的内容信息时，因为故事本身具有吸引力，且画面清晰，故事形象鲜明，M 老师用一步步呈现故事的方式，形象化的语言讲述，充分调动了幼儿的好奇心、进一步倾听的欲望和无限的想象力。虽然，其中有几个幼儿的反应（更关注"嗯嗯"）与教师教学设计的思路（更强调引出故事的主角"小鼹鼠"）不相"配合"，教师并未积极反馈孩子们的关注点，而是循着自己的教学思路继续着，但是因为故事本身的喜感与荒诞性对幼儿的吸引力非常强烈，所以孩子们的倾听状态还是非常专注而积极的。当播放到第三张画面时，这种不对幼儿专注点进行积极反馈甚至故意回避的态度，使得幼儿的参与性与愉悦感受到了严重影响，所以从第三张画面开始一直到第五张画面，孩子们——无论对于读过这一故事的幼儿来说，还是对于第一次阅读本书的幼儿来说，都未获得充分的表达空间和与他人（教师、同伴）对话的机会，而只被允许被动地倾听与观看教师的"讲演"。倾听与观看当然也是非常重要的感知方式，孩子们因为故事内容本身的吸引力与 M 老师讲演的配合，也能感受到阅读的乐趣，但这种乐趣是浅层次的视听信息的接受。维果茨基力证"语言是思维的家"，皮亚杰曾明确指出"认识是从动作开始的"，语言的表达与动作的参与是幼儿全身心参与的显在表现，其在儿童智力、认识甚至情绪表达、自我意识与人格发展中都有着无可替代的重要意义。只有在视听结合的阅读感受过程中，伴随着以语言与动作的自由互动与全程参与，才能说幼儿的阅读状态是整体的、自由的和积极的。

这种被动倾听的状态持续到第五张和第六张画面时，孩子们才又开始转向积极的反应状态，如回应 M 老师的提问，描述画面的某个细节，对故事画面的某些信息非常喜爱且开心大笑……这种转向是我们所乐见的，也是需要发生条件的，如 M 教师的设问"到底是谁？""你看，根本不是一个样子对不对"这样的问题情景，为幼儿提供了话语的机会、思考的机会和结合内容进行自我表达的机会。不过，这样的机会在 M 老师的课堂上实在不多，且反馈不够。之所以到较后阶段，幼儿的阅读状态能够被重新调动起来，可以说是故事本身对幼儿阅读兴趣的激发与吸引发挥了巨大作用，"马先生的屁股一扭""奶牛的嗯嗯好像一盘巧克力蛋糕"的故事内容的文学性叙述与形象性画面完美结合，幼儿很容易重新将注意力聚焦到画面信息上。

综观整个集体阅读过程，幼儿个体对画面信息的共同性关注与幼儿群体关注状态的共时性变化是其阅读反应的主要特点。

（三）个别幼儿的被动同化

集体阅读的统一性与共同性，在一定程度上也有效地引导了幼儿阅读的方式和过程，相较幼儿独自阅读的过程，能够帮助孩子们在师幼对话与同伴交往中实现对童书故事内容的理解与阅读策略的学习。这种阅读组织方式无疑具有其独特的存在价值，但是也要看到，如若夸大这种统一性与共同性要求，对于幼儿的个性化理解与表达也是不利的，甚至容易挫伤幼儿的主动性阅读与个性化理解。案例中，当 M 老师呈现第三张画面并提出问题时，小承多次积极反馈说："燕子！""我看过！"M 老师不仅没有积极呼应小承，且数次用"嘘"的行为方式打断幼儿的表达，这种对于幼儿的积极反应所采取的忽视甚至回避的态度是不可取的，甚至具有不可修复的消极作用。正如所料，当老师呈现出第四张画面时，孩子们基本不发声了，只表现出倾听性的关注；而当老师呈现第五张画面时，老师的要求已经很有效力了，因为基本不存在幼儿"插话"的现象，他们只是努力地用眼睛看，用耳朵听这个好玩的故事，唯独不再用嘴巴了，这是一种被动同化的过程，被动地适应教师作为话语中心的环境氛围与互动过程。

能够使幼儿"安静地专注"，也许是大多数教师所认为的"良好"学习秩序与学习状态，但是如若不加区分，这种安静与专注只会让孩子们参与活动的路径与方式越来越狭窄。如若孩子们对参与活动不再抱有兴趣和期待，所谓的阅读兴趣与阅读习惯的培养就只能成为空谈，甚至会逐渐产生"厌读"的心理状态，阅读能力只能成为技术与策略的训练，搜寻信息能力的训练，而非情感与美感的体验或享受过程。如若没有情感的参与和美好的感受，何来阅读的愉悦与乐趣，孩子们的生命将缺失太多丰富与温暖。所以，接纳与倾听应是教师在集体阅读中应有的素养与态度。

(四) 内容理解的差异性反应

在集体阅读活动中，教师在呈现同一本童书内容时，幼儿的反应虽然从整体上会存在一定的共性特征，如兴奋的、焦急的、悲伤的等。然而，若从每个幼儿非常具体的行为表现与情绪体验来看，幼儿的反应必然是千差万别的，甚至可以说，幼儿群体不可能存在完全一样的阅读反应与表现。这当然与幼儿本身的个体差异有关，但还有一个因素是我们必须加以关注和研究的，即童书内容本身的文本特点。这些图画与文字的形象特征及其之间的构成关系，对幼儿的视觉感受有何刺激？会促使幼儿生成怎样的阅读体验？

案例中，M老师在呈现第五张画面——除了小鼹鼠在哇哇大叫外，剩下的半面空间，都是马先生的头部特写时——讲述道："马先生屁股一扭，五坨又大又圆的嗯嗯像马铃薯一样咚咚咚掉下来，小鼹鼠失望地走开了。"当孩子们听到故事里的马先生屁股一扭时，忍不住笑了，估计是早就知道马先生的大屁股一扭，肯定有不一样的嗯嗯出现。同时，相较之下，小男生与小女生的聆听和反应状态具有显著的差异性。小男生显得兴味盎然，而小女生则大多只是专注地聆听，笑容没有男孩子那般灿烂，但是专注的状态十分投入。也许对于情绪情感方面相较更为细腻的小女生来说，M老师的声音表现力，能够触发其对于小鼹鼠还没有找到嗯嗯主人的理解和同情，所以并未感觉好笑，反而是同情它；但对于大多数男孩子来说，情感的感受并不特别细腻，而关注更多的是故事所呈现出的事实性内容，包括马先生的形象"大大的马头、小小的圆眼镜、扭动的大大的屁股、像马铃薯一样的嗯嗯、咚—咚—咚的落地声"等，一系列动词、形容词、拟声词等的运用，以及故事画面的清晰展现，都会带给小读者以非常鲜明的感官刺激，与小小的、黑黑的、头顶着嗯嗯的鼹鼠形成强烈的形象对比，画面鲜明而富有幽默感。可以说，男孩子往往更乐于读"事实"，而女孩子更容易感受"情感"，不同幼儿的阅读反应会具有多样性的表现，这除却幼儿个体本身的内在差异外，图画书的内容线索也会自然地促发幼儿的差异性反应，这同样构成幼儿对内容产生反应的关键性要素。因而，在集体阅读活动中，教师不仅需要考虑不同幼儿在性别、兴趣、需要、能力与经验等方面的个体特质要素基础，也要对童书内容的特点进行分析，以期能够对幼儿多样化的阅读反应和理解有更多维度的把握。

（五）生活经验的映射性动作反应

虽然大幅度的动作表达在集体阅读中常不被允许，但是微表情与小幅度的身体动作是幼儿自觉或不自觉的反应状态。孩子们会在观察画面与倾听讲读的过程中，自然而然地产生内容反应和情绪体验，如 M 老师呈现的第七张画面：草地上一大摊棕色的奶牛嗯嗯，小鼹鼠躲在奶牛粗壮高大的腿后面，画面充满喜感和想象，让人忍俊不禁。M 老师一边讲述一边用手指指着画面上的奶牛嗯嗯，继续讲道："奶牛的嗯嗯好像一盘巧克力蛋糕！"听到这里，好几个孩子忍不住张大了嘴巴，笑开了，尤其是浩宁，他张大了嘴，反复摇着头，看了看身边的轩轩，像是在寻找共鸣，怎么可能，"奶牛的嗯嗯"和巧克力蛋糕，实在是让人难以接受呀！甚至有孩子立即作出"作呕"的样子并发出声音。"巧克力蛋糕"是幼儿日常生活中十分喜爱和能带来愉悦感受的食物之一，与"嗯嗯"联系在一起，感觉实在不是很好，不过，形态的相近使画面内容与生活经验直接联结的阅读体验，给孩子们带来了强烈的视觉冲击和心理感受，使得孩子们又对故事内容感兴趣了，孩子们紧盯着画面，歪着脑袋，继续兴味盎然地听故事，等待着下一个精彩的画面。画面上奶牛嗯嗯的形态引起了浩宁的注意，尤其是当老师问道"你看，根本不是一个样子对不对"时，他突然指着画面大声说："这个好像尿啊！"……

奶牛"嗯嗯"的形态引发了幼儿对生活中其他类似事物或情景的联想，这种联想常具有浓郁的生活化意味，幼儿在表达时也常会体现出显著的生活经验投射。善于表达的幼儿会特别活跃，尤其是在故事课上，想象力丰富且有些不着边际，常将各种个体生活经验的联系自然地穿插于故事中，这让教师感到有些应接不暇，很多教师在遇到幼儿"多"问题或者"多"插话时，常会选择以不积极回应的方式来处理。事实上，很多教师也明白需要给幼儿提供更多的机会来联想生活经验、自由发挥想象和自我表达等，但是往往因"考虑大多数，要完成教学任务"等，而选择"忽略"幼儿在此类阅读反应中的表现。在上述案例中，我们能够感受到教师在应对幼儿这类阅读反应时的一些"冷处理"方式，及其对于幼儿阅读反应的直接影响。

（六）问题情景的思考与表达

设问在集体阅读活动中的意义，在于聚焦全体幼儿的关注点，调动全体幼儿的积极性，为全体幼儿提供自由表达的机会，了解全体幼儿对故事内容的理解程度等。在上述集体阅读情景中，M老师共有五次设问：

第一次设问，是在故事导入呈现出绘本封面信息时，引导幼儿观察封面上的故事形象所问："嘘！是谁啊？"

第二次设问，是在呈现野兔画面时，追究到底是谁嗯嗯在小鼹鼠头上所问："又去问谁啊？"

第三次设问，是在第六张画面上出现山羊后，还没有找到嗯嗯的主人，老师所问："还没有找到，到底是谁啊？"

第四次设问，是在第七张画面上出现奶牛嗯嗯，引导幼儿比较时有设问:"你看,根本不是一个样子对不对?""我们继续往后看,又问谁了?"

第五次设问,当故事讲完了,老师总结道:"故事讲完了,你看它去问了这么多的小动物,那最后是谁的啊?"当孩子们确认是大狗的时,老师问道:"那为什么不是它们的啊?""小朋友们知道吗?为什么不是牛的,不是羊的,也不是猪的?你们发现了没有?"这个问题有难度,孩子们一时不知道如何回答。事实上,这个问题并不构成一个问题,而是一个事实性的呈现。虽然后面在与孩子们讨论这个问题的过程中,M老师也与孩子们有问答式交流,但相较来说,在整个集体阅读活动过程中,M老师主要是通过上面的五次设问给幼儿提供话语表达机会的,且在每一个设问之后,孩子们都有着反应最积极的状态,可以说,问题情景的创设,幼儿的思考空间和表达欲望都具有不同于一般讲述时的反应表现。不过也要看到,几次设置的问题形式与结构是同质性的,都属于"××是××吗"式的一般疑问句设问。虽然提问的次数不算少,但都属于封闭式问题,给幼儿提供的思维引导与想象空间并不多。事实上,在集体阅读活动中,问题情景的创设是教师给幼儿提供的思考空间和语言表达的机会,尤其是在案例所呈现的教学活动中,大多由设问产生的对话过程都是具有意义的,因为教师会在设问后对幼儿的声音进行认真的倾听,或有积极回馈的倾听。

总体来说,集体阅读活动相较于区角阅读活动和随机阅读活动,更具有目的性、计划性和组织性,而这种目的、计划与组织又主要是由教师所主导的,所以集体阅读活动过程相较其他阅读活动过程会体现出更多的教师主导的阅读形式。教师主导当然有其积极意义,如目标明确,教师会有针对性地对幼儿的语言发展与阅读能力的培养过程进行设计;内容相较而言更具有教育性,教师会有计划地对幼儿的阅读内容进行甄别与选择;活动过程更周密,教师会预先设计好阅读活动的组织环节等。集体阅读的参与者(教师与幼儿)、集体阅读的空间感(教室空间与教具材料)、集体阅读的内容(故事与儿歌)、集体阅读的形式（规范与规则）等，对于幼儿阅读概念的建立，幼儿阅读情感的建构，阅读能力的提高，师幼关系的互动等都具有不可替代的价值与影响。但在集体教学活动中，教师如若极为热衷于扮演已知者的角色，而将幼儿单纯地看作未知者与被教育对象的角色，就容易导致诸多问题。因为在现实阅读情景中，尤其是在图画书阅读的过程中，几乎每个孩子都是"读图"高手，如若忽视了幼儿在图像世界里的观察天分，轻视了孩子在图画信息上的感知能力，而总是喧宾夺主地将自己对故事的理解与画面的观察生硬地"塞"给孩子的做法，则是徒劳的，甚至是挫伤性的，因为这样的共读是缺少倾听与对话的，这样的交流仅仅是单边的自导自演，这样的学习过程是被动的配合过程，而非主动的观察、描述、思考与建构的过程。

二　区角阅读活动中的幼儿阅读反应

阅读角，与其说是一个空间场所，不如说是一个心灵场域。孩子们在这里会表现出在班级里其他地方不一样的状态。我们常常在幼儿园班级的空间设计上主张"动静结合"，图书角更是被理所当然地视为"静"的设计区域。但是，这种划定只具有相对意义。因为，如果从幼儿内在心理活动层面来理解，幼儿在阅读活动过程中的热烈程度不亚于其他所谓"动"的区域，且是一个更具有深刻意义的心理活动过程。如果我们愿意参与其中，浸入其中，就会发现这里是一个灵动、奇幻、曼妙无比的心灵世界，孩子们的自由想象在流淌、在漫游、在碰撞，孩子们的开放心灵会让这个狭小的空间显得神秘而亲切，它被独特地安排在这里，它本然地呈现在这里……在这里，孩子们选择了什么童书？他们一般以怎样的方式来阅读？这些童书本身具有哪些特点？这些特点对幼儿的反应与表现有哪些可能的影响？记录他们在这个相对自由空间里的阅读过程与阅读状态，也许最能体现自然教育情景下其对童书内容选择及其阅读方式的偏好与倾向。

"角落里的选择"——大六班区角阅读活动实录

下午3点30分,每日区角活动开始。

这次选择到图书角阅读的有浩宁、一帆、涵涵、旭旭、凯凯、稚然和奕人,涵涵这次依然被老师选为图书角的小组长。小组长的主要职责是组织阅读活动,尤其要保持安静。区角活动正式开始后,小组长涵涵从身后的书架上随机搬来一摞书放在大家面前,但是显然孩子们并不"买账",浩宁首先站起来走到书架前自行选择喜欢的书看,边选边嘴里嘀咕着,涵涵弱弱地批评他"浩宁你别说话"。浩宁看起来并没有把小组长放在眼里,而是自顾自地选好书,然后坐回座位上。他选了《植物大战僵尸》《十万个为什么》《海洋生物》《小小棋艺》等科学探索类的童书,边看边自言自语,玩书里的游戏,时时有交流表达的欲望,常常会指着书中的某个形象问我和其他小朋友:"你知道这是什么吗?"因为声音太大,小组长涵涵常常提醒他不要说话。然而,浩宁显然还是更喜欢与同伴分享阅读,他找来一本洞洞书《猜猜这是谁》(洞洞书的一页有儿歌文字,下一页是答案图画。)并紧紧捂住文字和洞洞里的提示画,让"我"猜猜这是什么?……浩宁给研究者的感受就是有着丰富的阅读经验,因为他的语言总是充满了想象和荒诞,时不时蹦出的一句话让我们摸不着头脑,时时都有与他人交流沟通的欲望,且口头语言与肢体语言表达方式非常丰富而流畅。我悄悄地问他:"这个书架上你最喜欢看什么样的书?"他认真地回答道:"科学类的,像海洋动物什么的。"可见,他对于童书内容已有了类别意识,相较同龄幼儿对于童书的类别更多的是根据书籍的外部形式特征,如图画形象(公主童话等)或者图书版式(大小版式等)来判断,只有少数幼儿才会就内容特点形成明晰的类概念,如科学类等,这与幼儿阅读经验有关。旭旭从书架上取来了一本图画书《鸡宝宝,快出来》,这本书形象鲜明,色彩亮丽,他认真地观察着图画,边看边用手指指着画中的形象,面带微笑,表情愉悦,感受到他在"欣赏"中享受着图画书中的美好；挨着浩宁坐的凯凯常常会被浩宁"打扰"，他最先从书架上选了一本《小小棋艺》书，认真翻看着里面的旗图，也不知道他能否看懂，翻到一半多的时候换了一本图画书《我去找回太阳》，也是未全翻看完就又换了一本动漫经典图画书《猫和老鼠》，这本书里面设计了很多游戏，他开始津津有味地玩起来。

在研究者右手边坐的是亦人，她是一个漂漂亮亮的小女孩，头发上还带着一个大大的公主王冠发夹，她选了一本《猜谜农场》，随意地翻看着，可能因为我在身边的缘故，她特别喜欢与我聊天，（因为教室里配班老师播放着音乐和挑选出来的孩子们一起排演元旦节目，音乐声很大，直接干扰到图书角的小朋友，使他们难以安静下来阅读。）而亦人更是被排演跳舞的活动所吸引，不再选书看，而是表情呆呆地看着跳舞的孩子们，后来也跟着学做几个动作。在我转身取书的工夫，一回头，发现不知道什么时候凯凯已搬着小椅子坐到了亦人身边，两人分享共读着一本童话书，边指着图画中的形象，边用语言交流道："你看这只大笨猫，它总是抓不到那个小老鼠。""这个和动画片里的一样，我看过！"（文本与动画影视经验联结），他们时不时地会会心地笑一笑，看来这本书很有趣。小组长涵涵并未对亦人表现出的不专心和无所事事有所提醒，而只关注浩宁的"不安分"，也许在她看来，老师安排她做小组长的主要职责就是保持安静。涵涵自己选择了一本漫画书，其后又翻看了《植物大战僵尸》，并时不时地提示浩宁等调皮的男孩子不要说话，但是从表情上可以看出，她对自己的威信并不自信，说完会不好意思地笑笑。在整个图书角活动中，一帆都比较专注，她仔细翻读着手里的书，虽然不若上次那般专注，但是其自主阅读的能力明显很强，这次她选择的童书是《白雪公主和七个小矮人》《民间童话》《公主童话》、动漫童话《小红马》和《喜羊羊与灰太狼》，在阅读过程中，她常常会兴味盎然地与身边的稚然分享故事里的内容细节。幼儿是敏感的，会因为同伴或"我"的一句话、一个表情或者一个眼神而受影响，也会因为一个关注、一个鼓励或者一句温暖的话而产生变化。

这种消极或者积极的心理状态，都会体现在她的阅读过程中，活动中所获得的体验，又会逐渐形成孩子的态度、情感和看待事物的视角。

（选自教育田野笔记：阅读角的内容选择，2016年11月）

区角阅读是幼儿园区域活动的一个重要内容和形式，也是支持幼儿独立阅读与同伴分享阅读的一种重要形式。观察孩子们在阅读角小组讨论中的表情、动作、体态和语言表达等，充分理解和分析幼儿通过童书阅读——图画与文字来建构理解的过程，这里的理解既包括作品图文呈现的表层理解，也包括作品内容主题所传达的深层理解。事实上，已有的研究也证明了幼儿会在区角阅读活动中，描述、评论、思考或推理有关故事角色的形象、行动，讨论角色之间的关系，谈论故事结构，预测故事情节，还会讨论故事的形式（文字和图画），讨论故事情节的意义，故事的主题和评价故事等（Sipe，2000；康长运，2007）。然而，这个过程究竟是怎样发生的？发生的背景是什么？对于这些问题，还需要我们置身于阅读角情景中，感受其独特的空间价值。尤为令人关注的是，区角阅读活动为幼儿阅读反应与表达提供了怎样的环境支持？

（一）阅读过程的相对自由

相较集体阅读活动中教师主导阅读过程的基本环节而言，区角阅读更强调幼儿自主选择与自由阅读的意义，为幼儿提供了自主阅读的机会。

其一，区角选择的"自主性"。班级共设置了六个区角，分别是阅读区、益智区、美工区、娃娃家、大型建构区和桌面搭建区。每次区角活动开始前，都由教师组织选择区角，采取自由选择的方式，幼儿可以根据自己的喜好选择到哪个区角活动。这种自由选择的方式能够激发幼儿更多自主参与的动机。当然，权利也有相对的规则限制，如人数的限制、材料的限制、空间的限制等，都会影响幼儿对区角选择的自由度，即当选择阅读角的幼儿人数太多，使得阅读材料较为紧张和阅读空间较为拥挤时，教师就会调整区角选择的结果或者干预区角选择的过程。不过，这种情形并不常发生，大多数情况下，选择来阅读角的幼儿相对稳定，且表现出较为有序的状态。

其二，内容选择的"丰富性"。相较集体阅读，幼儿对于阅读内容具有更多选择的空间。选择区角阅读活动的幼儿，可以根据自己的阅读偏好自由选择童书架上的内容进行阅读。从数量比例上说，平均每位幼儿的阅读材料占有量是充分而丰富的，不过，"丰富性"也具有相对意义。童书材料的内容与形式相对比较单一，文学类童书居多而说明类与操作类较少。此外，在某些时候，这种内容选择的自主权利也会被干预，如案例情景中小组长涵涵首先从书架上随意抱下来十几本书，放到书桌上再由其他幼儿从中选读，这种方式就会使幼儿童书内容选择的范围大大缩减，也会降低幼儿对阅读内容的兴趣和期待，影响幼儿阅读的积极性。

其三，阅读方式的"自由性"。区角阅读强调自主阅读，所以教师不像在集体阅读过程中那样进行直接指导，而是给幼儿独立阅读的机会。因此，幼儿在选择好童书后，阅读的方式是相对自由的。之所以说相对自由，是因为幼儿在阅读过程中往往处于积极热情、情绪高昂的状态，他们喜欢边读边讲、边看边说、边说边演……然而，幼儿的自由阅读反应和表达需要遵守一定的区域规则，如保持安静，不打扰他人等。故而，区角的自主阅读具有相对的意义。当然"自主"不若"自由"，自主阅读与自由阅读是不同的，集中反映在"自由"与"规则"的衡量与把握上。事实上，对二者关系的处理一旦失衡就会导致区角阅读价值的失效，如过于强调"规则"甚至使"规则泛化"，幼儿的自主阅读也就难以实现，那么区域活动存在的意义也就没有了；若过于强调"自由"甚至形成"放任"的区角阅读过程，幼儿自主活动的价值也是不可能实现的。总之，区角阅读为幼儿的自主阅读提供了机会，但自主与自由不同，自由与放任更是迥异。显然，在现实情景中，大多数区角阅读活动都将此混淆而"行"了，这也值得深入反思和研究。

（二）同伴交流的表达愿望

无论何种活动形式的阅读过程，与同伴分享交流的共读方式，都是幼儿所倾向的阅读行为表现。不过，这种倾向性在区角阅读活动中表现得更为凸显，且具有相对的支持性环境氛围。例如无教师的直接参与、无集体阅读的正式规范与要求，区角阅读的自主性与小组形式等，都非常注重幼儿在区角阅读过程中的对话、分享与合作的行为和态度。同伴是幼儿在区角活动形式中最主要的交流主体。如在上述案例情景中，浩宁喜欢自我为中心式的同伴分享，常常要求他人参与自己的阅读活动："你们知道这是什么吗？"或者强行进入同伴童书的阅读过程："我看看你的……"凯凯与奕人共读分享一本童话书，边指着图画中的形象，边用语言交流："你看这只大笨猫，它总是抓不到那个小老鼠。""这个和动画片里的一样，我看过！"稚然与一帆是较为固定的阅读同伴，她们常常会选择同一类主题的童话书来看，如花精灵系列就是她俩共同喜欢的童书主题，在分享共读的时候，她们会评论、思考或推理有关故事角色的形象、行动，如一帆特别喜欢描述画面上事物的形态、颜色和名称："这个是粉色的蝴蝶结""他是她的爸爸吗？"……会讨论角色之间的关系，并乐于将故事里的事物或人物与自己的生活与周围环境进行联系："蓝色精灵和紫色精灵是好朋友，你看，她俩的魔法棒是一样的！""这个公主套装我也想要，好喜欢！"说完，挨着坐的两个好朋友会相视一笑。可以说，同伴之间的交流是随时发出的，是完全平等的，她们谈论故事结构："开始的时候，她们不是好朋友，最后，她们一起打败了黑魔风……"预测故事情节："这个一定是坏人，你看他手里拿的那个……"还会讨论故事的形式："哇，你看这个是洞洞书……我给你猜啊！"描述文字和图画："这里的字太多了，我看不懂！这些图我能看懂。""字宝宝，就是能在我们的脑子里形成一幅幅图画，让我们了解它们。"还会讨论故事的主题："你喜欢听温馨的故事还是成长的故事？""这个故事是感人的，因为是写找妈妈的！"可以说，幼儿通过语言、行为动作、表情等与同伴针对童书内容进行交流和分享,因为彼此年龄相当,生活环境相似,知识经验与理解水平相差不多,且一般所选择的共读对象是自己最喜欢的好朋友,所以在区角阅读活动中的同伴交流过程,能相互促进幼儿对于内容的感受、理解和表达,也更能达成对故事情节的理解和对故事主题的共鸣。因而,区角阅读的形式相较其他阅读活动更能满足幼儿同伴交流的表达欲望。

(三) 童书类别的差异性选择

区角阅读体现的是幼儿在一个相对自由空间里的阅读过程与阅读状态,因而,这个过程也最能体现幼儿对童书选择及其阅读方式的偏好与倾向。这种偏好具有差异性是必然的,因为幼儿的关注点和兴趣点都不同,且阅读角的童书材料大都一种只有一本,所以幼儿在区角阅读过程中的童书选择必然具有差异性。不过,差异并不是绝对的,因为如果从一个比较宏观的角度分析的话,幼儿之间更具有普遍的共性,其所选择的童书类别具有一定的共同性特征,如以游戏阅读的方式为主的童书,或以童话体裁的内容为主的童书,男孩子更偏好科学探索类童书等,当然幼儿本身并不一定具有非常明确的类别意识和分析能力,只不过当我们对孩子们所选择的童书进行概括和分类时会发觉,孩子们的选择具有某些群体的或共同性的特征。如幼儿喜欢"神奇的书",喜欢"熟悉的书",喜欢"好玩的书"等,都是基于对不同幼儿的阅读反应和表现进行概括而获得的关于差异选择的整体性概念。

(四) 幼儿阅读能力的自然分层

正是因为区角阅读更强调独自阅读和自主阅读,没有教师的直接参与,所以幼儿在自由选择与自主阅读的过程中,会自然地呈现出不同的阅读能力层次。阅读能力强的幼儿与相对阅读能力较弱的幼儿会形成显著对比,而所谓的"强"与"弱"并不单单指认知与理解能力的层面,而更关注幼儿阅读兴趣的比较、阅读专注力的比较、阅读表达上的比较,如想象、言语、动作模仿等表达方式。

阅读角的童书材料大都是图文相辅的图画书,当然也有几本纯文字书。幼儿在阅读过程中，对读图的需要程度与阅读能力特点、幼儿的阅读经验、幼儿的识字量等有较大关系。如不识字或识字少的幼儿，往往表现出对文字的无意识或较少关注，而完全依靠图画阅读来完成童书内容的理解；对识字多的幼儿来说，他们则更具有明显的文字意识，知道文字能够叙述故事，具有实质性意义；再如有丰富阅读经验的幼儿，往往对童书类别具有较为清晰的认识、对画面上所呈现的事物与事物之间的关系或者前后内容的逻辑关系也有较为自觉的联系意识和能力、对画面上的细节信息具有超强的观察能力和描述能力、想象力丰富，且贯穿着与其他文本之间的联系想象和生活经验之间的联系想象等；而相对没有较多阅读经验的幼儿，在阅读过程中表现出较为明显的盲目性和低专注力，如翻阅时漫不经心或频繁更换童书文本等。事实上，阅读经验丰富的幼儿往往具有明确的符号意识，对文字敏感专注，在阅读过程中常表现出更强的阅读兴趣、情感体验、专注力、想象、言语伴随和故事表演等表达方式。

幼儿园阅读活动的三种组织方式：集体阅读、区角阅读和随机阅读，组织方式不同，教师的组织过程与角色价值不同。区角活动的特点是自由性、自主性与间接指导性，自由性与自主性一般而言都能较好地体现在区域分组、选择、游戏过程中，由师幼协商且以幼儿为主选择活动组织形式。然而，间接指导性却往往因为太过于注重前两个方面反而被淡化，显得较为薄弱。正如案例情景中所呈现的，很多教师对阅读角环境空间与活动规则等极为关注，却对童书材料本身的重视程度不够，单纯提供童书文本材料只是最低层次的支持，还需要对所提供的童书文字材料进行深入的分析和梳理，如童书的内容类别、体裁形式、主题划分等。可以说，童书材料的质量是阅读角活动效果的基础前提，而教师对区角阅读的组织方式与童书材料的把握程度，才是区角阅读指导有效性的核心。这种组织方式和把握程度是间接性的，是区别于集体阅读活动直接性阅读指导的。教师影响的间接性，既不是干预，也不是放纵，而是强调一种合适时机的"介入"和一种潜在环境的支持。区角阅读活动强调给幼儿提供自主阅读的机会,但并不是"完全的自由阅读"甚至"放任阅读",而是具有置教师的角色于"幕后指导"的间接意义,如阅读角环境空间的布置与设计、童书材料的提供与梳理、阅读过程的组织方式与规则等,都体现出教师在区角阅读活动中的间接指导意义。

三 随机阅读活动中的幼儿阅读反应

随机阅读活动主要是指在幼儿园班级情景里,除正式规范的活动组织形式外,在闲散时间里或统一安排或随机安排的阅读活动,这类活动具有偶然性、短时性与非正式性的特点。

闲散时光的自由阅读

每日除却正式组织的活动形式外,教师往往会在活动间隙、餐后或离园前的闲散时间里,允许幼儿到图书角自由选书阅读。今天,浩宁一吃完午饭,就连蹦带跳地到图书角选了一本漫画版《喜羊羊与灰太狼》,他手捧着书,边看着封面,边往座位上走。我看着他坐下,就坐回到门口的电脑桌旁准备做记录。这时,我感到肩膀被一只小手拍了拍,回头一看,是浩宁。他最近常常这样,每次阅读、画画、上课都会自顾自地跑到我身边,对我或小声或大声地呼叫:"老师,你过来!老师,你过来看!"虽然每次他都会让我感到惊喜,但是又常常会担心因为我的存在而干扰了他的日常状态。这次是在午饭后阅读时间里,属于放松时段,不像集体活动那么正式,也不像区角活动有那么多规则(安静和秩序等),他牵着我的手来到座位旁,给我搬来一把小椅子,说:"老师,我给你讲故事吧!"我笑着说:"好啊!这本故事书我也很喜欢。"浩宁绽放出好大的笑容,说:"我也喜欢。我从头给你讲啊!"他翻开第一页,没有在封面和扉页上有停留,直接翻到正文内容开始讲读。"《苹果树下的奇遇》,老爷爷您真的能帮我心想事成吗?我想……"浩宁逐字逐句地讲读漫画书上的故事内容，我观察到浩宁几乎能够认识所有文字，当我轻轻打断他问"这是什么意思啊"时，他总是能够根据自己的理解，对内容作出一些合情合理的解释……

（选自教育田野笔记：浩宁讲故事《喜羊羊与灰太狼》，2016 年 11 月）

（一）闲散时间的随性选择

随机阅读的时机，因其往往产生于闲散时间而具有很强的偶然性。所谓闲散时间，主要指除了正式规范的活动组织形式外的其他一切活动时间，如早晨入园后的自由活动时间、午餐后与午睡前的自由活动时间、活动与活动交接的间隙、离园前的自由活动时间等。

在这些时间内的阅读活动，有时是教师引导的，如在午饭空隙里，教师引导语："先吃完午饭的（幼儿），可以到图书角取书来看……"这自然会引起幼儿在饭后时间里的自由阅读活动；有时是幼儿自发的，如在每日离园活动的间隙，总是有八九个等待离园的幼儿会自发选择到班级图书角自由阅读。不管何种情景，此时的阅读活动，虽然规范性不够，组织性不强，却具有真正的自由活动的意味，因为其少了正式活动中的规则要求与纪律规训，多了幼儿更多自由表达的机会与空间。

（二）完全自由的阅读状态

相较集体阅读活动与区域阅读活动，这种闲散时间的自由阅读活动，往往显现出更具真正意义的"自由活动"性质。表现在幼儿可以完全自由自主地选择读物内容、选择阅读方式上，或自己读，或同伴间分享性阅读，或游戏式的阅读……对形式与内容都不再有约束和要求，选读什么童书、以怎样的状态阅读、以何种游戏的方式与童书、同伴互动都可由幼儿自由选择和自主安排。

可以说，这里的"随机阅读"与"自由阅读"具有同样的意义，研究者观察到幼儿在此时的阅读状态是完全放松和开放的，他们自发地或独自一人，或组成小组，到教室里任何最喜欢的地方进行阅读。在阅读过程中，幼儿同伴间可以自由发问、相互讨论、进行动作模仿、讲述故事、发表观点、扮演角色等。也正因如此，在幼儿园一日活动中，闲散时间里的随机阅读活动虽然并不作为固定的活动组织形式来安排，具有极大的偶然性，但却是幼儿在所有阅读活动中参与度最高、自主意识最凸显、愉悦感最强烈的阅读过程，也是真正符合自由活动本质的活动形式。在这种完全自由自主的阅读时光里，最受欢迎的童书，通常包括新投放的童书、故事课上讲读过的童书以及幼儿从家里带来的童书等。

综上所述，在幼儿园教育场域内，幼儿阅读活动的三种形式——集体阅读、区角阅读和随机阅读，各自涵盖了幼儿不同的阅读状态，或与教师、同伴共读，或独自阅读。集体阅读活动是幼儿园教育活动的主要方式，它为幼儿与成人共读、同伴分享阅读提供了群体与规范性指导的机会；区角阅读活动是幼儿园独特的阅读活动形式，它突出了小组阅读和自主阅读的空间；而闲散时间的随机阅读则往往属于非正式的、非规范组织的活动形式，但却是幼儿自由阅读的珍贵时机。当然，在组织过程中往往存在这样或那样的问题，如在幼儿集体阅读活动中，规则的泛化与幼儿自由的欲求总是存在冲突；在区角阅读活动中，自由性、自主性往往只体现在分配区域环节，教师的间接指导性存在诸多问题；在区角阅读过程中当幼儿分心甚至无所事事，或幼儿间分享阅读被"小组长"强制干扰时，教师"介入"与"不介入"的问题等。

第三节　幼儿童书阅读过程的典型情景

创设与开展各种形式的阅读活动的初衷，皆在于为幼儿个体的成长与生活提供各种发展的最大空间与可能性。据此，笔者细致记录、分析与理解不同幼儿在阅读过程中所表现出来的语言、行为、表情、审美等各方面反应，并尝试描摹出几类幼儿个体反应风格的画像。在选择这些典型性案例进行描述的过程中，内在地考虑以幼儿阅读的一般过程作为叙事的主要线索，从而探讨幼儿在阅读不同类型童书时的参与情况与反应特点，作出对这些幼儿阅读理解过程的描述性解释。

一 熟悉文本的重复选择

选择文本是阅读过程的起始。幼儿对于熟悉事物的心理倾向是儿童早期学习心理的显著特征。"熟悉"是一种心理感受，而获得这一感受需要一个经验过程，是幼儿对事物进行重复认识进而获得基本概念的经验过程。重复阅读，即幼儿在文本选择与内容阅读过程中对熟悉事物所表现出的心理倾向，这种心理倾向主要通过两个不同的关注层面表现出来。

（一）幼儿倾向选择熟悉的童书文本

不可思议的重复阅读

在区角阅读活动中，五周岁的小爱来到书架前未做过多选择而直接取下一本图画故事书《乘着火车去旅行》，且在半个小时的阅读活动里，小爱重复阅读六遍。下面记录的是她在第一遍阅读过程中的反应表现：

小爱指着车厢以外的地方——画面中绿色草地上的羊儿说："还有这个羊，不是这个！"然后又指向画面最下方的一只羊儿，点了下又移开，向上面车厢里看了一会儿，再向下面绿草地上的羊群看了一会儿，应该是在比较它们是不是一样的羊，大概停了五秒钟，突然用手大面积地划过画面，并且口中清晰地说："这些都是小羊！这里都是小羊！！"小爱语气里充满了发现新大陆似的满足！（所观察的童书画面内容特点表现在：在画面上方，火车车厢外有几只小山羊！页面上最凸显的是小火车，所以小爱刚才应该是先注意到车厢里的小羊；后又看到绿草地上几只描画得比较细致、整体轮廓较大的那几只山羊；在比较上下不同画面时，最后发现车厢外的画面上方还藏着几只小一点的、描画得不特别细致的几只小羊，从而得出结论，"这里都是小羊。")

说完，小爱翻到下一页，且立即就感觉到了画面风格的变化。（相较前一页，画面的主要内容是相同的，如还是那辆小火车，黑洞洞的隧道也还在原来的位置，所不同的是背景有了变化，配图的形象变了，增加了大象、魔术师、长颈鹿、气球等配饰画……此外，画面整体色调变暗了一些，天空更深蓝，且有几颗零散的明亮的星星。）小爱翻过页来就脱口而出道："哦！天黑啦！"和观察前面一页画面不同的是，小爱不是首先观察小火车和隧道，而是首先注意到这一页与前一页的背景色调、环境氛围的变化，以及较多小细节的改变。（原因分析：相较前一页，此页配搭的细节形象特别丰富，会召唤或者说是需要小读者进行细致观察与比较的。）只见她用小手指指着画面最左上方的大象说："大象——"（拖长音，应该是在观察大象的特点，并思考选择合适的形容词来描述。画面上方，大象扬起高高的鼻子，鼻子孔里有一朵像小风车一样的小花。）小爱自言自语道："像长长的鼻子花！"然后，指着黑隧道一划而过，没有其他语言描述，而是突然使劲儿戳着画面最右上方的魔术师大声说："变魔术！"（这里，小爱说的是"变魔术"而不是"魔术师"，也许孩子认识事物的顺序是首先了解它是做什么的，却并不知道它的名称。即总是先注意到事物的存在，后了解事物的功能，最后获得对这一事物的概念，事物的名称往往也可视为一种概念或定义。）

说完，小爱翻到下一页，我回应她说："变魔术啊！"小爱很认真地观察着新画面，没有继续向我描述。

此时，坐在她身边的小棕把书合起来说："看完了。"站起身来，说"再换一本去！"但小爱自顾自地看书，并没有对其他幼儿较为频繁地换书行为有所关注。（新画面上，小爱首先关注到的不是如前那般细致观察配饰图画，而是对此页火车厢内的成员变化更感兴趣。）她自言自语地说："鼓掌猫来了，都上车了！"原来是小火车上又换了新乘客——几只小白猫。（原因分析：相较前一页，这幅画面里的整体背景、小火车的位置都有变化，如添加了一幢小房子，房门口站着一位慈爱的老奶奶，远处的小山一目了然，内容清晰、明快、简单。而相对应的，这一页的画面上还同时出现了两个火车隧道山洞，左侧画面与右侧画面各一个，非常凸显，似乎引导着小读者自然而然地对这两个山洞之间的事物发生兴趣。事实也确实如此，小爱会比较多地关注小火车的走向，小火车车厢里动物的变化，首先关注的还是动物种类的变化，并未注意到动物数量、颜色的变化。）小爱说完，继续翻到了下一页。（画面上还是两个黑洞洞的隧道入口，小火车在中间穿梭，车上又换了小乘客：六只小兔子。远处是茂密的树林和遥远的天空，在树林中间隔性地出现了三只小猫，似在提醒小读者小猫在这里下车后跑去森林里了；近处依然是一片草地，星星点点地有几朵小蘑菇，仿佛还散发着清香的味道呢。）小爱一翻到这一页，就被最近处的一棵大树吸引住了。树很大，上面星星点点地开满了小白花，很像圣诞树，最有趣的是，在这颗"圣诞树"底下的部分，有一只俏皮的小猫，但只露出了一张小小的猫脸，好像在捉迷藏呢。小爱看了一会儿这个位置，可能因为教室里有小朋友在哭闹，她转头看了看，又看向窗外，嘟囔着低声说了一句："外面下雨了！"说完，又低下头回到了故事书里，翻过来看了看，突然惊讶地说："小鸭子也上车啦！"小爱依然关注着车厢里动物类别的变化……

（选自教育田野笔记：不可思议的重复阅读——记阅读角活动，2017年2月）

五周岁的小爱在区角活动过程中，选择的童书是英国儿童文学作家吉尔·芒登创作的图画故事书《乘着火车去旅行》，这是黄色校车系列中的一本，语言韵律十足，对话稚拙有童趣，色彩缤纷绚丽，情节奇妙欢乐，能吸引幼儿在不可思议的快乐旅程中认识事物（不同的动物、场景等）、学会识数、识别颜色和欣赏故事情节等。

小爱在半个小时的阅读活动中，重复阅读了本书整整六遍。这一方面与小爱本身的兴趣与需要有关，另一方面也与童书内容特点密切相关。研究者追踪观察发现，小爱的确更加偏爱此类童书。例如，她在连续的重复阅读过程中，每一遍重复，都有不同的关注点、不同的语言表现、不同的信息收获和思考空间。在第一遍阅读时，她较关注小火车车厢里动物类别的变化；在第二遍阅读时，她注意到画面背景的细节信息和整体环境的变化；在第三遍阅读时，她发现了小火车车厢里动物数量的变化；在第四遍阅读时，她对书籍页码的数字与图画标示发生兴趣；在第五遍阅读时，她快速地反复翻页，喜欢阅读过程本身的活动经验；在第六遍阅读时，她在翻书籍的过程中，会重新对火车车厢里乘客的变化、背景信息里的某些细节、页码数字的顺序与排列进行观察，但相较于前面几次的阅读，会有侧重地进行选择性阅读，如在第六遍阅读时，对前几遍阅读过程中那些一直非常关注的或者是一直没怎么注意到的信息发生兴趣。

整体来说，小爱的重复阅读表现出如下特点：

1. 善于发现细节，当然会有所侧重。对图画所呈现的信息（图与文），会首先被画面的色彩、大小、比例以及事物关系等因素所影响，如首先注意到色彩鲜明的、占据画面空间较大的及与事物关系非常密切的画面信息，并呈现出观察越来越细致的特点。

2. 由关注具象图画向注意抽象符号发展，如到第三遍阅读时对数字、文字等的注意等。

3. 对图画书的阅读，总是伴随着身体动作的参与，如用手指点着读画面，抚触页面等。

4. 对成人讲述有依赖，也喜欢与同伴进行分享性阅读，如与研究者对话，与同伴分享等。

5. 对文字还没有明确的意识和概念，甚至会自动忽视文字信息，但当成人朗读这些文字时，她表现出相当的关注和喜欢，且喜欢用语言表达对内容的理解。

五周岁的小爱向我们展示了幼儿个体在童书世界里的遨游轨迹

及其阅读理解过程的"轮廓素描"。幼儿喜欢也能够通过"读图"获得信息和意义，并且具有独特的思维方式与信息路径。重复阅读有利于幼儿对读写体验的积极主动参与，有助于提高语言能力、理解能力和获得故事结构的概念。同时兼顾了幼儿将自己的生活经历融入复述时的原创想法等。重复阅读的实质是重新发现，这个阅读过程是一个积极参与的过程，是幼儿的知识、经验和潜在力量不断在阅读世界中获得更新和积累的过程。

（二）幼儿倾向选择熟悉的情景和形象

"我们也想看这本书！"

《点点点》《是谁嗯嗯在我的头上》《嘿，站住！》等是本周集体故事课上与教师共读的几本图画书，它们在课后区角阅读活动或几个闲散时间里，即成为孩子们争相传看的"宝贝"。在上午的故事课上，M老师分享了一个非常有趣的图画书《是谁嗯嗯在我的头上》，不过，有好几幅图都没有来得及细看，那些动物的"嗯嗯"到底有什么不同。（阅读角的童书一般一种有二册，在集体共读时难以满足幼儿人手一本的需求，所以，教师一般借助多媒体大屏幕或者大书来呈现共读的故事内容，幼儿个体较少有机会直接与图画书碰触和互动。）小端第一个跑到书架上找到了这本书，其他孩子着急了，纷纷喊着："我们也想看！""小端，你放下咱们一起看吧！"几个男孩子争得不可开交，凯凯一直不停地念叨着："我也想看这本书！"小端把书窝在怀里，也没法看，怕一打开就被别人抢走。这时，我走近了说："你们都想听《是谁嗯嗯在我的头上》？"孩子们异口同声地说："是！"我建议道："好！那我们一起来看好不好？！"孩子们开心极了，声音洪亮地回答说："好！"连坐在后面的小女生们也加入进来。幼儿们之所以对这本书充满热情，主要是因为这个故事是老师在故事课上和大家分享过的，其主要情节与内容孩子们都已经较熟悉和清晰了。幼儿喜欢再次重复阅读，也许是想重温一下童书里有趣的情节或联想起与老师互动的某些印象深刻的环节。所以，当翻到那些在课堂上幼儿参与度较高的页面时，孩子们依然热情高涨。当童书画面上呈现出"一只小鼹鼠从泥土堆里钻出头来，上方一条长长的嗯嗯要掉下来"。我柔声开讲："有一天，小鼹鼠从地下伸出头来，开心地迎着阳光说：'哇！天气真好！'"孩子们非常安静，认真地倾听、观察着绘本画面。"这时候，事情发生了，一条长长的、好像香肠似的嗯嗯掉下来了，糟糕的是，它正好掉在小鼹鼠的头上。"几个孩子立刻被这个倒霉的小鼹鼠逗乐了，大声笑起来，眼睛一时一刻都没有离开过图画书，专注而安静地聆听着……

（选自教育田野笔记：不可思议的重复阅读——大六班的区角阅读，2016年12月）

重复阅读再次重现了故事里熟悉的情景、形象、语言和情节，这种熟悉感吸引着孩子们再一次的热情参与与积极互动。当然，上述熟悉事物的再现，还存在另外一种情形，即不仅重现了熟悉的故事内容与情景，还呈现了幼儿熟悉的生活场景和情境，从而使得幼儿对童书的画面、形象、事物和故事情节等产生了亲近感与关注度。认知心理学研究表明，人们对于事物的理解往往取决于头脑中已有的相关知识经验及其所建构的心理结构模式，对于事物的认识必然依赖于先前的经验。每个幼儿都是在其已有的心理发展水平或知识经验的基础上走进图画书世界的，[1] 幼儿在阅读图画书时，常常凭借自己还不丰富的经验，进入想象的世界中去，他们会与书中的角色一起去体味幻想世界的快乐。而阅读熟悉的童书，能更好地联系先前经验，帮助幼儿理解内容。正因如此，孩子们喜爱阅读熟悉的童书，尤其是偏向熟悉的情景与形象的内容，因为他们可以从已熟悉的画面与故事中获得更丰富的感受、更细腻的体验，这不单纯仅是因为感知与理解上的容易，还因为在重复阅读的过程中，幼儿以全部身心的参与赋予童书本身及童书阅读过程以独特的主体意义，这

---

[1] 庞丽娟：《文化传承与幼儿教育》，浙江教育出版社2005年版，第256页。

使得熟悉的童书内容充盈着个体情感的融入与体验。

二 阅读过程的自发性游戏

基于大量田野观察与记录，幼儿童书阅读的过程总是伴随着幼儿自发性的游戏，这种自发性往往体现为一种本能的游戏愿望。甚至可以说，以游戏的方式阅读童书，是幼儿的天性使然。幼儿是"未成熟"的，其行为方式以获得"快乐"为主要原则，但正是这种"未成熟"特性与"快乐性"原则，赋予了每一个孩子丰满的生命灵性与强烈的探索精神。至于游戏的内容、形式与过程则往往因为童书本身的内容特点和成人对童书呈现方式的不同而体现出一定的差异。

（一）动作—律动游戏：《摆臀布吉舞》

正如前文所述，阅读活动虽常被划归为"静"态的活动形式，但事实上童书内容的灵动与丰富，及其所能够带给幼儿的各种触动与感受是全感的、浸融整个身心的。童书创作者总会竭尽图画—文字及其关系的各种呈现方式来表达与传递这种阅读互动。当然，互动的关键是读者能够看到什么，感受到什么，能够被促发着用什么样的方式来表达自己的认识和感受等。图画书《摆臀布吉舞》即是一本自然而然赋予阅读过程以游戏律动互动方式的童书：象妈妈要出差，小象姐弟与象爸爸度过了疯狂的"一天"——它们一起玩"骑马""丛林探险""扔半空"游戏，画面上一个个游戏的方式、一个个快乐的情节都使幼儿忍俊不禁、无限向往，即使是客厅里一个个脏脏的小脚印、象弟弟翘起的小尾巴、被叉到木枝上的烤香蕉、爸爸淋浴喷头的长鼻子等小细节，也会被孩子们一个一个发现。而故事的高潮就在于一起洗澡时象爸爸的"摆臀布吉舞"。画面上，只围着一条大浴巾的象爸爸大声说："哎，你们会跳摆臀布吉舞吗？"象姐弟笑着摇头，象爸爸笑着唱起来，且笨拙而有力地跳起了"摆臀布吉舞"："一拍开心来——，二拍表演帅——，数到第三拍——，各就各位，摆臀布吉舞——，大家一起来！"画面上的文字大小不

一、排列不规则，且音韵和谐、节奏鲜明、富于音乐动感，引人不自觉地合拍唱读，跟着象爸爸配合着动作律动唱跳起来。晨晨读到这里时，就早已按捺不住地把想要和象爸爸、象姐弟一起游戏的情绪全部抒发出来，在身体—动作的游戏伴随中观察着画面、模仿着形象、感受着文字跳动的音乐性，快乐地大"唱"大"跳"这首"摆臀布吉舞"！童书页面上用音韵和谐的故事语言、不规则的文字排列、生活情景的暖色调画面风格、熟悉而滑稽的形象刻画，使得阅读的过程富于亲切感、节奏感和游戏性，幼儿倾听着轻松快乐的故事、感受着温馨的情感氛围、在动作互动的律动游戏中参与热烈愉快的游戏阅读方式，体验着童书内容的丰富意义，享受着童书阅读的别样乐趣。

（二）图文—音乐游戏：《我想跳舞》

如果说《摆臀布吉舞》主要是通过故事语言的节奏感，赋予了幼儿阅读的游戏性空间的话，那么《我想跳舞》则是以图画本身的渲染力赋予故事以音乐性的画面感受与游戏化的阅读方式。故事讲述了一个与部落里所有人都格格不入的小男孩和一个与狮群里所有狮子都格格不入的小狮子，小男孩不爱打猎只想吹笛子，小狮子不想捕食只爱跳舞，孤独的小男孩与被孤立的小狮子都选择了远离群体，独自到神秘而美丽的草原深处生活，人群与狮群对立的场面壮观而激烈，而笛声的飘然传来与舞影的悠然出现，使对抗与对立在美妙和谐的笛声中得以化解，人群与狮群同舞的场面壮观而令人震撼。这种震撼的力量来自于笛声、来自于小男孩与小狮子内心的爱与安宁，这是所有生命最本能的存在需要，也是生命之间最质朴的存在关系。儿童文学作家用极其凝练的语言讲述着这个单纯的故事，图画作家则用浅浅的麦黄色和淡淡的线条勾勒着生命的形象，唯独用较浓重的金黄和流畅有力的线条涂抹出笛声的悠扬与飘荡，这是爱的力量与生命的重量。当品妍翻看到这里时，就自然地注意到这抹稍显浓重的"金黄"线条，会被线条的流淌方向所吸引，她不自觉地用小手去触摸，跟随着线条的方向流淌到画面的每一个角落……这样的画面，虽无声却似有声，小读者不仅会"听"到，还会看到和触摸到这笛声的形象和感觉，金黄色的"笛声"线条从"小男孩"吹的笛子里流淌出来，荡漾在整个草原上空，也飘进了小读者的心里，品妍甚至能够用自己的声音哼唱出笛声的旋律，她的手、眼和嘴巴触摸着画面、欣赏着画面、哼唱着旋律……画面中激烈的敌对与宁静的笛声形成了鲜明的对比，不清晰的角色表情与轮廓明朗的声音线条所交织着的情绪冲突，都在流淌、蔓延的笛声中安静下来，从画面的最右边飘扬到最左边，再转一个圈，真是美妙极了！爱的音乐性表达、声音的具象态呈现，皆引导着小读者感受音乐的美感，触摸着声音的"形态"，体验着故事触动心灵的力量。

（三）图画—探索游戏：《通缉令》

全城通缉搜捕鳄鱼？大人说，这太可怕了；幼儿会说，这太好玩了！《通缉令》绝对是一个全城迷宫式的探险历程。使阿尔发是一条从小生活在好朋友丽莎身边的小鳄鱼，她们一起跳"探戈"舞，一起洗澡，是最最亲密的伙伴！一次意外，阿尔发掉进了马桶里，迷了路回不了家，到处游走寻找家的入口，从而导致了全城的恐慌！直到丽莎突然想到她和阿尔发最爱的那首"探戈"，她在马桶口播放那首"探戈"，这让差点被"捕捉鳄鱼"的专家找到的阿尔发顺利地回到了自己最亲密的丽莎身边。故事情节紧凑，线索清晰，形象描画得非常生动，让人印象深刻。最为有趣的是，当鳄鱼阿尔发在整个城市的下水道系统迷路而到处乱撞时，各种各样的人、各种各样的家、各种各样的反应、各种各样的生活，地面上各个看似独立的人、家庭和生活，与地面下复杂而连续的下水道系统以走迷宫的游戏形式结合为一个整体。轩轩对这个下水道迷宫很感兴趣，用小手顺着下水道的通道和阿尔发一起，上蹿下跳，东找西寻，终于在"探戈"的音符通道中，走出了下水道迷宫，完成了游戏任务，顺利地帮助阿尔发找到了主人。虽然最后丽莎不得不把越来越大的小鳄鱼阿尔发送到鳄鱼公园里去，但是在下水道迷宫里完成探险的小读者已经知道了，不管好朋友在哪里，他们的生活都是被联系在一起的，又怎么会分离呢！至少地底下的城市下水道迷宫，是小读者自己开发出的一条贯穿整个城市生活的秘密通道，不信，她会领着你再"走"一遭。

（四）语言联想游戏：《逃家小兔》

语言是阅读的基础，而阅读的过程也是语言学习的过程。在与书敏共读《逃家小兔》时，兔妈妈与小兔的对话内容与形式引起了她的关注和兴趣。它们在玩语言捉迷藏的游戏，"如果你变成……我就变成……"小兔子想象自己变成小鸟飞远了，变成小帆船游走了，变成小花藏在花园里……兔妈妈说："如果你变成小鸟飞远了，我就变成大树，好让你飞回家；如果你变成小帆船游走了，我就变成风，吹着你到你想去的地方；如果你变成小花藏在花园里，我就变成园丁，每天给你浇水、施肥、拔草，让你茁壮长大……"图画书用黑白色素描漫画勾勒了小兔子天马行空的漫想；兔妈妈总是追随着小兔子，饱含深爱，图画书则用浓郁鲜亮的彩色油画弥漫了整个页面。书敏翻看着每一张小兔子漫想的黑白色素描，脸上会露出会心的微笑，而当每一张彩色油画的想象空间真实地呈现在面前时，幼儿总是充满了惊喜和欢快，兔妈妈变成"大兔子树张开双臂迎接小兔子鸟回家"的画面和"吹着小兔子帆船走的海风"的画面，她看了一遍又一遍，指着大兔子树说："你看！"指着小兔子帆船笑嚷着说："哈哈，你看它的耳朵！小兔子的耳朵长长的，变成了小帆船的帆！"在观察画面的过程中，幼儿总是尝试用自己的语言描述内容和感受，且在对画面进行描绘与讲述的过程中使语言不断丰富和准确。在翻看完整本书后，书敏突然对我说："我要走了，我要变成天上的星星。"我笑着回应："如果你变成天上的星星，我就变成海水，照映着你。"她大笑着说："你不要变成海水，你应该变成天空。"我不解地问："为什么我应该变成天空？"书敏撇撇嘴说："如果我变成天上的星星，你就变成天空，挂着我呗！"这样的想象逻辑，真得让人惊喜！童书《逃家小兔》无论是文字还是图画都具有与众不同的特点：其一，语言具有对话式特点。几则对话亲切而生活化，孩子们很容易在倾听与观看图文中感受自己熟悉的生活，发现自己的影子。而"如果你变成……我就变成……"的句式和故事的重复结构，则呈现了一个小兔子和妈妈玩语言捉迷藏的简单故事。其二，图画采用交叉性叙述。本书的图画独特地将黑白素描画与色彩浓烈的油画有节奏地穿插着叙述故事。特别是全书的八幅彩画，每一幅彩色的画面情景都用了左右两个连贯的版面，生动开阔，且无文字做配搭，向幼儿全景式地描绘着一个个生动活泼、温馨浪漫的"爱的捉迷藏"游戏情景。虽然无文字，却负载了重要的故事情节，也正是因为无文字，才开拓出更为广阔的想象空间。幼儿经过单色的素描画，会自然因为彩色画面的呈现而眼前一亮；因夸张的内容而惊喜连连，从而自觉地捕捉细节，深入观察、发现画中秘密；自由表达，展开想象，用语言联想的方式，鼓励幼儿去探索童书画面外可能有的更广阔的天地。简单的画面因此而变得鲜活了、丰富了、灵动了，幼儿与图画书的距离就更近了，他们亲近图画书，丰盈图画书，表达图画书的欲望就会渐进萌生，甚至愈发强烈。当然，在图画书中，比故事更重要的是蕴含在图画中生命的意义。这是图画书创作者、出版者的精神原点，而由画面连缀而成的故事，潜藏在画面之中和画面之外的情感则成为幼儿成长的精神滋养，幼儿通过语言对画面的描述、对话和讲述，是对图画内容的语言再现，这种反应是映射性的；幼儿通过想象对故事进行发挥、拓展或延伸等，则是对图画内容的语言联想和内容再造，这种反应是投射性的。映射性思维是一种直观思维，而投射性思维是一种基于直观思维的抽象，是对具体形象的概括与超越。可以说，语言联想游戏的价值即在于其对幼儿的直观思维、想象思维、抽象思维所具有的独特意义。

　　幼儿阅读过程中的自发游戏让我们看到，游戏是幼儿探索生活世界的行为方式、活动逻辑和个体文化的个性化表达，而童书阅读最大的意义，也许即在于为孩子们建构了一个可以实现所有梦想的超现实空间与合理性路径。当然，游戏性阅读不意味着阅读与游戏的完全等同，更不意味着将书与玩具完全等同。因为，当书与玩具在幼儿概念理解中没有区别时，书可以具有娱乐性、具有操作性，会增强阅读过程中的愉快体验，却缺少了内容性的对话感、缺少了文学性的想象空间，这使得与童书间的互动是浅层的，不利于幼儿建构书籍概念，不利于幼儿深层次阅读情感的建构。

三　阅读内容的情景化理解

很多研究者都提出，幼儿对童书内容的理解取决于其背景知识和已有经验，也与阅读情景有着重要而复杂的关系（Sipe，1996；Selma，2014）。在共读过程中，研究者也常常发现幼儿对于阅读环境氛围具有敏锐的感受。

（一）音乐情景的情感代入：《祖国妈妈》

在集体阅读活动中，L老师带领全班幼儿一起朗诵大班（上）幼儿用书《启蒙阅读》中的一首儿童诗《祖国妈妈》，在跟读几遍后，幼儿基本可以齐声朗读，声音洪亮，且参与的积极性高。从形式上说，师幼"读"的方式机械重复，但幼儿的参与热情依然饱满。这也许与儿童诗本身的文体特征有关：其一，儿童诗属于诗歌，语言凝练，音韵和谐，情感饱满，意境优美；其二，儿童诗属于"儿童的"诗歌：它凝练地反映了儿童的生活和内心世界，抒写儿童独特的内心情感，表现孩子生命的本真和浓郁的儿童情趣。如是，幼儿就能够接受儿童诗的文体形式，且具有一定的形成情感共鸣的可能性。当然，幼儿的注意力较容易分散和转移，L老师在进行了几次单一性重复朗读后，幼儿明显开始"怠慢"了，参与热情下降，专注力变弱，甚至有幼儿直接不再开口了。我悄悄问身边正低头咬指甲的奕人："你怎么不读了？"奕人小声说："我都读了好多遍了。"我说："你觉得这首诗好听吗？"奕人摇摇头："还行吧。"我想了想，问道："这首诗什么意思啊？"奕人小声说："就是讲祖国妈妈很大很大……"大班幼儿基本能够理解故事内容所传达的信息，尤其是儿童诗的语言简单易懂，蕴含着丰富的情感，但是如果幼儿不能获得一种诗歌所独有的情感体验，这样的阅读是不完整的，至少是浅层次的。在活动间隙，我与L老师商量了一下，悄然地选播了一首钢琴乐曲，静谧而平和的音乐声瞬间弥漫在整个教室里，孩子们好奇地张望着，我柔声说："孩子们，你们爱祖国妈妈吗？"孩子们大声说："爱！"我继续鼓励道："真好！用你们好听的声音，大声地把这种爱读出来，我们一起再读一遍《祖国妈妈》好吗？"全体幼儿齐声热情地呼应说："好！"伴随着优美的音乐背景，享受着童诗所独有的韵律，我与孩子们用最深情的声音，共读诗歌。在一遍结束后，奕人笑着小声说："苏老师，能不能再读一遍！"我说："当然可以！你来为我们大家朗读一下好吗？"奕人很高兴，点头说："嗯。我想有音乐地读……"我笑说："没问题，有音乐读起来很美对不对？"孩子们齐声说："是！"此后，每每朗诵这首儿童诗，孩子们总是慷慨激昂、抑扬顿挫地表达着自己的感受，虽然我并不确定每个孩子对于这首童诗是否能够理解，理解到什么程度，但是，显然其对于诗歌形式本身的认识与热爱，是更为重要的。而在这种认识和情感的获得过程中，音乐情景的引入无疑起了非常重要的作用，幼儿喜欢在有音乐的诗意氛围中进行阅读，这种氛围会隐性地引导幼儿投入情感、加强专注力，有利于对童书内容和形式的情感参与，在一定意义上深化其对阅读内容的理解。

（二）对话情景：《这是一本书》

"你来当这头驴子，我来当这只猴子好吗？"轩轩轻声和我商量着，我们刚刚一起读了两遍《这是一本书》。我很高兴轩轩能主动要求改变阅读方式，就按她的提议分角色进行阅读。《这是一本书》的作者蓝·史密斯用风趣幽默、富于实验和游戏精神的个人风格，呈现了生活在数字化时代的"驴子"的状态，它只知道电脑与网络世界，不知道"书"是什么；并以电脑使用者的立场问了"猴子"一连串的问题："它需要密码吗？""可以传简讯吗？""可以无线上网吗？""玩推特？"但猴子总是淡淡地回答说："不。这是一本书！"后来，驴子拿走猴子手上的"书"，虽然一边抱怨字太多，一边却还是不自觉地沉迷在故事当中，忘了时间在流逝……在现在一切都讲求电脑与网络的数媒时代里,《这是一本书》对纸本印刷书籍来说,是一本帮助幼儿建立书籍概念的好作品。

整本图画书的故事语言都是对话形式,甚至没有旁白。两个小主人公:不爱被打扰的猴子,正专心致志地读着一本书;有些话痨的驴子,在喋喋不休地问这问那,而它的问题只有一个中心,就是猴子看的传统纸质书与驴子爱的电脑笔记本到底有何区别?这难道不是现下社会生活对阅读的一个极为核心的问题吗?当传统阅读形式越来越被现代多样化的电子阅读方式所包围甚或取代时,有些问题需要我们思考,需要孩子们去认识、理解和判断。人物角色的简短对话,对话内容的直白浅显,文字极其凝练却言简意赅,轩轩虽然不是班里识字量最多的,但是也能完成独立阅读,对于人物角色或好奇,或着急,或无奈,或不耐烦的情绪状态具有准确的把握,且富于童趣地将其表达出来。我和轩轩一言一语地对着话,童书被一页一页地翻阅着,巧克力色的画面主色调让人忍不住要细细品味;大猴子的形象轮廓、行为动作、面部表情和眼睛形态等总是占据着几乎所有画面的最大空间比例。轩轩每每翻阅过一张页面时,总能准确地把握猴子的情绪状态,会特别关注猴子的一些面部表情,如两只眼睛眯成一条直线,一些语言文字,如猴子大声说:"这是一本书!"可以通过符号形象的变化来表示猴子的不耐烦和无奈的情绪等,会不自觉地用变化音调、音量、音色等方式来诠释自己所扮演猴子的角色状态。对话似的阅读方式,赋予幼儿进一步亲近角色、揣摩角色心理的机会和动机,幼儿在情景对话的过程中,自然而然地会将自己代入故事情景中,融入故事角色里,用角色的语言、情感、动作和表情等理解故事内容,体验人物间的对话关系和情感关系;喜欢在阅读过程中提问,并通过倾听、搜索画面信息和回应故事内容来获得经验等。最初,幼儿指出书本中的图片,把每一页都作为单独的部分;其后,他们的语言从发音向类似"谈话"转换,变为更近似于阅读的状态;最终,他们开始使用不同的策略(已经认识的词汇、关于字母和发音的知识,书面文字的类型,图片和内容线索）来理解童书中图画与文字的内容和意义。可以说，理解口头语言和简单文字是阅读的重要基础，幼儿在阅读故事书的过程中，也在学习如何整合所"听到"和"读到"的信息。一本书的阅读就这样在愉快、轻松、丰富的体验和表达中结束了，还没等我开口，轩轩就大声说道："这个驴子真傻，连书都不知道，书当然不需要密码，也不需要鼠标啦！"说完，轩轩还意犹未尽地咯咯笑起来。我追问道："你喜欢看书吗？"轩轩立马一本正经地回答："当然啦，我最喜欢看书了！因为书里有好多好多故事。"我又问："那你喜欢像《淘气包马小跳》那样的书（漫画书），或者喜欢像《神奇校车》那样的书（科学书），也或者喜欢像《西游记》那样的书（黑白连环画），又或者喜欢像《这是一本书》那样的绘本图画书（绘本故事图画），还是喜欢像《科学小实验》那样的书（操作实验书）呢？（基于对轩轩平时阅读偏好的内容梳理）"轩轩认认真真地听完，想了想后认真地说："我都非常喜欢，因为不同的书讲着不同的故事，那些作家啊、画家啊都不一样，所以，他们的故事也不一样。"轩轩对于书籍的认识和理解有她自己明确的概念，虽然还属于浅层次的理解，但已有最初的书籍概念。我们在情景对话的过程中，不自觉地融入了我们已有的阅读经验和对书籍的已有概念，而在相应的故事情景中，则更容易引发幼儿产生认识的共鸣和经验的重构。

四　自由阅读的多元化反应

对于阅读愿望、阅读内容的选择偏好、阅读反应类型的问题，研究者对浩宁进行了几个月的追踪观察。在大六班老师们的眼中，浩宁是阅读角活动的最忠实支持者，因为每次区角活动，他都是首选图书角；他是当之无愧的"故事大王"和"识字最多的孩子"，因为他能连贯且流畅地讲述图画书。由于浩宁对文字具有很强的关注意识、对内容有更好的理解能力，以及相较同龄幼儿来说有着更大的识字量，笔者尝试对浩宁的阅读反应进行个案跟踪和深入的观察分析，并有意识地将其与阅读理解能力强的幼儿的阅读反应进行意义联结,以期对这类幼儿的阅读过程有一定的认识和了解。在追踪观察的过程中,研究者发现,相较集体阅读,浩宁往往在区角阅读和随机阅读等自由空间更大的活动中表现出积极主动的阅读行为倾向,如凸显的前文字意识、强烈的语言表达愿望、较好的内容理解能力、丰富的想象力和特有的专注力等。

（一）凸显的前文字意识

浩宁在阅读过程中常会对文字表现出非常明确的关注意识,知道文字与图画一样,都会讲故事,具有特殊的内容意义。所以,浩宁常表现出对文字的强烈探索欲,如在阅读活动中,浩宁精心选了几本自己十分喜欢看的书,包括《植物大战僵尸》《海洋生物》《十万个为什么》《小小棋艺》等,类别比较丰富,以科学探索类为主。这些图画书都属于图文比例相当的童书类型,画面关系复杂、信息量大而丰富。漫画或连环画类的图画书尤其可以凸显出这些特点,也因而深受识字多、阅读经验丰富的幼儿的喜爱。浩宁在阅读过程中不仅读图,而且会关注文字信息,常会用手指指着文字部分,逐字逐句地进行阅读,文字内容的理解不仅需要与已有知识经验进行联系,还需要与图画信息进行联系。在一般情况下,个别不认识的字不影响识字量多的幼儿对内容的理解,如浩宁可以通过对比图画信息来获得对童书内容的理解;在极少数情况下,他也会专门针对个别不认识的字请教词意,说明这些词是幼儿阅读过程中理解内容的关键信息,我们可以通过这种词,了解识字量多的幼儿对于童书内容的理解程度与所关注的兴趣点。

浩宁因为具有一定的识字量,所以对图画书的文字非常敏感,明确地知道文字有内容意义,具有显著的前文字意识,对一般读物他都会一边用手指指着字读,一边联系图画信息,视觉上的关注点一直在图—文间移动,且在幼儿群体中,具有比较强的"话语权威"优越感。

"这个字是'蹦'不是'跳'！"

在一次阅读角活动中，浩宁边翻看手里的图画书，边嘴里嘟囔着，一开始是小声说，后来是大声问："你们看！这是什么？"孩子们对于浩宁的"强制分享"的性格已经有免疫力了，轩轩和稚然没有回应，倒是不常来图书角的小睿，转头看了看浩宁手里的图画书，浩宁马上对小睿比画起来："你看这是什么？"小睿回答道："我这里也有！"说着拿起自己手里的书要和浩宁分享，浩宁看了看，把自己的书盖在小睿书的上面，非要小睿看自己的书，小睿只好想了想说："我看看，小兔子来到了小河边，轻轻地跳过去……"小睿读得挺认真，不过很快被浩宁打断了，浩宁纠正他说，这是"蹦"不是"跳"，小睿争辩说，这就是"跳"。浩宁也不急，拿起书对小睿说："这就是'蹦'，你不知道小兔子是一蹦一蹦的吗？"小睿本想再为自己辩护一下，不过好像也没有拿得出的更有力的证据或底气证明自己是正确的，显出有点不好意思的表情，看看其他人，憋了憋，还是没有再说出来，就只好继续埋头看自己的书了。浩宁得意了，"胜利者"似的对其他孩子说："我说念'蹦'吧！这个字我认识的……"

（选自教育田野笔记：图书角的"话语权"——小睿与浩宁的"分享"与被"分享"阅读，2016年12月）

大多数童书都是图文相辅的形式，所以，幼儿在阅读过程中，对读图的需要程度与过程特点也与幼儿对文字的敏感程度和关注程度有关。事实上，如果孩子具有了较为丰富的阅读经验，往往会伴随着一定的前文字意识，这是必然的认知现象：幼儿对熟悉的童书，观察得越来越细致，这当然包括了图与文的关系联结与整体意义。换句话说，幼儿的识字是伴随着阅读经验过程而出现的一个自然而然的学习现象。3—6岁的幼儿处于对书面语言符号的敏感期，对这一自然生成的学习现象的认识和把握，有利于帮助幼儿建立口头语言与书面语言的关系，理解书面语言符号所具有的丰富意义，由此建构幼儿对符号的情感体验,增强对童书图文符号的阅读热爱。因而,对于大班幼儿来说,他们经过了4—5年的生活经验与符号感知经历,大多已经具有了前文字意识,甚至具有一定的识别文字的能力。这也就不难理解当不识字或识字少的幼儿与文字意识强烈或识字量大的幼儿阅读图文相辅的童书内容时,往往表现出显著不同的阅读反应。识字多的幼儿往往具有非常明确和强烈的前文字意识,知道文字能够叙述故事,具有实质性意义,所以,不仅仅局限于读图,还会有意识地识读文字,以获得关于故事内容更丰富深刻的信息;而不识字或识字少的幼儿,对文字较少关注或回避关注,而完全依靠图画阅读来完成童书内容的理解。

(二) 强烈的语言交流愿望

今天的阅读角活动又开始了,几个选择来阅读角的幼儿围坐在桌子旁,准备开始阅读活动。浩宁首先站起来走到书架前自行选择喜欢的书看,边选边念念有词,一口气取回了好几本书,包括《植物大战僵尸》《海洋生物》等,选好书后坐回座位上。在最初的几分钟里,浩宁都是一边看一边自言自语,喜欢玩书里的游戏,时时刻刻都有交流表达的欲望。(他总是这样,常常在阅读刚开始的几分钟里,就热衷于通过语言、动作等各种方式与同桌的小朋友进行分享与交流,但大多数情况下属于自娱自乐:一方面,太过于活跃,且常常热衷于自我表达(其实,大多数此年龄段的幼儿都具有较强的自我表现欲望),而较少倾听同伴的心声,所以其他幼儿常处于被动交流状态,并不积极回应;另一方面,浩宁相对具有较丰富的阅读经验和较强的阅读能力,思维活跃,想象力极为丰富,尤其是对于科学探索类童书的热爱使得他的关注面和知识面较为宽泛,班级里少有幼儿能够完全理解他的想象性和跳跃式思维。譬如他常常会指着书里的某个形象问其他小朋友:"你知道这是什么吗?"几乎没有回应,当问到我时,我轻轻回答说:"这是海洋动物?"他大声回答道:"这是大海豹啊!哈哈!"然后继续问道:"你看看我啊,你猜这是什么？"他突然停住不动，眼神定定地看着我，面无表情但是看起来非常认真，我不明白地问道："你在演什么动物吗？"浩宁忍不住"扑哧"一下哈哈大笑起来，大声说："我是一块磁铁啊！你知道磁铁是什么吗？"

（选自教育田野笔记："我是一块磁铁——浩宁的想象力"，2017年1月）

5—6岁幼儿的语言发展处于关键期，幼儿的口头语言表达欲望非常强烈，因为他们渴望与外界环境进行对话与交流，尤其是对于浩宁这样的幼儿来说，他对于图画书内容的感受途径除了图画外还有文字关注，即除了直观的感知想象外还有一定的抽象思维的萌芽。因而可以说，在阅读过程中，阅读理解能力强的幼儿在语言表达过程中，往往会表现出更为丰富的内容意义。在与浩宁共读的过程中，对于某些孩子比较熟悉的或者比较兴奋的内容，他常常会伴随着语言与动作的阅读理解参与，在阅读过程中和阅读后都会有显著的语言交流愿望与动作表达倾向。例如，会就故事内容进行语言互动，会对图画书里的某一人物形象进行模仿表演等。

（三）稳定的内容选择偏好

表2-3是对浩宁在自主阅读活动形式中选择的读物类型、童书内容与形式特点、阅读反应表现等跟踪观察记录的梳理。

表2-3　　　　　　对浩宁自由阅读活动的观察记录

姓名：浩宁　年龄：5周岁半　班级：大六班　时间：2016.9—2017.3

观察时间	活动	选择的读物	童书特点	幼儿反应
2016.9.19 15：00—15：45	阅读角活动	《黑猫警长》《植物大战僵尸》……	漫画形式的图画书；由热播动画或网络游戏改编；图文比例相当	喜欢与同伴交流分享；喜欢边看边描述；看到喜欢的画面会大声笑和模仿动作等

第二章　走进幼儿童书阅读的世界

续表

观察时间	活动	选择的读物	童书特点	幼儿反应
2016.9.27 15：00—15：45	阅读角活动	连环漫画《小魔仙》	连环漫画书，画面关系复杂、色彩对比鲜明，以黑色为背景，但以粉色等暖色调设计主人公形象；信息量大而丰富，图文比例相当	专注而安静，未与同伴交流。对每页画面都会进行细致观察，对封底图画信息有较长时间的关注
2016.10.12 15：00—15：45	阅读角活动	《你找到了吗》（阅读5分钟左右）	图画书：《你找到了吗》是一本游戏书，考察幼儿的观察力和对细节的关注，画面色彩柔和，很多图形与画中画联系在一起，不过信息并不复杂	随意翻看，与同伴分享，在未有积极反馈的情况下，更换童书
2016.10.25 15：00—15：45	阅读角活动	《动物小百科——海底世界》（阅读半小时）	图画书：《海底世界》是科学探索类图画书，全图背景、画面清晰，感染力强，科普知识丰富，图文比例相当	专注；乐于分享；常提出问题，积极与我交流；积极表达自己对内容信息的已有经验；对画面观察细致；重复阅读三遍
2016.11.15 15：00—15：45	阅读角活动	《幸运抽奖开始啦》	属于游戏性图画书，左右两个页面的图画主体内容相同，存在细节差异，考察幼儿的观察力、专注力与比较能力	同伴分享游戏，相互帮助；认真观察画面，有意识地区分细节，对其中一个画面的观察与比较时长达两分多钟；积极寻找线索，并与同伴进行语言交流
2016.11.29 15：00—15：45	阅读角活动	《十万个为什么》（注音版）	属于以文字为主的图画书，每一页画面上都是由图文组合构成的但是文字占的比例大于图画，图画是对文字的某些关键信息的附注，不连续，但是构成整体；科学知识性强，内容信息丰富	常常与同伴交流，对于一些新奇不常见或者极为熟悉的事物会表现得非常兴奋；善于提出问题，并与我、同伴进行语言交流

续表

观察时间	活动	选择的读物	童书特点	幼儿反应
2016.12.6 15：00—15：45	阅读角活动	《植物大战僵尸》	属于漫画形式的图画书，改编自网络游戏；是班级里普遍受欢迎的一套书；画面灰暗，内容以游戏为主	喜欢模仿里面的"僵尸"形象；这类由动态媒体呈现过的作品，往往是择书首选；阅读这类书时，游戏意向强烈、模仿意识凸显、同伴间分享的趋向会显著增加
2016.12.13 15：00—15：45	阅读角活动	《点点点》	操作性图画书《点点点》，内容涉及认识颜色、认识左右、学习数数等对于大班小朋友来说太简单了，但是这本书最棒的地方即在于它是一本游戏书，能够和孩子们进行对话互动，因为游戏过程中的快乐体验，而很容易让孩子们建立起对书的概念和情感	每一个动作的提示，每一次翻页的惊喜，就有惊呼和雀跃。直到全部翻完，幼儿好像还意犹未尽
2017.1.3 15：00—15：45	闲散随机阅读	《喜羊羊与灰太狼》	属于漫画形式的图画书，改编自热播动画片，是由十几个独立的小故事组成的	连贯流畅地进行讲读故事，识读文字。喜欢"我"的倾听与互动

通过梳理发现，浩宁每次自主选择的童书类型都具有较为稳定的主题偏好：从形式上看，操作性或游戏互动式图书，漫画或连环画是他极为钟爱的；从内容上看，自然探索类或社会现象的报告类图书，儿童故事、诗歌等叙事性文学类图书，尤其是改编自热播动画片的童书或者绘本图画书是他非常偏爱的童书类别。这些图画书类型丰富，但大都属于图文比例相当的童书类型，画面关系复杂，信息量大而丰富。其中，漫画或连环画类的图画书尤其凸显了这些特点，因而也深受识字多、阅读理解能力强的幼儿喜爱。

浩宁对图画书内容的感受与理解，往往会通过语言、动作等方式进行表达。当然，将看到的图画信息用语言描述出来，不仅需要一定的语言表达能力，还需要对故事内容具有一定的理解能力。

"我看到了什么？"

在区角阅读活动后，班主任 L 老师组织全班小朋友分享自己都读了哪些好听的故事。浩宁举手站起来说："我读了（两个故事）。一个是海洋生物里的故事，一个是云朵面包。"L 老师鼓励说："你给我们说说故事里都讲了什么好吗？"浩宁点头："那本海洋生物的故事，咱们班里有。那个云朵面包，里面是一个猫和它的弟弟，一看窗外下雨了，然后它们赶紧穿上雨衣，走着走着，看见树上有一团白白的东西，它们就摘下来带回了家，给了妈妈。妈妈揉了揉，看了看那些东西，然后就把它放进一个玻璃碗里，把它揉啊揉，揉成了一个面团，然后放到锅里煮，这就是它们的早餐了。然后，猫爸爸等不及吃早餐了，就嗒塔塔地跑回了家。"浩宁边讲述边回忆，描述着自己在图书世界里看到的故事景象。

（选自教育田野笔记：读后交流活动"我看到了什么？"），2016年11月）

浩宁在与老师、小朋友们分享自己看到的童书内容时，语言流畅、完整，故事逻辑清晰。维果茨基曾指出："一个词的意义代表了一种思维和语言的混合，以至于很难说它是一种言语现象还是一种心理现象。""意义是'词'的标准，有意义的言语是语言与思维的一种联合。"[1] 可以说，这些语言的描述与表达，虽然不是幼儿思维的全部，但至少表明了他对于故事内容的某种理解程度和表达能力。

（四）丰富的想象与特有的专注

浩宁想象力丰富，尤其喜爱超现实的现象。他的语言总是充满

---

[1] ［苏］列夫·维果茨基：《思维与语言》，李维译，北京大学出版社2010年版，第140页。

了文学式的想象和荒诞，如"闪电激光枪""我是一块磁铁"等表达方式大都不是日常生活中所常用的描述形式，这类话语主题大多与他喜欢阅读的科学探索类童书的内容有关；他在与"我"对话时常常会谈到某本书中的角色或者某个故事里的情节；他喜欢用身体动作来模仿印象深刻的某个形象；在所有班级活动中，浩宁只有在区角阅读活动时，才会表现出积极的参与性和相较平日显著不同的专注力。这种专注力一方面表现在他在童书阅读过程中的沉浸状态，整体投入、言语不多、不易受外在环境干扰等；另一方面还表现在他细致的读图能力上，尤其是对一些画面细节的观察非常细致。

"你认识这种龙吗？"

画面上，一望无垠的草原，各种各样的大型动物，尤其是恐龙格外引人注目。浩宁看得很投入，有时也会指着其中一个恐龙问我："老师你看这个是翼龙！"我看了看，说："翼龙有什么特点呢？"浩宁笑着说："你没看到它的翅膀吗？翼龙有翅膀，别的龙都没有。你看，它的翅膀上面有很坚硬的刺，很厉害的！……"我看着画面，聆听着浩宁的解说，问："只有翼龙有翅膀吗？"浩宁好像没有听见我的问题，而是放下手里的书，突然趴在地板上表演起来，然后问我："老师，你能不能帮我查一下，这种是什么龙？"我看着浩宁模仿的动作，一时也说不上来，浩宁见我没印象，就继续一遍遍地表演，我答应他回去一定要帮他查查看，浩宁才满意地起身回到座位上继续读刚才的图画书。第二天，我再来时，浩宁很快就看到了我，走到我身边，拉着我的手问我："老师，你帮我查了吗？"我回答："嗯，不过我不知道是不是，你昨天模仿的是小盗龙吗？"浩宁的脸上立刻绽放出笑容，点头说："对对对！就是这个龙！老师，它也是有翅膀的！"我这才明白，浩宁是在回答我昨天的那个问题。

（选自教育田野笔记：恐龙世界的秘密——浩宁的观察力，2016年11月）

在与浩宁相处的几个月里，我常常被他的突发奇想惊到，而这些突发奇想虽然反映了这一年龄阶段以无意想象为主的思维特点。然而，他的语言、对话、想象、行为表达等无不向我们展示着他所具有的强烈的阅读兴趣与相当丰富的阅读经验。在和他相处的这段时间里，研究者常常感受到幼儿对世界的好奇心与探索欲，尤其是对未知领域，不仅仅包括现实世界中存在的那些幼儿未知领域，还包括某些超越当下现实生活空间，仅存在于某些童书或其他媒体中的未知领域（如恐龙、海底世界等）的求知本能和想象愿望。童书世界几乎无所不能，也许幼儿对童书阅读需求的根本动因即在于，童书对儿童想象空间的无限呈现与幼儿对主体未知领域的无限探求。相对应地，不同的幼儿主体在背景性的知识经验、整体性的生活环境、个性化的兴趣需要等方面都具有显著差异性，使他们在不同童书内容呈现时，表现出不同的参与倾向、专注状态、语言表达、行为动作、情绪情感等阅读反应。正如"故事大王"浩宁，虽然他时常会说出一些让我有些摸不着头脑的话语，会关注一些与现实可能没有直接关联的问题，不过，他总是有着强烈的与他人交流对话的欲望，口头语言与肢体语言表达方式丰富而流畅，他会毫不吝啬地将自己在童书世界里的感受和经验与他人分享，只为得到关注、理解和共鸣。可以说，当"我"尝试通过与老师、家长进行深入沟通以了解孩子们的成长经历和家庭环境时，当"我"积极参与到孩子们在园一日生活中的各个方面时，孩子们琐细的言行表达、日常的性格习惯、自然的情感流露等，帮助我慢慢地走进他们的生活，体会他们身处的情境，理解他们眼中的世界。

然而，浩宁是研究者在田野研究过程中发现的少数个例。之所以说是个例，是因为幼儿园里具有相似表现的幼儿并不普遍，甚至是极少数的。其所在的幼儿园田野并未给像浩宁这样的幼儿提供充分地感受和表达的机会或空间，如对于所有幼儿来说，幼儿园环境是同一的，班级活动是以"集体"为主的，学习机会是相对"均等"的，浩宁在阅读过程中所表现出来的独特的品性、习惯与特点，往往是在为数不多的，甚至是在极为珍贵的闲散时间里随机阅读和区角阅读中才有展现的机会。在大多数情况下，这些好动的、爱说的、渴望交流的、常常天马行空的、有时不墨守规则的特点，并不能得到幼儿老师们的积极回应、欣赏和认可。事实上，除了"识字最多""故事大王"等称号外，"他们"更多地被贴上"总是自顾自地调皮""特别不安静""总是悄悄搞到好多小玩意儿""最是拿他没办法"等标签。那些让我常常惊叹珍视的"闪光点"，往往因为在大多数情况下与幼儿园需要培养的"秩序感"和"安静认真"的课堂要求给忽略掉了，甚至是被有意地束缚着……正如《学会生存》一书中所指出的："儿童各有不同，其不同的程度超过了我们至今所能认识到的，儿童是很难把握的，他们不会同样地成长起来。"[1] 每个孩子都是极为不同的，孩子的"不同"，是其自然本性的展现过程，亦是其主体意义寻求的过程，于此首先需要的即是自由表达的机会与自由表现的空间。

---

[1] 联合国教科文组织国际教育发展委员会：《学会生存——教育世界的今天和明天》，华东师范大学比较教育研究所译，教育科学出版社1996年版，第196页。

第 三 章

幼儿童书阅读反应的类别分析

第一节 幼儿童书阅读反应类别的划分

幼儿爱阅读吗？幼儿读什么？幼儿怎样读？——这些是研究者初次置身田野时探索的三个问题原点。围绕此，笔者从阅读角开始，观摩最日常的教学活动（以幼儿集体阅读为主），观察最典型的区角阅读活动（以幼儿个体独立阅读为主），发现最珍贵的随机阅读活动（以幼儿自主阅读为主）等，对不同情景下幼儿阅读的反应进行观察、记录和分析，对幼儿阅读反应的变化进行跟踪和考察。通过参与性观察与解释性分析对幼儿童书阅读的过程进行逐步展开与理解，在田野观察、情景深描与叙事分析的过程中，对不同幼儿在阅读过程中的阅读反应，进行收录数据文本的定性分析。可以说，阅读反应是幼儿与童书图文对话的现实表现，是幼儿运用自己原有的经验和认知结构与童书图文主动建构的过程反应，包含了外显反应与内隐反应两个层面，是幼儿读者与童书之间相互作用所产生的一系列语言和非语言反应，也包括随时间推移，对童书意义有更深刻的理解而产生的各种反应。

我们在田野观察中发现，幼儿年龄发展阶段对于图文书面符号的感受与表达是多通道与多元化的，幼儿童书阅读的过程也是一个异常丰富的互动与体验过程。因而，在对幼儿阅读反应进行观察、描述与分类时，笔者最初基于扎朗格（Jalongo）对幼儿阅读反应类型进行维度划分：① 语言反应（幼儿会询问有关书本内容的问题，或以口头语言说出喜好和厌恶）；动作反应（如身体行为的反应，例如幼儿以身体靠近书本，表示欣赏，紧抱住书本就像抱着一个喜爱的玩具一样，或作出与情节相关的动作）；微表情反应（表现出专注力，幼儿注视着书本，身体往前倾，显现出着迷的神情）；情绪情感反应（幼儿在阅读过程中表现出喜、怒、哀、乐的情绪体验，反馈了对自身情感的宣泄、与内容的情感共鸣、对角色的情感投射与移入）；审美表达反应（幼儿借由图画、劳作、戏剧、创意活动等方式回应文学作品等），基于从语言和非语言的多元化角度来描述阅读反应的研究思路，尝试概括幼儿阅读反应的典型特征，然后进行命名、编码，并逐步使其类别化。特别是在第一章中描述了开放编码、轴心编码和选择性编码的数据分析过程，细致描述了幼儿在童书阅读情景中的语言、行为、情绪和审美活动等方面的表现。基于此，我们将幼儿阅读反应概括为五种类别：视觉感知、行为互动、语言描述、情感表达和审美表现。

视觉感知：表现为幼儿对图画和文字的注意、凝视、眼神迁移、专注等。当童书文本呈现于幼儿面前时，幼儿对童书图文符号的阅读首先是从视觉感知开始的。换句话说，视觉感知是处理作为构建叙事意义的文本的前提。幼儿对图画和文字符号的视觉感知包括：幼儿对图画色彩或页面色调变化的感知，对于制作插图的媒体材料、插图顺序、文字排列、配饰插画形象、传统叙事元素（人物角色、情节、主题等）的眼神停顿、追随或细致观察等。

行为互动：表现为幼儿对文本的肢体接触、角色模仿、游戏互动等。幼儿在与童书互动过程中，喜欢用身体动作来模仿印象深刻

---

① 李慧加：《幼儿图画书阅读反应研究现状与考察》，第九届儿童文学与儿童语言学术研讨会论文，台北，2005 年，第 255—276 页。

的某个形象或参与到某个情节中，行为动作的参与是其典型的阅读反应表现之一。这既反映了幼儿通过感觉动作理解阅读内容的过程，也反映了童书文本内容对幼儿理解产生行为倾向的影响。在这一类别中，文本中的内容似乎与幼儿的行为互动具有相关性，如语言线索、情景线索、图画形象的线索，具有鼓励和引导幼儿进行动作参与、形象模仿、环境探索的信息和内容。所以，我们将文本的内容线索与幼儿的行为动作反应作为关联要素。

语言描述：表现为幼儿对图画所描绘的情景、角色、动作以及情节发展的描述、讲说；对文字符号的形态、字义以及图文之间的意义关联的讲述等。幼儿将文本与生活领域和语言范畴联结起来，用自己的话语能力和言语方式描述文本内容。例如，在阅读过程中，幼儿倾向于通过语言、动作等方式表达自己对图画书内容的感受与理解；将看到的图画信息用自己的语言以及故事文字内容里的一些词语来进行描述；他们的对话常会围绕某本书中某个形象或者某个故事情节展开；对成人的讲述表现出倾听、复述与对话的愿望；对文字具有明确意识和强烈探索欲望等。语言是理解整个阅读过程的最重要元素，从广泛意义上说，语言是幼儿符号表达的一切形式，当然，我们需要的是一个更具体形式的考察，如幼儿的口头语言和书写语言（画画、涂鸦等）。

情感表达：表现为幼儿对角色形象、故事情节等所表现出的喜怒哀乐等情绪体验的心理状态；或者幼儿明显有意识地联系已有的生活经验或其他文本阅读经验，对文本内容进行分析、评判或道德判断等具有显著个体情感色彩的倾向。幼儿阶段已经具有明确的内在表达欲望与外在表现行为，他们有喜怒哀乐、有情感欲求，他们在阅读过程中所表现出来的一言、一行、一颦、一笑，言语、表情、行为、涂鸦等，虽稚嫩简单，却率性纯真，反映了他们的内在感受，是幼儿心灵世界与理解空间的切入口。幼儿阅读反应的"情感表达"类别，即表现在对幼儿童书阅读中各种情绪的自然表达方面，如喜、怒、哀、乐等情绪的参与和投入，对自身情感的宣泄、与内容的情感共鸣、对角色的情感投射与移入等方面的概括。这是一种自发的阅读行为反应，是自然而然地用语言去描述、想象和表达自己对不同情景情节、角色形象与情绪情感的阅读体验，在理解故事内容的过程中也会自然地联系现实情景与生活经验等。

审美表现：表现为幼儿对童书内容的多元化理解和表达，如借由涂鸦、画画、戏剧、游戏、音乐等各种方式回应所阅读文本的内容。"审美表现"的类别主要包括两个层面：其一，图画带给幼儿以审美的体验和自由的想象，这种"美感"与"自由"又赋予了幼儿在阅读过程中极大的主动性和创造性；其二，幼儿借由图画、涂鸦等创意活动方式回应文学作品的活动过程与行为表现。

这些类别的划分，既是对已有研究的进一步确认与细化，又是本书基于田野考察的重新归纳与提炼，事实上，唯有对幼儿阅读反应的整体情况进行类别化处理和整体性概括，才能够实现对幼儿阅读理解过程的清晰把握。下面我们将结合田野观察结果就这些反应类别进行更细致的描述与阐释，而在此之前，我们必须明确每个幼儿都是一个独特的生命个体，即使身处同样的教育环境下，阅读同样的童书文本，其阅读反应也是彼此相异，千差万别的。我们尊重这样的差异，正是因为差异的存在才促使生命的丰富性和可能性。同时，幼儿处于同一年龄阶段必然具有一些共同的身心特征与发展规律，尤其是对于生活在同一教育情景下的幼儿来说，也会存在某些共同的关注点和兴趣点，故而，在幼儿阅读反应的千差万别中也蕴含着一定的共同性和普遍性，而所有透过阅读反应所传达出来的感受、表达、互动、体验的过程都隐含了幼儿理解童书内容的思维线索和情感脉络。

第二节 幼儿童书阅读反应类别的表现

一 视觉感知

在儿童发展的早期阶段,视觉印象在观察学习中至关重要,[①] 对图文的视觉感知能力是幼儿阅读的最基本技能,既包括了对文本信息的感知,也包括了对文本信息的理解。

"它吃了什么啊?"

小宇独自站在阅读角童书架旁,很快取了一本图画书《好饿的毛毛虫》,然后坐回到小椅子上翻看起来。图画书的封面,是一条大大的、绿茸茸的毛毛虫,它看起来色彩鲜丽,形象可爱;身体像在悄悄地向前爬,小小的爪子、拱起的身体,又扭头看着:"你在瞧我吗?我好饿……"这本童书全世界有十几种版本,此本是长形开本,有着大尺寸的画面,易给小读者以清晰、醒目、深刻的形象感知。小宇认真地观察着封面,然后指着图画书故事的名字,自言自语地说:"好饿的毛毛虫!"说完,抬起头笑着,耸耸肩膀,露出有点嫌弃的表情。5周岁的幼儿对于毛毛虫的概念主要有两个方面:其一,一副毛茸茸且不太可爱的外表;其二,它是蝴蝶的幼崽。但对于"毛毛虫"与"蝴蝶"这两个看起来完全不一样的昆虫为什么会是一家人?毛毛虫是怎样变成蝴蝶的?这种关系的存在及其发生的过程,幼儿是不甚清晰的。我们当然可以直接告诉孩子这是怎么回事儿,但是没有经过观察与思考的学习,不是真正意义上的成长与丰富,孩子们需要一个自己去发现知识的机会。

[①] Connie Suk-Han Ho, Peter, "Different Visual Skills are Important in Learning to Read English and Chinese," *Education and Child Psychology*, Vol. 16, No. 4, April 1999, pp. 4–14.

翻开第一页，左右画面连续成一个整体："月光下，一个小小的卵，躺在树叶上，一个星期天的早晨，暖暖的太阳升起来了——啪！——从卵壳里钻出一条又瘦又饿的毛毛虫，它四下寻找可以吃的东西。"小宇仔细观察着画面，终于发现了大树上的一粒小小卵，就像白点点一样，不仔细看还真是找不到呢！他笑着说："它好小啊！"是啊，小小的，好像幼儿自己，最大的愿望就是快点长大。翻开第二页，左边画面上有一个大大的红太阳，暖暖地照耀着正在努力向前爬行寻找食物的小毛毛虫；右边页面则附了一张活页白纸，正当我疑惑时，小宇先发问了："毛毛虫到底吃了什么啊"我轻轻移动了一下活页白纸，露出了一个苹果，小宇马上大声说道："苹果！它吃了一个苹果！"我用故事里的语言鼓励他，回答说："对，星期一，它啃穿了一个苹果！怎么啃穿的？"小宇迅速用手指着苹果上的洞，笑着说："这是他咬的洞！"图画给幼儿以明确而直观的认识，事物的整体形态、事物与事物之间的关系状态等，幼儿通过读图获得了丰富的视觉信息，在头脑中进行进一步的前后联系与逻辑排列，然后形成对于某一事物及其变化过程的认识。画面中的苹果在最初呈现时，小宇所接受的信息是："一个苹果！"其次，进一步明确事物形态："毛毛虫吃了一个苹果！"最后，关注到苹果上的洞，对事物的前后关系又进行了逻辑化的排列："是毛毛虫在苹果上啃的洞。"我又轻轻移动了一下活页白纸，露出了两个梨，小宇大叫："两个梨！"并用手摸了摸两个啃开的小洞，着急地对我说："它还吃了什么啊？"我用充满好奇的声音说："咱们猜猜它还吃了什么吧！"小宇摇了摇头："我猜不出来！"我笑着鼓励说："嗯，我猜它吃了几个橙子，几个呢？"小宇笑着说："一个！"我说："我们一起看看它到底吃了什么，好不好！"小宇大声说："好！"我慢地移动了白纸："原来是三个李子啊！你吃过李子吗？"小宇苦着脸摇头："嗯，吃过，有点酸。"我笑着赞同他道："我也不大喜欢吃李子，哎呀，毛毛虫好像挺爱吃啊，一下子就吃了三个！"小宇咧嘴笑，我说："吃了一个苹果、两个梨、三个李子，毛毛虫还会吃什么呢？"小宇忙答:"杜果。"我说:"为什么是杜果啊?"小宇说:"杜果不酸。"我回答说:"哦,是不是你最爱吃杜果啊!"小宇不好意思地大笑起来,我一边轻轻地、慢慢地移动白纸,一边问小宇:"你猜会有几个呢?"小宇立即回答道:"四个。"我说:"你怎么知道?"小宇得意地指着前面三种水果说:"你看苹果是一个、梨是两个、李子是三个,后面是四个了。"我用眼神鼓励他的推断,继续移动活页白纸,小宇直直地看着一点点出现的图画,露出好奇而期待的表情。"哇,原来是四个草莓!"当画面完全呈现时,小宇非常惊喜,笑着说:"原来是草莓!我最爱吃草莓了!"……

(选自田野日记:童书的留白艺术——区角阅读《好饿的毛毛虫》,2016 年 12 月)

《好饿的毛毛虫》在装订与页面设计上很有特点:

图画书里的空白页,不是装订错误,而是作者的预先设计,而这样一张白纸,却能够给读者以更多想象的启发与引领。它使内容的呈现更富有神秘感,赋予幼儿以更广阔的想象空间。页面的设计也很有趣,毛毛虫吃过的食物上都留有一个指头大小的洞,幼儿会首先注意到这个洞的设计,并喜欢用小手抠着玩儿,在无意识间体会了毛毛虫吃食物的感觉;毛毛虫从周一到周五吃的食物,具有数字的递进关系,在画面设计与制作上也是将每种食物单列出来,并进行逐个呈现,每一个页面都配以简单重复性的语言文字,如"星期一它啃穿了一个苹果,可它还是觉得饿",星期一的页面上只有苹果的宽窄距离;"星期二它啃穿了两个梨",星期二的页面上只有两个梨的宽窄距离;"星期三它啃穿了三个李子,可是它还是饿"……直到星期五才是一张完整的图画,"它啃穿了五个橘子,可它还是饿呀!"星期六,画面上整齐地排列着十种食物的超大特写,只配上其名称的文字,幼儿轻松而明确地获知一个信息:"好饿的毛毛虫在星期六这一天,一口气啃穿了一块巧克力蛋糕,一个冰激凌蛋筒,一条酸黄瓜,一片瑞士奶酪,一截萨拉米香肠,一根棒棒糖,一角樱桃馅饼，一段红肠，一只杯形蛋糕，还有一块甜西瓜。"这样的剪裁、画面和语言，既给孩子以数列关系的最初感知，也通过大量的重复性的简单语言易于幼儿接受与理解，最重要的是通过一步步的内容呈现，给孩子以感受的空间、想象的空间、思考的空间、探索的空间，体验期待与收获惊喜的过程。

符号学中有观点认为，图画中的每一个细节都有潜力传达意义，视觉图像序列以符号语言构成视觉符号系统，它由人类所使用的许多形式的通信中的至少两种构成与其世界的意义组合和整合。[1] 在上述案例中，一张简单的活页白纸、各种视觉化的页面设计（颜色、虫洞、空白页、半裁剪形式等）蕴含着丰富的教育智慧，不是将其一下子呈现出来，让幼儿直接获知结果，而是引导孩子自己去发现、关注和思考。当幼儿的视觉感知到画面信息时，已有的知识经验会自然地帮助他们联系前后内容，判断事物关系，理解内容主题，想象体验与发现的乐趣，更会激发他们走进自然世界，去探索与观察更多类似的成长过程。从某种意义上说，图文符号的视觉感知在根本上是源于幼儿在适应与探索自身生活环境时所天然具有的"吸收性心智"，它以感官机能为基础，且寓于幼儿现实生活经验的内在体验，既具有现实的可塑性，又具有发展的可能性，是每个人天赋的潜在发展动力。人总是在不断地与自身打交道，而不是在应付事物本身。幼儿阶段尤其是这种与自身打交道的敏感期，即学习与体验的敏感期。所以，幼儿的符号学习是以图文符号的视觉感知为前提的，这绝不是单纯性知识、信息与事实的获得，而在于思想、情感与体验的最初萌发。

二 行为互动

动作感觉强烈的文学语言不仅能唤起儿童对认知对象的注意，

---

[1] L. R. Sipe, The Construction of Literary Understanding by First and Second Graders in Response to Picture Storybook Readalouds, Ph. D. Dissertation, The Ohio State University, 1996, pp. 80–82.

还可以增强对认知对象的理解。

"你看我，像不像它……"

　　《植物大战僵尸》是班级里普遍受欢迎的一套童书，无论男孩还是女孩都喜欢选来翻看，当然，男孩表现得更为明显。这类书的画面比较灰暗，内容以游戏互动为主，男孩子们经常喜欢模仿里面的"僵尸"形象，小泽是班上一致被认为模仿最像的。区角活动刚结束，几个孩子发现我在翻一本刚刚被"争相看"的书，就立刻围到我身边，纷纷向我介绍这本书。小泽最热情，强烈邀请我看他表演"僵尸"，他大声地介绍说："老师，你看我、看我！我像不像它……"其他几个孩子也齐声推荐说："嗯，老师，你看他表演吧，小泽表演得最像了！"小泽看起来很自信，倒退七八步，立定后突然弓着腰，歪着脚，抬着胳膊，摊着手，一点一点开始向前挪步子，嘴里发出啊呜啊呜的可怕声，孩子们都自发鼓起掌来。小泽的"僵尸"秀确实非常形象生动，还有配音，好几个小朋友围坐在一起看得津津有味。表演完，大家使劲儿拍手鼓掌，小泽好开心，用那种很肯定的语气对我说："你说我像不像它（僵尸）?!"我连连竖起大拇指，夸赞说："真的太像了！你没看我们都给你鼓掌啦！好厉害！"小泽掩饰不住地笑起来，获得了极大的满足感。

　　（选自教育田野笔记：模仿游戏与自我满足——区角阅读活动，2016年12月）

　　这类由电视动画媒体呈现过的作品，相较其他仅有文本形式的作品对于幼儿有更大的吸引力，常常会被列入孩子们择书的首选范围。孩子们在读这类书时，游戏的意向、模仿的意识、同伴间分享的趋向都会显著增加。有研究者探讨过，幼儿总是以已有的知识经验理解当前的作品，如解释和分析故事的语言、叙事要素以及符号表征，理解故事角色的样貌、感受、动机，理解故事情节，与故事产生"文本—文本"链接等（Sipe，2000）。而在这个典型情景中，我们发现动作表达与行为模仿是观察学习的一种形式,也是儿童的重要学习方式。小泽通过阅读《植物大战僵尸》,对故事里的"僵尸"形象印象深刻且富于探索欲,这种关注与兴趣会通过孩子的语言、动作等表达出来。而这种表达只有经过幼儿对这一形象的细致观察与深入感知,才能对"僵尸"形象有动态化的扮演与展示。学习心理学认为,简单的模仿是一种本能的倾向,儿童最初的知识经验往往是从模仿中获得的,但是复杂的模仿包括对模仿对象的感知和理解,与思维过程相联系。[①] 确实如此,很多社会角色和行为的学习都是通过模仿习得的。模仿习得的知识,模仿的对象与模仿的内容都会影响幼儿创造力与思维能力的发展。

当然,模仿不等于也不可能完全复制,所以幼儿在模仿过程中,会将自己对于形象的理解予以融入和表达,这一过程也就逐渐成为新形象建立的过程,幼儿的表现力与想象力、主动性与创造性会因为身体的协调、心理状态的调动而处于积极状态,获得愉快的体验与满足感,使模仿行为逐渐发展为一种模仿游戏,在游戏中丰富幼儿对故事形象的理解、把握和表现,增加内容情节、形成新的情景,从而使对形象动作行为的简单模仿逐渐发展为对故事主人公内在情感的进一步体验。同时,幼儿间生发了更多的行为互动、角色语言的交流与对角色身份的初步感知,这不仅推动了故事内容的再现,帮助幼儿学习社会角色与相应的行为特征,而且使得幼儿间的同伴交往寓于不同的游戏与故事情景之下,从而获得更为丰富的感受与体验。行为模仿的本质是心理—动作的反应,正如儿童心理学研究所确证的,幼儿的认知发生于动作,是由他自身与外部世界不断相互作用而逐渐形成的一种结构。虽然"儿童自觉的理性意识乃至抽象概括能力还尚未觉醒,但会表现出明显的直觉性和具象性。"[②] 所

[①] 俞国良:《社会心理学》,北京师范大学出版社 2006 年版,第 442 页。
[②] 丁海东:《儿童精神的人文品性及其教育诉求——文化二维论视野下的儿童精神及教育》,《西北师大学报》(社会科学版) 2010 年第 5 期。

以，感觉投入、动作参与、身体的直接体验是幼儿联结自我与外部世界的基本方式，身体动作的行为互动是幼儿全身心参与童书阅读的显在表现，其他在儿童智力、认识甚至情绪表达、自我意识与人格发展中都具有无可替代的重要意义。可以说，在视听结合的阅读感受过程中，伴随着语言与动作的自由互动和全程参与，是幼儿自由的、积极的、整体的阅读状态。

三 语言描述

语言描述反应是理解幼儿阅读过程的桥梁，它既是信息输入的过程，也是信息输出的过程；既是建构的过程，也是表达的过程。

"恐龙的世界"

在区角阅读时，浩宁又选择了这本《神奇校车——追寻恐龙》，画面上是一望无垠的草原，各种各样的恐龙生活在这里。浩宁看得很投入，较少说话，偶尔也会指着画面的某个地方对我说："老师，你看这是翼龙，这是霸王龙……"大约十几分钟后，浩宁翻看完这本书，对我说："那个时候，到处都是恐龙！没有人的！"我问："为什么没有人呢？"他想了想，说："人是后来才有的！这个是恐龙世界，没有人，到处都是恐龙……"画面上呈现出一个时空年轮：现代→新生代→中生代→古生代→前寒武纪，每一层时空年轮下标示着几种生活于其中的生物，如不同纪元下的恐龙种类不同，浩宁让我帮他读书中的一段描述，当听到"恐龙在地球上存在的时间是人类的1600倍"时，他微微有些惊讶，但是他应该对这个数字比例还没有明晰的概念，所以当看到"时空年轮"的画面时，浩宁用手指量了量人类纪元的两个时空年轮，又用手指"丈量"了一下有恐龙的六个时空年轮，然后张大嘴巴惊叹地说："恐龙比人类久这么多！"看到浩宁对这个画面格外关注，我又向前指了指说："你看，在恐龙之前，也就是地球上还没有恐龙的时候，都有谁啊？"浩宁仔细观察了时空年轮的前四个纪元（第一层画着水母、第二层画着一种水虫、第三层上有虾、第四层上有青蛙等动植物),没想到浩宁脱口而出道:"哇,它们都是水里的!"可见,5—6岁幼儿的观察能力、概括能力以及对事物类别的分析能力已有了较大的发展。我又进一步引导说:"这都被你发现了啊!太厉害了!可是你知道为什么最早的动物是在水里的呢?"没想到,浩宁听后反问我说:"它们现在也还有啊!"我听后更惊喜地鼓励他思考说:"对啊!它们现在也都还有呢,哇,它们比恐龙更早地生存在地球上,后来恐龙都消失了,而它们到现在还都有,这是为什么呀?"浩宁理所当然地回答说:"因为水里什么都有!它们就能很好地(生活了)……"

(选自教育田野笔记:班上的恐龙迷——区角阅读活动实录,2016年11月)

班上像浩宁这样的"恐龙迷"不在少数,尤其是男孩群体表现得更为显著。这类童书呈现的是一个未知领域,并且是在现实生活中已经无法再现的世界和时空。当幼儿发现童书能够呈现这一超越现实的时空时,自然会激发他们对环境、对世界进行探索的求知欲和学习兴趣。除"恐龙世界"这类超越现实时空的童书属于"神秘的"未知领域外,还有一些童书呈现了现实世界所有,但对于幼儿来说属未知的领域,如"漫游电世界""地球内部探秘"等,幼儿(尤其是大龄幼儿)对于这类现实中存在却充满神秘感的领域内容,同样具有强烈的探索欲望和表达愿望。在共读过程中发现,幼儿对于"恐龙"这类已消失上万年的大型生物及其所生存过的世界有着极其强烈的好奇心和探究欲,且总是积极倾向于以目前的语言能力和语言方式基础,感知和描述图文信息,想象和联系已有经验,倾听和复述成人的讲述,交流和表达自我的感受等。语言的表达往往渗透着思维的理解,案例中浩宁对于"时空年轮"中人类与恐龙存在时间的判断,对于前四个纪元存在的生物类别概括、原因分析,都体现出他对于阅读内容的思维能力和理解能力。在童书图文世界里,虽然幼儿的语言描述总是充满了文学式的想象和荒诞,但是这是其最初的理解、分析和判断的体现。

当然，对于年龄较小、语言理解和表达能力未发展完善的幼儿来说，其阅读图画书的过程是多感官统合的过程，他们从画面上得到视觉上的审美感受，借助于成人的讲述从听觉途径接受关于图画故事书的大量信息；通过视觉观察，逐渐感知口头语言与书面语言的对应关系，从而逐步获得关于图画和文字所共同传达的整体性、互补性和对照性的内容理解。

四 情感表达

童书的阅读过程，往往是连接幼儿现实生活与童书虚拟世界的交点，它使幼儿阅读的过程更容易获得精神与情感的共鸣，获得更深刻和难忘的阅读体验。

"我想像她一样！"

一帆非常喜欢童话故事，且对公主或仙子系列主题情有独钟。在这次阅读角活动中，她一口气从书架上取来了好几本，也是首先选了公主系列，分别是《白雪公主和七个小矮人》《民间童话》《公主童话》、动漫童话《小红马》，还有儿歌（古诗）和洞洞书。在阅读过程中，一帆仔细地翻读着手里的图画书，并常常与身边的稚然分享着故事里的内容细节，时不时地表达着对画面的惊叹："呀！你看，好漂亮啊！"两个女孩子都很爱美，对穿衣、发型、物体的颜色等都会精心挑选；情感较细腻，对研究者在活动中的存在具有敏锐的感受，如在集体活动时，她俩都特别希望"我"到她们身边坐；常常会用"漂亮""公主"这样的词汇来形容"我"或其他喜欢的人，这也许是她们都喜欢选择公主主题类别童书的原因之一。一帆很喜欢那本《公主童话》，因为在看这本书时，她与同伴的交流减少了，对内容表现出"静读"的专注状态。甚至这一次当我走近时，她竟好像没察觉到，视线未从画面上移开过。这本《公主童话》是一本童书故事集，由 12 个不同公主的小童话组成。每一页都有配图，颜色亮丽梦幻，以粉色为主；故事内容的呈现以文字为主，图画主要承担对内容基本信息的呈现，且不具有显著的情节性，即图画本身并不承担主要的叙述功能。也就是说，即使没有这些配图，也丝毫不影响故事内容的展开；相反，如果没有文字，仅仅有配图，故事内容就可能是不完整的。

不过，一帆几乎不对文字的位置有目光关注和停留，应该是因为文字太多，大多数不认识，所以会选择性地予以忽视；然而对于图画中的一些细节，如画面的色彩，人物形象的发饰、表情、礼服等细节信息都表现出非常有耐心的观察与细致的描述，如她会指着画面突然说："这个蝴蝶结，我也有一个！"当我回应说："哦，这么漂亮啊！你的也是这样的吗？"她立即特别认真地说："我的是粉红色的，比这个还漂亮！"当故事中的小公主被抛弃或者被欺负了，一帆会很难过地摸着画面里的公主形象说："她哭了……"我追问："你怎么看出来的？"她一本正经地认真回答说："你看，她眼泪都出来了！"我请教道："她为什么哭了啊？"一帆会立即联系前后的画面，耐心地解释给我听画面里的信息："她妈妈死了……"有时，这类信息也许与故事文字内容所呈现的并不相符，但确实是幼儿通过观察画面所作出的猜测、想象和分析。还有些时候，一帆说不出画面上某些现象的原因："这个我不知道。"但是她对于画面上小公主的情绪情感的表达是能体会到的，并寄予了很真切的个人情感："她很伤心，我觉得她挺可怜……"一帆最喜欢的地方莫过于所有小公主们漂亮的裙子和发饰了，每次翻到她喜欢的那个故事，她都会大叫："她叫贝儿公主，我喜欢她的裙子……"常常感叹道："好漂亮！我想像她一样……"

（选自教育田野笔记：偶像精神与自我投射——区角阅读实录，2016 年 11 月）

童书内容"公主"主题，是一帆在选择童书时非常凸显的选择倾向。在与她对话，尤其是在共读过程中，了解到她对于公主故事主题的钟爱，不仅反映出她对公主形象的关注和兴趣，也反映了她对于自我形象的一种投射。例如她在阅读这类童书时会有很多独特的反应：

1. 对呈现公主形象的画面非常积极地进行观察与描述，而对于其他故事形象则更多的是围绕了解公主遭遇的基本情节来关注的，并不对那些辅助形象的细节进行更细致的观察与描述。

2. 更关注童书中对公主形象的描画，而对于故事情节的展开线索相对次之。

3. 会对文字内容表现出一定的忽略，当她独自阅读时对文字内容几乎不关注，当然，这与她不识字有关。不过，这并不意味着她真的不关注文字，事实上，如果身边有成人在，她会非常期待成人给她讲读文字的内容，尤其是涉及对公主形象的描画时，常常表现出入神的倾听与愉悦的表情。

4. 经常将故事主人公与现实生活中的自己进行联系和比较，无论是人物形象还是身边的事物，偶尔还对生活的经历与身处的环境进行联想，以建构自己与人物间的紧密关系。有研究者也提出过类似的问题，即幼儿在阅读作品时会联系自己的经验建构意义：她们通过自己的生活经验理解故事各个方面的内容，如通过想象自己是故事中的角色去判断角色的感受，与故事产生"生活—文本"链接。[①] 这可以理解为幼儿通过已有的阅读经验理解当前作品内容等。

本书对于幼儿与童书内容互动过程的细致记录表明，童书内容中的主人公形象对于幼儿自我形象认知与建构具有重要影响。在喜欢的故事形象面前，幼儿一方面会有意识地将自己的角色身份和形象样态与故事形象进行联系，如她会指着画面说："这个蝴蝶结，我也有一个！""和这个公主一样……"在这个过程中，幼儿会对内容

[①] 李林慧：《学前儿童图画故事书阅读理解发展研究——多元模式意义建构的视野》，博士学位论文，华东师范大学，2011年。

产生自我形象的投射，且投射的是一种自我的认知与评价；另一方面，幼儿会表达出对自我理想形象的追求和崇尚，即一种偶像精神的建立，如每次翻到喜欢的故事形象，她都会大叫："她叫贝儿公主，我喜欢她的裙子……"常常感叹说："好漂亮！我想像她一样……"可以说，偶像精神是一种心理趋向，是对自己喜爱、欣赏甚至崇拜的形象的心理趋向和情感倾向，这对于人的意识、行为、思想具有巨大的导向与引领作用。这也类似于班杜拉所说的榜样理论，认为在儿童发展的早期阶段，视觉印象在观察学习中至关重要，尤其对于年龄较小、语言理解和表达能力尚未发展完善的幼儿来说，具体的榜样形象能够在潜移默化中感染和熏陶其心灵成长。

此外，幼儿还会通过故事内容来理解自己生活中的方方面面，如谈论故事中的事件、观点和角色与自己及周围的人之间的联系，利用故事更好地理解社会关系、解决社会性问题，与故事产生"文本—生活"链接（Sipe，1996）。并且，这种故事与生活经验之间的联系随着年龄和经验的增长有增加的趋势。从这个意义上说，幼儿阅读的过程是一个复杂的建构过程，其依赖于阅读的内容，依赖于互动的情景，更依托于现实生活的经验，是幼儿知识经验、认知、情感和态度等多方面共同参与的相互作用的复杂过程。

五 审美表现

Jeanne M. Machado 曾提出："每个儿童都从文学阅读经历中获取各自的意义。"[①] 大多数童书都是由"图画语言"与"文字语言"共同构成完整的故事内容的，图画带给幼儿以审美的体验和自由的想象，这种"美感"与"自由"又赋予了幼儿在阅读过程中极大的主动性和创造性，幼儿会借由涂鸦、绘画、游戏、表演等各种创意

---

① ［美］Jeanne M. Machado：《幼儿语言教育》，王懿颖等译，北京师范大学出版社 2012 年版，第 229 页。

活动方式回应文学作品。

"好玩的形状游戏"

《形状游戏》是一本经典童书，语言简洁诙谐，图画构思巧妙，充满着童趣且暗藏"玄机"。当小宇阅读这本书时，首先即被图画书中的环衬所吸引了，环衬左右两边的页面上都布满了大大小小、各种各样的儿童涂鸦画，小宇仔仔细细地观察着每一幅涂鸦，仔细一看，还发现每一个画作都是由两种颜色的笔勾勒完成的。这就为后面故事的内容埋下了第一个伏笔，并激起幼儿继续阅读的好奇心和探知欲。不过，对于幼儿来说，这本书更适合与成人共读，因为图文比例相当，且相互呼应，只有在文字语言的描述下，孩子们对于图画才会有更细致、更惊喜的感受与发现。

图画书的开头与结尾是两个非常相似的画面，一家人——有爱说冷笑话的爸爸、有明理又有智慧的妈妈、有相像得有点分辨不出来的兄弟俩。作者用画面色彩的变化、人物位置的移动、图画细节的隐喻线索等呈现和叙述了故事开头与结尾非常迥然的画面风格与故事内容。孩子们争相发言，小宇说第二幅是明亮的色彩；浩宁发现爸爸妈妈站的位置变了；轩轩说她们的表情不一样了……孩子们在看看、说说、猜猜的对话过程中与我共读了整个故事。爸爸的笑话、妈妈的讲解、兄弟俩的游戏、图画中的细节……书中的每一个人物、每一幅图画都给孩子们带来了欢声笑语和些许思考。可以说，故事书从头到尾尽力展现着一部部世界经典画作，亦是从始至终都融合着浓浓亲情的韵味表达。画中有画的超现实空间与环环相扣的故事线索紧密呼应，用色彩暗示人物心情、用线索解读作者意图、用新的联系制造创意与幽默，用各种形状的游戏彰显了想象的无限可能。幼儿在翻看童书，观察图画时，绝对不会分散注意力，因为童书作者已经在书里布置了各种游戏，如找出不同、形状拼图等游戏，以调动小读者的观察力、关注力、辨别力与想象力。它不仅是一个审美的启蒙、一次想象的放飞之旅，而且是一个启发自我精神与创意思维的发端过程。而其中最具创意的即是它在最后会充分调动起小读者们跃跃欲试情绪的形状游戏，拿起画笔、两个小伙伴，看看谁最有想象力。杭杭在白纸上随意画了一个形状，形形就着这个形状画出了一架"直升机"，当任意想象的作品摆在面前时，孩子们对形状游戏更加投入，各种各样的涂鸦作品呈现在面前，圆形变成了小老鼠的圆肚皮、三角形变成了狐狸的脑袋、一个简单的长方形加上一个小圆圈变成一道门……孩子们的想象力无边无际且充满创意，想象游戏也越来越复杂和有趣。两个形状的"1+1"组合会变成一个完全不同的新事物，这样的惊喜就是想象游戏的吸引力。正如安东尼·布朗所说的："形状游戏的本质是创造力。"[①] 孩子们在读完这本书后，总是意犹未尽，强烈要求重复阅读、反复游戏……而绘本作家所试图表达的意图与情感——亲情与家庭，梦想与成长，艺术与情感，则在这个重复的阅读过程中，在这个反复的形状游戏中，在与书中精彩恢宏的经典画作的互动中，渐渐浸润进幼儿的心灵。想象性、游戏式、创造力即是图画书《形状游戏》的独特风格和创作本质，而对亲情和家庭的认识"幸福就是一家三口真快乐"（杭杭）、对自我和梦想的体验"我的梦想是当一名科学家，保护地球环境"（辰浩）皆是幼儿情感内涵与审美意义的升华。

总而言之，基于对幼儿阅读反应的描述和概括，形成了我们对幼儿阅读反应类型的类别化理解与概念化分析。幼儿的阅读反应是具体的、情境的、交互的，上述五个类别及其相互关系虽是分别描述的，但必须明确它们共同构成了一个完整的互动结构，且是我们把握幼儿阅读理解过程的重要线索。

---

① 王珺：《跟安东尼·布朗一起玩形状游戏》，《中国教育报》2015年5月30日第4版。

第三节 幼儿童书阅读反应类别的理解

　　幼儿阅读反应类别的划分，可以帮助研究者在观察幼儿童书阅读过程中更清晰地认识、记录和分析幼儿阅读过程的外在反应表现，甚至可以通过标准化的数据进行量化分析，但幼儿阅读理解的过程实际上还是一个高度融合的过程，我们在对幼儿阅读反应类型的单一维度进行解释时，还是需要从幼儿整体的阅读状态和情境进行理解。因为上述关于幼儿童书阅读反应的类别，不是对幼儿个体进行单一维度的线性划分，而是对幼儿阅读反应的整体状态进行类别化梳理。所以，虽然每一种反应维度对应着相应的行为表现，但每一个幼儿都可能同时表现出上述五种反应类型；幼儿在感知、理解和表达时的外显反应会因个体内在差异、文本特征对读者理解方式等因素的影响而必然具有显著的差异性。于差异性中概括共性，于共性之中提炼出类别线索，才能够更好地认识幼儿阅读的过程，分析幼儿阅读的反应，把握幼儿阅读的整体状态，理解幼儿对阅读意义的建构过程。可以说，这是分析幼儿童书内容理解过程的必然前提。

　　幼儿童书阅读反应可以被类别化和概念化，但不能忽视各种阅读反应间的紧密联系，尤其需要将幼儿的阅读状态放置于一个整体的阅读背景中来理解。因而，幼儿阅读反应的类别化，更多的是作为分析性的概念，而不能作为结构性的概念。幼儿童书阅读过程中的各种外显反应，能够在一定程度上反映出幼儿童书阅读理解的内在过程，如联结幼儿心理体验，视觉感受图文符号，口头语言描述文本信息，经历故事情节与理解故事内容；联结生活经验，模仿角色且进行动作参与，投射与迁入自我情感；联结文本间的内容线索，发展互文关系的经验；将各种创意活动作为自己创造性表达的方式，想象和表达不同的情景情节，展露和游戏不同的审美创意等。幼儿阅读理解的过程，关联了幼儿已有的生活经验，关联了幼儿文本间的经验迁移，也关联了幼儿所处情境的心理体验，是幼儿各种经验与体验的联结与交互，幼儿情感体验与意义建构的过程。早期研究者 Senechal 等人提出"早期读写结构"来说明幼儿阅读理解的结构问题，认为其应包括有关读写的早期概念性知识，有关读写的早期程序性知识和语言能力建构三个方面。[1] 本书认为，如果基于幼儿阅读反应的类别化概括，至少可以从四个方面探讨幼儿阅读理解的过程，包括幼儿关于阅读和书籍的概念性知识、幼儿对于图文符号的视觉认知能力、幼儿对文本信息的听力和口语表达、幼儿对故事内容的文学性理解等。首先，幼儿关于阅读和书籍的概念性知识。主要涉及幼儿对书面语言和书籍读物的基本认识，对幼儿在阅读中对书面语言及其载体形式的感知。[2] 其次，幼儿对于图文符号的视觉认知能力。包括幼儿对图画的感受与认识、对文字的前意识和识字量等，这些都会对阅读过程与理解程度产生重大影响。再次，幼儿对文本信息的听力和口语表达。幼儿阅读与成年人阅读的理解方式是不同的，其依赖于对成人故事讲述的倾听性理解，依赖于与成人阅读过程的互动性理解等，听力理解与口语水平都是幼儿早期阅读的重要成分。最后，幼儿对故事内容的文学性理解。文学性理解不同于一般化的故事图式理解，而是更注重幼儿对图文符号的视觉感知与描述、对已有经验的联想和联系、对故事情节的想象与再造、对阅读过程的自由体验与审美感受等，是幼儿读写能力的重要成分。可以说，幼儿阅读理解的过程离不开上述四个方面。其中幼儿对故事内容的文学性理解是幼儿童书阅读的核心问题，其他三个方面事实上也是实现故事理解的概念性基础和程序性前提。

---

[1] Monique Senechal et al., "On Refining Theoretical Models of Emergent Literacy: The Role of Empirical Evidence," *Journal of School Psychology*, Vol. 39, No. 5, 2001, pp. 439–460.

[2] Lonigan J. Christopher et al., "Anthony, J. L. Development of Emergent Literacy and Early Reading Skills in Preschool Children: Evidence from a Latent Variable Longitudinal Study," *Development Psychology*, Vol. 36, No. 5, 2000, pp. 596–613.

我们基于幼儿阅读反应的分析类别，紧紧围绕幼儿对故事内容的文学性理解这一主要线索进行分类记录、分析和探讨，以挖掘行为反应对幼儿阅读理解过程所具有的解释力：理解幼儿对童书阅读的偏好倾向、对童书图文整体的感受方式、对内容与主题的理解程度和表达过程等。将此作为概括幼儿童书阅读反应类别的核心理论线索，具有一定的合理性。当然，受地域、时空、文化等各种背景因素的影响，不同幼儿的阅读行为发生与阅读能力必然是不同的。但是相同的是：童书在幼儿丰富多彩的个体世界里发挥着不同的作用，给孩子带来了不同的阅读感受和想象趣味。幼儿阅读童书的过程表现出极其复杂的、丰富多彩的心理活动，各种阅读情景的描述，各类阅读反应的概括，其实都是对幼儿童书阅读过程的一个粗线条的描摹，也是对儿童阅读理解世界的一个窥探。幼儿的童书阅读是一个多感官统和作用的过程，他们在与图画书的不断互动中，通过图画获取故事信息，用自己的眼睛去判断，发现他人看待世界的视角，从中不仅获得无限的想象和美感，且实现着个体意义的不断建构。也正是因此，幼儿能够在阅读过程中获得巨大的主动性和创造性，能够给他带来独特的体验、丰富的审美愉悦和成就感。因而，在阅读过程中，我们主张为幼儿提供自由探索的机会和空间，尊重幼儿自主观察与探究方式，鼓励幼儿自己发现故事的线索、有趣的细节，大胆描述和表达对画面内容的理解和感受等。如果缺少了这种自由与自主的鼓励和支持，幼儿的阅读将缺失太多可能的乐趣与发展的空间。

第四章

幼儿童书阅读反应的影响因素

  幼儿童书阅读的过程，是幼儿对童书的感受、理解与意义建构的过程，是幼儿个体与外在环境相互作用与对话的有机统一过程。因而，幼儿童书阅读的过程及其反应表现受众多复杂因素的综合性影响，包括幼儿个体性差异的内在影响因素——幼儿自身的发展基质（年龄、性别、经验与能力基础等）与发展需求（性格、兴趣、需要等）；也涵盖了所有影响幼儿阅读过程的外在环境系统，如家庭、幼儿园与社会等的构成。观察和反思幼儿的阅读过程，阐释幼儿阅读的心理过程及其变化，对这些综合杂糅在一起的复杂影响因素进行剖解分析，可以发现，其中事实性地隐含着一些关键性的因素。所谓关键性，即是指它们构成了幼儿童书阅读过程及其反应表现最重要、最核心的影响因子。其中，幼儿发展的内在需求差异是影响幼儿童书阅读反应的内因动机，而成人的教育理念与指导方法、幼儿阅读的内容要素及其作用机制、环境与资源的同构与合力，是影响幼儿童书阅读过程及其反应表现的显著的外因力量。当然，从相对意义上讲，成人与童书是幼儿阅读环境构成的核心影响因素。

第一节 幼儿发展的内在需求

每个孩子的生活经历、年龄性别、性格兴趣、前阅读经验,甚至家庭背景与亲子关系等,都会成为影响幼儿童书阅读选择、阅读能力、阅读习惯的个体性因素,研究中所呈现的每一个情景案例、叙事分析也都自然地、不可回避地将这些个体特征作为代入性因子进行分析。事实上,差异的本质是多元,基于差异和多元的普遍性与共识性,是教育者分析教育问题的积极态度和方法论视角。不同年龄阶段的普遍性心理发展特点和需求是必然存在的,而在同一教育情景下的共性问题与发展方向则需要更深层次的探讨。幼儿自身的发展基质(年龄、性别、性格、经验与能力基础等)与发展需求(兴趣、需要等)是幼儿个体性差异的主要表现,幼儿通过外显行为所表现出来的已有知识图式、经验结构、能力基础与文化背景等,构成了幼儿阅读过程中接触新环境、接受新信息、与新事物相互作用的基础和背景。而在形成或导致各种反应差异的个体性因素中,性别需求的差异、阅读能力的差异和前阅读经验的差异是影响同年龄段幼儿自身因素在阅读过程中具有显著差异性表现的几个关键要素。

一 性别需求差异的影响

在所有影响幼儿阅读的个体性因素中,性别因素也许是最不好把握的一个影响因子,因为在很多情况下,对不同性别幼儿的阅读反应,我们很难直接判断其差异是由性别因素决定的,还是由性格、兴趣、气质,抑或是同伴因素产生的,这些个体性因素是杂糅在整体性中的,即使是在严格控制自变量与因变量的实验室条件下,也很难对其进行单因素的单一性影响判断。然而,在现实情景中,实地观察幼儿在集体阅读活动、区角阅读活动和随机阅读活动中的行为反应和表现，确实能够发现不同性别幼儿在阅读内容的选择偏好、阅读过程的感受方式与表达方式上都呈现出一定的普遍性差异，即男孩群体对不同童书内容的选择、对不同内容的感受和反应，明显与同一情景下的女孩群体具有显著的差异化表现。

例如在童书内容选择方面，大多数幼儿都普遍倾向于选择文学类童书，但是在涉及具体内容时则表现出较为明显的性别需求差异：男孩更倾向于选择科学探索类，而女孩则更倾向于选择童话故事类；男孩喜欢恐龙、汽车等具体形象，而女孩则倾向于选择公主、仙子等角色形象；男孩喜欢模仿角色的动作、语言等，而女孩则更善于将角色与自己的生活经验相联系，更善于捕捉人物角色的情绪感受等，从而获得对童书内容更好的理解……甚至存在这样一种情形，当全体幼儿共同阅读同一童书内容时，不同性别的幼儿会有较为显著的表现差异。如在大六班集体阅读活动中，在相同环境下，男女幼儿的阅读反应所呈现出的显著差异包括：M老师在讲读图画故事《是谁嗯嗯在我的头上》时，绘声绘色地描述马先生的动作、语言和它的"嗯嗯"形态，并用很有情感色彩的声音表现小鼹鼠失望的状态，在听故事的幼儿中，每当童书故事的画面清晰展现时，小男生都会首先敏锐地观察并说出那些能够带给小读者鲜明感官刺激的事物、形象，如对马先生"大大的马头、小小的圆眼镜、扭动的大大的屁股、像马铃薯一样的嗯嗯、咚—咚—咚的落地声"等画面、形象、语言非常关注；当一系列动词、形容词、拟声词等的运用，与小鼹鼠"小小的、黑黑的、头顶着嗯嗯"的形象形成强烈对比而产生滑稽、幽默的美学效果时，几个男孩常表现出夸张的情绪反应，或者出现指着画面中的角色形象进行夸张模仿或者进行语言描述等行为反应，而女孩则相对表现出安静、认真地倾听状态，专注地观看画面的阅读状态，且大多数女孩更关注小鼹鼠未找到"嗯嗯"主人的情节，并表现出对小鼹鼠角色形象的理解和同情。基于观察发现，男孩与女孩在倾听同一故事、观察同样画面时，呈现出了显著的反应差异。女孩情绪情感比较细腻,更容易感受到图书中的情感线索:小鼹鼠的苦苦寻找—屡次失望—终于成功;而大多数男孩在图画书阅读过程中,关注更多的是故事图文所呈现出的事实性内容:小鼹鼠发生了什么事—遇到了谁,它们怎么样—问题解决了。可以说,男孩更乐于读事实,女孩更容易感受情感。

除了上述个案外,研究者还就性别因素与幼儿童书阅读反应的相关性进行了问卷调查与分析(调查问卷见附录二)。问卷参与对象是所在幼儿园的六个年龄班的教师和家长,问卷题目维度的设计旨在了解成人眼中对于幼儿在家庭和幼儿园的阅读过程及其反应表现的关注程度和现实情况。其中,将性别(2个水准)、年龄(3个水准)作为自变量,分别以阅读兴趣程度、内容选择偏好等为因变量,进行相关性分析。结果发现,年龄差异显著,性别差异也非常显著,但是它们之间的相互作用并不显著。

第1题:您孩子的性别是[单选题]

X/Y	男孩	女孩	小计
3周岁以下	0 (0)	0 (0)	0
3—4周岁	30 (53.57)	26 (46.43)	56
4—5周岁	51 (66.23)	26 (33.77)	77
5—6周岁	28 (60.87)	18 (39.13)	46
6周岁以上	12 (52.17)	11 (47.83)	23

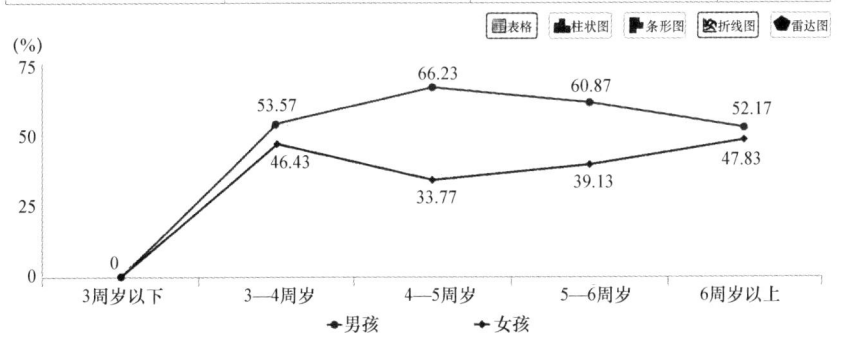

图 4-1 不同性别幼儿对童书阅读的兴趣

六个班级中的三个年龄阶段幼儿,在数量上呈正态分布,其中4—5周岁年龄段幼儿人数最多,按照法定文件,4—5周岁幼儿应该处于中班年龄阶段，但事实是，这六个班里只有小班和大班，并没有中班的划分，因而，我们在指导幼儿阅读的过程中，尽量不以年龄班（大、中、小班）为划分标准，而以年龄段（3—4岁、4—5岁、5—6岁）为划分标准。把握不同年龄段幼儿群体具有共性的兴趣特点，同时兼顾个别幼儿的阅读需求。四个年龄段幼儿，都是男孩人数要明显多于女孩人数，那么在男孩与女孩阅读兴趣与需求上是否具有显著差异？

第11题：您觉得您孩子喜欢阅读吗？[单选题]

X/Y	很喜欢	一般	不喜欢	小计
男孩	58 (47.93)	60 (49.59)	3 (2.48)	121
女孩	47 (58.02)	33 (40.74)	1 (1.23)	81

图 4-2　关于幼儿是否喜欢阅读的调查统计

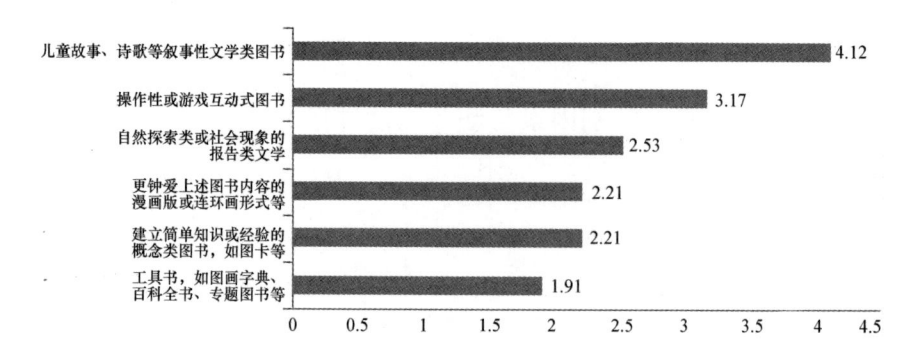

图 4-3　男孩对阅读内容的选择偏好（%）

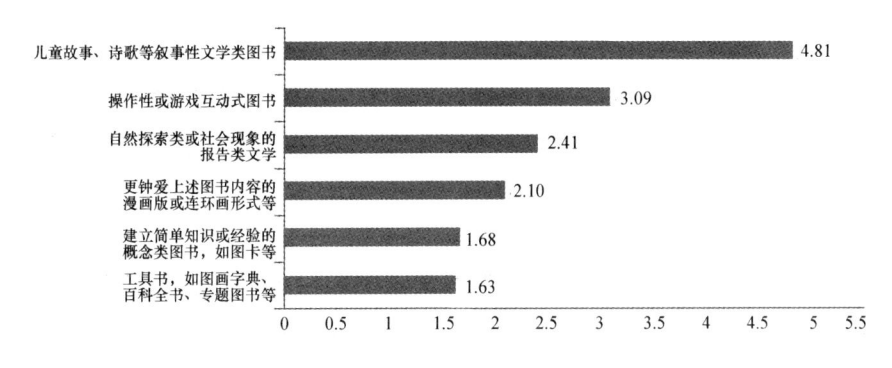

类别	数值
儿童故事、诗歌等叙事性文学类图书	4.81
操作性或游戏互动式图书	3.09
自然探索类或社会现象的报告类文学	2.41
更钟爱上述图书内容的漫画版或连环画形式等	2.10
建立简单知识或经验的概念类图书，如图卡等	1.68
工具书，如图画字典、百科全书、专题图书等	1.63

图 4-4　女孩对阅读内容的选择偏好（%）

经过对比分析发现，男女幼儿半数左右都喜欢阅读，但是在阅读需求上，女孩要明显高于男孩；而在阅读偏好的选择上，幼儿所读童书一般都由家长与幼儿共同沟通后决定，由幼儿自己决定的比例较低，所以所调查的阅读偏好，是基于目前幼儿已有童书得出的结果。其中，儿童故事、诗歌等叙事性文学类童书、操作性和游戏互动式图书普遍受到幼儿的欢迎，没有呈现出显著的性别差异。然而，在自然探索类与社会现象报告类文学等内容上，男孩的阅读偏好要显著高于女孩；而漫画或连环画类童书、概念类童书以及工具类童书在男女孩阅读偏好的比例上分别是 2.21—2.1，2.21—1.68，1.91—1.63，呈现出性别上的细微差异。

查阅以往的相关研究，也有很多研究者考虑将性别因素作为自变量的一个因子进行研究对象筛选以保证其代表性信度，然而仅有少部分研究者会将"性别因素与幼儿阅读过程的相关性分析"作为一个独立的研究问题进行专门探讨。如弗兰斯（Francis，2000）曾在研究中指出，女孩早期语言能力往往要好于男孩，从小学到中学女孩比男孩更愿意接受阅读方面的教育，她们的口语能力和读写能力也明显好于男孩。[1] 多恩（Doiron）的研究表明，男孩更喜欢非叙

---

[1] 转引自谢倩、杨红玲《国外关于亲子分享阅读及其影响因素的研究综述》，《学前教育研究》2007 年第 3 期。

述性文章，而女孩喜欢叙述性文章。[1] 我国学者也曾提出儿童的性别因素会影响幼儿对图书内容的感受与理解，如"女孩喜欢文学性的故事，尤其是童话类的故事（孩子反应：醉心于充当故事中美丽、善良的主人公）；男孩更喜欢知识类的故事（孩子反应：喜欢就故事中的一些知识进行讨论）"[2]。当然，也有研究者提出过截然不同的结论，认为性别因素在幼儿阅读过程中的影响并不显著，如有研究者分别以阅读知识、识字总分和故事理解为因变量，进行三个年龄段×性别的多元方差分析，研究结论是：在早期阅读的这三个方面，年龄主效应显著，年龄大的儿童在早期阅读水平的各方面都要高于低年龄的儿童；性别主效应以及年龄与性别的交互作用都不显著。[3] 此外，还有一些研究者虽然并未专门对幼儿阅读过程中性别因素的影响进行探讨，但是其基于不同年龄组汉语儿童阅读的眼动情况进行比较分析也强调，在未来研究方向上应该针对儿童性别进行比较研究，探讨性别因素对儿童图画书阅读的影响。[4] 笔者对现实情景中可能存在的、由性别因素影响而产生的差异性情景，进行了尽可能细致的描述和初步分析；对一定群体内的幼儿阅读过程之性别差异进行了一定范围的调查分析，发现性别因素对幼儿在阅读过程中的内容选择偏好、图文感受方式和阅读表达方式都具有较为显著的影响。事实上，如果考证相关领域的实验研究，就会发现不同性别的幼儿在面对新奇事物时其行为本身即存在着显著的差异性，如男孩比女孩更愿意接近新奇事物，呈现出敏感、有兴趣、探索、提问、幻想等诸多反应；男孩的好奇心发展水平会高于女孩等。这类性别

---

[1] R. Doiron, "Using Nonfiction in a Read Aloud Program: Letting the Facts Speak for Themselves," *The Reading Teacher*, Vol. 47, No. 8, 1994, pp. 616–624.

[2] 伍新春：《如何选择适合儿童的图书》，《教育导刊》2004年第5期。

[3] 周晖、张豹：《幼儿早期阅读水平的发展——横断和追踪研究》，《心理发展与教育》2008年第4期。

[4] 高晓妹：《汉语儿童图画书阅读眼动研究》，博士学位论文，华东师范大学，2009年。

差异必然会反映到孩子们的童书阅读过程中，并将其作为一个重要的考量因素。基于少数研究所提供的证据，依据现实情景中差异性反应的观察与描述，分析所发现的那些可能由性别因素引起的不同反应的实际效应，本书将其作为一个重要的影响因素，探讨幼儿阅读过程的影响机制，从而更好地把握幼儿对童书的感受、理解与表达的过程及其倾向性。

二 识字与不识字的影响

幼儿识字或不识字影响的主要核心在于幼儿对文字的意识和关注、识认与理解问题。已有研究表明，学前阶段是儿童发展书面语言功能与形式相关知识的重要时期，这种知识被称为"前文字意识""文字概念"或"书面语言意识"，是指儿童早期对于书面语言的形式和功能的理解，以及对口语和书面语言关系的获得（Justice，2006；刘宝根，2010）。幼儿获得和发展文字意识的过程主要包括对文字规则和图书阅读规则的意识或理解（如文字具有方向性、阅读需要逐行逐句等），对环境中文字的关注和回应能力，对口语和书面语言关系的理解，对字词的形态识认、细节辨认与意义理解等书面语言特征的复杂知识等。

大多数童书都是由图文相辅而成的，"图画语言"与"文字语言"共同构成了完整的故事内容。儿童心理学家皮亚杰的认知发展阶段理论认为，在整个学前阶段，儿童思维以具体形象性思维为主，即儿童思维离不开具体事物的表象。所以直观浅显、生动有趣且具有叙事性功能的"图画语言"，可以为学前儿童提供一种符合其心理发展需要的阅读方式。所以，无论从儿童图画书阅读的语言产出角度还是视线注视角度，儿童图画书阅读的最初阶段都是以"读图"为主，即通过阅读"图画"来理解童书内容。甚至每个孩子都是"读"图的天才，他们完全有能力按照自己的想象将图画书里的一页一页图画"整合"成一个完整的故事，还会一眼就发现画面里所隐藏的一些细节和"秘密"。不过，虽然图画符号相较文字符号更容易为幼儿所感知和理解，然而，我们并不否认幼儿关注文字的自然性、"识字"的可能性及其所具有的特殊意义。事实上，在现实生活中，很多学前儿童已经具有了一定的识字量，或者具有了明确的前文字意识与倾向；甚至在图文阅读过程中，孩子们对于图画的关注表现、理解程度甚至表达特点等，都与其识字量有很大的关系。当幼儿在阅读图文相辅的童书内容时，不识字或识字少的幼儿，与文字意识强烈或识字量较多的幼儿，往往表现出显著不同的阅读反应。如不识字或识字少的幼儿，往往表现出对文字的无意识或较少关注，而完全依靠图画阅读来完成童书内容的理解，正如日本儿童文学作家松居直所指出的："对于不识字的孩子而言，文字是无意义的符号，所以幼儿翻开图画书时，注意力不会转向文字，而是直接进入图画的世界，由图画来了解故事，而且他们不会放过图画里的任何细节，并以此设法了解画里的含意，或找出故事的主角。"[1] 而识字多的幼儿则具有非常明确和强烈的前文字意识，并知道文字能够叙述故事，具有实质性意义，在图画书阅读过程中，不仅仅局限于读图，还会有意识地识读文字，以获得关于故事内容的更丰富和深刻的信息等。简单来说，不识字幼儿与识字幼儿在童书阅读过程中的偏好选择、感知方式、理解程度及阅读表达，往往体现出了显著的阅读能力和阅读方式上的差异。我们需要在现实情景观察与分析的基础上，探讨不识字或识字少幼儿与识字多幼儿在阅读反应上有哪些差异性表现？以及这些由识字因素所产生的差异性表现与幼儿阅读理解有何关系？

（一）不识字或识字少的幼儿阅读图画书的反应

"这里都是字，我看不懂"

在区角阅读活动中，书敏取来一本《安徒生童话》随意地翻看

---

[1] ［日］松居直：《幸福的种子》，刘涤昭译，明天出版社2007年版，第78—79页。

着，注意力不是很集中，常常抬起头来看看其他人，我的座位离她不远，看到这本《安徒生童话》竟然是一本纯文字童书，但我并没有干预书敏的阅读。过了一会儿，书敏换了一本《儿歌集》，这是一本图画书，每一首儿歌都有配图插画。（这里的插画一般并不具有故事的实质性意义，而只是对文字内容的一种情景式呈现。）

翻了一会儿，书敏见我手里拿着的书，对我的存在发生了兴趣，小声地问："老师，你在看什么？"我把书摊开给她看，说："一本故事书，你呢？"书敏显然更喜欢和我聊天，她有些懊恼地说："我不喜欢这些书。"我好奇地问："为什么不喜欢呢？"她叹了口气，带着些无奈的语气说："这些书我看不懂。"她把刚才那本《安徒生童话》重新翻开给我看，说："这里都是字，我看不懂。"

1. 表现出对纯文字书的排斥

"能读懂"是幼儿阅读获得意义的基本前提。当幼儿更多地进入阅读的过程，尤其是进入文字阅读的过程时，他们会开始拒绝阅读，这种拒绝被称为"文字主导"的拒绝（Sulzby & Otto，1982）。儿童"拒绝阅读"的尝试，亦表明其在童书阅读中开始关注文字了，尤其对于大龄幼儿来说，从能够熟练阅读"图画"语言符号，到开始拒绝阅读"文字"书面语言符号，且自我解释这种行为是由于"我不认识字""我自己读不了"等，幼儿的行为即为"文字主导"的拒绝阅读行为，这种拒绝也被称为"高水平"的拒绝。因而，幼儿基本不会自发地选择纯文字类童书或者基本不会独自阅读纯文字类童书，即使发生，也不可能持续很长时间，因为在此种状态下幼儿与童书之间的深层互动是基本不存在的。

2. 对图大或者连续画面多、画面色彩亮丽鲜明表现出偏爱与兴趣

我点头说："是啊，这本书没有图画，都是字啊！那你看看有没有别的喜欢的书，选一本！"书敏歪着小脑袋，在书桌上找

了半天，终于在横七竖八的书堆里抽出了一本《蝴蝶仙子和精灵公主》，（这是一本公主/仙子主题的童话故事书，属于大开本，单页上的人物形象被描画得很大，画面色彩亮丽鲜明，以粉色调为主。）坐在书敏旁边的姝航看来也喜欢这本书，目光跟随着粉色画面转移，一会儿看看这里，一会儿用手指点点那里，两个小女生边看边互相讲起故事来……

幼儿在图画书阅读过程中，会存在这样一个阶段——以阅读图画为主，边翻动书页边观察画面，并跟随画面内容，用讲述故事的语音语调交流对话，或者独自串联起完整的故事。

3. 识字少的幼儿如果欠缺对复杂图画阅读的经验，会影响其对画面信息的阅读理解

在阅读图画书的过程中，书敏会在某些画面处稍作停留，会寻找细节，尤其是那些色彩亮丽、形象鲜明的画面；当翻到某些图画比例大、信息量少的单页面时，书敏则翻页较快。幼儿在阅读单页画面上那些图画比例大、信息量少的页面时翻页快，表明孩子能够在这一画面上快速获得内容信息。但这并不必然意味着识字少或不识字的幼儿对单页面图画上信息较多，尤其是像漫画书这样信息量较大的童书，也能完全理解。漫画类图画书的单一画面，一般都具有较为复杂的内容信息，在连续画面里隐藏着故事线索，且大多图文比例相当。如果幼儿的思维与理解能力还未达到一定的程度，他们往往会选择放弃继续阅读，或者当画面信息、内容主题等仍处于同龄幼儿理解能力范围内时，幼儿也会表现出继续阅读的状态，只不过这种阅读往往是浅层次读图，缺少对故事线索、图画细节或内容联系等方面进行更丰富的观察和思考，表现出快速翻页、很快换书、对内容信息并不真正了解等反应表现；而当幼儿具有一定的阅读经验和理解能力，了解故事情节与画面信息的一般线索时，他们往往会认真观察画面细节，专注于寻找故事线索与故事内容的信息，以使自己能理解故事内容。

事实上，如果幼儿具有较为丰富的前阅读经验或阅读经历，那么即会具有一定的前文字意识，这是一个必然的认知现象：幼儿对越来越熟悉的童书，观察得越来越细致，包括对图与文的整体认识。对文字的意识代表了幼儿对于书面语言形式和功能的关注与理解，是文字阅读的基础。有研究者曾通过大量的实证研究发现，3—6岁的幼儿通过最初几年的口头语言倾听而获得语音意识，并基于此建立口语与书面语言之间的联系；通过阅读获得书面语言的知识、词汇的发展以及文字阅读的规则等文字意识，并最终实现通过文字符号获得信息意义的目标。5岁左右的幼儿，已能够利用情景来识认环境中的文字，能辨别字词等，很多研究结论亦支持文字意识对于早期阅读的重要影响等（Justice，2006；高晓妹，2009；刘宝根，2011）。然而在上述案例中，5岁半的书敏对这类文字书内容存在着一定的排斥心理，且较少表现出专注与沉浸的阅读状态。可以初步判断5—6岁的大班年龄段的幼儿，如果依然表现出对文字的毫无意识或者较强烈的排斥感，可能意味着要么是他们的阅读经验较为匮乏，要么则表明了他们没有获得适宜的阅读指导。在"图画书阅读中，既要注视文字，从文字中获得故事内容的信息，又要重视对图画的阅读，因为图画既能为更好地理解文字提供帮助，而且图画还能够表现出文字不能表达的更多信息。而要在文字和图画之间建立联系，则对阅读者提出了更高的要求。这种阅读能力并不随着儿童年龄的增长而自然发展，而是需要具备丰富的早期阅读经验及成人有效的指导"[1]。当然，这里绝非鼓吹对幼儿识字的提倡，而是表明本书的一个立场，幼儿的识字是伴随着阅读经验过程的一个自然而然的学习现象。3—6岁的幼儿正处于对书面语言符号的敏感期，正确理解这一自然生成的学习现象，非常有利于幼儿建立口头语言与书面语言的关系，有效促使幼儿更好地理解书面语言符号所具有的

---

[1] 高晓妹：《汉语儿童图画书阅读眼动研究》，博士学位论文，华东师范大学，2009年。

丰富意义，及其与童书所呈现世界的关系，由此建构幼儿对符号的情感体验，增强对童书图文符号的阅读热爱。

(二) 识字量多的幼儿阅读图画书的反应

在第二章中，研究者对浩宁的童书阅读过程及反应进行了细致描述和一定的分析，通过几个月的观察发现：相较同龄幼儿，浩宁对文字具有很强的关注意识且具有较大的识字量，能够完整、流畅地阅读整本图画书；参与阅读活动的愿望极为强烈，且只有在阅读活动过程中，才会表现出少有的专注状态；在阅读内容的选择上，类型和主题的倾向性都比较明确且稳定……因而，研究者拟尝试将浩宁的阅读反应与识字多的幼儿的阅读反应进行一定的联结，以期对这类幼儿的阅读过程有一定的认识和了解。

1. 倾向选择图文信息量大的童书

虽然浩宁识字量较同龄幼儿要多出很多，但是文字的理解毕竟不若"图画"直观，所以浩宁钟爱的还是图画书，几乎没选过纯文字类书籍阅读。对于阅读经验较为丰富的幼儿来说，他们会有意识地避免纯文字类书籍，因为阅读经验会提供一个信息，即这类纯文字类童书相较图画书"缺乏趣味"或"不易理解"等。通过观察发现，浩宁每次选择的童书类型都具有较稳定的内容与形式，尤其喜爱那些图文比例相当、画面关系复杂、信息量大而丰富的童书类型。事实上，这类童书深受识字多且阅读经验丰富的幼儿所喜爱。

2. 关注文字的意义且具有强烈的符号探索欲

通常，浩宁在阅读过程中对文字非常关注，知道文字与图画一样，都会讲故事，具有特殊的故事意义。所以，浩宁常表现出对文字的强烈探索欲，如在阅读过程中，不仅读图，而且会关注文字信息，常会用手指指着文字部分，逐字逐句地阅读，对文字内容的理解不仅需要与已有知识经验进行联系，还需要与图画信息进行联系。在一般情况下，个别不能识认的文字不会影响识字量多的幼儿对内容的理解，如浩宁可以通过对比图画信息来获得对童书内容的理解；但在极少数情况下，他也会专门针对个别不认识的字请教意思，说明这些字是幼儿阅读过程中理解内容的关键信息，我们可以通过这种字，了解识字量多的幼儿对于童书内容的理解程度与所关注的兴趣点。在阅读中，幼儿可能会关注几个熟悉的字词，或者与几个字词相联系的发音，或记忆库中的文本，无论他关注哪个方面，他都在试图使用文字。他们还会努力寻找自己认识的汉字来阅读，试图读出自己认识的字。康长运（2006）关于儿童图画书阅读过程的研究也提出，幼儿会根据画面信息猜测文字内容，在识认了一些汉字后，会借助文字提示寻找故事发展线索，这也表明了幼儿初步认识到了图画与文字之间意义联结的基本关系，并在故事阅读中巧妙地运用这一关系理解故事。从幼儿图画书阅读的语言产出的角度来讲，识字多的幼儿在阅读时还是以看图画为主，但是幼儿可以看着图画念读，念读的字句和语调甚至表现出以文字为主导的图画书阅读行为，幼儿即已开始阅读图画书中的文字了。

3. 有意识地将图文联结起来且能够表达更丰富的故事内容

大多数幼儿都是渴望与外界环境进行对话、交流的，且常常表现出以自我为中心的思维方式，因而，幼儿常具有比较强烈的语言交流倾向和语言表达欲望。识字量多的幼儿，往往在图画书阅读过程中对画面上的文字比较敏感，具有显著的前文字意识，往往会一边用手指指着字，一边读图，且明确知道文字具有故事意义。因而在阅读过程中，幼儿一方面观察图画，从画面中获取故事信息；另一方面关注文字，尝试着将图画和文字进行意义的联系，因而识字多的幼儿对于图画书内容的感受途径除了图画外还有文字，即除了直观的感知想象外还有一定抽象过程的思维想象，所以，他们常常在描述画面信息、讲述故事内容或者表达阅读感受时，呈现出更多丰富的、图文交织传递的内容信息。

在闲散时间里的随机阅读活动中，浩宁选择了一本漫画《喜羊羊与灰太狼》，他能够根据其理解，对内容进行一些合理的解释。对于某些孩子比较熟悉的或者使其比较兴奋的内容，他常常会伴随着语言与动作的表现，在阅读过程中和阅读后都会有显著的语言与动作上的表达愿望。如会就故事内容进行语言互动，会对图画书里的某一人物形象进行模仿表演等。古德曼曾指出，阅读不是辨认文字，而是理解文章的过程。① 因为文章不只是文字、词语的形式组合，而是更具有语言的深层结构和意义，这需要读者与书面语不断相互作用，通过预测、假设的验证和排除从而求得意义，"意义始终是阅读过程的主线"②。浩宁在阅读过程中，倾向于通过语言、动作等方式表达自己对图画书内容的感受与理解，将看到的图画信息用自己的语言以及在故事文字内容里学到的一些词语来进行描述，这不仅需要一定的语言表达能力，需要对文字有一定的认识能力，还需要对故事内容具有一定的理解能力等。Sulzby 对儿童阅读萌发发展中最高水平的独立阅读阶段进行过描述，认为此阶段的儿童能够整合阅读的所有方面。③ 据此，我们在分析识字多幼儿在阅读图画书的视线关注点与语言输出时也发现，幼儿在图画书阅读时不仅以寻找其识认的汉字为主，还能够在图画和文字之间建立联系，获得文字在故事阅读中的意义理解。这应该是较高水平的图画书阅读的视觉模式。Sulzby 还曾基于观察和分析 2—5 岁儿童阅读图画书的行为，提出了学前儿童的阅读发展阶段从非叙事到叙事性语言，从类似口语到类似书面用语的叙事性表达，从图画主导到文字主导阅读的观点。④ 可以说，无论是已有研究结论还是实地观察，笔者发现，幼儿的阅读往往经历了从图画到文字的发展过程：阅读图画——以图画为主，

---

① Kenneth S. Goodman, "Reading: A Psycholinguistic Guessing Game," *Literacy Research and Instruction*, Vol. 6, No. 4, 1967, pp. 126 – 135.

② Kenneth S. Goodman, "Reading: A Psycholinguistic Guessing Game," *Literacy Research and Instruction*, Vol. 6, No. 4, 1967, pp. 126 – 135.

③ E. Sulzby and W. H. Teale, *Young Children's Storybook Reading: Longitudinal Study of Parent-child Interaction and Children's Independent Functioning*, Final Report to the Spencer Foundation, Ann Arbor: The University of Michigan, 1987, pp. 20 – 21.

④ E. Sulzby and W. H. Teale, *Young Children's Storybook Reading: Longitudinal Study of Parent-child Interaction and Children's Independent Functioning*, Final Report to the Spencer Foundation, Ann Arbor: The University of Michigan, 1987, p. 22.

关注文字——以图画为主,识认文字——文字主导的阅读,即从最初"文字和图画没有辨别意识"到"关注文字",并"从文字中获得信息"的过程。在这个过程中,随着幼儿年龄增大或阅读经验的丰富,幼儿在阅读时只关注图画的现象减少,对文字的关注增加;而在对文字的关注方面,随着年龄增大或阅读经验的丰富,幼儿对文字注视的次数越多,前文字意识就越凸显。另外,认识文字让幼儿在心理上产生满足感,在口语和书面语言之间建立联结,在文字和图画之间建立意义联系,为幼儿最终成长为文字阅读者打下基础。

事实上,图画和文字共同作为图画书的呈现方式和表达系统,相互阐述和补充,各自为故事的表达发挥着独特的作用。图画书最独特的价值,即在于用两种不同的符号语言整体性地表达故事信息的完整意义,[1] 在这个图文世界里,识字多的幼儿往往表现出对于文字的明确意识和强烈的探索欲望,他们的语言也总是充满着文学式的想象和荒诞;他们的对话常会围绕某本书中的某个形象或者某个故事情节展开。不过,也有研究者认为,识字多的幼儿,如果只集中于对文字的辨认,极容易受文字表象的束缚,而对画面的想象性变淡薄,在编故事和想象人物对话及心理活动时,常常直接念书上的文字,致使对于图画书画面的观察和对故事的想象性都较差。[2] 的确,幼儿的文字意识如果引导不当就有可能影响儿童对图画的想象性阅读与审美性体验,反而不利于幼儿文学阅读经验的获得,也不利于对故事内容的深层次理解。幼儿对文字的辨认和阅读,是儿童阅读发展中的自然表现与正常阶段,因而,任何单纯性忽视图画或单纯性忽视文字的阅读指导行为,都需慎重作出。

---

[1] 康长运:《图画故事书与学前儿童的发展》,《北京师范大学学报》(人文社会科学版) 2002 年第 4 期。

[2] 周洪飞:《识字和不识字幼儿图书阅读的比较研究》,《学前教育研究》1999年第 2 期。

三　前阅读经验的影响

如若从群体性的角度解释幼儿阅读过程中的个体性差异，年龄和性别因素往往呈现了显著性的影响；不过，当视角聚焦到同年龄段和相同性别幼儿在阅读反应上的差异时，不同幼儿个体的前阅读经验及与其紧密相关的阅读能力，被认为是幼儿阅读过程及其反应表现的关键性影响因素。

有关幼儿阅读的研究显示，阅读与口语发展之间的关系非常紧密，幼儿的语言发展与其接触图书的经验成正相关。当幼儿注意到环境中的符号、图案、标志和文字，如看商店招牌、交通标志、门牌号码等，并运用生活经验和知识来推测、辨认、思考这些信息的意义时，阅读就已经开始了。① 幼儿阅读行为的发展，受到本身阅读兴趣和阅读频率的影响，而阅读的经验首先与其阅读行为发生的频次有关。其次，幼儿阅读经验的获得，可以帮助幼儿发现这个世界、辨别及说出行为和物品的名称、获得更复杂的语言，建立积极的态度，并增进人际互动等。可以说，丰富的阅读经验对于幼儿童书阅读的过程具有显著的影响，即不论哪一个年龄阶段的幼儿，即使是幼儿园最初期的小班幼儿，如果在入园前已经具有了较丰富的阅读经验，他们在阅读过程中的阅读偏好、感受方式、理解程度与表达方式，都会较那些入园前未能经常与书接触和互动的幼儿表现出更经常的阅读行为、更高频率的阅读活动参与、更高水平的内容理解能力和表达能力、更稳定的阅读习惯等。前文案例中所呈现的5周岁的小爱，相较同年龄班的其他幼儿，表现出更积极的阅读态度和阅读水平，在半个小时的阅读角活动中，没有像同年龄段的其他幼儿那样频繁地更换图书，而是表现出更强的专注力和对一本书的六次重复性阅读，且每一次重复阅读都有不同的关注点。与小爱的家

---

① ［美］莱斯利·曼德尔·莫罗：《早期儿童读写能力发展》，叶红等译，南京师范大学出版社2013年版，第86页。

长进行进一步的沟通发现，家长对于幼儿童书阅读的重视以及为其在家庭环境中所提供的阅读经验，是非常重要的影响因子；5周岁半的浩宁也是如此，自入园起，即表现出对文字的显著敏感、对阅读活动更强的参与愿望，对语言活动更多的喜爱等，在与浩宁家长的交流中，他们提到浩宁对阅读的兴趣和阅读能力，更多的是来自他自身对文字的敏感和关注。入园前，浩宁即喜欢关注在生活中那些随处可见的文字语言符号，而这也成为浩宁父母开始重视幼儿阅读的一个重要动因。因此，在入幼儿园之前，家长就对浩宁的阅读非常关注，非常重视对浩宁阅读能力的培养，甚至在浩宁3岁前即已有意识地教导其识字和阅读，不过，据与其家长的交流，这些学习都是以游戏的方式进行的，且浩宁非常喜爱这些游戏活动，从开始经常要求父母与之共读和游戏，到中大班后逐渐形成自主阅读能力，浩宁的阅读经验无疑对其在幼儿园阅读活动中的参与度与积极性有着重要的关联性。

由此可见，很多内在质性的发展变化，往往是基于外在经验的积累与推动，幼儿成为一个阅读者，除了受年龄、性别、成熟机制的影响外，他们的性格、经验、能力、兴趣、需要等都离不开幼儿周围环境与生活经验的影响。这些因素共同构成了幼儿与童书互动、对话过程的感受、理解与意义建构的方式、路径和条件。幼儿个体的内在差异对于幼儿的阅读过程及其反应表现的影响是根本性的，既体现在已有发展基质上，也反映在进一步发展的需求上，是促进幼儿阅读理解的内部动因。在与幼儿相处的数月时间里，每一个孩子的性格、兴趣和需要，就好像星辰闪耀发光一样，在每一个共读、分享、游戏的情景中交相辉映。当对收集到的生活、学习、活动情景进行描述、叙事与分析时，选择的偏向、理解的差异、方式的不同等，归根结底，皆可追溯到每个幼儿发展需求的个体性差异上。差异是自然存在的，只有尊重人与人之间的差异，才是我们理解幼儿生活的基础前提。在幼儿与童书的互动过程中，个体与个体之间的差异表现是细琐而微妙的，而形成这些差异的原因及其关系更是千丝万缕的，它们折射了一个孩子的成长与生活轨迹，学习与发展的环境经验等。很多看似遗传性的因素，如年龄与性别所展现出来的也是浸染着家庭教育与生活经历的印记；而那些看似个体性色彩很浓重的因素，如阅读能力和阅读经验，也绝非幼儿自然或自发形成的，而必然凝聚着其个体成熟机制的生理基础和获得经验体验的情感支持等。换句话说，在上述影响幼儿阅读过程的个体性因素中，教育者需对不同幼儿的背景和能力——身体的、社会性的、情感的以及认知的等诸多方面，都具有较高的敏感和关注。因为，如果不整体性地考察幼儿的年龄、经验和能力水平，也就无法深入理解幼儿早期阅读的过程；如果不关注幼儿的整体发展，我们便无法现实性地讨论其早期阅读过程。

第二节 幼儿教师的阅读指导

幼儿的阅读能力不是突然产生的，也不会自然或自发地发展到较高阶段，它离不开幼儿个体的内在发展需要，更要在一个由成人支持、引导、示范和鼓励的读写环境中逐渐形成。维果茨基早就指出："语言作为高级心理过程，其发展是在交往互动中获得的。"[①] 这种互动既是人与人的互动，也是人与物的互动。"在儿童的发展中，所有的高级心理机能都两次登台：第一次是作为集体活动、社会活动，即作为心理间的机能；第二次是作为个体活动，作为儿童的内部思维方式，作为内部心理机能。"[②] 家庭给予幼儿非正式的教学，因为自出生起就不断接触书本和各种印刷品，可以帮助幼儿积累大量的词汇和一定的阅读技巧；正规的幼儿园教育则给予幼儿规

---

① ［苏］维果茨基：《维果茨基教育论著选》，余震球译，人民教育出版社 2004 年版，第 16 页。

② ［苏］维果茨基：《维果茨基教育论著选》，余震球译，第 388 页。

范的正式引导,在幼儿对书面语言发展最敏感与发展最迅速的时期,与各种书面语言载体以多种多样的互动方式进行接触和深入对话。正如有些研究者所明确提出的:"优秀教师在教学中能够有效教授读写技能的各个重要方面。包括为儿童创造能接触多种阅读材料的环境,在任何情景下为儿童提供明确的指导。"[1] 可以说,幼儿教师是影响幼儿发展的重要他者,他们在幼儿童书阅读过程中所扮演的角色具有无可替代的价值;其幼儿观、教育观、阅读观等理念与实践方式,对于幼儿童书阅读的过程及其反应表现产生了关键性的影响。

一 幼儿教师是影响幼儿阅读过程的重要他者

成人作为一个概念,只有在与儿童相对来谈时,才具有丰富而独立的角色意义。面对儿童,父母和老师的角色,是一种身份的自然存在,其各自角色的存在意义与价值立场、阅读观念与指导方式、与幼儿的情感关系与成长期望等,都会直接或间接地对幼儿阅读的环境、与阅读内容的互动方式、对童书与阅读过程的情感与概念建构产生深远影响。相较而言,幼儿园教育场域内的阅读活动更有计划性、组织性和指向性,幼儿教师相较家长也更具有专业性和职业性,且对家庭环境下的阅读活动有一定的引领作用。本书所谈"成人"身份,主要基于幼儿教师的角色立场。

事实上,已有研究基于社会学、教育学等学科视角,对幼儿教师如何更有效地为幼儿阅读提供有价值的阅读指导或支持问题进行了广泛而深入的研究。研究者们从多元综合的教学策略、早期阅读与其他活动的整合、日常生活中的早期阅读指导策略等方面对早期阅读教学进行了研究,并表明教育者应根据幼儿的年龄特点和阅读

---

[1] Michael Pressley, Joan Rankin and Linda Yokoi, "A Survey of Instructional Practices of Primary Teachers Nominated as Effective in Promoting Literacy," *The Elementary School Journal*, Vol. 96, No. 4, 1996, pp. 363 – 384.

兴趣为其提供支持性的阅读材料，同时积极引导幼儿创意阅读材料；[①] 只要给孩子提供充分的时间，有意义的环境，以及与成人和同伴积极互动的机会，就能促进他们对于阅读活动的积极体验和对阅读内容的丰富理解；通过制订有效的教学计划，可以满足不同幼儿的阅读需求，从而发展其阅读兴趣和阅读能力。

　　对于"指导"的理解可以是多个层面的，有直接代入性指导，也有间接鼓励性指导，正如夸美纽斯所说，幼儿自主进行学习或阅读几乎是不可能的，[②] 需要教育来唤醒和引导；刘云杉教授也曾言："教育是'长'，是将人隐藏的能力与自我的本质展露出来，使之显现于人人有规则的生活智慧中。"[③] 幼儿阅读无疑是重要的，因为阅读为幼儿的成长与发展突破了狭小的生活空间，放飞了心灵想象的天空；幼儿阅读指导也是必要的，因为教师与幼儿共读的过程，是在语言与思维的交流中，不断和幼儿共同建构富有积极意义的情意生活。幼儿教师的指导亦可能以一定的形式促使幼儿的机能进一步发展并决定其今后的趋向，正如维果茨基所说："为了开始某一种教学，儿童的某些特点、品质、特性必须达到某种程度的成熟性。但发展难道仅仅取决于儿童已经成熟的个性特点吗？研究表明，对于一切教学、教育过程最富有实质意义的，还是那些正处于成熟期而在施行教学时刻尚未完全成熟的过程。"[④] 也就是说，幼儿阅读需要以幼儿能够阅读的心理发展机能为基础，而幼儿的年龄阶段特征与心理发展特点决定了幼儿难以完成自主阅读过程，需要一定的教学指导与帮助，教学的本质是"交往的最有计划性、系统性的形式"[⑤]。"在

[①] 张明红：《早期阅读材料的选择》，《幼儿教育》（教育科学版）2007年第9期。

[②] P. David Pearson, *Handbook of Reading Research*, London: Lawrence Erlbaum Associates, 2002, p. 506.

[③] 刘云杉：《学校生活社会学》，南京师范大学出版社2000年版，第385页。

[④] ［苏］维果茨基：《维果茨基教育论著选》，余震球译，人民教育出版社2004年版，第366页。

[⑤] ［苏］维果茨基：《维果茨基教育论著选》，余震球译，第16页。

儿童那里，发展来自于合作，发展来自于教学。"① 教师对幼儿阅读指导的必要性问题的确证是其有效性探讨的逻辑前提，只有当我们肯定了幼儿阅读指导的必要性，再谈幼儿阅读指导的有效性问题才是有意义的。

二 幼儿教师阅读指导的理念蕴含

教师作为影响幼儿发展的重要他者，其所秉持的幼儿观、教育观和阅读观等教育理念与实践方式，对幼儿阅读的过程及其反应表现都具有深远的影响。幼儿教师在幼儿童书阅读过程中呈现出来的角色、方式和反馈等所反映的教师教育观念的实质是什么？

（一）童书阅读与故事讲读——幼儿观

故事讲读与绘本阅读不一样

【选材与组织】Z 老师在组织今天下午的集体阅读活动时，选取了一本幼儿园统一订阅的幼儿绘本阅读《神奇的文字》。也许是担心幼儿自己看不懂或是注意力不易集中，所以 Z 老师首先组织幼儿倾听自己讲读故事，而未将书发放给幼儿，即通过讲述—倾听的方式，引导幼儿与故事互动。

【故事内容再现】"……所有的字都很新奇，它们学着小蚂蚁的样子跳跳舞、串串门，这本书不再是一本安安静静的书了……写着她从来也没有看过的新故事。"第一排大多数幼儿还在认真地听故事，第二排幼儿的注意力相对弱一些：童童总是站起身来想看看身边的情况，好像在考察"其他小朋友都在认真听故事吗"；总是低着头不爱说话的子怡时不时低下头看看自己的鞋子，或者抬起头来悄悄挺挺小脊梁；萱萱边听故事边玩着手指……（孩子们为什么不是很关注？倾听是需要意志力的，尤其是在没有任何其他操作材料的

---

① [苏] 维果茨基：《维果茨基教育论著选》，余震球译，人民教育出版社 2004 年版，第 15 页。

情况下，单纯、被动地倾听更是对其注意力、理解力与意志力有多方面的要求。这对于五、六岁的孩子来说，当然是一个挑战。）

　　Z老师突然提了一个问题："为什么写着她从来也没有听过的故事？"话音未落，坐在第一排的辰浩抢先回答说："因为变来变去的。"而坐在角落里的砚砚虽然早早举起了手，却没能说出自己的想法。"问题"型引导的介入，在一定程度上引起了幼儿的注意力和兴趣。

　　Z老师对辰浩的回答给予了积极反应："对，因为这些字串串门，跳跳舞，变了是不是？"（故事内容原文："她一口气读完这个故事，第二天，小姑娘忍不住又打开书来看，令人惊奇的是，书里又是一个和昨天不一样的新故事。小姑娘看着看着，发现了住在书里的小蚂蚁，问道：你是一个字吗？是的，我原来是一只小蚂蚁，现在我住在书里面，是个会走路的字了。小姑娘明白了，这本书里的字一到晚上就走来走去，所以书里的故事也就变来变去，明天书里会有怎样的新故事呢？小姑娘带着期待的笑容进入了梦乡。"

　　【结束环节】Z老师将故事延伸到现实情景中："这本书神不神奇啊？"孩子们拖沓着稚嫩的声音大声附和说："神奇！"Z老师接着引导道："那么，图书区所有小朋友在读过一遍或者说读过好几遍（的书）后，就不愿意看了对不对？"（有一些弱弱的声音附和着说"对"。）"如果我们也有一本这种神奇的书，它可以每天都串串门、跳跳舞，我们每天都能看到新的故事是不是？"（讲到此处时，辰浩突然报告说："老师，小锦老是拍我！"小锦大声反驳说："他也老是弄我！"Z老师沉了一下脸，看看他们没有直接给予反馈，这时辰浩继续告状说："他先弄的我！"小锦补充说："他老对我打来打去的！"……也许因为老师的冷处理，孩子们也没有再继续吵下去。）Z老师继续讲故事："那你说明天这本书里还会带来什么样的新故事啊？"孩子们定定地看着老师没有人回应。

　　Z老师："不知道了，是不是，待会儿我分书上桌，你们自己看看这个故事，自己看看这本书，然后自己想一想……"（这时，童童喊道："老师，我这里没位儿了……"）Z老师无奈地说："待会儿我看看。"童童还是重复着说："我这里没位儿了。"硕硕大声说："我这里有位儿。"孩子们开始骚动起来，坐不住了。

Z老师停顿了半分多钟，搬过来一摞书吩咐道："好，我点到名字的小朋友，过来拿书，然后搬个板凳上桌看啊，好不好？"（只有几个孩子微弱的声音道："好……"）"小丰！——小琛！——萱萱！——你们想去哪个桌就去哪个桌，去吧！"

故事课在嘈杂的点名声中结束了，孩子们无精打采地等待着老师叫到自己的名字……

（选自田野笔记：故事讲读与绘本阅读——文本的存在价值，2017年2月）

在上述情景中，幼儿在老师讲读过程中对绘本故事应有的喜感体验未有明显反应，如故事中的小蚂蚁在书中看到文字竟然动了，"串串门、跳跳舞"，再如故事中的小姑娘在翻看书时突然看到文字重新组合变成了新的故事等情节，都是非常具有喜感的，但孩子们并未有明显回应，甚至出现坐不住、拉扯、发呆、气氛沉闷等现象。那么，这位教师的阅读指导过程是否存在一些问题呢？

1. 教师在讲读故事的过程中，与孩子们的眼神互动与沟通对话不够，所以幼儿在倾听的过程中，虽然大部分还算认真，但是并未对故事本身的诙谐回应其应然的愉悦状态，也没有体会到阅读所带来的快乐和满足感。

2. 教师在讲读故事的过程中，没有给孩子充分与童书直接互动的机会，没有充分倾听孩子对画面的描述和理解，幼儿缺少与书直接互动的机会，即缺失了视听结合的阅读体验；虽然在第二环节让幼儿自己读书，但因为缺少了在第一环节直接与童书互动的愉悦体验，所以后面自主阅读的效果必然也不会理想。

3. 中间多出了分发童书的环节，拖沓而没有实质性的意义，且分散幼儿的注意力。

4. 故事讲读 4 分钟 + 分发童书 3 分钟 + 独立阅读 20 分钟（出现了混乱，不仅不能营造良好的阅读氛围，而且干扰了其他可能想要独立阅读的孩子的阅读过程）。

幼儿如果缺少了与书直接面对面的互动，本质上即缺失了视觉感受与动作触觉的学习通道。因而，其在感受性上就不够丰富，对书籍概念的理解就不够深刻。虽单就讲读而言，Z 老师较有耐心，讲读故事的声音十分甜美，也能将故事中的角色语言与形象特点较好地突显出来。然而，绘本阅读与故事讲读是不同的。单纯的故事讲读的实质是一种以幼儿倾听为主的理解过程，教师是讲述者，幼儿是倾听者；基于信息传播的角度，教师是已知者，幼儿是未知者。而绘本阅读则是一个融合视、听、触等感官的统合理解过程。在绘本童书面前，教师与幼儿同为读者，甚至每个幼儿都可能是"读图"天才，常会发现连教师都没有关注到的"蛛丝马迹"。这种区别虽然微妙，但是其对幼儿认识观念的作用则迥然不同：

其一，故事讲读与绘本阅读的存在意义不同，这两者对于幼儿书籍概念的建立、童书阅读情感的建构、阅读理解能力的发展与阅读习惯的养成等具有独特的意义和影响。故事讲读旨在发展幼儿的倾听、理解与表达的语言能力，教师运用各种辅助手段，为幼儿讲读故事，引导其共同倾听同一个材料，鼓励幼儿完成书籍里的故事游戏等，幼儿对童书内容的理解是以倾听为主的；而在绘本阅读中，教师与幼儿同为图画书的读者，一起观察、描述和想象画面，对于幼儿的阅读感受和经验来说，他们更注重与童书进行充分的、直接的互动。

其二，故事讲读与绘本阅读同属于集体阅读，但是各自的侧重点不同，故事讲读往往以"教师主导"，而童书（主要指绘本图画书）阅读则一般需"师幼共读"。两者同时作为幼儿与成人共读的主要方式：真正的故事讲读（"讲读—倾听"以文字为主的童书，教师是讲述者与读书者，幼儿是倾听者与学习者）需要教师通过声音，特别是有感染力的声音，分角色的表演、直观性教具的配合，来实现无时无刻、无处不在的、整体性情景中的师幼互动,促进幼儿语言能力的发展;而绘本阅读(师幼共读以图画为主的童书,强调师幼同是读者的身份,引导幼儿细致观察、倾听幼儿描述图画、鼓励师幼对话)则更强调幼儿与书进行直接的互动,幼儿在抚触童书、观察画面、描述表达、翻页阅读的过程中建构对童书内容的理解与情感,在自主阅读与聆听教师讲读的双边活动过程中,将画面与声音的感官感受逐渐内化为内在深层的理解与体验。从这个层面来看,两者的差异性不仅仅体现在其呈现方式上,更渗透着教师对于幼儿阅读能力的认识和把握。因而,幼儿教师的阅读指导一定蕴含着其对于幼儿生存价值与学习能力的认识和判断。

(二) 阅读指导与识字教学——阅读观

如果不借助语言的作用则不可能实现阅读学习的目的。但是,基于问卷调查与田野观察的结果,反观当下幼儿阅读指导过程,发现有82%的幼儿教师在选择幼儿阅读内容时,认为有趣味性和强教育性(认知或道德教育)的材料是首选,甚至有40%的教师把童书阅读作为儿童识字或教化的工具,如在散文诗阅读中,会突出强调某些字、词的认读,并进行反复机械的练习;还有一些幼儿教师在幼儿阅读指导过程中,专注于幼儿语言能力的训练,将作品根据识字、语音、语词等拆分为不同组块,作为现成的东西让幼儿认识,而未发现语音的学习是一个人类心灵运用清晰的发音来表达思想的连续的过程,是情感的需要与流露。这不得不令人深思!

歌德曾说:"一当他无忧无虑之时,那些悄悄地产生的半神半人就在他周围搜集着材料以便把他的精神灌输进去。"[①] 在很多情况下,如果不明晰对于幼儿阅读指导立场的把握,即以自认为"专业"的视角在幼儿周围搜集阅读材料并"智慧"地思考如何更方便地把他的精神灌输进去。这种幼儿阅读指导是可怕的,因为对单纯的任

---

① 转引自〔德〕恩斯特·卡西尔《人论——人类文化哲学导引》,甘阳译,上海译文出版社2013年版,第241页。

务型阅读的过度强调,容易剥离幼儿童书阅读过程的乐趣。幼儿的阅读是对幼儿内部生活,即幼儿的情感和情绪的复写,是一种独特的或表现的语言艺术,是强烈感情自发的流溢。然而,基于成人立场的任何任务型阅读设计,却可能已经远离了孩子们的生活与其内心世界,从而破坏了阅读、语言之于人本性中的情感。克罗齐曾批判说:"这些人只对表现的事实感兴趣,而不管表现的本质。"① 幼儿作为人之最初阶段,具有无数的发展可能性,阅读过程中所触及的表现于外的"色彩""线条""语词"等,对于他的成长来说,不只是技术方法和手段的一个部分,更是他们成长发展过程中本身的必然要素。在幼儿阅读指导过程中,成人所要关注的应是孩子的表现性的阅读,而不仅仅是描摹性的阅读;我们所需要的不单纯是知识与事实,而是思想与情感;事实不是必然会产生思想的,知识是对图文"信息"的认知和把握,思想则是对图文"意义"的诠释和理解。总之,我们所强调的是阅读兴趣的启蒙,而不仅仅是阅读技能的达成;更要关注的是故事内容的文学意味和幼儿阅读的审美体验,而不在于故事信息接收的较低层面;不仅仅追求幼儿在阅读时有选择的自由,还更重视发展幼儿自由的选择能力。

(三) 阅读教育与教育主义——教育观

"有价值的阅读内容"

在田野观察中发现,老师们倾向在集体阅读活动中选择幼儿园统一配备的教师用书(文字故事)、幼儿用书(插图故事与游戏)和绘本(内含一个故事、一首诗歌)。所以,幼儿在与教师集体共读这类内容的形式过程中,参与度不高,倾听状态不专注;而根据对幼儿自主阅读活动的观察,发现此类童书属于幼儿不常选的内容类型。事实上,教材类童书,无论是绘本故事还是幼儿用书,都具有

---

① [德] 恩斯特·卡西尔:《人论——人类文化哲学导引》,甘阳译,上海译文出版社2013年版,第241页。

一些显著特点：其一，对绘本故事抑或幼儿用书，幼儿大多能够独立阅读并理解；其二，图画故事一般是教师用书中文字故事的配画版，其知识性与说教性都非常强，皆旨在让孩子通过故事学习某个道理或知识等。所以这类故事内容本身即具有任务型取向，教育性强，但趣味性不够。

（选自教育田野笔记：教师眼中"最有价值的阅读内容"，2016年11月）

除内容上的说教性特点外，成人，尤其是在幼儿园教育环境中，教师对阅读活动的组织与指导方式，其"说教性"的意味更是随处可见。如除区域阅读活动时间（约占幼儿在园时间的20%）外，在其他时间里幼儿并不被允许随意自由活动；在集体共读活动过程中，也基本以"教师为主导"，幼儿没有完全自由自主的阅读机会。将说教性强的教材作为阅读内容的主要原因是，幼儿教师的惯性思维（认为教材里的内容是正式教学内容）、幼儿园的行政要求（虽然幼儿园没有中小学那样的课程标准，但省市相关行政部门会对幼儿园教材进行统一征订，包括教师用书与幼儿用书。各幼儿园也会明确规定教材中的内容应该达到怎样的教学目标等）、幼儿教师的认识偏见（认为幼儿读物，包括绘本，大多属于娱乐性的，可在阅读角里由幼儿选读或家庭亲子共读，但幼儿园在集体共读活动中并不适宜大量选用）等。可以说，规则的泛化与自由的欲求总是将这个小小场域里的"师—幼""人—人"推展为规训者与被规训者的关系。已有研究指出，学龄前儿童与小学生阅读的区别之一，就在于幼儿更喜欢在游戏情景中接触阅读材料，使一般的阅读活动变得生活化而且有意义。所以阅读过程中的指导性行为应转化为支持性行为，引导幼儿利用读写环境中丰富的阅读材料开展游戏活动，激发幼儿对阅读的兴趣以及热爱阅读的情感，自然地向自主性阅读能力的形成过渡，其首要问题即认识到成人自身就是产生环境影响的重要因素。

奥维尔·普雷斯科特曾提出:"几乎没有儿童是自己学会热爱书籍的,必须有人去引导他们走进这个美妙的文字世界,必须有人将他们领进门。"[①] 在家庭里,这个人就是父或母;而在学校里,这个人就是教师。孩子对于书籍的好奇是求知的本性,然而,对于书籍的热爱则是一种情感的建构,是社会性的关系互动。无疑,教师在影响幼儿对阅读和自愿阅读的态度方面起到了重要作用。事实上,图画书从创作动机上讲,并不是让幼儿自己去看,尤其是对于年龄小的幼儿来说,更是这样。严格来说,它们更适合成人与孩子之间进行分享性阅读,在这样的引导与支持之下,孩子会建构起对这些童书的情感。这一方面来源于与成人共读过程的情感体验,另一方面也来源于对童书内容本身的吸引和关注。逐渐形成稳定的阅读兴趣和阅读偏好,形成自主的阅读能力,并最终形成良好的阅读习惯。美国教育家崔利斯先生坦言:"为孩子大声读书是最便宜、最简单、最古老的教学手段,在家里或教室里使用都再好不过了,它既简单又有效。为孩子大声读书就是让孩子把书本、印刷品与愉悦画上等号。"[②] 给儿童讲故事可以帮助他们建立起对读写的积极态度。当然,关心儿童的成人在讲故事时,带给他们的温暖超越了讲故事这一经历,它涉及习惯、分享和相互的情感,而有些书通过重复或因为是成人或孩子喜爱的书而被赋予了特殊的意义,这也是我们探讨成人作为幼儿阅读过程影响因素的基本动机。然而,西尔维娅·阿什顿—沃纳曾指出:"阅读是一项多么危险的活动啊!阅读教学也是如此——只是在陌生的内容上涂抹自己的东西而已。既然里面已经有着丰富的内涵,为什么还要在表面不停地涂抹呢?这样是不是封闭住了太多东西?要是我能将它提取出来用作工作材料多好。假如

---

① 转引自[美]莱斯利·曼德尔·莫罗《早期儿童读写能力发展》,叶红等译,南京师范大学出版社2013年版,第161页。
② [美]吉姆·崔利斯:《朗读手册:大声为孩子读书吧》,沙永玲等译,天津教育出版社2006年版,第19页。

我轻轻地触碰它，它将如火山一般自行喷发。"① 成人也许应该时刻警醒这种情形。无论对于童书还是幼儿，他们本身所含有的丰富内涵与独特品性，他们各自所具有的独立图式，在教师的影响下将如何呈现和彰显出来？对于幼儿的阅读过程及其反应表现又会产生怎样的影响？下面就是对这一问题的探讨。

三 不同阅读指导方式的独特意义

此处拟对两个图画书阅读实录案例进行对比性分析，以探讨在幼儿园现实教育情景中，幼儿阅读指导有效性问题的两种存在样态，从而使研究问题进一步聚焦和具体化。

实录一：教学与介入
——"教师只有深入挖掘作品内涵之后才能对幼儿进行有价值的阅读指导"

L老师为大班幼儿选取绘本故事《三个强盗》进行集体阅读，推选这一内容的理由是：一方面，故事内容有吸引力。《三个强盗》故事书以文辅图，每篇图画配以极少的文字，画面生动而有意味，情节曲折，悬念丛生，而大班幼儿在阅读过程中已经具有一定的判断能力、思维能力和语言表达能力，内容难度适宜；另一方面，故事主题寓意深刻，探讨了人性由恶向善转化的问题，对于大班幼儿的惯常理解思维具有挑战性，富有教育意义。

据此，L老师非常巧妙地分析和运用童书的图像语言，如色彩语言（黑色、红色和黄色的对比寓意），并将之贯穿在整个教学过程中。引导幼儿通过观察画面和感受色彩的变化来理解情节的推进和主线的发展。教学设计与指导方式精致用心，例如：

设计1：封面处理——怎样使孩子在阅读之始即一下子为内容所

---

① 转引自［美］莱斯利·曼德尔·莫罗《早期儿童读写能力发展》，叶红等译，第13页。

吸引？L老师关注到了图画书封面的丰富信息与独特价值。在活动前，制作手工图卡对童书封面信息进行碎片化处理；在活动导入环节，逐步呈现封面信息材料，幼儿积极观察、猜想与描述故事内容，进行大胆想象与表达。随着图画书封面逐渐完整呈现，幼儿对角色形象的认识也开始清晰，故事情节由此自然展开。

设计2：情节切分——《三个强盗》的故事情节存在着鲜明的转折点，它将图画故事的情节脉络切分为前后截然不同的两段，前段讲述强盗的"恶"，后段讲述强盗的"善"。L老师敏锐地发现了这一内容特点，并进行了不一样的处理和采取了不同的阅读指导方式：在前段部分，基于"略读"方式指导幼儿自主阅读和讲述。其旨在帮助幼儿通过"略读"感受强盗之恶，但不想对其具体"恶行"进行细致渲染，幼儿两人一组，先仔细观察读图，然后看图描述。在后段部分，采用先完整讲述，再重复细节，帮助幼儿理解内容，幼儿在教师的引导下，完整地倾听故事，并关注细节。其理由在于，此部分内容含有故事转折点，是图画故事主题想要表达的核心寓意，也是老师引领幼儿的难点，为了让幼儿体悟到故事前后内容变化的转折点以及情节突变的原因，L老师选择了两个图画细节作为幼儿理解的关键点：其一是强盗眼神的变化。由强盗眼神的变化去领会强盗内心情感的变化。其二即是颜色的变化。在整个故事的阅读教学过程中，适宜地配合背景音乐，烘托整个故事情节的发展线索。

当然，不是所有图画故事书都可作如此处理，而只是图画书《三个强盗》刚好有那么一个转折点（女孩芬妮的出现），所以前后两段朝着不一样的方向发展了。

实录二：鼓励与陪伴
——"与孩子共读就是最好的阅读指导"

同样的图画故事书《三个强盗》，S老师就未对其进行细致解读、主题挖掘与教学设计，而是分别在3—4岁幼儿班与5—6岁幼儿班进行分享性阅读。发现3—4岁幼儿的阅读反应包括强烈渴求倾听老师讲述，希望连续重复讲述，常常就画面进行提问；而5—6岁幼儿的阅读反应则表现出能够自主完整地"略读"，不是特别喜欢连续复读，在被提问的情况下能够较好地对故事进行描述和表达。研究者与S老师尝试探讨幼儿阅读反应的形成原因：3—4岁幼儿的阅读兴趣除了故事内容本身之外，更加向往与成人共读的过程，他们享受有成人陪伴或共同做一件事情的乐趣；好奇并喜爱阅读童书中不同的画面情景与内容，尤其是对于熟悉的生活场景和角色形象，具有更强烈的探究愿望。与成人共读的意义在于：逐渐于无形之中帮助幼儿将基于"爱与成人共读"的情感迁移到"爱阅读活动本身"上来，而迁移的关键是在这一过程中幼儿体会到了快乐；5—6岁幼儿则相对更加关注故事内容本身的吸引力，可以自主完成阅读而不必成人陪伴或共读。不同年龄阶段幼儿的阅读需求不同，然而阅读指导的方式却存有共性，即都以尊重与鼓励幼儿进行自我表达为前提进行的分享性共读。具体来讲，当幼儿希望教师绘声绘色地讲述故事时，教师可以满足且分享其感受，但并不是单一地呈现全部内容信息，而是在新画面呈现时停一停，鼓励幼儿观察、想象和描述。事实上，每个人在接收到视觉刺激时都会产生独有的感受和理解，幼儿也是如此且更乐于表达，所以"停一停"的方式往往蕴含了丰富的教育意味：揣摩幼儿是否想表达，是否有想象性的理解等，而不是一味地进行介入性讲述，从而剥夺幼儿在画面中自由想象的机会；当幼儿希望重复讲述时，教师的重新讲述，不仅依然生动有趣味，而且因为幼儿在重复感知故事的过程中总伴随着细节观察和问题探索，所以停下来与幼儿进行对话与交流，分享彼此对画面、故事或问题的感受十分有意义。也许师幼之间的感受并不相同，程度当然也相异，但即使是成人也不必要求彼此想法一致，更何况是对幼儿呢？理解必然不同有什么关系呢？我们都只是在表达自己，分享自己。因而这个故事和这样的阅读过程恰好给了我们与幼儿"精神对话"的机会。

上述两则关于阅读指导案例的实录分析，事实上隐含了两种不同的儿童观与教育理念。

"实录一"潜隐着这样一个指导立场，即幼儿教师与幼儿之间是"已知"对"未知"的交往关系，教学指导的任务是将教师的"已知"尽可能地表达出来并启发"未知"的幼儿。所以，在这一教育立场下，教师认为，只有自己对作品先进行比较深入的鉴赏和剖析，才有可能对幼儿进行有价值的阅读指导，具有"知"的权威性和话语权，也有责任将作品内涵挖掘、呈现给幼儿，引导幼儿也能获得一定程度的理解。事实上，秉持这种教育观念的教师在挖掘作品内涵时所体现出来的文学素养和专业精神，以及在幼儿阅读指导过程中所体现出来的教学智慧，是很有意义的。不过，如果过度强调"师者即已知者"的教育者姿态与"幼儿即未知者"的被教育者身份，则是不可取的。因为在成人自认为引领幼儿为未来生活做准备的阅读学习中，不得不提防一种"致命的自负"心态，杜威曾在其《民主主义与教育》中猛烈地批判了那些在教育上具有"致命自负"的成年人，他们以"成熟"自居，以"教育儿童为未来做准备"[①]为目的的观点和做法，实质上是一种"为预备将来而忽视现在可能性的教育观"，其错误"不在强调为未来的需要做准备，而在把预备将来作为现在努力的主要动力"[②]。如果教师在教育观上首先以幼儿的"未成熟性"或"不成熟性"作为教育的逻辑前提，其在思想根源上就是将儿童与成人进行比较，认为成年人是成熟的，而儿童是不成熟的。但现实是，儿童与成年人一样是不断生长和发展着的，他们之间不是生长与不生长，也不是发展与不发展的区别，而是各有适合于不同情况的不同的生长方式。人生从一个阶段到另一个阶段，由童年期向成年期发展，往往被视为由低级到高级，由未成熟

---

① [美]约翰·杜威：《民主主义与教育》，王承绪译，人民教育出版社1990年版，第64页。

② [美]约翰·杜威：《民主主义与教育》，王承绪译，第65页。

到成熟，但在这里，正如杜威所呈现的，如果对同一问题转换一个视角就会有不同的理解，两个阶段的生活意义是同样真实的，内容是同样丰富的，而地位也是同样重要的，成年人的"成熟"状态不是静止不动的，成年人也不断变化、成长和发展着，直到死亡我们才能说，已经最终体验了自己生命的意义。因而，我们凭何自认为自己就一定能够引领、决定幼儿的生长和发展方向呢？又由何自信地确定我们所认同的"为未来美好生活做准备的"知识与技能就一定能保证儿童获得美好生活呢？我们为什么要牺牲掉享受当下的代价而去追求为未来做可能是徒劳的准备呢？！所以成年人在幼儿阅读指导过程中，最智慧的做法也许是如苏格拉底一般首先承认自己的"无知"。

"实录二"所蕴含的教育观念相较而言则更倾向于一种间接性的阅读指导与支持：和儿童一起分享图书并仔细思考图书的形式和内容也会对儿童产生积极的影响；发展和支持儿童对书本与书本之外世界的关系产生好奇心；让儿童知道我们重视和喜欢阅读，也希望他们和我们一样。这一教育立场主张和孩子一起从"零"开始阅读，师幼在共读中感受这种一起好奇、求知、想象、描述、惊讶、恍悟的阅读乐趣，在对话中交流共读的点滴体会，享受自由交往的心灵互动。正如维果茨基在《学前教育与发展》中所说："儿童及其意识中最本质的，不仅是儿童意识的个别机能随着年龄的递增在发展与成长，最本质的是儿童个性的发展与成长，是儿童总的意识的发展与成长。"[①] 因此，幼儿阅读的真正基质不是思维的基质而是情感的基质，幼儿阅读指导的关键也应是阅读情感与兴趣的萌发。当然，这样的指导方式不是放弃对指导过程的设计与规划，而是主张对幼儿主体性的高度重视。只有这样，幼儿在阅读过程中，才能逐渐形

---

① ［苏］维果茨基：《维果茨基教育论著选》，余震球选译，人民教育出版社2004年版，第367页。

成对于世界的最初的客观视域与理论视域，这样的视域不是单纯的"给予"，而是建设性的智慧努力的结果。

综上所述，本书认为，幼儿个体内部的心理发生机制与外在支持性因素，是互生互促、相互作用的过程，幼儿心理发展的实现是在师幼交往之间，正如维果茨基所强调的，幼儿的发展一定是在交往中实现的，是在合作中实现的，① 是在成人与幼儿的对话沟通过程中发展的。杜威曾指出："一切沟通都具有教育性，发命令和接受命令改变行动和结果，但是它本身并不产生目的的共享和兴趣的沟通。"② 因而，即使幼儿从小接触阅读，自然地向往阅读，但是如若引导失当，随着时间的推移而日积月累，孩子的阅读兴趣自然会逐渐降低，一旦如此，阅读困难就必然会随之出现，且由此可泛化为学习困难甚至厌学心理。故而，我们不得不深入审视当下现实教学生活中幼儿阅读指导的根本立足点与出发点。学前儿童的阅读是由"他读"到"自读"的发展过程，成人之于幼儿阅读的影响，在于把握每个年龄阶段的最近发展区，适时恰好地调整指导方式，以保证幼儿阅读的优质，让孩子有书可读，有选择自由，有交流机会，有表达权利。在自主自在中体味到阅读的乐趣，这样才能够使其很好地成长为一个自主阅读者。正如维果茨基所说："任何教学都存在最佳的，也就是最有利的时期，这是基本原理。对这个时期任何向上或向下的偏离，即过早或过迟的教学指导，从发展的观点看，总是有害的。"③ 3—6岁幼儿处于自主阅读能力培养的最佳关键期，成人的阅读指导当然是必要的，不过这种阅读指导应是间接而非直接的介入，是鼓励而非强加的指导，是有选择自由的而非被动选择。

---

① ［苏］维果茨基：《维果茨基教育论著选》，余震球选译，人民教育出版社2004年版，第16页。
② ［美］约翰·杜威：《民主主义与教育》，王承绪译，人民教育出版社1990年版，第10页。
③ ［苏］维果茨基：《维果茨基教育论著选》，余震球选译，第366页。

除此之外，童书文本的内容与形式亦是影响幼儿阅读过程的重要环境因素。

第三节　童书的内容与形式

幼儿所能接受的童书形式，以图画书为主。图画书是幼儿踏入阅读世界的第一步，借由一个个图文并茂的故事，引领幼儿认识新奇可爱的世界；成人也可借由一本本精彩美妙的图画书，与幼儿分享丰富而独特的人生体验。然而，当作为审美媒介的童书呈现于幼儿读者面前时，幼儿读者是如何获得审美经验的？作为主动建构者，幼儿的阅读过程应该是一个融合童书文本与主体心灵对话的过程，这一过程是否可探？伊瑟尔曾在《阅读活动——审美反应理论》中将文本看作一个召唤结构，认为："文本在什么条件下对读者而言具有意义？文本怎样才能产生意义？审美的对象（文本）只能在读者的审美活动中构成，文学的作品既非完全在于文本，也非完全在于读者的主观性，而在于二者的双向交互作用的动态建构。"[1] 也就是说，文本是文学的唯一实体，作品的价值蕴藏在文本之中，但意义的生成尚处于完成之中，有待于读者在阅读活动中予以现实化和具体化。可以说，幼儿童书阅读的过程更宜视为一个存在于幼儿与文本之间完整的、统合性的互动过程，包括幼儿所读内容的文本特质、幼儿主体的审美感受、幼儿与文本之间的对话方式等，关于文本—读者的关系不应相对独立地分析，而应互动融合地理解。它们的共存性"关系"构成了阅读过程，离开了这种共存"关系"，其各自都无法独立承载阅读所具有的应然的主体性意义。

基于前文第二—三章对于幼儿童书阅读过程及其反应表现的情

---

[1] ［德］沃尔夫冈·伊瑟尔：《阅读活动——审美反应理论》，金元浦等译，中国社会科学出版社1991年版，第127—182页。

景深描与叙事分析，童书文本对幼儿阅读过程的影响是直观而具体的，童书文本对幼儿阅读过程的影响机制是现实存在的，包括一个完整的审美对象对幼儿形成心理形象及其意义的影响；不同图文呈现方式与其载体形式对幼儿和童书互动过程的影响；不同类别文学体裁与叙事风格对幼儿感知图文内容或回应故事方式的影响等。那么，童书文本中的哪些关键性因素或结构对幼儿阅读过程中的感受、理解和表达产生了显著影响？它们是如何表现的？其影响性为什么存在？其对于幼儿的成长和发展具有怎样的意义？上述问题都需要作出进一步探讨。

一 童书呈现形式与幼儿阅读过程的意义建构

"幼儿在阅读作品时如何建构意义？"这是很多文学反应理论研究者致力于关注的问题（Martinez, Roser, & Dooley, 2006; Sipe, 2000；玛丽·伦克·贾隆格，2008；王玉，2009；艾登·钱伯斯，2001）。阅读意义的建构，即幼儿主体接触、感知、理解童书文本，并获得个体意义的过程。其中，童书作为一个完整的审美对象，从形式上看，其首先具有完整的、独立的图书样式及其构成，包括材质、大小、版式及其内容编排的整体呈现形式等；其次，童书以图像语言为主的图文表达形式本身即具有重要的美学意义，当其作为一种教育媒介呈现于幼儿面前时，幼儿读者是如何获得一种美的感受与经验的？此外，伴随着电子媒体技术的迅速发展，电子童书已经越来越为现代人所熟悉和接受，而相较纸质童书，电子童书在内容的呈现方式上与载体的类型上都逐渐实现了由静态向动态的转向与突破。那么，如何看待这种转变对于幼儿阅读过程及意义建构的影响？接受美学研究者认为，在幼儿阅读前，文本仅是一种客观存在，虽然它具有文学本身的意义和价值，不过，只有当幼儿读者开始阅读时，文本才会成为作品，实现其应然的存在意义。所以，本部分将对当下童书表现形式与内容特点的发展变化，对幼儿阅读过程及反应存在怎样的影响，如何看待这些关联性等问题进行重点探讨。

(一) 图书样式及其构成影响幼儿童书概念的形成

构成一本童书的要素包括：图文书面符号（图画样式、文字排列和图文比例关系等）与物化载体材料（材料、大小、版式等）。构成童书的所有要素是整体性的统合体，共同传达着作品的内容和主题，共同参与着幼儿的意义获得过程。已有心理学研究成果非常关注这一问题：当一部完整的童书作品呈现于幼儿面前时，幼儿会首先关注哪些要素？在自然情景下，幼儿是从什么时候开始关注童书这一物化存在形式的？是什么时候开始关注童书的各个构成要素的？通过测量追踪幼儿的眼动情况以说明阅读过程关注点的变化，由关注点频次计算推测幼儿阅读的兴趣点，这从一定意义上说是合理的，但并不绝对。因为兴趣往往是一个人对于某个事物的稳定性态度倾向，其前提是"注意"，其条件是"情感和意志"，眼动研究更多的是通过这样的跟踪观测了解幼儿的注意力变化过程，但这一过程并不一定融入了幼儿的情感和意志，所以这些观测及其眼动实验结果，常常伴随着一个问题，即幼儿的关注点是随时随机的，影响幼儿关注点的环境是难以进行实验室控制的，那么所得到的数据虽然能够在一定程度上揭示幼儿对于童书的感知变化过程，但是很难解释幼儿个体对童书各个构成要素的复杂感受过程，更难以解释幼儿个体关于童书概念的理解和建构过程。本书认为，只有融入幼儿生活，深入了解幼儿的个性和需要，真正倾听幼儿对于所阅读童书材料的认识和感受，才能够理解幼儿眼神变化、微妙表情、片段话语，以及视觉关注点转移等所反映的信息。一言以蔽之，眼动状态及其变化过程仅仅是行为表现的一个方面，要理解这些行为反应及其变化，必须融于幼儿主体整个的生活空间和心理世界。能不能探究到这一层面以及能够探究到什么程度，是最考验研究者的研究能力的，亦是本书的研究价值所在。

前述文学理论研究对于童书构成要素的认识开阔了我们与幼儿互动的视野，心理学研究成果为我们分析幼儿的行为表现提供了某种假设。当笔者与幼儿进行有关"你最喜爱什么样的书"的对话互动时,幼儿的回答有:"这本洞洞书""《好饿的毛毛虫》(里面有洞洞、断页、空白页等版式设计)""这种立体的书""图画多的书""我喜欢有香味的书""我家里有会说话的书"……也有少部分孩子会说:"喜欢像《点点点》那样神奇的书""喜欢公主的书""喜欢恐龙的书"……可以说,大部分幼儿对于童书的认识和理解,更多地来自于童书的外在形式,且由于这些外在形式而感受到阅读乐趣;少部分幼儿,尤其是年龄稍长或者阅读经验较多的幼儿,会更关注内容要素,如人物形象、故事情节和内容主题等。童书作为书籍的基本样式及其构成包括:封面、环衬、扉页、正文和封底,每一个部分都有创作者想要表达的思想意义,甚至有时为了加深、强调或者延伸某种思想或思考,而在上述构成的基础上,从书籍的开本(大小、横竖或异形)、方向(从左往右的动作方向、翻页方向等)、版面设计(折页、散页及其他)、页面设计(图文比例关系、文字排列、画面连贯性、页面留白或空白)、背景(时间与空间、色彩变化及象征、视角选择)、艺术风格(现实风与超现实主义等)上进行构思与挖掘。其中,书籍的材料质地、大小版式、开本方向,以及内容编排的整体结构性要素(如图文比例等),往往都是幼儿初时所能浅层感受到的童书要素,以及最初建立的童书印象。事实上,有很多研究者关注过这个问题,且有针对性地对各个要素进行过专门研究。如关于童书的版式问题,调查了目前已出版的大量令人惊奇的各种版式的图书:"电影般的活页图书;在洗澡时看的漂浮书;睡觉时看的柔软、使人想要拥抱的书;袖珍图书;大型的卡片和支架图书(学校教学用书);折叠图书;夜光图书;歌唱故事的图书;便盆训练(对孩子良好的大小便习惯的培养)图书;甚至还有书中书等等。"[①] 关于图画书的开本和装帧设计,包括封面、环衬、扉页、封底等,对幼儿阅读行为反应的影响做了系统介绍(周兢等,

---

[①] 周兢:《早期阅读发展与教育研究》,教育科学出版社2007年版,第98—101页。

2007)。关于图画书大小和材料质地的问题，有研究者提出"大图书"和"布质书"等对于不同年龄幼儿阅读感受和形成书籍概念的影响（Strickland，Morrow，1990；Woude，2001；Jeanne M. Machado，2012；韩映红，2012）。必须承认，幼儿对于事物的认识与成人不同，他们有自己的思维方式。面对一本书籍，成人往往能够基于已有的知识经验而在翻看之前即产生一个整体的认识和感受，然而幼儿一般则会最先为一些具体事物或形象所吸引，然后据此逐渐展开对一种事物与另一种事物之间联系的理解和探究，最后才能获得一个整体的感知。幼儿从最初接触童书、感知童书，到认识和喜爱童书、期待共读，再到自主关注童书和充分与童书互动等，对童书的认识过程经历了物品（书籍仅是一个客观事物存在）—内容（由共读开始关注童书内容，尝试翻页阅读）—经验（自然地与现实生活发生联想与比较，形成虚实经验的连接）—情感（获得积极的经验和体验，内化阅读过程的乐趣，形成积极的书籍概念），这在一定意义上可以理解为是幼儿建立书籍概念的过程。研究者在对幼儿阅读行为进行观察、记录和分析时，还发现幼儿形成书籍概念的过程离不开成人的引导，包括成人有意识地引入童书到幼儿的生活环境——幼儿关注到书籍——成人引导幼儿观察童书里的内容、讲述—游戏—生活—经验的分享共读——幼儿喜爱童书并期待共读——幼儿能够独立翻阅童书并简单地理解故事内容——幼儿能够清晰地认识童书与其他事物的关键区别。

可以说，在最初建立幼儿对于童书的认识和积极情感之时，童书的外在形式，尤其是其作为书籍的一种存在样态及基本构成要素起着重要作用，有必要给幼儿以更全面的接触机会和更丰富的感受认识，以利于幼儿建立对于书籍的一般认识和理解，建立对童书的基本概念和积极情感。

（二）图文辅配及其比例关系影响幼儿阅读经验的联结

经验的联结，包括现实生活经验与童书获得经验（直接经验与间接经验）的直接联结，在不同童书中所获得的知识经验（间接经验与间接经验）的相互联系，童书阅读经验在现实生活经验中的应用迁移（间接经验的生活应用与迁移）等，是幼儿理解童书内容和建构个体意义的几种方式。可以说，意义建构的前提是经验的获得，经验获得的前提是理解的过程，内容理解的前提是幼儿对图文材料的可接受性。图文辅配的形式，即图文的比例关系问题是图文材料是否能为幼儿所接受的首要问题。

大多数幼儿所读童书都是图画书，图画与文字是童书内容编排的基本要素，而图文辅配的比例关系问题是影响幼儿阅读接受能力的重要方面。因为图画是物化直观的，它关乎幼儿将生活中的经验与童书中的图画经验进行直接联结，也关乎幼儿将其他童书中所获得的知识经验与新阅读童书里的图画经验进行直接联系的问题。有研究者提出，幼儿在成人指导下首先开始学会辨别图画及其所指代的真实世界的物质对象。[①] 还有研究者认为，只有据此幼儿才能开始借助书中的图画了解故事的角色、情节等。[②] 可以说，好的图画书以图述说故事，富于趣味性的图画、恰当的色彩运用、合理的节奏推展和细节描写等符合幼儿心理发展特点，能激发幼儿阅读的兴趣和动机，促使幼儿通过图画书获得快乐和情感的满足。而图画书中图文之间的不同比例关系，为幼儿感受、理解和表达童书信息提供了不一样的空间，一般来说，年龄越小的幼儿对于图画的阅读需求越强烈，对于文字的排斥心理也就越明显；年龄越大的幼儿对于图画的复杂性要求越高，对于文字的关注程度也越高。例如，年龄越小的幼儿对于大篇幅的图画、单纯人物关系的图画、现实主义风格的图画以及文字比例较少的童书，越是偏爱和能接受；而那些页面图画关系复杂、图画信息特别丰富、人物线索很多、超现实主义风格的场景图画以及辅以较多的文字信息的图画，往往更容易为年龄稍

[①] Judy S. Deloache, Mark S. Strauss and Jane Maynard, "Picture Perception in Infancy," *Infant Behavior and Development*, Vol. 2, January 1979, pp. 77–89.

[②] Simcock Gabrielle and Deloache Judy, "Get the Picture? The Effects of Iconicity on Toddlers," *Developmental Psychology*, Vol. 42, No. 6, 2006, pp. 1352–1357.

大的幼儿或阅读经验丰富的幼儿所喜爱和理解。我们在与幼儿交流中，常常发现幼儿对于纯文字书的拒绝，以及对于图画的天然亲近，究其原因，因为图画是幼儿能直观读懂的符号语言形式，而文字符号则相对抽象。正如瓦伦丁（1991）所认为的，幼儿对于色彩、图画感知的现象实可归因于一种"直接的生理效应"[①]。这种直接的生理感官感受帮助幼儿积累了更丰富的知识和经验，而经验的获得会直接影响幼儿对童书内容的理解。

当然，除了图画能够建构幼儿阅读的经验外，文字虽不是幼儿阅读童书的主要方式，但随着图画书阅读经验的积累，对于规范化文字语言符号的接触机会愈益增加，以及生活中随处可见的文字符号，都会促使幼儿逐渐对文字加以关注和了解，对文字的故事叙事意义生成更多的理解和期待，对文字与图画之间的意义关联进行自然联结。正如 Jeanne M. Machado 所言："配图能赋予词语真实的意义。对于幼儿来说，配图促进了对形象及其文字象征的理解能力。"[②] 克劳伍德（Crawford）与海德（Hade）也发现孩子在阅读无字图画书时会与有字图画书做联结，他们在建构无字图画书的意义时采用了以下策略：使用更高度的知识与经验，根据故事的文字与规则等，使用多元化的线索建构图画书的意义。[③] 我国在这方面比较有代表性的研究有对幼儿在图画书阅读过程中的前文字意识进行眼动追踪，探讨其与幼儿读写能力发展之间的关系等（周兢，2010；刘宝根，2011）。总体来说，大多数研究者认为，幼儿的阅读偏好、阅读能力与认知发展水平有关，与童书图文的呈现方式有关，但是要确定一个认知模式是相当困难的，因为在处理各种变量如年龄、

[①] ［英］瓦伦丁：《实验审美心理学》，潘智彪译，商鼎文化出版社1991年版，第41—43页。

[②] ［美］Jeanne M. Machado：《幼儿语言教育》，王懿颖等译，北京师范大学出版社2012年版，第150页。

[③] 朱伶俐：《幼儿对图画书回应行为之探究》，硕士学位论文，屏东师范学院国民教育研究所，2004年。

性别等幼儿个体差异，以及阅读内容、风格、技巧等时，常因各种矛盾性差异而难以达成一致的共识。不过，可以肯定的是，在整个幼儿阶段，"图画阅读"始终是幼儿阅读的基本方式和理解路径，且随着幼儿年龄的增加或者阅读经验的丰富，幼儿对于图画的复杂性、文字的内容意义、图文相辅比例等方面的理解，会发生更多不一样的需求变化。所有这些图文要素及其比例关系特点都为幼儿的语言、想象、思维、情感、社会化及审美能力的发展提供了重要的价值（松居直，1997；瓦伦丁，1991；Jeanne M. Machado，2012）。据此，关于童书的文本特征对幼儿阅读反应的影响还包括图画书中文字的风格、书本的形式、插画的风格、品质等。

　　每个幼儿都是在已有心理发展水平和知识经验基础上走进图画书世界的，通过直观的图画积累或重组已有的经验，逐渐建构经验间的联结，提高幼儿对图文信息的接受与处理能力，形成新的意义理解；图画书中的文字部分对于幼儿理解故事内容也具有独特的存在价值，然而，需要明确的是，幼儿对文字的关注是自然发生的，对于文字内容意义的理解是逐渐加强的。可以说，幼儿走进童书世界的过程就是幼儿与图文对话、互动建构的过程。图文的结构空间与比例关系，为幼儿的观察和发现提供了内容线索，为幼儿的想象和探究提供了素材背景，为幼儿的新旧经验联结提供了关系要素，幼儿逐步发现、欣赏和品味故事的内容，不断形成和建构自己对于生活世界的更丰富的理解。

（三）文本载体形式影响幼儿阅读意义的获得

　　研究者在田野调查中发现，屏幕阅读的方式似乎更为现在的婴幼儿所接受和喜爱，尤其是那些动态媒体形式的电子童书深受幼儿的青睐，如喜欢听电子媒体讲读故事、喜欢看电子屏幕呈现动画故事、喜欢玩电子设备具有的游戏故事情景等。的确，童书文本的载体形式随着电媒体技术的迅速发展而日益丰富多样，相较纸质童书的阅读，电子童书越来越多地渗透到学前儿童的生活之中，在内容呈现方式上实现着由静态向动态的转向和突破。那么，不同的文本载体对于幼儿的阅读方式和理解过程具有怎样的影响？表现在哪些方面？应如何看待这些变化？这些都需要我们予以关注和思考。事实上，随着基础教育数字化阅读的逐步推进与当下我国低龄儿童数字化阅读素养的相对薄弱，相关问题已促发人们不断反思如何理解纸质阅读和数字化阅读在培育幼儿阅读素养中的不同价值等问题。

童书文本载体的数字化形式主要指电子童书形式。首先，它属于电子书，是指"需要通过计算机或其他电子设备进行阅读的呈现电子文档形式的出版物"；[1] 其次，它是专门为儿童设计的电子书，其在内容和表现形式上都符合儿童的认知水平，贴合儿童的生活，能辅助儿童通过人机交互进行独立操作，理解内容。相较传统纸质童书，电子童书需要数字化媒体辅助（手机、笔记本等移动终端），通过电子屏幕阅读，且具有多媒体动态呈现与互动热区的功能等。技术日新月异，个性化需求得到最大满足，从功能上看，电子童书从简单到复杂，涵盖了"书本式""电影式"和"游戏式"等几种类型。[2]"书本式"电子童书主要是对已出版的纸质书进行数字化转移，即在电子设备上呈现出与纸质书相一致的页面，属于静态文本与图像的电媒体呈现；"电影式"电子童书则具有突出的富媒体性和一定的互动性，包括大量的多媒体资源，如音、视频和简单的互动游戏等，幼儿可根据兴趣和需要点击热区，激活相关的多媒体资源，从而实现一定程度上的互动；"游戏式"电子童书则更强化了这种互动性，通过虚拟仿真技术实现情景模拟和体验，使幼儿能够扮演某一形象角色，融入故事情景、与故事人物交流对话，且能即时将自己的感受通过语音输入而获得反馈等。无疑，这些技术的引入，强化了幼儿与故事之间的互动性，更全面地丰富幼儿的阅读感受，更即时地获得幼儿阅读理解程度的反馈。曾有学者用"数字土著"（Digital N-

---

[1] Lisa Guernsey, "Are Ebooks any Good?" *School Library Journal*, Vol. 57, No. 6, 2011, pp. 28 – 32.

[2] 许莹：《数字化环境下的阅读教育新模式——学前儿童电子书应用带来的启示》，《中国电化教育》2014年第10期。

atives）来形容这些在高技术环境下成长起来的儿童，他们对于数码产品有着天然的亲切感，且在幼年时即已形成了一种对电子文档的操作能力和理解能力。① 目前，学界对于电子书的界定及其在教育领域的应用价值仍然处于摸索阶段，对于传统教学形态与现代技术改革的某些问题还处于争鸣之中，但是不能否认，数字化阅读的认知方式确实已经开始对新一代儿童的学习和生活产生了深远的影响，在一定程度上抑制或者说冲击了儿童对传统纸质童书的阅读与理解的态度和方式。但是，研究者们从不同角度阐释了各自的立场，例如一种观点认为，数字化阅读能更有效地改善幼儿的词义理解能力、语音意识并促使书面文字概念的发展等（S. Wright, 2013；周钰，2015）；另一种观点则认为，数字化阅读的跳跃性、复杂性不利于大脑进入深思考，会减缓阅读速度，降低对文本内容把握的准确性，无法达到与纸质书相同的阅读体验等，从而易导致"浅阅读"（S. Wright, 2013；S. Eden, 2013）。事实上，不能否认数字化阅读对幼儿语言发展的促进价值，当然也不能不关注儿童早期过多地接触电子类图书对其阅读素养发展所潜隐的消极影响。如电子书的动画、音乐等多媒体效果的确易分散幼儿的注意力，影响对故事主题的理解；无关的交互式或互动性会干扰幼儿对故事的理解等。如若反思幼儿对这类电子童书的"阅读"过程，就会发现大多数电子童书的内容设计重在向幼儿"呈现"，且是通过程序编码预先留存的资源系统，而其所谓的"互动"更多的是浅层次的行为互动强化，幼儿的主要任务是"听""看""认知""操作"，通过这种程序性模式帮助幼儿将视听结合起来感受故事内容、抓住关键信息来理解故事主题、利用游戏交互来强化学习效果。可以说，电子童书的屏幕阅读方式，无论是静态的电子图文呈现，还是动态的多媒体资源呈现与交互，对于幼儿的信息处理能力和阅读理解认知能力都具有高

---

① Marc Prensky, "Digital Natives, Digital Immigrants," *On the Horizon*, Vol. 9, No. 5, 2001, pp. 1 – 6.

效性训练的效果和意义;动态呈现的图文效果,对于幼儿的视觉审美也具有强烈的感染力。然而,电子童书的发展已越来越模糊了其与电影动画、电子游戏间的界限,这从幼儿常用"观看""再玩一会儿"等语词来描述这类读物的感知方式中即可窥知,尤其是"电影式"和"游戏式"的电子童书于幼儿来说,更像是娱乐工具或与观看电视一样的活动,虽具有能带给幼儿立体丰富的视听刺激,吸引幼儿愉悦地接收故事信息、迅速地锁定关键信息、理解故事内容等功能。但是,这种阅读方式和理解过程更倾向基于其所呈现内容的行为互动与认知训练过程,更关注信息处理与内容理解能力的培养,而幼儿基于图文的想象力阅读理解能力却式微了。

阅读心理学研究将"阅读"定义为"从书面材料中获取信息并影响读者的非智力因素的过程"[1],一个完整的阅读过程,应该既包括认知的过程,也包括意义的获得过程。但是,不同的阅读文本带给幼儿的关注点是不同的,从这一层面上说,电子童书阅读与传统纸质童书阅读还是有很大区别的,我们不能混淆二者的区别,更不能将屏幕阅读替代纸质阅读。传统纸质童书的呈现方式是静态的,由精美的图画与图形化排列的语言文字交相辉映,共同构筑了故事全貌。所有的故事要素,都整洁、有序、结构性地呈现于有质感的纸质页面上,"翻页"即推展了故事情节的发展;色彩、线条、构形、布局……细致而生动地"跳跃"在画面上,在幼儿的眼中自动地生成动态的形式,幼儿会自然地主动进行人物关系的联想和推展故事发展的线索;在某些细节里甚至隐藏了文学作者特意为儿童制造的惊喜,需要幼儿仔细观察、前后联系、反复翻阅才有可能发现;那些静态的"画面细节"虽然不能像电子书一样播放动画或音乐,或者激活好玩的屏幕游戏,但是书中总会通过各种有趣味的折叠、翻转或者藏页的方式等,像魔术师一样打开更多丰富的画面内容和故事信息,就像捉迷藏游戏一样,由幼儿自己去发现、想象和理解

---

[1] 张必隐:《阅读心理学》,北京师范大学出版社1992年版,第3页。

童书里的世界。事实上，这与我们成年人阅读所常有的感触是一样的，当我们阅读一部作品时，头脑里不断想象着那些激烈的、美妙的、伤感的、崩溃的、愤怒的、幸福的……所有的瞬间感受，于读者本人而言都是微妙甚至不可言说的，以至于当有关影视作品问世时，曾满怀期待却往往大失所望，因为所有具象化的呈现都难以完全充分地投射读者阅读时所瞬间建构的精神世界。这就是传统纸质阅读所特有的美学魅力，纸质童书为幼儿读者呈现了一个又一个虚无缥缈的美好世界，为幼儿的稚嫩心灵打开了一个开放的窗口，肆意地放飞想象、完全地沉浸在自己编织的精神世界里，甚至直到读完故事，回归现实生活，孩子们的内心依然会激荡，回味依然弥久……所有在阅读过程中所获得的感同身受的经历和经验等，都会因为这种思维与情感的深层互动而获得独有的主体意义。这些都是动态电子童书所远不能及的，因为纸质文本的独特质地及其页面的视觉布局能更好地体现文学想象力所特有的"留白"艺术和"对话"的特质，读者的想象赋予作品生命以灵动，赋予故事以独有的情感，这种互动不仅仅是行为动作上的交互，更在于心灵上的对话。

综上所述，电子童书与纸质童书都有助于儿童建构"阅读"概念的理解，在本质属性上具有同一性，即都具有"书"的特征样态和结构要素：封面、扉页、目录、正文、封底、页码等；两者在信息获得层面上，各自具有不同的认知特点。电子童书的屏幕阅读既是未来人的学习趋势，也是信息处理能力的必要素养，顺应时代的发展需求而给予幼儿以电子媒体阅读的接触机会和互动时空，引导幼儿通过多媒体数据资源获得更广阔的信息视野、数据处理与媒体操作能力；而传统纸质童书带给幼儿的想象空间和审美感受则是无法度量的，幼儿在翻阅童书的过程中所感受到的理解与思考的过程也是其他载体形式所无法替代的。正因如此，对于当下学前儿童教育领域对数字学习环境的引入，我们需要辩证地应对，一方面看到其对于幼儿学习与生活所带来的高品质与高效率；另一方面也要把握好电子童书阅读与传统纸质童书阅读对于幼儿"阅读"方式与

"阅读"理解过程的不同影响，更好地发挥其各自应然的教育价值。

幼儿阅读不同的童书会有不同的阅读反应，不同幼儿阅读同一本童书会表现出显著的阅读反应差异，这都是幼儿自然的阅读状态。当我们对所有阅读反应进行聚类分析时发现，除上述关于童书外在呈现形式（图书版式、图画样式、图文比例关系、文本载体形式等）对幼儿阅读反应具有显著影响外，童书内容的文学体裁、故事结构与叙述方式等也会对幼儿阅读过程的审美感受与行为表现产生较为潜隐性的影响，除却个体性的内在因素外，这一层面的影响所包含的问题同样需要深入思考，下面本书将对此进行着重探讨。

二 童书体裁类型与幼儿阅读过程的审美感受

不同体裁类型的童书在故事结构、叙述方式上亦具有相应的特点，且属于童书内容较隐晦的部分。在分析田野调查资料的过程中，有一个极具代表性的反应现象——

> 幼儿在阅读《三只小猪盖房子》的过程中，表现出对故事内容的回应带有"情感倾向"或"道德判断"的特点。如："我喜欢小猪，因为它最勤劳……""我不喜欢大灰狼，因为它是坏蛋……"大龄幼儿还会作出更细致的评判与描述："我最喜欢小猪，因为大猪很懒很懒，盖了草房子；二猪贪吃，盖了木房子；只有小猪最勤劳最勇敢……"可见，幼儿对故事内容通过"喜欢"或"不喜欢"的方式来评断自己对角色形象的认识和对故事内容的理解。这与幼儿感知事物的特点有关，即其对于事物往往易于形成"善"与"恶"的认识，"对"与"错"的判断，或"喜欢"与"不喜欢"的倾向，这种判断常表现出两极性，基本不存在中间或混合性质的判断。然而，在阅读同样的叙事性故事《狐狸与乌鸦》时，幼儿则很少表现出对"狐狸"和"乌鸦"在情感上的倾向（喜欢与不喜欢）或道德上的判断（好与坏、善与恶）。这是为什么呢？两则故事同属于叙事

类文学作品，在情节结构、人物形象甚至内容主题上都具有非常高的同质性，但是为什么幼儿会表现出非常不同的阅读反应呢？也许我们需要思考的不是他们对"善""恶"做了"喜欢"或是"不喜欢"的判断，而是"善""恶"本身的内容形式是什么，及其对于幼儿阅读反应有着怎样的影响。《三只小猪盖房子》和《狐狸与乌鸦》的根本差异在于，前者是童话，后者是寓言，属于两种不同的文学体裁。童话旨在通过鲜明的道德判断立场，呈现出明确的"善"与"恶"的对比，好人与坏人的形象是鲜明的。幼儿会对自然形成的不同形象的道德表现进行情感或道德上的判断、选择或模仿；而寓言则旨在客观陈述一个事实，基本不带明确的道德倾向，需要读者通过倾听和思考来判断"善恶"与"对错"，是一个人开启理性思考的最初萌芽。

有研究者也曾从理论层面探讨了故事文体对于幼儿阅读理解的影响，如安德鲁·奥登尼基于文学隐喻的本质采用实证方法研究幼儿对隐喻的理解，并发现幼儿能够基于已有的语言表达技巧理解隐喻，而不需要特殊的技巧，[1] 基于阅读内容的故事性特征阐述故事文体对于幼儿阅读理解的影响，[2] 提出内容的故事性对于幼儿融入角色，讨论角色的背景或角色间的关系，组织故事世界的要素，以及将作者故事世界的要素和他们自己的经验世界相联结，产生语言讨论、艺术表达、故事创作等反应影响。上述研究实际上是在探讨童书内容对于幼儿产生丰富理解过程的影响。本书系统梳理了所在幼儿园提供的所有早期阅读内容的体裁类型，发现童话、寓言、诗歌

---

[1] Andrew Ortony, "Theoretical and Methodological Issues in the Empirical Study of Metaphor," in R. C. Charles, *Researching Response to Literature and Teaching of Literature*, Norwood, NJ: Ablex, 1985, pp. 151 – 168.

[2] 林以德：《第七种语言：行动网络时代儿童的阅读、游戏与学习》，博士学位论文，台湾台东大学，2014年，第18页。

是幼儿园教育阶段所接触的三种基本的内容体裁类型,下面将分别就这三种文学体裁对于幼儿阅读审美感受的不同影响作出讨论。

(一) 童话精神的儿童逻辑

儿童文学作家洪汛涛曾言:"若用镜子来比喻,成人文学的生活镜是平面的。而童话的生活镜,则是凹凸形的,如同孩子们喜欢的那种哈哈镜,照出来的人和物,都是走样变形的,因为儿童是借助幻想和想象来理解身边事物的。儿童世界里,不能没有童话。"[①] 作为儿童文学基本的文体样式之一,童话是儿童重要的文学启蒙,具有独特的艺术品位和美学特质,呈现出或荒诞新鲜,或美妙诗意,或怪诞滑稽等美学风格,如地点的神奇境遇化、人物的超长功能和形态、情节的神奇化色彩、时间的不确定性等。儿童文学研究者对于童话的理解一般具有两个共识:"幻想性"与"叙事性",如蒋风认为:"童话是在现实生活的基础上,用符合儿童想象力的奇特性质的情节编织成的富于幻想色彩的故事。"[②] 黄云生提出:"童话是一种符合儿童欣赏和接受的、具有特殊幻想性质的叙事文学样式。"[③] 上笙一郎则在《儿童文学引论》中谈道:"所谓童话,是指将现实生活逻辑中绝对不可能有的事情,依照幻想逻辑,用散文形式写出的故事。"[④] 韦苇则明确提出:"童话是以'幻想'为一岸,以'真实'为一岸,其间流淌着对孩子充满诱惑的奇妙故事。"[⑤] 简言之,童话是幻想性质的故事,幻想是童话最基本的艺术特征,故事性是其最显著的叙述方式。因而,我们关于童话的幻想特质对幼儿情感与审美体验影响的理解,即是对童话精神的儿童逻辑的理解。

在童话故事里,各种不被现实生活经验和规则束缚的形象和情

[①] 洪汛涛:《洪汛涛论童话》,海豚出版社2014年版,第26页。
[②] 蒋风:《儿童文学概论》,湖南少年儿童出版社1982年版,第115页。
[③] 黄云生:《儿童文学教程》,浙江大学出版社1996年版,第12页。
[④] [日]上笙一郎:《儿童文学引论》,郎婴等译,四川少年儿童出版社1983年版,第30页。
[⑤] 韦苇:《世界童话史》,福建教育出版社2002年版,第2页。

节，充满了极大自由的幻想，既满足了幼儿的情感愿望，也带来了极大的美感体验。例如美国儿童文学作家法兰克·艾许的经典作品《月亮、生日快乐》：小熊想给月亮一个生日礼物，为了和月亮对话，它想了好多办法，最终把山谷的回声当作了月亮的回答；为月亮"戴"上自己的礼物"小帽子"，并将掉落在地上的帽子当作月亮送给自己的礼物，淋漓尽致地表现了孩子天真稚拙的心灵，艺术化地表现了儿童幻想的世界，在这里万物有灵，生命一体化，没有失望和灰心，只有相互宽容与和谐。事实上，不论是成人还是幼儿，认识、思考与行动都有其独特的方式，这是每个人理解和把握世界的一种思维方式，也就是所谓的逻辑。当然，儿童的逻辑是一种泛化意义上的逻辑、前学科的逻辑，充盈着鲜明而强烈的感性色彩和浪漫主义的审美意蕴，有研究者称儿童逻辑"是一种诗性逻辑"[①]。皮亚杰认知发展阶段理论认为，幼儿的思维处于前运思阶段，他们总是借助于想象与幻想认知事物和感受这个世界，通过充满幻想的童话世界与事物的经验产生共鸣。正是基于此，童话作家一方面致力于艺术性地表现儿童幻想的世界，以各种幼儿所乐于接受的形式讲述故事，如易于为幼儿接受的优美语言、夸张的情节，"超自然"能力下一切可以活动、思想的动、植、矿物等具体形象，明确的思想主题等，都呼应着幼儿的心理特征。另一方面，童话在引起幼儿想象与幻想的审美过程中，总是潜移默化地渗透着关于生命、价值、道德的主题，引导幼儿形成初步的心理感知、自我反思和道德判断。如童话里的人物形象总是具有鲜明的对比性，《聪明的乌龟》里"聪明的乌龟"与"狡猾的狐狸"，《白雪公主》里"善良的公主"与"恶毒的王后"等，其内容主题"善恶"分明，对"真善美"和"假恶丑"表达了非常明确的赞颂或讽刺的情感倾向，幼儿在欣赏童话故事时，会自然地感受、理解和表达出对"真善美"事物或形象的喜爱、对"假恶丑"形象的拒斥心理，形成初步的道德观念及其

---

① 丁海东：《论儿童精神的诗性逻辑》，《学前教育研究》2005年第Z1期。

相应的判断。而那些正面的形象、主题总会被幼儿自然地接纳与内化，形成主体的意义，引发情感的共鸣。那些在童话故事里所体现出来的意境、神韵或主题，尤其是那些能够与幼儿的心灵世界高度融合的部分，即是"童话精神"，它从儿童审美的角度出发，对儿童与儿童生活予以关照，丰富的想象力使生活充满乐趣，滋养着儿童的精神世界。这种"童话精神"往往体现了一种幻想的品格、快乐的原则、诗意的语言和游戏的倾向，这些即构成了童话的精神支柱，也是童话深受幼儿喜爱的根本原因。

（二）寓言故事的理性启蒙

相较童话故事的"善恶分明"，寓言故事则相对"客观理性"。虽然也具有明确的主题，且主要通过拟人的主体形象担负传达要旨的目的，但是寓言的角色形象与内容主题往往是人类现实生活具体形象的缩影，是对具体事实性问题的艺术再现，没有过多的矫饰，没有温情的面纱，没有直率鲜明的判断，而只是以一种儿童能够理解的语言对事实进行呈现，人物之间的关系是怎样的？他们发生了什么故事？寓言就是这样从第三方的视角进行叙事，交代情节发生的过程，其内容上所蕴含的"是非""对错""善恶"则是寓言留给读者的思维空间，它能够引起幼儿的积极思考和初步判断。也正因如此，寓言故事往往更容易为那些年龄稍长、具有一定生活经验、对事实具有一定理解能力的幼儿所喜爱。

3—6岁幼儿对周围生活的主动探索欲望和能力相较其进入幼儿园前，有了极大的提升。一方面，会更突显地表现出由对周边事物强烈的好奇心与探索性的认识过程，逐渐向反思过程发展，如幼儿会从不断追问"这是什么"等类问题的思维方式向刨根问底式地问"为什么"等类问题的思维方式发展。事实上，这也是幼儿认识过程的自然发展倾向，即当幼儿对"是什么"的生活经验积累到一定程度时，他们自然会对事物现象的内在原因产生好奇和探索，如"为什么会下雨？""汽车是从哪里来的？"不仅会"刨根问底"，还会"深究其理"。另一方面，对周围环境和生活常识有了一定的认识积累，对生活和世界虽依然充满着幻想，但已是基于已有的具象性经验产生的想象。对于故事内容信息，尤其是与现实生活接近的事实性信息，具有一定的理解能力和接受能力。据此，当童书故事中的人物形象与故事情节，开始以一种不同于幼儿早期接受的童话风格呈现时，幼儿会自然地形成差异的比较，如喜爱童话的孩子会热烈地等待着讲故事的时间，在倾听过程中会兴奋地手舞足蹈，或惊喜地连蹦带跳，但是在倾听或阅读寓言故事的过程中，虽依然专注但少有热情、对人物经历表现出理解但不接纳等。寓言故事的叙事手法是客观理性的，它不对故事里的人物做过多的道德判断，如不会像童话般的直白"白雪公主很善良，但王后非常恶毒"。而是更倾向于就事论事，呈现事实，讲清主人公在这个事实发生过程中的形象。至于如何看待这件事，如何理解这些人，孩子们在完整地听完故事后，自然会有自己的理解和判断。这种不过多渗透主观情感的叙事方式，不过度干预读者判断的叙事风格、不过于渲染虚幻莫测的写实立场，会引发幼儿结合现实进行比较，对寓言故事中的人与事，会逐渐形成自己的体验和判断，而这种与现实的联结，对事实进行正反比较与判断，就是幼儿最初开始理性思考问题的过程，寓言为这个理性萌芽的形成与发展提供了事实性的素材与想象性的空间。

除了故事叙事外，儿童诗歌也具有叙事性文学的特点，包括描述情景和叙述事件等。即使是最精短的儿童诗歌《爬》："爬楼梯，往上爬，回头看，爸爸妈妈没我高。"仅四句话也能构成一个情境，描写一个场景。但是，相较童话和寓言，儿童诗歌显然具有显著不同的风格意蕴。那么，儿童诗歌是否属于叙事性文学？它与故事的叙事性有何不同？故事和儿歌同属于当下幼儿园语言活动的两个基本的童书文体类型，它们在内容和形式上的不同语言特征、叙事方式及其差异，在幼儿阅读过程中对其审美经验的获得及反应表现具有怎样的影响？为什么？

（三）儿歌童谣中的音韵律动

研究者在田野研究中记录了很多这样的情景：幼儿对于儿歌童

谣的接受是以听觉感知为主的，即使是不熟悉的儿歌内容，幼儿也会自然随韵，把握节奏，乐于跟唱；幼儿对于儿歌童谣的接受是以直感动作学习为主的，唱读的过程自然辅以动作表演或游戏。儿歌童谣因游戏而更富于趣味性，游戏因儿歌童谣而更富于音乐性。儿歌童谣以低龄幼儿为主要接受对象，内容上浅显易懂，音韵上朗朗上口，篇幅上短小简洁。明代文学家杨慎《丹铅总录》卷二五曾言："童子歌曰童谣，以其出自胸臆，不由人教也。"[1] 郑旭旦在《天籁集序》中将儿歌童谣视为天籁，认为它们生动活泼，有如"风行水上，自然成文；直率浑成的天地妙文"[2]。可以说，儿歌童谣最大的魅力就在于它的灵活性与灵动性——形式的灵活与生命的灵动，使其在语言形式与叙事内容上为幼儿提供了更具音乐性与游戏性的审美感受空间，蕴含着有丰富而独特的审美与教育价值，陶冶孩子们的性情，启迪孩子们的心智和训练孩子们的语言。

一方面，容量"少"而趣味"多"。儿歌童谣的形式非常丰富：在结构上，有一节、两节、三节；在句式上，有2—7言句式；在类别上，有游戏歌、数数歌等九大类别。但其内容容量都较少。其一，字数少。如《菊花开》："板凳板凳歪歪，菊花菊花开开；开几朵？开三朵；爹一朵、娘一朵，还有一朵给小白鸽。"由三句话构成一个情境。其二，内容浅。十三字儿歌童谣《鸡蛋》仅描写一个形象或一个动作。然而，往往越是凝练与浅显的语言形式，越能为幼儿的听觉意象与理解方式带来更为深刻的审美体验，蕴含着更为丰富的"浅语"文学意味。例如儿歌童谣用语浅显，音韵和谐，朗朗上口，节奏感强，幼儿在儿歌倾听过程中总会自然而然地跟唱、律动和游戏，既增加了语言互动的机会，又获得了游戏互动的愉悦。可以说，儿歌童谣的内容形式具有易懂、易记、易模仿的特点，一如金波先

---

[1] 方卫平：《中国儿童文学理论批评史》（卷一），明天出版社2006年版，第38页。
[2] 方卫平：《中国儿童文学理论批评史》（卷一），第45页。

生所指出的，幼儿文学更应该是一种听觉的文学，① 儿歌童谣有利于幼儿在音韵和谐的听觉感受中，不仅了解语言的音乐性，结构的对整性，还会自然随韵仿编，进行想象和创造。

另一方面，内容"浅"而主题"大"。儿歌童谣的内容虽看似浅显但其表达的情感、描写的事物、刻画的形象、选用的语言与儿童生活和精神世界是高度协调相融的。儿歌童谣的叙事内容范围，不管世界的"大图"，还是生活的"小景"，都可以成为其放飞想象的空间。思及诗人詹冰所言："儿歌不但要音乐的、生活的、故事的，还要有绘画的、幽默的、心理的、乡土的、社会的……更要是被孩子们欣赏的。"② 可以说，诗歌虽是最凝练的语言，却有着透视生活的现实力量。例如，儿歌童谣写人——"我有一个金娃娃，金胳膊金腿金头发；我有一个金娃娃，蓝色的眼睛披肩发"，体现了幼儿泛灵的思想，生命一体化的世界；写景——"春天，我们在盛开的花冠上荡秋千；夏天，我们在漂浮的碧云上舞翩翩；秋天，我们在飞舞的叶子上收获爱；冬天，我们在光滑的树干上盖房间"，体现出幼儿对季节变化具体而直观的感受；写物——"黄澄澄的梨，红彤彤的枣，金灿灿的香蕉，亮晶晶的葡萄，娃娃溜进果园笑，沙沙翻着秋的画报"，突出了幼儿对于事物的认识是基于具体形象的直观感受。

那么，为什么儿歌童谣要这样写人、写景、写物？这是因为年龄越小的儿童对于事物的感知越体现出基于感官体验的直感思维，他们的审美是凭借生理感官的体验与动作等获得的，是由粗线条勾勒的，具有形象性和具体性的思维倾向。诗人是以自己的审美和情趣写作儿歌的，事实上我们每个人的理解程度和生活经验都不同，故而对于文本的感受和理解也各不相同。所谓"视域融合"，也许就

---

① 金波：《唤醒童年——金波谈儿童文学》，江苏少年儿童出版社 2010 年版，第 60 页。

② 转引自保冬妮、周建明《风是什么味的》，北京师范大学出版社 2014 年版，导读手册。

是在"尊重差异"基础上的对话、共读、交流、分享与共鸣,幼儿在唱读儿歌童谣时,总是自然地表现出对于节奏和音韵的敏感,对于相应动作游戏的探索等,如融于音乐、游戏之中,共读共唱共玩,不仅是语言的审美锻炼,而且是将丰富的感受引入幼儿的心灵。总而言之,儿歌童谣在语言形式上是听觉艺术;在叙事内容上,更贴近幼儿生活,贵在率真自然,且富于想象的趣味和游戏律动的趣味。幼儿的文学接受能力总是以生理感官和动作律动为基础,他们身心发展迅速,精力旺盛,喜欢运动,且探究欲望强烈,所以儿歌的律动感、游戏性和音韵性,都很符合幼儿的文学审美需求和接受能力,激发出孩子天生的好奇心和游戏心,让他们有探究欲望且有快乐感受。

(四)儿童散文诗里的诗性童真

相较儿歌童谣,儿童散文诗则重在抒发儿童独特的内心情感,表现出浓郁的儿童情趣。不过,对于人生阅历尚浅,知识经验不够丰富的幼儿来说,诗歌的感受和体验是否一定有必要或是否有可能?儿童的生命富于幻想的特征,[①] 他们具有不同于成年人的丰富的联想和奇特的想象力,从这一角度来讲,诗与儿童具有天然的联系——想象力。3—6岁的幼儿处于语言发展的关键期,在一定程度上能够感受、理解和表达自己的认识和想法,儿童诗歌的语言凝练,且意境优美,它在塑造形象和表达情感的同时,总是在富于音乐性的语言中传达着诗意,用天真的眼光观察着生活,用单纯的心灵感受着世界,用想象的语言表达着情感。可以说,每一首经典童诗都形象地描摹了儿童纯真的世界,想象力丰富,兼具知识性和韵律美,与幼儿分享着多样的世界。

首先,儿童散文诗通过凝练的语言表现儿童的生活与其内心世界,反映孩子生命的本真。如作品安东尼·布朗在《我爸爸》中,

---

① [法]加斯东·巴什拉:《梦想的诗学》,刘自强译,生活·读书·新知三联书店1996年版,第141页。

用诗意的语言不仅粗线条式地勾勒出爸爸的形象，又寓于了父子间深深的情感。正因如此，儿童诗能够与孩子对话，并产生共鸣。其次，儿童散文诗用鲜明的形象抒发浓烈的情感。例如，"阳光，在窗上爬着；阳光，在花上笑着；阳光，在溪上流着；阳光，在妈妈的眼里亮着"。"阳光"无处不在的形象被具体化、生命化，并寄托了温馨的情感，也许孩子不知在何时，也会说出："阳光，在爸爸的怀里跳着……""春，是花的妈妈/红的花，蓝的花/张开小小的嘴巴，春妈妈，用雨点喂它……"幼儿有着以自我为中心的思维方式，在他们眼里的世间万物都是与自己一样的生命。春是花的妈妈，多么美好的生命一体性感受！可贵的是还有春雨来喂它，幼儿在听诗赏诗的时候，眼里心里已经全都是爱着自己的妈妈，小小的心灵在诗歌的韵律美中，埋下了一颗爱与感恩的种子。

是童话赋予了平凡的普通事物以幻想的色彩，还是童心世界本就晕染着美丽的幻想色彩？幼儿认识事物的方法是具体、直观、动态的，其情感体验亦是寓于具体事物形象之中的。童诗用文字语言表现一种人生经验，反映现实生活，表达强烈的情感，织就美的意境。而幼儿对于童诗的感知方式亦具有情境性的特点，正如本书在第二章"幼儿童书阅读过程的典型情景"中所描述的：幼儿会自然地融入音乐情景中，体验儿童散文诗《祖国妈妈》里的丰富内容和浓厚情感。儿童文学作家金波在《幼儿诗歌的音乐性》中也谈到："幼儿感知诗的方式总是借助于听觉，听觉的感知比之于视觉的感知要更直接、更迅速、更强烈。因为声音已经赋予语言以情感和意义。幼儿诗歌的音乐性、节奏感，会使孩子最为直观地感受儿童诗歌的情感。"[1] 文字本身的音乐性，经由成年人的声音，赋予了不同的情感，表达了不同的理解。可以说，无论是儿歌童谣显于外的形式美，还是儿童散文诗隐于内的内容美，都是通过语言来呈现的，但是前一种语言形式（结构、音韵、语词等）的美可以被直观察觉到，而

---

[1] 金波：《金波论儿童诗》，海豚出版社2014年版，第57页。

后一种语言内容（形象、情景、情节、情感、精神等）的美则更需要用心去体验，这两种美的根本指向都是幼儿纯真而充满想象的心灵。儿童诗歌作为儿童文学另一种基本样式，是通过富于音乐性的语言传达了诗化的意境，与幼儿共同赏读儿童诗歌的过程，既是语言审美的过程，是丰富幼儿心灵的过程，更是成人与幼儿借由韵律、节奏、情境与游戏等，相互理解、彼此分享、缓缓体味童真童趣的过程。

总之，童书作为幼儿阅读内容的主要载体，无论是故事文体还是诗歌文体，皆具有独特的美学特质，是在幼儿现实生活经验的基础上所体现出的对美的感受、理解与表达的过程。童书内容与幼儿阅读反应之间的内在关联，或者说不同内容材料对幼儿阅读反应的促发与影响，尤其是内容的文学体裁、叙事方式等问题，以及由此产生的对幼儿阅读理解方式的影响，是教育者必须直面的。而在探讨为什么存在这些反应及其反应机制时，除了将幼儿心理发展因素考虑进来外，还要始终致力于将童书内容特点考虑进来，前文我们已经探讨了不同文学体裁对于幼儿阅读反应的可能性影响，下面我们将进一步分析童书内容的叙事风格。

三 童书叙事风格与幼儿阅读过程的心理互动

不同文学体裁在叙事方式上具有各自相应的特点，笔者拟着重就其中整体的共同性与差异的典型性——童书整体性的图像语言叙事与幼儿直感性思维的相互呼应，故事内容的荒诞性叙事风格与幼儿想象性思维的相互作用，故事主题的象征性叙事与幼儿模仿学习心理的相互需要进行一定的探讨。之所以就这三个方面进行着重探讨，是因为，其一，图画书是幼儿所能阅读童书的基本形式，图像语言是幼儿图画书阅读理解的基本路径，所以就图像语言叙事与幼儿的思维特点进行探讨，有利于进一步明晰幼儿阅读图画书的内在心理因素。其二，童书故事大多是虚拟的，是对现实生活的艺术幻想和想象性创造，所以童书内容往往围绕着虚拟幻象与真实生活的相互关系进行建构和处理。而荒诞性叙事就是实现"虚拟与现实"两条文学线索的必要条件，也是儿童文学必要的美学品格。理解荒诞性叙事的美学效果，并探讨其深受幼儿喜爱的心理因素，有利于进一步明晰幼儿在阅读故事过程中的审美感受。其三，现实与幻想的交相辉映，蕴含着童书作品内容的象征意味。事实上，象征性叙事体现了儿童文学的教育性，对于象征性叙事与幼儿阅读过程心理因素互动的探讨，有利于进一步明晰幼儿阅读童书过程的审美教育意蕴。

可以说，童书内容中的不同叙事风格，影响着幼儿对童书内容的感受和理解的心理过程。

（一）图像语言叙事与幼儿理解的"直感思维"

幼儿所能接受的童书类型以图文相辅的图画书为主。图画是童书中除文字外的一种叙述语言，用以表现和完善故事，叙事性是其最典型特征，我们称之为图像语言叙事。在前文绪论部分，研究者对于幼儿所能接触到的童书样式进行了细致的描述，并分别对幼儿阅读文学叙事类童书、信息说明类童书与游戏操作类童书的独特反应进行了描述和分析，发现"图像语言"是幼儿感受和理解书面语言符号的最主要方式。事实上，童书的构成要素大都通过文字与图画艺术交织传达，图画表征的艺术特征是文字所无法涵盖或取代的，具有独特的推展节奏、组织结构和叙述技巧。其中很多经典作品常利用巧妙的图像语言，如色彩语言的变化与对比，叙述与传达了丰富的寓意，而幼儿在图像世界里的观察天分是超乎想象的，他们对于图画故事的理解既依赖于其已有的经验，也体现出动态的发展过程，表现出一定的"复杂性"。总的来说，关于图画书的图画叙事特征对幼儿阅读反应的影响，可以概括为：

其一，幼儿通过观察画面和感受色彩变化来理解故事情节的推进与故事主线的发展。如在第二章中所描述的，小爱翻页时首先被背景颜色的变暗所吸引，并自言自语地说："天黑了！"在页面上观察到浅浅的水印白点时说："下雨了啊！"即幼儿会依据画面内容解读故事。在第四章呈现的《三个强盗》课例中，童书的画面具有鲜亮与灰暗的色调冲突，且配以极少的文字，生动而有意味，情节曲折而又悬念丛生。大班幼儿对于"强盗"概念的理解依据往往源于从成人那里得来的经验认识，对"强盗"与"坏人"建立了同义理解。当然，每个幼儿对于同一事物的认识必然具有不同视角和理解基础，图画书《三个强盗》则巧妙地运用色彩赋予"强盗"概念以鲜明、多面的情感理解。如封面上暗蓝色的背景，鲜明而突兀地三人——"三个穿着黑斗篷、戴着黑帽子、露出三双冰冷眼光的人"，他们是谁？小宇说："他们是海盗，因为黑黑的斗篷好像黑的海。"由斗篷像"黑海"而联想到三个人是"海盗"；正文内容：暗蓝色的背景贯穿全本，而中间一页的色调却"豁然开朗"："所有没人要的小孩、不快乐的小孩，都被三个强盗带回了家。"这也成为故事最明确的情节转折点。细节的隐藏：强盗眼神的变化与金黄色的妙用。用线条方向的变化将强盗的眼神从"凌厉"转变为"温柔"的画风感受；喇叭枪、灯光、财宝与女孩芬妮都是金黄色的，与周围画面的暗蓝形成强烈对比，女孩芬妮的存在寓有强大、温暖与无比珍贵的意味。可以说，图画书中的颜色运用与线条变化往往具有特殊的意义与象征，幼儿也能够自然地对自己熟悉的色彩形象进行联想，而色彩的切换与构形的设计则隐含着"此处无声胜有声"的语言意境等。

其二，幼儿会自觉联系童书内容的前后关系以寻找理解故事的线索。如杭杭会在与成人共读完《猜猜我有多爱你》后说："好感动！"并重新翻到"大兔子抱着小兔子准备睡觉"的画面和"大兔子抬头望月亮时说'我爱你从这里到月亮那里，再从月亮那里回到这里来'"的画面，将其联系起来重温："这里和这里最感动……"即幼儿不仅会根据前后文的内容关系理解故事的人物与情节，能够对个别事物与片段进行深入的理解，还能够比较好地把握故事发展的主要情节。

其三，幼儿会在图像世界里，自然地将其与现实生活所看到的世界进行联系与比较,从而形成新的个体意义。如所有的孩子都会和那只用尽全部力量和想象来表达自己对父母之爱的小兔子一样,在亲子共读故事的过程中,不仅热情地模仿小兔子的表达方式,而且会和小兔子一样痴迷地寻找各种表达自己感情厚度的测量方式。儿童认知发展阶段理论认为,2—5岁学前儿童的思维方式是直接以感官感受到的具体形象事物为转移的,是一种"直感理解"思维,离开具体的表象,儿童思维则无法进行。因而,图画作家在对童书内容进行视觉表征时,往往是通过最直观、浅显、有趣味的"图画语言"来展现文学故事在视觉中所发生的面貌,以使幼儿能够通过"读图"获得童书故事内容的信息与意义,发展阅读理解能力。

其四,幼儿会将不同童书里的图画进行直接的联想和联系,从而获得某种类别化概念或概括性理解等。例如程程对《点点点》的概括:"神奇的书",即是根据以往的游戏操作类童书,如洞洞书、粘贴书等的游戏体验所获得的类别化认识,接近童书阅读的主旨意义。而在分析幼儿理解故事的思维方式与特征时,这种围绕具体画面进行故事推测、理解、体验和回应的过程,反映了基于"图画"本身的直观性特点与幼儿阅读的直感性思维的相互契合,"图画"会直接促发幼儿对画面的直接感受、对想象需求的基本满足和对想象世界的初步建构。所以,相较识字阅读,幼儿更倾向于"读图"的理解路径。

其五,幼儿对插画艺术风格具有敏锐的观察力。图画风格包括印象派、抽象派、超现实主义等画风,不同风格所选用的媒材与技法也不同,如铅笔画、水彩画、油画、拼贴画等。个别幼儿会敏感地察觉到图画风格的不同或者图画材料的变化。例如,当幼儿阅读油画风格的图画书《城市老鼠与乡下老鼠》时,会指着色彩浓郁的封底画面感叹说:"这里真漂亮!像秋天一样美丽!这里的花好香啊!"在阅读粘贴画风格的《月亮的味道》时,会指着又大又圆又亮的月亮说:"它应该很好吃,像饼干一样脆脆的!"在翻看图画书《逃家小兔》中的黑白素描画时,会指着线条惊呼:"这是风,是兔妈妈的大风!"……本书第三章在对幼儿阅读反应类别进行细致描述时,曾以《形状游戏》作品为例,分析了画中有画的超现实空间与环环相扣的故事线索紧密呼应,作者安东尼·布朗历来擅长用色彩暗示人物的心情、用线索隐藏细节、用新的联系制造创意与幽默,用各种形状的游戏彰显想象的无限可能,幼儿通过对作品中画中画进行艺术欣赏,在寻找线索的过程中逐步理解故事内容,在沉浸游戏的过程中进行发散性的思维想象。正是基于幼儿对于色彩感受的独特性,图画书往往会以幼儿能够看得懂的形式进行画面大小与色调的变化,或暗示情绪和表现等级,或表示意境与背景的变化等,呈现出不同的艺术风格,向幼儿传递着故事作品中无法用文字语言直接呈现的内容信息等。

其六,幼儿对图画书中文字的"图形"排列具有明确的感知。汉语历来被称为"象形文字",童书画面上文字的排列方式在幼儿眼里往往也是一种图形化的视觉感受,如"具象形"的文字构形、"图形化"的文字排列等,甚至字体的大小、粗细、颜色都有可能使其具有了不同的外形、语言、行为与性格特征意义。例如在第二章幼儿阅读图画书《这是一本书》的情景中,图画中"驴子"角色的对话文字被扩大且逐级递增,幼儿会很容易地感受到大字体所投射的情感倾向:"很大声、很强大的状态",并指着文字结合图画信息大声地读出文字,以及文字所表达的"驴子对于猴子的不满态度",这是文字的图像化处理对于幼儿内容理解的影响。幼儿会自然地结合图画语言,对文字图像进行意义的联系。

总之,几乎每本童书都拥有自己的风格、内容与主题,这是童书的"表达方式"。童书中的图画无论是何种艺术风格和媒材技法,都是对于某些场景或人物的描绘或刻画,要么是对于现实中不存在的或比现实夸张的场景及人物的描绘,那些或浓烈或清晰,或质朴或夸张的色彩、色调、线条、构形等都可能表现了画家的独特情感。曾有研究者提出幼儿在阅读过程中会创造一种可以加以分类的图像语言。① 为了明晰幼儿对图像语言的分类方式，有学者曾尝试将图画书拆分为颜色、造型、比例和空间等部分，对幼儿阅读图画书过程的反应展开观察研究，发现学前班儿童更喜欢真实的颜色，但喜欢非真实的形状、非真实的空间以及少一点的细节等。② 近年来，我国研究者对此问题也非常关注（屠美如，2001；康长运，2007；高晓妹，2009；李林慧，2011）。无论是实验研究还是田野观察，关于"读图"的理解路径，我们能够明确的是每个幼儿都是在已有的心理发展水平和知识经验基础上走进图画书世界的，他们善于观察细节，如通过"人物的外貌特征""事物的物理特性"等画面信息，辨识主人公、感知人物的活动和情绪、把握故事发生的时间和地点等。在与图画书的对话与互动中逐步发现、欣赏和品味图画书阅读的乐趣，包括发现细节的乐趣、数数和识字的乐趣、情景游戏的乐趣等，幼儿走进图画书世界的过程就是幼儿与图画对话、互动建构的过程。

（二）荒诞性叙事与幼儿想象的"天马行空"

幼儿的想象力丰富但以无意想象为主，因为其知识经验"有限"，识字少或不识字，经验浅显。不过，这种"有限性"与"未成熟性"在某种意义上与"潜在可能"具有等同的意味。即正是因为幼儿知识经验的"有限性"，使其秉具某种潜在的"发展性"，满怀好奇，细究蛛丝，浮想翩翩，整个投入……我们常常会感叹于孩子在阅读过程中的想象力是如此天马行空，会惊诧于孩子竟然能屡屡发现那些童书中容易被忽视的小细节，会感佩于孩子对于事物的朴素理解往往更返璞归真。据此，童书的创作者也总是致力于通过不同视角的文字与不同颜色的画笔为孩子们描摹想象的世界——强烈的夸张、离奇的幻想、扭曲变形且机智的反讽，使故事内容产生出荒诞怪异、趣味盎然的美学效果，这种叙事方式即荒诞性叙事，

---

① Elizabeth Sulzby, "Children's Emergent Reading of Favorite Storybook: A Developmental Study," *Reading Research Quarterly*, Vol. 20, No. 4, 1985, pp. 458 – 481.

② 康长运：《幼儿图画故事书阅读》，教育科学出版社2007年版，第5页。

是作家与画家进行文学创作和艺术描摹的手段。它是一种作品整体性的构思，包括环境、人物与故事情节的设置都应相互协调，这样才能使怪诞和滑稽体现出更为丰富的内涵。可以说，无论是童书的文字语言还是图像语言，无论是故事内容还是装帧形式，都会致力于为小读者留下充分的思维空间与表达空间，以满足他们所有天马行空的想法。

荒诞性叙事风格常会给幼儿带来不可思议的奇幻感受和无限的遐想空间。这种影响关系可以概括为以下几个方面：

其一，荒诞叙事会使想象和现实形成强烈反差。如意大利作家卡尔维诺的经典作品《一个分成两半的子爵》，强烈夸张某些生活常态或常识，并使其具象化。一个人怎么可能分化出两半？而且一半善、一半恶？但是在这篇童话里不但能，而且分化得合理自然，充满了荒诞意味。因为战争，子爵被分成两个"半人"，一半向善，一半行恶，后又因为同时爱上了一个姑娘而大打出手，却又一不小心合为了一体，结局完满。善与恶总是在人性中相互较量，只不过童话家把它夸张为相互独立而能生存的个体，最终引人思考人性的善恶。即使生活经验浅显的幼儿，也会质疑说："这是真的吗？"或"这不是真的！"对故事的真实性或故事本身的发生进行刨根问底；会产生疑问："这是怎么回事？人怎么可能分成两半？""后来发生了什么？他死了吗？"对故事情节的发展进行探究；会心生困惑："为什么这一半坏的走了，那一半好的也走了啊？"对故事线索的因果关系进行思考。这与幼儿的审美特点、阅读需要和文学接受能力有关，他们身心发展迅速且精力旺盛，爱好活动且向往新奇，知识经验少而想象力丰富，所以在对各种新奇热闹、滑稽怪异的故事情节和人物形象感到熟悉亲切的同时，又抱有强烈的兴趣；喜欢对生活世界展开"是什么"和"为什么"的追问，然而其知识经验尚不足，人生阅历尚浅，在追问的求知过程中，总是借助于想象和幻想来认识事物和世界；对事物和情感的感受不够细致，往往是粗线条的勾勒和浅层次的感受，还难以接受复杂的人物关系与心理活动。

所以，荒诞性叙事中的热闹、新奇、怪异的形象和情节迎合了孩子天马行空般的想象与渴望新奇的心理需要。

其二，童书图画往往是对故事场景的夸张呈现，幼儿会自然地借由静态的图画文本进入想象的故事世界。如本书第三章对于幼儿阅读反应的深描，一帆在公主系列童话中的"偶像精神与自我投射"——"我是贝拉公主，这是我的王冠……"同时，在静态的图画文本感受中，展开着动态的思维联想，联结着已有的知识经验，联系着已有的阅读经验，想象着人物的心灵感受、获得审美体验。这种审美体验也会迁移到日常生活中，如在生活中联想到图画故事，轩轩在科学实验"吹泡泡"中，大笑着说："咕嘟咕嘟，咕嘟咕嘟，这里和《咕嘟咕嘟》里的泡泡一样多啦！"浩宁在阅读其喜爱的恐龙书时，会突然指着画面大声说："那个时候没有人类，那个时候到处都是恐龙。人类是现在才有的……"借由图画故事联想现实生活经验；或由某个图画形象联想到其他童书阅读的认知经验，如杭杭在专注地阅读《形状游戏》时，突然跑到书架上找到同为安东尼·布朗所作的《我爸爸》和《我妈妈》两本图画书说："你看它们长得像不像？"当然，幼儿的想象往往会从依赖具体图画符号的"无意想象"，发展到逐渐围绕故事内容展开，虽然有时会偏离故事本身，但是其所想象的形象、情节会逐渐丰富和完整，且会随着语言能力的发展而逐渐展开口头讲述。事实上，幼儿的阅读过程在本质上即是不断与图文符号对话的过程，它实现了"现实世界"与"想象世界"的联结与对话，打破了"生活"与"想象"的现实界限，实现了"有限性"与"发展性"的生命张力。荒诞是儿童文学必要的美学品格，荒诞性叙事新鲜、奇特、大胆和富于想象力的画面、形象、情节会大大满足孩子的想象，帮助幼儿突破现实生活中狭小的生活空间，而拓展到更为广阔的世界视域里。

其三，童书故事的荒诞性叙事与幼儿的想象性思维在精神意蕴上是趋于一致的。幼儿具有泛灵思想，且总是借助于想象与幻想来理解事物及事物间的关系。而在幻想故事的荒诞世界里，这种文学的想象力不仅奇异大胆、荒诞幽默，如"馅饼里包了一块天""晴天，有时下猪""世界上只有小巴勒一个人"等；而且引人入胜、饱含诗意，如安德烈·德昂的经典作品《亲爱的小鱼》，当幼儿初看到封面上"猫"与"小鱼"隔水相吻的画面时会惊讶："猫不是最爱吃鱼吗？"然而，当读完全部后，幼儿自己会有感受："哦，它（猫）是它（鱼）的妈妈吗？"也许在他们幼小的心灵里，只有妈妈才会如"猫"对待"小鱼"这般照顾自己，爱护自己，幼儿借由图画阅读逐渐体验较为复杂的故事情感，且随着年龄的增长而日渐深刻。作品烘托了亲情的伟大，且蕴含了亲子间的养育与陪伴的相互性依偎。故事里的情感细腻、美好而不夸张、奇幻，包容、奉献而又相互温存，这种美好的情感会成为幼儿热爱阅读图画书的原动力，更会成为亲子间表达情感、宣泄情感的方式，慢慢融进幼儿的内心，投射到幼儿心灵里，逐步使孩子学会表达情感和学会爱人。

可以说，荒诞性叙事虽然离奇，但不虚浮，因为其植根于我们的现实生活。当然，荒诞也许会以牺牲某种"自然可能性"为代价，如上述"猫鱼的相互依恋"是现实中不可能发生的，然而它却在保全"这种可能性"中得到了补偿，从而创造出一个蕴含着现实生活种种意蕴的、别开生面的幻想世界，出色的荒诞创造的应是这样一种新的美学意义。事实上，童书作品对儿童现实生活的观照与荒诞文学色彩的叙述，实是蕴含着作家对现实生活深切的感受，是其表达对现实生活认识和见解的绝妙方式。因而，无论从外在独特的文学特征，还是其内在的精神品质上，都需要我们深入思考荒诞与信仰、虚拟与现实、单纯与成熟、怪异与哲学之间的关系，收获自身心灵的体验，也升华对幼儿阅读过程理解的生命深度。

（三）象征性叙事与幼儿模仿的"生活折射"

幼儿故事离不开艺术幻想，但幻想不是凭空产生的，而是具有一定的现实基础的，这就必然会形成虚拟幻象与现实世界之间的必然联系和相互投射，从而构筑了儿童故事所具有的象征意义。它需要通过一种特殊的叙事方式进行艺术表达，即根据事物之间的某种联系，借助某人某物的具体形象（象征体），以表现某个抽象的或隐含的概念、思想与情感。这种叙事表达方式即象征性叙事，对于幼儿阅读理解过程的影响表现在以下方面：

其一，借助于某一具体形象，赋予其独特的性格、境遇与情感，尤其是幼儿熟悉或容易理解的形象，更会引起幼儿的阅读兴趣和情感共鸣，从而在幼儿心中产生强烈的感染力与教化影响。具象，即具体形象，通过一些具体的、特定的形象来组织作品的形象内涵。如在《最奇妙的蛋》中，"母鸡""生蛋""比美""谁也不让谁""最后成为最好的朋友"这些形象、事物、情节都是孩子们日常生活中所熟悉的，所以在阅读时自然会生成一种亲切感，作者在故意营造出的幽默、滑稽的喜感中，引领孩子体会彼此间的不同也是一种美。心理学研究者曾提出，3—6岁的幼儿已经开始发展自我意识，对自我开始进行一定的认识和评价。所以，在鼓励幼儿认识自我的过程中，他们往往能够通过具象象征感知和理解事物之间的联系，并在熟悉的生活经验中进行比较学习，从而获得最大限度的经验迁移——学会接受差异、理解不同和相互欣赏，这是一种精神，一种自觉，是从小逐渐培养出来的一种品格。

其二，低龄幼儿对于把握故事的主题思想还有一定的难度，并且大多数故事的主题更多地来自总体内容的思想本身，而非某一特定具象的体现或渗透。例如路斯·克劳斯的《胡萝卜种子》，从语言文字到图像画面都非常简单明了，幼儿读者能够加以独立阅读和理解。这是一个关于坚持和信念的故事，简单的线条却勾勒出小男孩的所有希望，他坚定的信心和安静的神态在画家笔下熠熠生辉。在这个简单的不能再简单的故事和图画中，那个性格温顺的小男孩与他不可动摇的决心，唤起了小读者深深的共鸣。整片橙黄的背景为故事营造了一种温暖、乐观的氛围，并在"简单"中为幼儿留存了大量的想象空间。但是，这种对主题的理解和共鸣不是从单一的"小男孩"的形象或者"胡萝卜种子"的"具象"中获得的，而是通过读完全部作品，才会有的恍然感悟，虽是总体象征，但最终又赋予了各个具体形象以各自的象征意义，它们彼此相辅相成，共同呈现与表达了童话境界的美。

那么，童书作家为什么要通过象征性叙事手法为幼儿传达作品的主题思想呢？这需要从幼儿的思维特点与文学接受能力出发来考虑。3—6岁幼儿对于世界的认识和感受总是借助于想象与幻想，形象、具体是其思维的主要特点。据此，想象与幻想即是儿童故事基本的艺术特征，所叙说的事物，描写的环境，表达的思想与传递的情感与儿童的精神意蕴是紧密融合的，也更容易为幼儿所接受。从某种意义上说，象征性叙事体现了儿童文学的教育性，"儿童文学之父"埃里希·凯斯特纳曾说："在我们当下这个世界里，只有对人类持有信心的人才能对少年儿童有所帮助。"[1] 而儿童文学即为儿童提供了价值了解的途径。成长中的儿童需要对生活有更为广阔的观察和探索，事实上，幼儿总是对现实生活有着强烈的适应本能和学习本能，"模仿"是这种适应与学习的最重要方式，正如第三章对于动作互动阅读反应的阐释，幼儿基于动作的角色模仿，获得了内在丰富的体验。这一方面是因为儿童文学能帮助他们突破现实生存空间的局限，成为他们扩大视野、认识世界的一个窗口；另一方面，童书总给儿童以无限的遐想，为孩子留有足够的想象、探索和模仿的思维空间。童书作品是儿童文学作者在作品中表现的思想、观念或者情感，正如埃里希所说的，儿童文学作者心怀对未来生活的希望与信心，并希望未来的人能更好地生活，所以创作了很多孩子能看得懂的作品，传达了自己的价值观，以儿童文学为主体的童书作品，大多数都是成年人怀着这种期盼与渴望而写给孩子们看的。所以无论是儿童文学作品的创作者，还是作为文本的作品，都必然会产生一定的教育影响力。象征性叙事即是对这种教育影响力的最深刻的传递，这绝不是说教，而是引领孩子在快乐的阅读过程中，在美好

---

[1] 转引自韦苇《世界儿童文学史》，安徽教育出版社2015年版，第372页。

的阅读感受过程中,使其自然体会到故事的现实折射与象征意义,这种体会会随着孩子年龄与阅历的增加而逐步深入、内化,成为其生命中所蕴含的爱与善的能量。

儿童天性中的好奇心使他们会本能地产生出对故事的渴望,他们通过观察图画、阅读和倾听来理解故事的内容。无论童话、寓言还是诗歌,儿童都希望自己能从中读出故事来。艾温斯曾提出5—6岁幼儿在阅读图画书时,已经具有对诸多重大的社会和自我问题,比如战争与冲突、胜利与失败、饥饿与贫穷等社会问题进行反思和讨论的批评式能力,发现幼儿能够超出文本而对现实问题和常识观念进行反思,[1] 这种批评式阅读不仅是幼儿与文本的深层交流和对话,也是幼儿对自我精神世界建构与理解升华的过程。儿童文学理论研究者也认为:"每则故事所传达的,绝不是表面绚丽的文字或情节而已,重要的是每则故事背后都蕴含了对生命的爱与期待。"[2] 所以应该从更深层次来理解幼儿阅读的过程及其反应表现,其实质是通过阅读的理解过程来把握生命的意义。幼儿的想象力是极为丰富的,他们会自动把图画联系起来,并基于已有生活经验进行理解,甚至描述与表达。无疑,故事的叙事性为这种认识、联系与建构提供了丰富的载体空间。幼儿阅读不同童书内容的文体类型、叙事方式对于幼儿的心理感受、审美经验与意义理解都具有重要的影响。童书阅读既是获得故事图式,建立文本意义的过程,也是建构读者自我精神世界的过程,是有机融于一体的过程。正如有研究者曾指出的,文学作品理解与幼儿自我经验是相互交融的。[3]

歌德曾说,人到底是在温柔的菩提树下成长,还是在刚毅的橡

---

[1] Evans Janet, "War and Peas in the 21st Century: Young Children Responding Critically to Picture Story Texts," in Yetta Goodman and Prisca Martens, Eds., *Critical Issues in Early Literacy: Research and Pedagogy*, Mahwah, NJ: Lawrence Erlbaum Associates, 2007, pp. 235-250.

[2] 黄郇英:《幼儿文学概论》,光佑文化事业股份有限公司2002年版,第163页。

[3] 王玉:《幼儿文学教育的新理念》,《学前教育研究》2009年第2期。

树下成长，情况不同，就会变成不同的人。① 幼儿对阅读的认识和情感，是幼儿对阅读活动所表现出的一种稳定性态度或倾向，其形成的过程不仅与幼儿的个体性（兴趣、年龄、性别、性格等因素）差异紧密相关，还与阅读材料本身的丰富性以及内容构成的合理性、环境的支持和引导等密切相关。而在所有外在的影响因素里，无论是物化环境的创设还是人文环境的支持，适宜儿童身心阅读环境的创设可以弥补正式语言活动中语言信息及自由操作语言机会的不足，还可以让儿童有一个属于自己的、轻松愉快的语言运用和语言创造的空间，对儿童早期阅读能力的发展具有积极作用。例如，Snow 和 Tabors（Snow & Tabors，1996）研究认为，阅读流畅并且对阅读持肯定态度的儿童都是来自将阅读视为乐趣的家庭；Pressley 明确提出，优秀教师在教学中能够有效教授读写技能的各个重要方面，其中十分关键的是为儿童创造能接触多种阅读材料的环境，以及在任何情景下都能为儿童提供明确的阅读指导等。② 很多幼儿园都在班级里设置阅读区，甚至有的幼儿园设立了童书馆；很多家长也会在家庭中为幼儿购置大量的阅读材料或设置专门的阅读角，这是社会对于幼儿阅读具有共识性关注和重视的基本体现。从这一层面上说，幼儿园与家庭对于幼儿阅读环境的创设具有同构性前提——幼儿阅读与发展。然而，我们在田野研究中发现，幼儿园的阅读环境与家庭的阅读环境各自独立，缺乏链接沟通；幼儿园与家庭的阅读资源相互分隔，缺乏联动整合。那么，什么样的幼儿阅读环境更有利于促进幼儿阅读过程的真正实现？理想的幼儿阅读过程当然是一个有机整体，是一种让幼儿能够在阅读中抒发自由的想象情愫，以单纯的心灵与文本成熟的思考展开对话，建构自己对于生活的、世界的或者

---

① ［德］乌韦·卡斯滕斯：《滕尼斯传——佛里斯兰人与世界公民》，林荣远译，北京大学出版社 2010 年版，第 1 页。

② Michael Pressley, Joan Rankin and Linda Yokoi, "A Survey of Instructional Practices of Primary Teachers Nominated as Effective in Promoting Literacy," *The Elementary School Journal*, Vol. 96, No. 4, 1996, pp. 363–384.

生命的个体意义理解的过程。包括对幼儿阅读兴趣的激发——喜欢听故事、看图书；对幼儿自主阅读能力的培养——幼儿能够充分地感受阅读材料，自由地进行阅读表达等环境氛围的支持，从而逐步养成幼儿阅读的习惯，真正成为有自主阅读能力的人。可以说，温馨舒适的阅读环境，会带给幼儿愉悦的阅读感受；丰富多样的阅读材料，会带给幼儿广阔的视野，满足幼儿不同的需求想象；互动分享型的阅读支持与指导，引领幼儿体验阅读的快乐，形成自主阅读的能力。家庭与幼儿园同是幼儿生活与成长的重要环境，也是幼儿阅读行为发生的主要场所，成人的阅读指导与童书的内容形式是阅读环境中两个十分重要的因素，需要着重予以关注。除此之外，家庭阅读环境与幼儿园阅读环境的资源同构问题、不同阅读环境中主体间关系问题（如亲子关系、师幼关系、同伴关系）等，对于幼儿阅读反应与幼儿阅读理解过程都可能产生不同的影响意义，需要人们予以持续的关注和进一步的探索。

第 五 章

幼儿童书阅读理解的过程阐释

本书基于幼儿童书阅读的反应探讨幼儿童书阅读的过程，秉持行动者逻辑，围绕"幼儿爱阅读吗""幼儿阅读什么""幼儿怎样阅读"三个问题展开自然教育情景下幼儿童书阅读过程及其反应表现的田野研究：观摩日常的集体阅读活动，观察典型的阅读角活动，发现珍贵的随机阅读活动等，对不同情景下幼儿童书阅读过程中的阅读反应进行参与观察、情景深描与叙事分析，挖掘行为反应对幼儿阅读过程所具有的解释力，并对幼儿童书阅读过程及其反应表现的影响因素进行深入考察、分析和讨论，获得了一系列研究发现，呼应了我们在开篇所提出的研究假设：其一，幼儿对书籍与阅读的概念认识、对图画—文字的视觉感受、对故事内容的理解与评判等都具有显著的个体性差异；其二，幼儿阅读反应与其阅读内容之间具有紧密的关联性；其三，幼儿已具备的语言与行为能力参与阅读意义建构的过程，影响幼儿阅读过程的感受、理解与表达。本章将从这三个研究假设出发，系统讨论幼儿阅读理解过程的内在结构与作用机制，包括幼儿的社会性交往对童书阅读经验、阅读内容与阅读参与方式的理解过程所具有的价值意义、幼儿童书阅读理解过程的基本结构、童书本身的文本特质在幼儿阅读理解过程中所具有的独特功能意蕴等，从而提出本书的总结论与理论反思。

第一节　社会性交往在幼儿阅读理解
过程中的价值性分析

幼儿在日常生活与成长过程中，会通过各种方式与环境进行互动对话，以此获得更多关于适应生活环境的信息和能力。无疑，在这个互动对话过程中，幼儿的心灵世界是极其丰富多彩的。在童书阅读的过程中，幼儿会与教师、同伴产生一定的交往活动，如师幼共读、同伴分享阅读等，这类交往活动具有明显的社会性活动性质，包含了幼儿与群体、幼儿与个体的社会互动过程，是幼儿阅读活动中的必然现象，且对于幼儿阅读理解的过程具有无可替代的价值，如对话交往有利于幼儿口头语言与图文意义对应并逐渐形成用语言表达图画意义的能力，将生活经验和阅读作品经验联系起来的能力，对故事意义感受、理解和表达的能力等。具体来说，幼儿与教师、同伴的社会性交往对于幼儿阅读理解过程的价值意义体现在如下方面。

一　与教师共读的价值

儿童天性中对于未知世界的好奇心，使他们本能地产生了对故事的渴望。所以，在儿童文学中，无论是图文并茂的图画书，还是以文字为主的各类作品，都以向儿童讲述故事为目的。儿童通过观察图画、阅读和倾听来理解故事的内容。然而，"对于幼儿来说，在未能够完全识字读书之前，看懂图画书并享受其中的乐趣，确实是一项需要学习的艰巨任务"[1]。无论是儿童文学研究者还是儿童教育研究者都具有一个基本共识，即图画书是成人送给孩子最好的礼物。它向幼儿传递着他们无法现实地感知的外部信息，扩展了幼儿的想

---

[1]　周兢：《早期阅读发展与教育研究》，教育科学出版社2007年版，第160页。

象和创造的内容和范围，为他们提供了使用语言进行交往的机会，因此对幼儿的倾听、观察、想象、理解、语言、思维、情感、社会化、审美等方面的发展，都具有极为重要的价值（松居直，2002；周兢、余珍有，2005）。其中，有研究者更是进一步指出，在成人的指导下，幼儿首先开始学会辨别图画及其所代指的真实世界中的物质对象（DeLoache，Strauss & Maynard，1979），然后才开始借助书中的图画了解故事的角色、情节等，并以此打开了解外部世界的大门（Simcock DeLoache，2006）。可以说，成人在与幼儿共读的过程中，通过声音传递信息、塑造形象和传达情感，这一过程融入了成人的人生经验与体悟、渗透了成人对幼儿的爱与关怀，幼儿在宽松、愉悦的共读氛围里，往往表现出更积极的阅读状态，包括以倾听为主的理解方式、善于发问的思考状态以及更容易倾诉与表达情感的主体共鸣等。

（一）倾听与理解

"老师，你能给我讲这个吗"

一帆独自翻看着《蝴蝶仙子和精灵公主》，一页、两页，并不关注身边我的存在。当翻到第三页时，一帆看了会儿，突然转过身问我："苏老师，这些是什么？"怕我没听明白，于是又指着画面问："这些是什么呀？"我倾过身，积极反馈地说："我看看！"和一帆肩并肩坐在一起，共同捧着图画书，严格来说，这应该算作一本漫画书，每一张页面上都呈现了一系列小图，连贯地叙述着故事情节。我一坐过来，一帆就迫不及待地指着画面最上方角落的一张小图，问："这就是那个公主吗？"一帆这里用"那个"而非"这个"，表现出她是有一定指称的，说明在前面的独自阅读过程中，她对于漫画人物的角色应该是有了一定的了解了。我点点头，又指着"小公主"身边的男性形象对她说："对，这个呢，是不是她的爸爸？"一帆听着，我继续读着漫画书里"爸爸"角色的对白："好了，故事讲完了，安安快睡觉吧！"我和一帆一起指着安安的图画及其回应的内容——"爸爸,安安的妈妈是不是漂亮的花仙呢?"当听到"花仙"一词的时候,一帆表现得十分专注,眼神一直关注在画面上,且表现出特别渴望和期待我能继续为她读的神情……

正如案例中所呈现的情景,相较自主阅读,学前阶段的幼儿显然更喜欢与成人一起共读。例如在阅读活动中,他们总是期待"我"的参与,依赖于"我"的讲述,喜欢在听故事时互动交流,尤其喜欢对内容进行提问……柯南曾指出:"幼儿虽然可以通过视觉直接感知图画书的某些画面的意义,但是要独立读懂图画书确实是困难的。这不只是指图文并茂的图画书中那些文字他们还不认识,也指他们要准确地读出图画所描述和表达的内容是不容易的。所以幼儿欣赏和接受图画故事仍然需要成人的帮助。"[①] 而成人在讲读故事的过程中,往往会对故事中出现的不同的人物形象的语言、形态、行为等通过声音进行塑造,这个过程实际上是被赋予成人个体风格的再次创作,他们用声音赋予形象特征以适宜的表现力、用语言描述画面、讲述对故事的理解,其用不同声音对不同人物形象的表现,往往是以人物形象的故事性设计与现实性基础为出发点进行的个性化处理。基于此,幼儿可以从听觉途径接收到关于图画故事书的大量信息,通过一边听成人讲述,一边观察图画,逐渐理解图画和文字所传达信息的整体性、互补性和对照性。正如前文所述,幼儿阅读图画书是眼耳并用,是多种感官统合的过程,他们从画面上得到视觉上的享受,借助于成人的讲述印证画面的内容,并逐渐感知口头语言与书面语言的对应关系。例如,对于那些形象对比极为鲜明的角色,教师在声音上稍加处理,幼儿即能很好地接受和理解;而对于那些角色特征比较复杂和丰富的情况,教师依靠语言对不同角色特征的表现与诠释往往能够更好地帮助幼儿进行区分和比较。正如叶圣陶

---

① 柯南:《图画书:幼儿文学的现代形式》,《浙江师范大学学报》(社会科学版)1994年第6期。

老先生所谈:"阅读是心、眼、口、耳并用的一种学习方法。"① 倾听是需要注意力和专注力的,尤其是在没有任何其他操作材料的情况下,单纯倾听更是对其注意力、理解力与意志力的多方面要求。对幼儿来说,确实是一个挑战。

然而教师在影响幼儿对阅读和自愿阅读的态度方面起到了非常重要的作用,声音能塑造形象,声音能传递情感。日本儿童文学作家松居直在《幸福的种子》中阐述道:

> 图画书不是让孩子自己读的书,而是大人读给孩子听的书。孩子的人生经验还很有限,自己看图画书很难了解故事的内容,充其量只是跟着文字读而已。而大人拥有较丰富的人生体验和读书经验,在阅读时能充分体会作者的心情和思想,并通过文字想象故事所描绘的世界,甚至对某些内容产生共鸣,深受感动,能这么深入解读图画书的人,如果满怀爱心地念书给孩子听,必定能将文字转化成生动、温暖的话语,并使这些话语传入孩子的耳中和心中,即读的人把自身的内涵与图画书结为一体,将书中的真谛和自己的感受传达给孩子。这种言语的体验和心灵的沟通,是幼儿自己看书时无法体验的,因此由大人读图画书给孩子听,对孩子的心理和智能的成长都非常重要……②

可以说,这种多通道感官统和的阅读过程是幼儿以感官体验为基础,以形象思维为主的发展特点。基于这一特点,幼儿在与成人共读的过程中,才能够更好地把握角色的不同特征,理解故事的主体内容,体验故事阅读过程中思维与想象的乐趣。师幼共读,是教师与幼儿围绕图画书展开讨论和交流过程的一种分享性、个别化的

---

① 夏丏尊、叶圣陶:《文心》,中国青年出版社1983年版,第94—95页。
② [日]松居直:《幸福的种子》,刘涤昭译,明天出版社2007年版,第78—79页。

阅读活动。因为教师作为成人的经验、体悟和爱的参与，不仅开拓了幼儿的视野，增长其知识，发展其丰富的想象力、创造力等，而且有利于实现教师与幼儿之间在精神与情感层面的交流。

（二）疑问与思考

"猜猜它是谁？"

浩宁找来一本洞洞书《猜猜这是谁》，他紧紧捂住文字和洞洞里的提示画："你猜这是什么？"我故意装作很为难的样子说："你捂得这么严实，我猜不出来啊，要不我看看儿歌？"他马上紧张地说："不行不行，你要是看到了儿歌就知道这是什么了。"（看来他知道文字内容本身所蕴含的信息量是具有内容意义的。）这时，坐在我旁边的凯凯忍不住小声地提醒我："胡萝卜、胡萝卜。"其他小朋友也笑着看着我们，我假装不确定地猜测说："是胡萝卜吗？"没想到整个图书角的小朋友都开心地大叫起来，"对啦！对啦！"我忍俊不禁……

这本洞洞书《猜猜这是谁》显然是孩子们比较熟悉的一本图画书，他们会边阅读边动手操作性地做着游戏，"猜猜"即是最典型的游戏方式。它促使孩子们发问，"这是什么？""你怎么看出来的？""它的特点有哪些？"在探索问题答案的过程中，实现了细致观察与思考的结合。而成人的知识经验与人生阅历能够较好地满足幼儿对于大千世界各种事物的好奇心，这种能及时获得问题反馈的满足，也是幼儿喜欢与成人共读的原因之一。此外，幼儿总是以行为动作为发端开始学习与感知的，童书的内容与形式当然也遵循了这一身心发展特点，《猜猜这是谁》洞洞书即是一种典型的形式。事实上，自幼儿园教育的创始者德国教育家福禄贝尔提出"游戏是幼儿学习的基本方式"这一经典论断，到瑞士儿童心理学家皮亚杰提出"幼儿学习的认知发展阶段性"理论，再到日内瓦新皮亚杰学派所秉持的不赞成只研究认知发展，而要求把儿童心理发展当作一个整体来研究的发生社会心理学理论，人们已经普遍接受了"认识是从动作开始的""儿童是在交往中发展的"，感觉动作与社会交往在儿童智力、认识甚至情绪表达、自我意识与人格发展中都有着无可替代的重要意义。当然，游戏书本身的内容特点是引发幼儿自然发问、游戏参与和思维互动的直接因素，尤其是当童书内容呈现或隐含问题与任务设计时，当内容理解有难度，或蕴含幼儿极感兴趣的内容信息时，教师的共读与陪伴，往往更会激发幼儿发问、对话与合作的社会交往行为；教师的积极反馈总会促发孩子进一步的思考空间。并且，这种思考不是漫无目的的，而是适宜性很强的思考——是问题明确、结合幼儿现实生活、融入幼儿知识经验的思维过程。

（三）体验与共鸣

"这里，我好感动！"

5周岁半的杭杭是一个喜爱阅读的小女孩，尤其喜欢与成人共读。在午饭后的随机阅读活动中，她选择了图画书《猜猜我有多爱你》，并主动坐在我身边邀我一起看。这是一个表达爱的故事，是一个简单的不能再简单的故事，童稚的语言、质朴的水彩画、熟悉的场景、简单的大小兔子形象，讲述了一对母子在睡前最简单也是最经常的对话"猜猜我有多爱你？"接龙游戏似的爱的表达，一个接一个，天真而稚拙，温情而感人。作者山姆·麦克布雷尼借大小兔子之口，把生命中最原始的亲情浓缩在短短的一段对话里，画家安妮塔·婕朗用柔和的色彩、大面积的留白和浅浅的背景，营造出一种恬淡与静谧的视觉效果，而这也恰当地烘托出平淡却意味深远的情感。粗大的字体和不断反复的叠句，最适合父母和孩子紧紧依偎在床上，在熄灯之前一遍又一遍地轻声朗读。当那句"妈妈，我也爱你"由幼儿自然发出之时，着实就是一种情感的激荡与共鸣！她表达了人类最原始、最复杂、也是最伟大的一种情感。当我读到"我爱你一直到月亮那里，再从月亮上回到这里来"的结束语时，一直安静倾听的杭杭，在故事讲完后，突然小声感慨道："啊呀，这里，我太感动了。"我不禁追问:"你觉得哪里感动?"杭杭认真地翻回书页,指着"大兔子妈妈为小兔子宝宝铺床睡觉的画面"说:"这里!"然后又翻了一页,指着"大兔子望着月亮说出那句经典话语的画面"说:"还有这里!我都觉得好感人啊!"前一幅画面是故事形象所置身的情景、动作;后一幅画面则是语言的叙述。幼儿已能够体验到故事内容所传达的内在情感,我忍不住抱了抱杭杭说:"我也爱你!"

作为能够深入解读图画书的成人,当他满怀爱心地读书给孩子听时,当他们亲密地依偎在一起迈入想象的空间中时,文字逐渐转化为生动、温暖的话语,传入孩子的耳中和心中,读的人把自身的理解与图画书结为一体,将书中的真谛和自己的感受传达给孩子;成人越过了自己与孩子相隔的岁月,越过了孩子与自己日常生活的界限,借助艺术的翅膀,给日常生活带来更多的现实感。这种言语的体验和心灵的沟通,是幼儿独自看书时无法体验的,既是交流与陪伴,更是爱与共鸣,这也许即是幼儿渴望与成年人共读的原因,也是成人与幼儿共读互动、沟通交往的根本价值。

二 与同伴分享性阅读的价值

虽然成年人对于幼儿阅读的参与、引领、示范和支持对幼儿阅读成长的作用更加直接且效果明显,然而同伴之间平行性的人际关系,能力互补的对话交往以及更倾向于真正"合作"意义上的学习建构等所产生的潜在影响,也是不容忽视的。

(一) 同伴影响的阅读选择

同班幼儿年龄相仿,能力相当,有着共同的兴趣需求和相对一致的行为倾向,在阅读中是志趣相投的伙伴。他们相互陪伴,是"平行式"的人际关系;他们相互学习,往往形成"互补型"的交往模式;他们互动游戏,在"合作的"过程中共同建构。

幼儿喜欢和自己的好朋友结伴进行同一活动。在班主任 L 老师眼里，书敏是班上的"大姐大"，班上的好几个女孩都喜欢和她在一起玩儿，也愿意听她"指挥"，尤其是涵涵，几乎书敏去哪里，涵涵也会跟着去哪里。在每次区角活动选择时，两个好朋友也都会选择到一个小组活动，手牵着手一起来到图书角，小板凳挨着并肩坐。

这种结伴行为是同伴间相互关系的典型行为表现，也是影响幼儿对阅读活动选择的一个重要因素。在同伴的影响下，幼儿对阅读活动的需要不是出自于对于阅读本身的兴趣，而是要么出自同伴间共同的兴趣需要，要么源自单纯的对同伴活动的交往需要。因此，我们说同伴关系有可能影响幼儿对阅读活动的选择。

浩宁是图书角中最难"安静"的"故事大王"，常常主动要求给其他人讲故事："你们知道磁铁为什么会吸东西吗？"或者积极为其他人推荐阅读书："这是我带来的书，里面有小熊的故事，我讲给你听吧！"或者会热情地拉住我为我讲故事："这本书我会讲，里面的字我都认识，我读给你听吧！"

在图书角中，幼儿之间，有时你讲我听，有时我读她想。推荐阅读表现出大班幼儿对于新内容的挖掘和关注，幼儿在阅读过程中相互推荐、展示、分享，拓展个体幼儿的经验视域，实现幼儿个体间的经验交流与分享。可以说，同伴间的推荐阅读也会影响幼儿对阅读内容的选择。

今天老师组织了一次"诗词大会"，小锦为自己的小组赢得了9分，后期角逐尤其激烈，当其他小组基本"江郎才尽"时，小锦响亮地给全班幼儿和老师背诵了"好雨知时节，当春乃发生；随风潜入夜，润物细无声……"这首诗歌，Z老师赞叹地表扬了小锦，并鼓励其他小朋友向他学习。其他小朋友为小锦鼓掌，并马上跟小锦学了起来。在接下来的几天里，越来越多的孩子学会了这首诗歌，且常会听到幼儿朗诵不同诗歌的声音。

情景中的示范性阅读，会有意或无意地促发同伴间的模仿行为，树立的榜样也能从中体验到被尊重、被认可的满足感，同伴间的模仿互动会生发幼儿群体内个体之间相互促进、相互学习的阅读氛围。

(二) 同伴分享的阅读乐趣

阅读是快乐的，既有自主的阅读，又有分享的阅读。我们常将幼儿的独立阅读作为培养目标，且将其视作成功阅读者的基本状态。事实上，幼儿的阅读状态也确实存在这两种样态——独立阅读与分享性阅读。但是，年龄越低，幼儿的分享性阅读倾向就越强烈。

赫赫和小爱都刚满5周岁。在图书角活动中，赫赫手里拿着老师在故事课上讲的图画书《嘿，站住!》，走过来紧挨着小爱坐下，并把手里的书并排摆放在小爱的书边上，两个孩子看着画面讨论着，小爱对赫赫说："这里，还有那个，都是……"过了一会儿，赫赫突然把书《嘿，站住!》竖立起来，封面上黑色的、巨大的大猩猩，张着血盆大口，四颗尖利的牙齿特别凸显，赫赫模仿大猩猩的恐怖声音大声叫道："啊！"小爱没有感到害怕，两个孩子都笑了起来，赫赫还补充说："吓死你!"小爱没说什么，拿起自己的书，举到赫赫脸前，像是在用同样的方法对付刚才的小恶作剧，不过《乘着火车去旅行》的封面图画要活泼温馨得多，怎么可能有惊吓的效果呢?!小爱不过是对赫赫的恶作剧作出回应罢了！

赫赫却对小爱的书发生了兴趣，用商量的口吻对小爱说："我看看行吗?"话音未落，小爱"唰地"把书拿回自己身边，很显然拒绝了赫赫的请求，并说："你找本书看！找本书看!"赫赫道："你呢？你也找本书看吧!"就这样，两个孩子各自打开自己手里的书，赫赫还是翻看《嘿，站住!》，小爱又一次打开了《乘着火车去旅行》，这是小爱今天第三遍重复阅读，赫赫边看着自己的图画书，边转头看会儿小爱手里的书，两个小伙伴不一会儿就又凑到一起分享同一本图画书了……

在图书角里，常常发生几个幼儿为一两本都感兴趣的童书争执不下的情景，在大多数情况下，这是除了结伴阅读外，产生同伴分享阅读的原因之一。为了能看自己喜欢的书，几个小伙伴围坐在一起，相互陪伴，进行有趣的交谈，假想情景，做着互动游戏……慢慢忘了争抢的动机，而只留下阅读的快乐和乐趣。可以说，幼儿在同伴共同阅读过程中，所自发生成的多样化反应要高于他们在独立阅读过程中的反应表现，且更加具有趣味性、更加富有想象力和探索性。他们常常会在阅读时，针对某部童书里的形象与生活情景进行比较，动手表现对某一件事物的个体了解，或提出共同关注的问题并寻求帮助等。可以说，同伴关系的存在，使得阅读活动成为幼儿个体间的人际交往活动、故事内容的情景游戏活动与情感体验的分享活动。

（三）同伴游戏的共同建构

同伴间的游戏和交往，存在着"互补性"的客观现实。从阅读能力上说，有的幼儿阅读经验多，所以阅读能力较强，而有的幼儿较少进行阅读活动，阅读感受不深，其阅读能力较弱；有的幼儿对于图画的感知非常敏感而细致，而有的幼儿对于画面的细节或图画的美感感受性不强；还有的幼儿在阅读过程中，常常通过各种形式如对话、游戏、涂鸦、身体动作等进行个体对故事内容和情感的理解与表达。

赫赫观看的图画书画面上有一颗大大的萝卜，他不停地敲打着萝卜，声音很大，边敲打边叫着："拔，拔。"不过这却丝毫也没有影响小爱的专注，她安静地观察着画面。（画面上有一个大大的很凸显的黑洞，是火车隧道。一列红色火车正从左侧画面横穿向右，马上就要进入通道，地面上是绿油油的小草。）小爱用手摸了摸画面上黑黑的火车隧道入口，又用小手指在火车厢的地方左右摩挲了几回，突然轻呼出一声："它没上车！"不过，好像也不是特别有针对性地对谁说着，而更像是自言自语，一边用手指头点着车厢的某个地方，一边说："它，没下车。"赫赫立马站起来贴近画面仔细瞅了瞅，回答说："到站了！它没下车吧？"小爱也没有看他，只是小声地附和了一声："是！"得到回答的赫赫坐回到自己的座位上，并且热情地邀请她说："看我的！"一边说一边调整自己手上图画书的方向。小爱自顾自地看着自己的图画书，突然大声喊道："有两个……（不对），有三个小羊！"赫赫却有点答非所问，含糊地说："有两只小鸭子吗？"也许他在猜测故事的内容，如猫的哭泣也许与两只小鸭子有关。小爱继续说："有三个羊!"并用小手指着火车的车厢，一边点着小羊，一点念叨着："是三个羊。"在这个过程中，小爱又瞄了瞄自己的手指，应该是在数数。赫赫对着小爱大声地问询道："三?!"刚要说出来的话还含在嘴里，他也用手指指着车厢数了数，然后大声说："三—小一，还有一个羊呢!"几乎同时，小爱应该也是重新数了数，伸出四根小手指说："四个羊。"小男孩看着画面，重复说："四只羊啊!"

五周岁幼儿已经能够根据画面理解故事，并通过想象和动作对这种理解进行一定程度的表达，小爱喜爱重复阅读同一个故事，这种熟悉感使其更易于将故事和画面联系起来。幼儿与同伴一同阅读熟悉的故事，在相互的提示下完整地复述故事，在讲述的过程中幼儿能得到同伴的回应。

图画书阅读与幼儿自主探究、观察是分不开的，当孩子们自己透过画面发现故事的线索、有趣的细节，孩子会体验到成就感。同时，同伴的存在在促发他们观察信息、判断对错的同时，思考对方是怎样"看"这个世界或这个问题的。几个幼儿在一起共同阅读时，常常会因为画面上某个细节的发现而哈哈大笑，会因为某次亲密的讨论而激发思考，还会因为彼此模仿或表演自己喜爱的角色而增进互动……因此，可以说同伴间的阅读是一种积极的交互影响，幼儿通过图画如画面、形状、色彩、故事的提示等获得故事信息，图画带给孩子以无限的自由想象和美的体验，这种自由与美感赋予幼儿在阅读过程中极大的主动性和创造性，引发幼儿对阅读的热爱。且在每一次的互动与游戏中，产生温暖愉悦的阅读感受和丰富深刻的审美体验，这些不断重复、积累、巩固和强化成为一种认识和观念，成为一种理解和习惯。童书阅读是幼儿情感体验与意义建构的过程，因为童书内容本身即是一个有关生活意义的虚拟世界，幼儿个体则存在于一个富有鲜活生命意义的现实世界里，可以说，幼儿的同伴阅读，是至少两个生命、两个意义世界的对话与交融，是虚拟与现实的意义联结与共同建构。

第二节 幼儿童书阅读理解过程的结构性分析

概述前几章对于幼儿童书阅读反应的描述与分析，发现幼儿童书阅读理解的完整过程一般会包括如下几个反应阶段：幼儿用视觉感受图文符号，用口头语言描述文本信息；模仿角色且进行动作式参与，经历故事情节与理解故事内容；联结生活经验，投射与迁入自我情感；联结文本间的内容线索，发展关于互文关系的经验；将各种创意活动作为自我创造性表达的平台，想象和表达不同的情景情节，用表演和游戏形式展示不同的审美创意等。可见，幼儿的阅读理解关联了幼儿已有的生活经验，关联了幼儿所阅读过的文本间的经验迁移，也关联了幼儿当下所处情景的心理体验，是幼儿各种经验与体验的联结与交互，是情感体验与意义建构的动态过程。研究者期望通过一个结构模型来反映幼儿童书阅读理解的这个过程，既作为对幼儿阅读过程情景的分析框架，亦是研究者透过幼儿童书阅读反应进行的分析，是对幼儿阅读理解过程的认识（见图5－1所示）。

一 幼儿童书阅读过程的前提条件：幼儿—文本—环境

幼儿阅读过程是一个有机环境整体与动态发展的过程，"幼儿读者""阅读文本""阅读环境"是构成幼儿阅读过程的三个基本要素，而不同的内容材料和阅读情景会对幼儿阅读反应产生差异性的影响。正如已有研究者所指出的，[1] 在儿童的反应中可能存在着一些共同的过程和某种核心的东西，如"阅读者""文学作品"以及"阅读情景"。

---

[1] 康长运：《幼儿图画故事书阅读》，教育科学出版社2007年版，第8页。

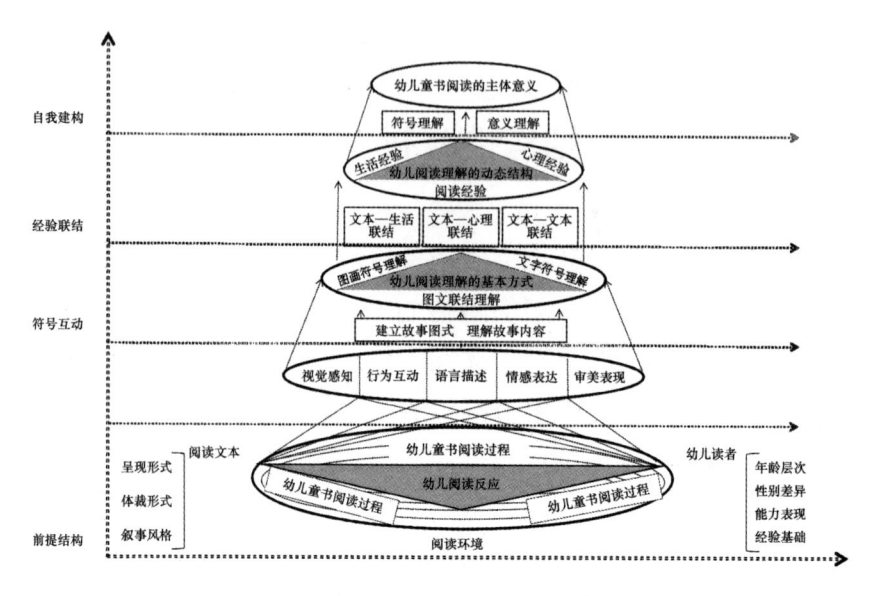

图 5-1 幼儿童书阅读理解过程的结构

确实如此，幼儿产生阅读反应需要一个前提条件：幼儿童书阅读过程的发生。这需要三个基本要素——"阅读主体（幼儿）—阅读对象（文本）—阅读环境"的同在，思及接受美学研究者的观点，在幼儿阅读前，文本仅是一种客观存在，虽然具有文学本身的意义和价值，但只有当幼儿读者开始阅读时，文本才会成为作品，实现其应然的存在意义。因而，如果仅仅从线性的平面结构来看待三要素之间的构成关系，显然是不够的，而必须认识到其间的交互影响与动态发展的关系，即彼此的存在及其关系赋予各自整体的意义。

二 幼儿童书阅读理解的基本方式：符号互动

幼儿阅读本身即是幼儿与书面图文符号互动的过程，更进一步来讲，童书是书面图文符号的文本载体，其内容形式由图画和文字两种表达形式构成。所以，幼儿阅读的过程实质上是幼儿与图文符号互动的过程，包括对图画符号的理解、对文字符号的理解以及对于图文间意义关系的联结和理解。

图画书最独特的价值，即在于用两种不同的符号语言整体性地表达故事信息的完整意义（康长运，2006），图画和文字共同作为图画书的呈现方式和表达系统，相互阐述和补充，各自为故事的表达发挥着独特的作用。形象化的语言符号使得事物或情感可观、可感、可聆听、可想象，帮助幼儿将亲身经验与语言所提供的信息很容易地结合起来，最大限度地帮助幼儿达到语言与思维、符号与意义之间的有效迁移。这亦是童书创作者与幼儿读者之间的互动方式，虽素未谋面甚至间隔弥久历时，却通过图文符号的语言交代了情景与事实，又通过情景与事实的文学性语言和艺术性符号"召唤"读者如亲身经历般地浸入。图画书里的故事形象、情节、画面色调、线条、独特的装帧方式等，无不吸引着孩子们真挚地投入情感与体验，正如瓦伦丁（1991）所认为的，幼儿对于色彩、图画感知的现象实归因于一种"直接的生理效应"[①]。这种直接的生理感官感受帮助幼儿积累着更丰富的知识和经验，而经验的获得会直接影响幼儿对童书内容的理解，它实现了"现实世界"与"想象世界"的连接与对话，打破了"生活"与"想象"的现实界限，在一个独特的精神空间里，获得新的经验、情感与成长。

对于幼儿来说，童书阅读在本质上即是一种图文符号阅读，幼儿基于图文阅读获得一种符号经验。符号论美学研究者苏珊·朗格曾指出，"语言，无论书面语言或是口头语言，都是一个符号群，是一种符号体系"，而"理解符号的能力，即把关于感觉材料每一物都完全看成其所包含的特定形式的能力，是人类独具的精神品质"[②]。这里的"符号系统"是符号学研究非常强调的一个概念，特别是研究物体怎样传达意义以及符号形态怎样与人的行为联系起来（Patri-

---

[①] ［英］瓦伦丁：《实验审美心理学》，潘智彪译，商鼎文化出版社1991年版，第41—43页。

[②] ［美］苏珊·朗格：《情感与形式》，刘大基等译，中国社会科学出版社1986年版，第427页。

cia Enciso Edmiston，1990；苏珊珊，2010）。有研究者曾据此展开实证研究，并提出3—6岁的幼儿通过最初几年的口头语言倾听而获得语音意识，基于此建立口语与书面语言之间的联系；通过阅读获得书面语言的知识、词汇的发展以及文字阅读的规则等文字意识，并最终实现通过文字符号获得信息意义的目标。当然，从儿童图画书阅读的语言产出角度与视线注视角度来看，儿童图画书阅读的最初阶段都是以"读图"为主，即通过阅读"图画"来理解童书内容。因为幼儿显然更容易通过图画符号获得充分的感知和理解，他们完全有能力按照自己的想象将图画书里一页一页的图画"整合"成一个完整的故事，还会一眼就发现画面里隐藏的一些细节和"秘密"。心理学研究者曾指出，幼儿在阅读活动中，"对视觉形象特征的观察偏重于审美的知觉倾向"[1]。2—3岁的幼儿对于书面语言符号的视觉关注即已开始，且能够将符号与实物之间的表征与被表征关系进行初步的联系，能够进行阅读活动，对阅读内容中的形象特征有所观察。据此，我们可以从理论上判断，2岁以后的幼儿是具有一定的符号"阅读"能力的，且对符号具有独特的感受与理解方式，这与传统意义上的阅读（成年人的阅读方式）是不同的。幼儿的阅读是一种审美性阅读，他们对视觉形象特征的观察主要偏重于审美的知觉倾向，[2]而图画书富于趣味性的画面、恰当的色彩运用、合理的节奏推展和细节描写等符合幼儿心理发展的特点，能激发幼儿阅读的兴趣和动机，促使幼儿通过图画书获得快乐和情感的满足，幼儿对于图文符号的阅读，尤其是图画符号的阅读，能够为孩子提供更多表达自己的机会，这些机会往往是以各种符号的现实生活形式展开的，以使孩子们在自己的思想中成为真实的个人。

综上所述，符号阅读的经验恰如马克斯·韦伯所说："我们秉具

---

[1] 楼必生、屠美如：《学前儿童艺术综合教育研究》，北京师范大学出版社1997年版，第36页。

[2] 周兢：《早期阅读发展与教育研究》，教育科学出版社2007年版，第96页。

有意识地对世界采取一种态度和赋予它意义的能力和意志。"[①] 人在本性上从来不会被动地接受直接给予的"事实",而始终致力于超越"现实性"的规定。这里的秘密就在于:人能发明、运用各种符号(文本的或经验的等),故而能创作出他自己需要的"理想世界"。幼儿的图文阅读实质上也是一种符号学习,虽然是以模仿为基础,然而孩子们并不仅仅是在重复以往的经验,而是在重建这种经验。经验在模仿之时即意味着一种新的更深刻的理解,意味着对个体生活的再解释。总之,文本中的图文符号使幼儿在虚拟世界与现实生活世界的转换中生成理解,这种理解绝不是单纯的知识与事实的获得,而是思想与情感的萌发,它使幼儿个体的经验有了整体的背景、宽阔的视野和理智的认识。

三 幼儿童书阅读理解的动态结构:经验联结

童书的内容总是有关生活意义的虚拟世界,它能为幼儿提供体验现实生活中也许无法接触到的想象世界的可能性,收获不同于游戏操作的独特体验,包括由图画艺术所带来的审美感受、由故事情节所引发的自由想象、由共读共情所获得的心理愉悦等;而幼儿生活在富有鲜活生命意义的现实世界里,每个幼儿都是在已有心理发展水平和知识经验基础上走进图画书世界的,通过直观的图画,积累或重组已有经验,并逐渐建构起经验间的联结,获得图文信息接受与处理的能力,形成新的意义理解。可见,意义建构的前提是经验的获得,经验获得的前提是内容的理解过程,内容理解的前提是幼儿对图文材料的可接受性。

认知心理学研究表明,人们对于事物的理解往往取决于头脑中已有的相关知识经验及其所建构的心理结构模式,对于事物的认识必然依赖于先前的经验。正如前文所述,幼儿走进童书世界的过程

---

① [德]马克斯·韦伯:《社会科学方法论》,韩水法译,商务印书馆 2013 年版,第 36 页。

就是幼儿与图文对话、互动建构的过程。图文的结构空间与比例关系，为幼儿的观察和发现提供了内容线索，为幼儿的想象和探究提供了素材背景，为幼儿的新旧经验联结提供了关系要素，幼儿在逐步发现、欣赏和品味故事内容的过程中，不断形成和建构着个体对于生活和世界的更丰富的理解。从这个层面上说，图文所共同呈现和表达的是虚拟生活世界的"人"的生命场域，尤其是图画本就具象直观，幼儿在静态的图画文本感受中展开着动态的思维联想，联结着已有的知识经验，联系着已有的阅读经验，想象着人物的心灵感受，获得了好的审美体验。这种审美体验又会迁移到日常生活中，如在生活中联想到图画故事，幼儿能够通过这些具象象征感知理解事物与事物间的联系，并在熟悉的生活经验中进行比较学习，从而获得最大限度的经验迁移。它使幼儿将生活中的经验与童书中的图画经验进行直接联结，促使幼儿将在其他童书中获得的知识经验与新阅读的童书里的图画经验进行直接联系。同时，幼儿对故事的理解总是与其生活经验、文化背景相联系的，于幼儿而言，他们对作品意义的建构不只是了解作品浅层次的情节和内容，更应该是对作品所传递的内在情感、对生活的思考与价值观等加以建构和理解。正如曼德勒等人（1978）曾指出的，儿童理解故事的图式是在真实生活经验与故事阅读过程中共同形成的。他们会通过故事理解自己生活中的方方面面，如谈论故事中的事件、观点和角色与自己及周围人之间的联系，利用故事更好地理解社会关系、解决社会性问题，与故事产生"文本—生活"链接（Sipe，1996）。可以说，对于童书内容的理解主要依赖于对图画的视觉感知与描述、对成人讲述故事的倾听与理解、对已有经验的联想和联系等。

现实生活为幼儿提供了丰富的事实性感觉经验，而童书则为幼儿提供了一个专门的"研究场域"，它让问题直接呈现出来、把过程放大来看，用儿童更容易接受的语言，用儿童更容易理解的方式，给孩子以自由的想象与探索的机会。儿童的想象力是极为丰富的，他们会自动把图画联系起来，且基于已有的生活经验进行理解，甚至加以描述和表达。而童书在幼儿丰富多彩的个体性格里发挥着不同的作用,给孩子带来了不同的阅读感受和想象趣味,在阅读过程中更好地使用语言和获得观念,不断构想现实与虚拟之间的联系,"通过在共同的经验或联合的行动中使用而获得意义的扩大和提纯"[①],在虚拟与现实的经验联结中积聚生命体验,在虚实交互中建构主体的独特意义。

四 幼儿童书阅读理解的主体意义:自我建构

每个幼儿都有自己的思想和情感,幼儿阅读的过程即是一个涉及知识、经验、认知、情感、态度等诸多因素的复杂心理过程。幼儿的阅读不是简单地对一种"客观现象"的感知,而是幼儿对童书进行感受、理解和表达的过程,是幼儿个体与其所身处环境互动与对话的统一过程,是幼儿情感体验与自我建构的过程。

有关儿童阅读反应的研究认为,每个儿童都可能以不同的方式建构故事的意义,与故事产生不同的意义联结。他们以各自喜欢的方式与故事互动,建构故事的意义。当然,不同的幼儿对故事意义的理解和建构具有不同的倾向与特点,如有的幼儿喜欢以表演的方式表达自己的理解,有的幼儿则更喜欢安静地探索和欣赏图画故事,有的幼儿容易进入故事角色的想象中,还有的幼儿倾向于对故事情节进行推展,或者喜欢评论图画的艺术风格和描画技巧等。幼儿通过探索各种各样的故事,学会分析故事,理解故事角色的功能、情节顺序、背景以及其他叙事要素,从而建立了有关故事的认知图式。而不同年龄阶段的儿童建构故事意义的方式、特点也是不同的,较小的儿童倾向于用体态、动作、表演等方式表现故事情节;随着年龄的增长,儿童更倾向于用语言表达,且更能感受到图画书本身的吸引力等。较小的儿童在讨论时更关注故事本身,对故事的评论也

[①] [美]约翰·杜威:《民主主义与教育》,王承绪译,人民教育出版社1990年版,第23页。

与故事内容本身紧密相关；随着年龄的增长，儿童更倾向于关注自己的经验与故事含义之间的关系，并开始关注作者的存在价值等。如"当幼儿有机会倾听、谈论故事时，他们确实能够对作品进行一定的评判甚至更深层的思考，尤其当幼儿阅读其所熟悉的作品时，这种评论则表现出较为复杂的倾向"[1]。所以，我们应该从更深层次上理解幼儿阅读的过程，童书文本在呈现于幼儿面前时，幼儿在接触、感知文本时即已开始与文本建立最初的关系，形成初步的理解，获得个体的意义，而幼儿阅读意义的建构则蕴含在幼儿主体对童书的理解过程中。

当幼儿爱上阅读童书时，绝不单纯仅是因为感知与理解上的更容易，也是因为在阅读过程中，富于趣味性的图画、恰当的色彩运用、合理的节奏推展和细节描写等符合幼儿心理发展特点，能激发幼儿阅读的兴趣和动机，而幼儿往往是以全部身心的参与来获得快乐的需求和情感满足的。"儿童阅读的目的和动机是一个连续体，连续体上的一极是审美性阅读，其对视觉形象特征的观察主要偏重于审美的知觉倾向，其阅读的目的在于获得快乐。"[2] 童书文本作为幼儿阅读的对象，其实质是一种符号载体和文化现象，幼儿读者丰富的想象力赋予了童书内容以生命的灵动，赋予故事以独有的情感；而文学想象力所特有的"留白"艺术和"对话"特质，使得幼儿基于童书作品的互动就不仅仅是语言表达或行为动作上的交互，而更在于一种心灵上的对话。阅读理解的过程其实是不同文化主体间思想认同、冲突与平衡的过程，它既是在建构文本意义，更是在建构读者自我的精神世界，这是融于一体的有机过程。它使童书内容充盈着个体情感的融入与体验，赋予了童书本身及童书阅读过程以独特的主体意义。

---

[1] ［美］玛丽·伦克·贾隆格：《幼儿文学：零岁到八岁的孩子与绘本》，叶嘉青编译，台北心理出版社2008年版，第112页。

[2] 周兢：《早期阅读发展与教育研究》，教育科学出版社2007年版，第96页。

第三节　童书文本特质在幼儿阅读
理解过程中的功能性分析

　　幼儿阅读反应通常会体现于不同样态的阅读活动过程中，无论是与成人共同阅读、与同伴分享性阅读或者是独自阅读，都涵盖着幼儿不同的活动样态与阅读反应，阅读活动样态与表现形式都必须以阅读内容载体的存在为前提，同样的组织形式与指导方式，因为阅读内容及其载体形式的不同特点与差异，而对幼儿产生了不同的影响，且通过外在反应表现出来。我们可以观察与分析这些反应所蕴含的意义，阐释与推测其可能需要的支持方式。

　　一般而言，往往会存在这样的现象，即随着年龄的增长，幼儿对内容本身的阅读往往更偏重于对阅读环境与活动形式的依赖。换句话说，年龄越小的幼儿，对阅读活动样态与组织形式就越依赖；年龄越大的幼儿，对阅读文本本身的内容特点则越关注。有关儿童阅读反应的研究认为，儿童联系生活经验以及先前的阅读经验理解故事的角色、背景、情节，推断故事的发展，理解角色的情感、故事的深层含义与主体，同时也理解了图画和文字符号的不同形式与意义之间的关系。所以，我们需要对幼儿阅读文体的内容特点进行深刻分析，对幼儿阅读的内容范围进行深入的考察，对幼儿在阅读不同童书内容时所表现出来的语言、行为、情感、审美等各方面的反应作出细致的记录、分析与解释。通过探究幼儿所选童书的内容特点与幼儿阅读反应表现的相互关系分析幼儿童书阅读理解的过程。

　　正如前文所述，幼儿所能接受的童书类型，以图文相辅的图画书为主，其中包括有文图画书与无文图画书两种（详见绪论中概念界定部分）。若基于内容与主题对图画书类型进行划分，一般又将其概括为三种主要类型：文学叙事类童书、信息说明类童书与游戏操作类童书。在绝大多数的图画书里，图画与文字呈现出一种相互补充或者彼此对照的关系，它们交互作用，同构形成整体。佩里·诺德曼等在《阅读儿童文学的乐趣》中曾明确指出："一本图画书至少包含着三个故事：文字讲述的故事，图画暗示的故事，文字与图画相结合而产生的故事，即图文合奏。"① 这类图画书属于童书（尤其是幼儿图书）的最普遍形式，也是本书最为关注的童书类型。当然，纯文字类童书也同样存在于幼儿阅读的范域，不过，幼儿对于纯文字类童书的接受方式必然不同于图画书。

一 图文交织的呈现与幼儿丰富的理解

有文图画书，主要是指图文相辅类的图画书，表现为："图画与文字相互依存""图画与文字交织表达""图画与文字共同承担叙事的责任"等，其本质意义是相同的——叙述故事。可以说，图画与文字是童书的两种不同表现形式，它们共同构成一个复合的文本。

（一）文学类图画书的阅读：幼儿的幻想时空

文学类图画书是人们所熟识的童书样式之一，其文本与插图紧密相关，有各种主题的叙事童书。体裁上包括故事叙事与诗歌叙事两种类别，故事叙事着重于情节的推展，诗歌叙事更关注情景的描摹，从广泛意义上讲，它们都具有文学的叙事性。可以说，前面几章所述的大多数优秀童书都属于文学叙事类作品，也是最能为幼儿提供想象空间，促发幼儿更丰富阅读反应的文本类型。而一本高品质的图画故事书，至少需包括背景、主题以及紧扣主题的情节和结局。文学作品的丰富内涵会充实幼儿的精神世界。幼儿也会用他们所擅长的各种方式，来呈现他们对作品意义的理解。这种理解不只是了解作品浅层次的情节和内容，而更应该对作品所传递的内在情感、对生活的思考与价值观等进行建构。但这一点在现实幼儿阅读指导过程中却往往被忽视了。

---

① ［加］佩里·诺德曼、梅维斯·雷默：《阅读儿童文学的乐趣》，陈中美译，少年儿童出版社2008年版，第484页。

（二）信息类图画书的阅读：幼儿的探索精神

幼儿对于周围世界的探索总是充满了"刨根问底"的勇气与动力，所以很多幼儿非常喜爱"神秘的书"。神秘，往往因未知而存在，它区别于神奇的变幻莫测，虚拟的想象时空，而更强调对未知领域的好奇、探索与求知。对于幼儿来说，未知的领域往往具有更大的探索空间，它既包括现实世界中已经不存在了的未知领域，也包括现实世界中为幼儿的未知领域，但是它们有一个共性，即虽是未知领域，但所涉猎的都是真实的信息。"一本优质的信息类说明性童书内容可能涉及外国、社区、恐龙、名人等，并具有明确的结构，包括描述、序列、对比和对照，原因和结果，问题和解决，以及例证等。"[1] 这种信息类图画书可以拓宽儿童的背景知识，帮助他们探索新观点，并经常引起儿童对特定主题的深层次兴趣。

除了如"恐龙世界"这类超越现实时空的童书对于幼儿来说属于"神秘的"未知领域外，还有一种童书呈现了存在于现实世界，但是属于幼儿未知的领域，幼儿对于这类童书同样具有强烈的探索欲望。现实生活为幼儿提供了很多感性的事实经验，但是童书更能为幼儿提供一个专门的"研究场域"，它让问题直接呈现出来，把过程放大来看，用儿童更容易接受的语言，用儿童更容易理解的方式，给孩子以自由的想象与探索的机会。

（三）操作类图画书的阅读：幼儿的游戏愿望

阅读的本质即是对话，是作者与读者之间的对话。童书作者在创作过程中，也会考虑以怎样一种更适宜的方式与幼儿进行交流，让他们不仅能看懂，而且能被吸引、被激发。

在所有童书类型里，游戏操作类童书是广泛为所有不同年龄阶段幼儿所普遍热爱与痴迷的类型，这是因为创作者们通过巧妙的内容设计或图画样式，抑或神秘的版式设计与页面形式，以游戏的方

---

[1] ［美］莱斯利·曼德尔·莫罗：《早期儿童读写能力发展》，叶红等译，南京师范大学出版社2013年版，第251页。

式吸引幼儿动手动脑，实现与幼儿间的互动与对话，从而帮助幼儿在阅读过程中获得深刻的愉悦感与对话感。游戏的类别是非常丰富的，游戏操作性的童书当然也是千差万别的，有的重在语言游戏，有的强调想象表达，有的致力于动手操作，还有的在幼儿的审美感受上进行发展等。本书第二章所描述的使浩宁"沉浸"于阅读中的那本童书，就是一本需要动动小手"贴贴""画画"，完成某个具体小任务的游戏操作性童书，在这类童书里，也有故事情景，所不同的是会在每个故事基础上附带一个相对应的游戏环节设计，幼儿大多非常喜欢这一环节的安排，甚至有的孩子不读故事，而更愿意直接动手完成游戏任务。当然，大多数游戏内容及环节安排也都是围绕着故事内容展开的，如对主人公的辨识、对人物的活动和表情的感知、对故事发生时间和地点的把握，以及对故事细节的发现等。至于游戏任务的完成程度则因幼儿不同的感知与理解能力、不同的兴趣点与关注点等而表现出不同的反应情况。

二　无文图画的直观意境与隐性力量

无字书是纯粹的图画书，其文体形式类同于有文图画书。因为少了文字的叙述线，所以无字书要以纯粹的图画语言来演绎一个完整的故事，图画会用类似电影分镜头或者漫画格的分割小图形式，使画面更具有解说性和连贯性，旨在让读者透过图画看懂故事。

雷蒙·布力格的《雪人》就是这样一本能够呈现温暖又赋予幼儿童真幻想的无文图画书。他一共用了167幅大小不同的图画，采用多格漫画的形式来展现故事，紧凑而连贯。简单的彩铅勾勒，使得一个一个精致的小画格、一串串生动的表情和一个个动人的场景，生动地展现着故事发生的背景、人物的动作和情感。他将用文字语言可以非常简单描述的情景，用这样的方式分解到一幅幅小图里，画面与画面之间存在着类似电影镜头般的连接、组合与动态的系统艺术。

5周岁的杭杭仔细地查看每一幅小图，甚至有时会贴近画面仔细搜寻那些仅存在细微差别但是动态连贯的一幅幅小图画的变化。相较以前，对这些图画的细致之处，杭杭已经有显著的感受力了，甚至因为没有文字的"牵绊"，她会边看图边描述："小男孩还在睡大觉，忽然，他起来了。原来，下雪了。小男孩穿好衣服、裤子，和他妈妈说他想出去，然后穿好他的靴子，戴上他的帽子，就跑出去了……"（全页面上一共有九幅小图和一幅大图，如果用文字来表述，其实就是一句话："小男孩早上醒来，发现窗外下雪了，对妈妈说了一声，然后冲到了屋外。"但画家为了叙述这看似简单的一个场景，而必须把这样一个连续的动作，分解到一幅幅小图里。其动作连贯，细节变化微妙。如在第一幅小图中，男孩还在闭眼酣睡；在第二幅小图中，男孩睁开了眼睛；在第三幅小图中，男孩扭头看向窗外……）当看到雪人跟着男孩来到客厅、卧室、厨房、餐厅等地方，尤其是在客厅的火炉旁时，杭杭大声说："它不能在这里！"我惊讶道："为什么它不能在这里？"杭杭说："因为它是雪人啊，它怕化。"（幼儿已经能够对故事的某些情节与结果进行一定程度的分析和预测。）当看到男孩教雪人使用电灯开关时，杭杭笑着说："这个雪人不会开灯。"（幼儿能够针对某些画面所呈现的信息，对角色的性格或能力等进行一定的判断。）当看到男孩与雪人共进早餐时，杭杭努力看清楚他们吃了哪些食物，并啧啧说道："这些东西雪人不爱吃。不过，我挺喜欢吃的。"我笑着问："你怎么知道雪人不爱吃啊？"杭杭大叫："它是雪人，它又不是孩子。"（幼儿总是易于将童书里的故事内容与现实生活中的自己进行联系。）当看到雪人带着男孩飞到天空，漫游在城市上空，看到各种大楼、各种大桥、各种风景时，我和孩子都发出了感慨："哇，好美啊！"杭杭一边描述一边笑："他们飞啊、飞啊，看到了很多很多高高的楼；他们飞啊飞啊，又看到了很多大桥……最后小男孩说，我要回家了，雪人带着他就回了家……"（幼儿根据画面进行简单的描述，对于一些事物或情景会使用一定的形容词和副词，如高高的、很多很多……对于一些角色的动作和性格也能够根据画面作出切合的描述和判断，如当画面的上方呈现男孩与雪人，下方呈现各种景物时，幼儿会对其进行动态的语言描述，如飞啊飞啊，看到了……飞啊飞啊，又看到了……当画面色调有了变化，男孩与雪人在画面上的位置与方向发生了变化，幼儿会对故事情节的进一步发展作出判断，如小男孩说我要回家了，雪人带着他回到了家。)

  图画书的作者努力地充分利用图画书上的空间，以画面精细的切割和密集的铺排，使图画的叙事过程显得非常流畅和清晰，没有一点切换与跳跃的漏洞。所以，最后，疲倦的男孩与雪人互道晚安，然后安心地回到家，躺在卧室的小床上，闭上眼睛酣睡，这份静谧与温暖让人的心灵舒展，还有什么比愿望完成后的安心更让人感到幸福的呢！不过，作者显然更希望孩子们获得的故事主题是珍惜与感恩，希望孩子们体验到更深刻的情感。这种体验也许只有当感受到失去时，才能深刻。所以，当第二天清晨醒来，小男孩兴奋地趴到窗边向外张望，寻找好朋友雪人时，只看到一摊融化了的雪水。杭杭看到这里时，表情难过，声音低低地说："它好可怜！"还有什么更好的方式让孩子感受到这种失去的遗憾与渴望珍惜的情感吗？听到杭杭的感慨，我好像在瞬间领悟了《雪人》的温暖与力量。淡雅的彩色铅笔画，细腻柔和而又内蕴力量，人物的表情清晰明朗、衣服的褶皱纤毫毕现、光与影的变化隐约交叠、动与静的转换情感激荡。风雪交加的暗夜，熟悉温暖的家，细腻动情的童真，都在朦胧与模糊的背景层次、描摹与渲染的画面风格、真实与幻想的故事情景、紧凑连贯的故事情节、张弛有度的叙事节奏中，使读者的感受和情感得以丰富、饱满与交融。

  无文字图画童书的画面如颜色、动作与形象等总是充满着想象与变化，这与幼儿的观察、想象与期待相互呼应，他们会自发地用自己的语言去勾勒与感受一个不同的情景情节、角色形象与情感体验，他们会不知不觉地在理解故事内容的过程中联系自己的生活情景与经验、经历，并发现这些画面所呈现出的甚至未明确呈现出的意义。正如《雪人》的结尾处理，幼儿会明确感受到画面所描绘的事物与画面所隐含的情感，孩子们会在感受、理解与感动中，自然而然地用自己的语言去描述、想象和表达，只有这时我们才会惊奇地感叹无文图画书所隐含的潜在力量。我们通常认为它适用于年龄较小的幼儿，且易与图画书相混淆。但事实上，它们不是为婴幼儿设计的，而是为3岁及3岁以上的儿童设计的，幼儿通过图画来创作故事，其中有些故事是十分复杂的。① 所以，作为图画书的一种独特形式，图画的叙事性很强，一般都能读懂，且愿意选择此类童书阅读。不过，这类童书因为只有图画叙事一条线索，所以往往画面变化微妙、图画所隐含的信息丰富、多图画铺排冗叙，幼儿对画面的观察、专注、描述并不易做到，因而需要成年人的鼓励和一定程度的引导，尤其当幼儿难以理解某些画面信息或者提出疑问之时，更需要成人的积极反馈与适宜引导。

三 纯文字类童书的符号困境

大多数幼儿不识字，所以"读图"是其进行阅读的主要方式。当然，这并不否定幼儿"识字"的可能性。事实上，在现实生活中有很多学前儿童已经具有一定的识字量，或者具有明显的前文字意识与倾向；而且在班级童书资源中，也不乏存在一定的纯文字类型的童书。

在幼儿园教育情景中，幼儿与这类纯文字类童书内容的互动过程主要有两种情况：其一，幼儿可以通过观察、翻看、讲读等方式进行童书阅读，与童书内容直接互动，不过这种情况较少发生或不能持续，因为幼儿多不识字，并不能读懂；其二，幼儿通过倾听成人对内容的描述、诵读与讲演等形式，即通过口头语言对图文书面符号进行传达与交流的形式，为幼儿与书面语言符号的互动提供条件和机会，尤其是对于纯文字童书来说，后者的价值更为凸显。最

---

① ［美］莱斯利·曼德尔·莫罗:《早期儿童读写能力发展》，叶红等译，南京师范大学出版社2013年版，第252页。

典型的场景如幼儿园教师组织的故事教学,给孩子们讲故事的活动,使得幼儿对纯文字类童书的"阅读"成为可能。世界上很多非常优秀的儿童文学作品还都是纯文字的形式,所以通过"成人讲读—幼儿倾听"的方式,可以非常好地开拓幼儿的阅读范域,且通过共读的方式培养师幼之间或亲子之间深厚和谐的情感关系与交流路径。

(一) 自主阅读的困境

联系本书第四章关于识字或不识字幼儿个体因素的分析,可以明确大班幼儿已经具有前文字意识和识字的能力,不过纯文字类的童书显然还是超越了学前幼儿的阅读能力的。在前述案例中有意思的现象是,5岁半的书敏会非常明确地告诉我她不爱这几本书的原因:一是因为这些书她都不喜欢(小组长选择的书);二是因为"这些书全是字""我根本不认识",表现出对这类文字书存在一定的排斥心理,而较少表现出专注与沉浸的状态。这种状态的持续会影响幼儿对阅读活动的兴趣,表现为书敏在"我"建议她寻找喜欢的书之前,并未对满桌的童书抱有期待,前面不愉快的阅读体验影响了其后她的阅读选择期待。直到在被鼓励选择自己最喜欢的书来阅读时,书敏才有了新的选择动力,当新选择的书符合她的阅读兴趣,且能够为她的阅读能力所接受时,这种阅读才是有意义的,对孩子的影响才是积极的。

可以说,在幼儿独立阅读的状态中,对纯文字类童书的阅读基本不会自然发生,即使发生,一般也不会持续很长时间,因为此种状态下的幼儿与童书之间的互动是难以建立的,"能读懂"是幼儿阅读具有意义的基本前提。

(二) "听"故事的"课"

故事课是幼儿园十分常见的一种教学组织形式。教师在故事课上通常会选择两种故事内容来讲读:一种是教师用书里的纯文字故事;一种是图画故事。此部分主要探讨关于纯文字类童书故事的"口头讲述—倾听"形式,即教师主要以讲述的方式描述和呈现故事内容,而幼儿则主要通过倾听教师的口头表达与观察教师的肢体动作等表达方式来与故事内容进行互动，对于幼儿来说，"倾听"与"观察"也属于幼儿阅读内容的范畴。而在这一过程中，故事内容本身不论是纯文字语言，还是图文相辅的书面符号存在样态，都可以通过教师口头语言的描述进行传达，这本质上依然是幼儿与书面图文符号的互动过程，不过，这种互动是间接的，是需要幼儿教师作为承载体进行传递与交流的。因此，不同教师的故事课，会因为不同教师的基本素养与教学风格，如性格态度、讲述能力、沟通与表达能力、师幼关系、文学素养等各方面的不同，而影响幼儿的"阅读"反应。

师幼共读短篇童话《真正的想法》
——教师用书里的纯文字故事

九点多，第一堂集体课是班主任 L 老师组织的故事课。L 老师的课有其独特的风格（教学与管理同一化，讲故事与训教同步化），也养成了一种特殊的气氛，如孩子们在她的课上总是比较"安静"，如果从外在表现上看，"安静"与"专注"是同一的，但只有身临其境，才能感受到也许还有另一种难以言说的氛围。以下是 15 分钟的课堂实录：

L 老师：今天，老师给小朋友讲个故事。[L 老师翻开《教师用书》第 28 页，开始讲故事。所讲故事内容选自山东省幼儿园课程指导教师用书大班（下）的内容《真正的想法》，教师用书里的故事都是纯文字故事，这篇也不例外。]

L 老师声音悦耳，讲故事时的声音要比平时更柔和，虽然没有设计教具来辅助故事的生动展示，但是孩子们听得很认真。L 老师将故事分为两个部分，前半部分主要是呈现故事前因，"皮皮狗很强壮，总想帮助别人，却总是惹得别人不高兴"。故事的后半部分用一个"可是"进行了转折，L 抓住这个关键词，展开了提问：

"来，我问一下，皮皮狗想帮助小朋友，为什么把那些小朋友都弄得不高兴了？来，谁说一下？""为什么它们不高兴啊？它只是想帮助它们，为什么它们都不高兴啊？来，找一个小朋友说啊！"

奕人："皮皮狗轻轻地一扯小乌龟的衣服，小乌龟的衣服上面就被扯了一个大嘴巴。"（奕人从一个具体的事情来谈。）

L老师："对，轻轻地一扯它，那是因为小乌龟的拉链是不是拉不上了？它只是想帮小乌龟把拉链拉上，可是它用力过大了，是不是？把小乌龟的拉链，把它的衣服扯出了一个大大的口子。"（旭旭听到这里，悄悄把自己衣服上的拉链使劲儿拉上去，还满足地笑了一下。）"哎，还有没有？"

小宇："每次要和别人说好，才能给别人做好事儿。"（认真地看着老师回答，声音洪亮。）

L老师："什么东西？我没听清楚，你再说一遍。"（可能没想到小宇是从整体上作分析的，所以没有反应过来。）

小宇："我说的是，得先和小朋友们说好，才能给他们做这些好事儿。"（回答完整，对刚才的回答作了一些更细致的解释，且不紧不慢，一如小宇的性格。）

L老师："哦，他说先和小朋友说好了，然后做好事儿。它只不过想帮助它们，可是……"

……

最后，L老师布置了作业："那今天晚上你们就把《真正的想法》这个故事，给爸爸妈妈讲一讲啊，听明白了吗？"

孩子们轻轻地、心不在焉地回答道："听明白了。"

L老师："哎，好嘞，啊，来……"（L老师停顿了十几秒，孩子们提了提神儿，感觉到老师要换个内容了，小眼睛都盯着老师看，等待着下一个环节。）

至此，故事课结束。

（选自教育田野笔记：《教师用书》里的纯文字故事——记一堂故事课，2016年12月）

这应该是幼儿园最常见的一种故事"课"模式了：教师讲读—幼

儿安静倾听—穿插提问—结合生活经验拓展故事内容—幼儿明白一个道理或知识等。当然，不同的教师在实践这一模式时，会有不同的表现力和感染力，存在不同的角色影响力，所以幼儿的听读效果是不同的。在本次活动中，在整个故事的倾听与理解过程中，孩子们大都是专注的，但是我并不确定他们是对故事本身着迷，还是受讲故事的人的吸引，抑或是对班主任"权威"的服从？单纯从外在阅读反应来看，孩子们在L老师讲故事的过程中，表现出"安静听故事""发言有秩序""表达只用嘴"这类反应，老师们也认为这种"安静又有序，认真且专注"的故事课就是好的故事"课"。但是，也许老师忽略了一个重要因素——情感的投入与表达越少，对于故事内容的理解可能也就越少，或者说这个故事对孩子的感染力与影响力也就越小。

成人给孩子讲读文字故事，对于孩子的阅读感受和经验来说，具有独特的意义。然而，大六班的这些孩子们在老师讲读过程中所表现出的不十分专注、对故事中应有的喜感体验未有明显反应，如故事中的皮皮狗总想帮助别人，却总是惹得别人不高兴，闹了很多笑话等情节，都是非常具有喜感和幽默感的情节，但是孩子们并未对此有相应的或明显的回应，甚至出现坐不住、拉扯、发呆、气氛沉闷等现象，这是为何呢？也许只有身处真实的情景中才能探究其原委，单就讲读来说，L老师对故事中不同角色的语言特点与形态特点都能比较好地表现出来。但在故事讲读过程中，似乎缺乏了对两个问题的思考：

其一，讲读不仅需要声音，还需要感染力，分角色的表演、直观性教具的配合，师幼对话互动等，都是讲读时必须具有的整体性情景；其二，讲读不仅需要老师读书，也需要幼儿与书进行直接的互动，幼儿在抚触童书、观察画面、翻页过程中建构着对童书概念的理解与情感，在聆听教师讲读的过程中，将画面与声音的感官感受逐渐内化为内在深层的理解与体验。

但是，纯文字故事的讲述显然不能给孩子提供与童书直接互动的机会,且教师也没有创设能够给孩子与童书直接互动的机会,所以幼儿通过单纯的听觉将信息转换成情景,而缺少了在视觉上的学习通道,其感受性可能会不够丰富和深刻。此外,教师在讲读过程中如果对于故事内容不熟悉,因而需要时时照着书读,这就相对降低了对故事本身所具有的趣味性的感受与传达,也减少了与孩子们的眼神互动与沟通。因而,孩子们在倾听的过程中,虽然大部分还算认真,但是并未感受到对故事本身的诙谐回应出应有的愉悦感,也就没有体会到阅读所带来的快乐和满足感。这样的阅读活动事实上是低效或者无效的,长此以往,对于幼儿的阅读兴趣与阅读能力的养成甚至是具有挫伤性的。事实上,有些书通过重复或因为是成人或孩子最喜爱的书而被赋予了特殊的意义,[1] 正如有研究者所探讨的,给儿童讲故事可以帮助他们建立起对读写的积极态度,它涉及习惯、分享和相互的情感,所以关心儿童的成人在读故事时所带给他们的温暖超越了讲故事这一经历本身。

此外,纯文字类型的故事内容一般都选于幼儿园教师用书——教材,而教材中的故事内容有两个显著的特点:其一是全文字,在幼儿用书中会有跟故事相配套的图画,但是在这堂课上,老师并没有给孩子读图的机会;其二是说教性强而趣味性不够,强调通过故事学习某个道理或知识等。不过,如果教师在组织方法上能对内容进行一些情景化的处理,增加一些直观性的情景或教具设计,在某些故事线索中,与孩子们进行互动游戏,也许孩子们听故事的效果就另当别论了。

---

[1] [美]莱斯利·曼德尔·莫罗:《早期儿童读写能力发展》,叶红等译,南京师范大学出版社2013年版,第256页。

第 六 章

童书阅读与幼儿发展的内在关联

童书总是以幼儿容易接受的方式呈现着各种变化多端、神奇奥妙的世界，其内容既投射了现实生活，又通过各种文学想象超越了现实生活，幼儿的心理尽管"未成熟"[①]，但是同样丰富多彩。当神奇、美妙、变幻的画面呈现在幼儿面前时，他们会看、会想、会问、会琢磨、会找答案，更会将自己的发现与感受竭尽全力地表达出来，因为他们需要的是在这个过程中与他人对话、与环境对话、与生活对话，逐步形成对自我的认识和概念。所以，童书阅读对孩子们必然意味着更独特的意义。在这个奇妙的世界里，幼儿更容易理解，更愿意全身心地投入，或高兴或伤心，或兴奋或害怕，他们往往会情不自禁，情绪会自然流露出来，一会儿手舞足蹈，欢喜惊呼，一会儿又紧张担心，叹气连连……在喜欢的童书世界里，幼儿是以全部身心观察着、想象着、猜测着、思考着、探索着、成长着……幼儿阅读童书的过程，事实上是稚嫩纯真的幼儿心灵与变幻想象的童书世界互动与碰撞的复杂过程，是幼儿对生活的经验方式和对世界的探索路径。那么，童书阅读对于幼儿的生活、生长与发展究竟具有哪些独特的意义？这个问题事实上正是我们深入此研究领域的核心驱

---

① ［美］约翰·杜威：《民主主义与教育》，王承绪译，人民教育出版社1990年版，第49页。

动力。要回答它，也许需要我们对幼儿读者的生命发展状态有更为深入的理解，对童书本身的存在意义有更为深刻的探讨。

第一节 幼儿自我发展的内在需求是幼儿阅读行为发生的原动力

对幼儿阅读过程的研究必须以幼儿研究为基础。人们对于幼儿的认识和态度，反映着人们对于生命发展初期所具有的不同理解，也隐藏着不同教育理念的价值博弈。在以往对幼儿阅读领域的相关研究中，总会以不同的方式对各自的"儿童观"立场作出阐释，包括对其发展阶段进行划分，对其身心特点进行概括，对其可能存在的影响因素进行探索，从身到心，由内而外，从单维的认知、社会性、个性等心理要素到"整个的"情意与审美建构等。而所有关于"儿童观"的研究几乎都开端于"儿童的发现"，是基于成年人立场对于"儿童"的认识和理解。因而，对儿童观的基本认识和界定的一般态度与判断都有其可循的历史渊源，亦有其逻辑的理论概说，这构成了教育者与儿童研究者思考儿童问题的始端与进行教育实践的基础，也为本书理解儿童的幼儿期提供了理论参照与意义借鉴。然而，在大多数情况下人们非常明确儿童期是一个连续发展的过程，关注其所涵盖的年龄段幼儿的身心发展所具有的紧密的连续性和整体性，而往往将"幼儿期"蕴含在"儿童期"中作同一的阐述。但对于"幼儿"的认识和看法，即"幼儿观"，却较少作为一个独立的概念进行专门阐释。事实上，我们是不能忽视幼儿阶段所独有的年龄特征与心理发展需求的，它属于儿童期（0—12岁）中3—6岁年龄阶段，是婴儿期的后成长阶段，是少儿期的前发展阶段，是儿童语言、思维与想象、道德感与个性、情感意志与社会性等方面发展的关键期。所以在阐释幼儿问题时，"儿童"这一概念所涵盖的发展阶段显然稍显宽泛，属于更广义的儿童认识。幼儿的童书阅读一定是基于幼儿的发展需要的,我们如何认识和理解幼儿,对包含幼儿精神意蕴的儿童观进行阐释,是看待与理解幼儿阅读过程的理念前提,是把握幼儿童书阅读过程及其反应表现中的心理特征与精神需求的必要基础。

一 幼儿具有内在的发展需要

人性具有发展的本能,幼儿处于人之发展的最初阶段,亦具有发展的内在需求。亚里士多德在《形而上学》第 1 卷卷首即指出:"人具有求知的本能。而人在求知过程中,总爱好感觉,而在诸感觉中,尤其重视觉。"[①] 的确,我们所生活的世界,实是一个充盈着各种符号的文化场域,文本是记录各种符号与承载人类文化的重要媒介,人通过阅读文本满足其求知欲望。于幼儿而言,感官知觉更是其与环境互动的最重要方式,尤其在接触、感受与理解文本图画与文字等符号时更是如此。可以说,无论基于视觉通道还是听觉通道,图文符号阅读是幼儿探索生活环境的极佳方式,满足他们学习与发展的求知愿望,这是一种内在的自然本质,而不仅仅是外在的价值需要。

幼儿对童书图文符号的阅读,从根本上讲源于幼儿在适应与探索自身生活环境时所天然具有的"吸收性心智",即幼儿具有对生存环境与生活世界适应、认识与发展的内在需要,也是马斯洛所说,幼儿之为人所具有的"认知需要"的本能。[②] 其以感官机能为基础,寓于幼儿现实生活经验的内在体验,既具有现实的可塑性,又具有发展的可能性,是每个人天赋的潜在发展动力。童书中的图画与文字对于幼儿来说本质上是一种符号阅读,这种符号阅读的经验恰如马克斯·韦伯所说"我们秉具有意识地对世界采取一种态度和赋予它

---

① [古希腊]亚里士多德:《形而上学》(第 1 卷),吴寿彭译,商务印书馆 1981 年版,第 1 页。

② [美]亚伯拉罕·马斯洛:《动机与人格》,许金声译,中国人民大学出版社 2007 年版,第 213 页。

意义的能力和意志"①，所以，人的本性即从来不会被动地接受直接给予的"事实"，而始终致力于超越"现实性"的规定。从某种意义上说，人是在不断地与自身打交道，而不是在应付事物本身。幼儿阶段尤其是这种与自身打交道的敏感期，即学习与体验的敏感期。幼儿通过图文阅读获得一种符号经验，这表现在两个方面：其一，阅读使孩子可以在一个有限的范围内，体验到各种生活的可能性。"它是学习的基础"②，它为狭隘的个体行动和单纯的专门技能提供了材料，使人形成了对于世界最初的客观视域和理论视域。这样的视域不是单纯的'给予'，而是建设性的智慧努力的结果。其二，阅读使幼儿个体的经验有了整体的背景、宽阔的视野和理智的认识，文本中的图文符号使幼儿在虚拟世界与现实生活世界的转换中生成理解。从而幼儿对于图文符号的感知，绝不是单纯的知识与事实的获得，而在于思想与情感的萌发。它能够为孩子提供更多表达自己的机会，这些机会则往往是以各种符号的现实生活形式展开的，以使孩子们在自己理想的世界观中成为真实的个人。

二　幼儿身心未成熟且不确定

相对成年人，幼儿的身心处于未成熟发展状态，但正是这种未成熟状态赋予其巨大的不确定性和发展性。

每个人自来到这个世界，就在学习应对物理世界的各种信号，当然，这种应对最初也许是未成熟的，因为"婴幼儿需长期抚育才能独立生活，相较于一般动物出生不久即能啄食和行路，表面上儿童是处于弱势的，但是这较长的生长时期恰是蕴藏着使他们进行比较复杂而高深的学习与成长的可贵潜能。因此，一般动物仅能被环

---

① ［德］马克斯·韦伯：《社会科学方法论》，韩水法译，商务印书馆2013年版，第36页。

② 周兢：《早期阅读发展与教育研究》，教育科学出版社2007年版，第2页。

境所制约，人类则不仅能适应环境，还能改造环境"①。事实上，人的生活世界之所以完全不同于动物的自然世界，即在于两者在实质上具有"理想与事实""可能性与现实性"的区别，故而使儿童富有可塑性，所谓的不确定性更意味着一种"生成"与"建构"的状态。正因如此，处于人之最初阶段的幼儿，具有无数的发展可能性和潜在的可塑性。其一，幼儿阅读是一个由多感官统合作用的过程，表现出其在感知、思维、注意、想象、记忆和语言表达等方面都具有独特的年龄特征、心理特点与精神需求。幼儿作为阅读主体，有其独特的学习方式、思考方式和行为方式，如具象化感知是幼儿阅读理解的方式，"一百种"语言是幼儿阅读过程的自然表达，情感体验寓于现实情景是幼儿阅读共鸣的实现前提等。其二，幼儿较难完成独立阅读，而更需要成人的陪伴与帮助，"共读"或"分享性阅读"是十分受幼儿喜爱的阅读活动状态，"听赏"成为幼儿接受阅读内容的主要方式之一，所以，幼儿阅读方式可以有更广义的理解。其三，幼儿多不识字，他们以读图为主的理解路径，一方面出于幼儿不以文字阅读理解为主的现实特点，另一方面则由于"图画"阅读本身的直观性特点，会促发幼儿对画面的直接感受、对想象需求的基本满足和对想象世界的初步建构。其四，幼儿想象力丰富，且以无意想象为主。3—6岁的学前儿童因为其认识经验的"有限性"，识字少或不识字、经验浅显，想象力丰富但以无意想象为主……然而，正因为幼儿知识经验的"有限性"，使其具有某种潜在的"发展性"，诚如杜威在《民主主义与教育》中所阐释的，"未成熟"在某种意义上与"潜在可能"具有等同的意味。

　　的确，幼儿读者的心理特点会影响他们文学接受的方式，基于前文大量的情景深描与叙事分析，我们已然能够感受到"听赏"是幼儿接受文学的主要方式，"图画"是幼儿理解文学的重要途径，

---

① [美]约翰·杜威：《民主主义与教育》，王承绪译，人民教育出版社1990年版，第15页。

"体验"是幼儿欣赏文学的重要特征。从更广泛意义上讲，幼儿的生活是符号化的生活，文字、图画及大千世界中的万事万物，对孩子来说都是符号。幼儿阅读的过程其实是不断与图文符号对话的过程，它实现了"现实世界"与"想象世界"的连接与对话，打破了"生活"与"想象"的现实界限，实现着"有限性"与"发展性"的生命张力。

三 幼儿具有自我意义建构的可能

生活世界是一个充盈着各种符号的文化场域，符号是人类生活的必然构成，亦是人类文化的基本形式。孩子从出生即已经开始适应它，且随着生长脚步的前行而逐渐学习通过各种符号形式"理解"与"创造"富于自己个体生命色彩的意义世界，从而获得独有的生命尊严与存在价值。至于这种符号生活是人一出生即具有的本能，还是后天学习过程中逐渐形成的技能，则无从得知，但毋庸置疑，符号形式之于人类来说，其意义非凡，无论承认与否，人都是生活在符号的文化世界中的，离开了符号这一媒介，人的生活将无法存在。

歌德曾说："人的生活世界之根本特征就在于，人总是生活在'理想'的世界，总是向着'可能性'行进。"[1] 每个儿童都不是被动的应答者，而是主动的建构者。他们在生长过程中以自己各种独特的方式理解世界，描摹着他人的符号，创造着自己的符号。这种符号生活使学习成为可能，使经验成为可能，使文化成为可能。"人类的全部文化都是人自身以他自己的符号化活动所创造出来的'产品'"[2]，而不是从被动接受实在世界直接给予的"事实"而来。在度过生命最初的适应期后，幼儿即开始用各种他所能想到的符号去认识、发现、理解、表达和改变他的生存环境。他们有自己的语言、

---

[1] [德] 恩斯特·卡西尔：《人论——人类文化哲学导引》，甘阳译，上海译文出版社2013年版，第6页。

[2] [德] 恩斯特·卡西尔：《人论——人类文化哲学导引》，甘阳译，第9页。

图画、音乐、自然探究等各种各样的符号化活动。可以说，文本阅读对于人类世界的符号与文化的承载是必然的。而幼儿在阅读过程中，对其所处环境中所有无意义事件，经由经验而赋予其意义的过程，就是其生成个体文化的过程。事实上，生活世界和阅读世界向幼儿所昭示的都是符号，或者说，自然世界的信号和人类世界的符号无时无刻不伴随着幼儿的成长，当幼儿对其未加注意之时即是信号，而一旦幼儿对其加以关注并予以认识时，即是对其赋予意义了，则成为符号。符号的学习过程就是幼儿对世界付诸意义的过程。生活世界是真实的，阅读世界在一定意义上是虚拟的，现实与虚拟，真实与可能之间是相互交织、相互为生的。幼儿生活在现实世界里，他们在阅读开始之时则如皮亚杰所说"不是空着脑袋开始的"，阅读材料的内容向幼儿展示着世界的亦虚亦实，既源于生活，又异于生活本身，然而却更加贴合于幼儿富有奇异想象的意义世界，每个事物都是有生命的，每个生命都是和他一样的存在，图文等书面符号都一样地富于神奇的魅力。对于幼儿来说，它完整地构成了阅读内容的本身，他们关注的是这些图文世界与他们自己的生活世界的现实符合，更关注这些图文世界与他们自己的想象世界的心理契合。阅读的对象本身是一种文化符号，阅读的过程其实是不同文化主体间思想认同、冲突与平衡的过程。从这个意义上说，阅读的本质即是个体文化生活与经验的意义建构，在不同阶段不同背景下的阅读经验，所铭刻的文化意义必然成为其成长过程中的独特印记。幼儿通过阅读在感官体验中认知符号，在生活中理解符号，并以符号的形式表达自我，从而获得自我的意义。

第二节　童书意义与幼儿心理的高度契合构成幼儿阅读理解的可能性

童书，是幼儿阅读内容的主要文本载体，其内容以儿童文学为主体，蕴含了人类所永恒追求的共同主题，如爱心、善良、同情、聪慧、宽容等，透过文学性的语言与想象性的情节，使故事聆听在孩子的耳，欣赏在孩子的眼，想象在孩子的脑海里，浸润进孩子的心灵中，使其享受着阅读的乐趣与情意。可以说，童书里的故事内容与表达方式，对儿童的语言、意识和情感都有着极为强烈的感化力量，旨在帮助幼儿成长为一个精神充实的人。童书的意义即在于用儿童能够接受的表达方式呈现与传递儿童文学的价值，其既是一种语言艺术，也是一种情感艺术，具有独特的文学意义和美学意味。

一　童书致力于儿童的发展

童书的源与根是儿童文学，起始于人类对儿童的爱与期待，凝聚着人类文明的结晶。从世界儿童文学的产生与发展来看，其在初期与成人文学并没有明确的界限划分。在农业文明时期里，成人世界的神话传说和民间故事中依然存在着大量的不能够为儿童所接受的作品；一直到中世纪晚期，人类开始走向工业文明，神话传说才逐渐由成人文学世界转为儿童世界所独有的文学形式，这一重大转变也促使了人类开始对儿童本位进行关注和思考，从而引发了对儿童文学的关注；进入20世纪以后，儿童文学作品的创作和研究在全球范围内引起了广泛的重视。换句话说，文学的历史悠久，但是儿童文学的历史不过二百多年，从成人发现"儿童"开始，即有了儿童文学，其从最开始就是怀着教育的目的诞生的，最早的儿童文学作品是由清教徒们所写的带有教诲性质和道德劝谕的故事。儿童文学为儿童提供了价值了解的途径，不仅给他们打开了一个奇妙的世界，而且可以在他们幼小的心灵中播下一颗美和善的人性种子。

童书内容蕴含天然的教育性。优质的童书总是饱含了"情感与温暖"，是创作者通过图画、文字等语言符号创作的艺术，呈现与幼儿读者的对话方式。尤其是那些几经传承的经典童书，凝聚的是人类文明的结晶，是以爱的传播滋养人类繁衍与发展的精魂，它以对真善美的颂扬担负起培育良知与教化的重任。可以说，童书是人类意义世界的一种文化存在样式，它以符合幼儿的文学接受能力的形式与内容，蕴含或传达了儿童文学作家对儿童与儿童生活的思想、观念、情感与期待。在某种程度上，也恰如彼得·亨特所认为的："一本童书（尤其是能让孩子自己阅读的书）不具有教育性或影响力简直是不可能的；它不得不表现某种意识形态……所有的书必定都有教化的内容。"① 这种意识形态不单是社会文化层面的，更多地指向创作者本身的思想意识、价值观和情感。所以，当童书文本呈现于幼儿读者面前时，就已然具有了某种教育影响，然而绝不是说教，而是一种教化。以艺术形象感染读者的儿童文学作品对儿童的意识和情感有着极为强烈的感化力量，其与幼儿的心理特点与精神需求高度契合，从这个层面上说，童书阅读的影响力是必然的，也是潜隐的，教育与认知的功能往往是在审美的过程中得以实现的。从根本上说它体现的是成人对儿童的热爱与期待，指向的是儿童的发展。

童书阅读旨在过程的建构性。成长中的儿童需要对生活有更为广阔的观察和探索，儿童文学能帮助他们突破现实生存空间的局限，成为他们扩大视野、认识世界的一个窗口。相较成人读者而言，处于成长发展关键期的幼儿更需要对生活有着更为广阔的观察和探索，需要更多的接触与想象，需要有更多的交流与对话，因为儿童的发展绝不仅止于思维与认知层面，还包括情感与价值观层面。童话家罗尔德·达尔就提出："儿童文学的目的不在于认知和教育，而在于阅读过程中让孩子频频生发惊讶和快乐的感受。"② 实际上，这种让孩子频频生发惊讶和快乐感受的也是一种教育，是情感和想象力的教育。文学作品不仅能够帮助儿童突破现实生存空间的局限，成为他们扩大视野、认识世界、自我发展的一个窗口，而且能使幼儿的

---

① 转引自［加］佩里·诺德曼、梅维斯·雷默《儿童文学的乐趣》，陈中美译，少年儿童出版社2008年版，第202页。

② 转引自文灵芝等《论儿童文学中的教育功能》，《当代教育理论与实践》2010年第1期。

想象力获得最大空间的发挥，使幼儿的情感在深入对话的过程中实现高度共鸣，引导孩子不断认识自我、认识与他人的关系、认识自然和融入社会。心理学家乔伊斯·布拉泽斯认为："一个人的自我认知是他个性的核心，它能影响一个人的所有行为举止。"[①] 对于幼儿读者来说同样如此，他们从认识自我开始，到认识自己与他人的关系、再开始认识自然，直到融入社会，人生轨迹基本涵括其中。儿童文学作品以它特有的方式，带着孩子周游自然世界，认识各种各样的自然现象和丰富奇特的生命样态，体会自然的奥秘；同时也向孩子们传递着人与人之间相互依赖的存在关系：理解、宽容、给予、合作、信任等情感主题，都是关系共存的基石。孩子们在童书世界里能敏感地意识到自身在社会生活中需要自信独立、沟通合作、理解宽容……为解决实际生活中的矛盾提供了启发和帮助。童书的内容是有关生活意义的虚拟世界，它为幼儿提供了体验在现实生活中也许无法接触到的想象世界的可能性，收获不同于游戏操作的独特体验，包括由图画艺术所带来的审美感受，由故事情节所引发的自由想象，由共读共情所获得的心理愉悦等。幼儿生活在富有鲜活生命意义的现实世界里，童书阅读过程的实质是文学作者与幼儿读者间的对话与交流，这种对话是两个生命、两个意义世界的互动、碰撞与共鸣，幼儿会在虚拟与现实的意义联结中形成个体经验，在虚实交互中建构主体的独特意义。

二 童书的美学品位根源于儿童文学的艺术特质

童书的美学品位根源于儿童文学的艺术特质，即无论从其外在独特的文学特征，还是其内在的精神品质上，童书通过图画与文字共同呈现了儿童文学的意境与意义；童书的内容与主题皆源于儿童文学对于真善美的永恒追求：儿童文学是培育儿童人文精神的情感文学。首先，它是儿童的，即在故事内容、主题蕴含、语言表达、

[①] 转引自朱自强《儿童文学论》，中国海洋大学出版社 2005 年版，第 615 页。

整体风格等上，都与儿童的精神意蕴相融合，与儿童的童真心灵相契合，符合儿童的审美特点与阅读需要；其次，它归属于文学，具有文学语言的艺术特质与文学意义的审美风格。童书相较成人所读书籍来说，总是独具了某种美学品位，表现在文学表达的"浅语"形式、叙事线索的"虚实"变幻、儿童精神的"人文"关怀等上。

（一）文学表达的"浅语"形式

童书蕴含的所有文学性要素、意义与风格，都需要最终通过语言来呈现和表达，由"图画语言"与"文字语言"共同营造和勾勒出各种不同的意境与情感，幼儿读者在阅读"图文"的过程中，如果能够体验到这种"美"的意境或者达到某种情感上的共鸣，也就实现了童书本身的美学意义。当然，儿童文学的语言具有不同于一般文学的特质，常被称为"浅语"艺术。"浅"所指向的是读者对象——儿童的认知特点；"语"即语言形式，浅语艺术即指儿童文学用适合孩子接受的方式传递关于"美"的信息和意义。幼儿所能自主阅读的童书一般都是图文相辅的，是多种媒介的结合：美好的故事、美妙的画面、美的主题，是一个复杂的有机整体。其中至少包含三类语言：文学语言、美术语言与教育语言。也就是说，童书的信息、美感与意义主要是通过这三种语言融为一体地呈现、传递与表达的。高尔基曾对儿童文学的语言这样评价道："儿童文学文体的简洁和清晰，并不是用降低文学质量的办法来达到的，而是真正艺术技巧的结果。"[1] 的确，儿童文学的"浅语"是其独有的艺术表达方式。

其一，语言的形象性。儿童思维与语言发展的特殊性，需要儿童文学语言具有形象性。尤其是3—6岁的幼儿，其思维的具体形象性和以无意想象为主的特点是如此突出，使得幼儿文学语言的形象性相较其他文学样式更为重要，因为形象化的语言能使幼儿将亲身经验与语言所提供的信息十分容易地结合起来，最大限度地帮助幼

---

[1] 转引自以群《文学问题漫论》，作家出版社1959年版，第250页。

儿达到语言与思维、符号与意义之间的有效迁移。形象性的语言，使事物或情感可观、可感、可聆听、可想象，例如绘本图画书《是谁嗯嗯在我的头上》充满童趣，既能愉悦幼儿的身心，又能激发幼儿探究的欲望：一方面，通过丰富的想象与联想，将每个动物的嗯嗯都进行了细致的描述，并且与幼儿生活经验中熟悉的事物进行比喻联系，使得事物之间的联系以可感知的形式显现出来，更容易被幼儿感知和理解；另一方面，突出语言的动作感，儿童的认知发生于动作，是由他自身与外部世界不断相互作用而逐渐形成的一种结构。动作感强烈的文学语言不仅能唤起儿童对认识对象的注意，而且可以增强对认识对象的理解。如对各种不同动物的动作描写，辅之以大量拟声词的运用，使角色更加直观、形象、立体。此外，语言呈现出鲜明的色彩感，儿童借助于色彩认知，可以对事物产生强烈的直观感受。作为事物最外在的表现，色彩也是幼儿认知事物的最直接感受，如童书中对鸽子嗯嗯的描写："又湿又黏的白色嗯嗯"，这样就将颜色与形态、形状同步加以描绘，使事物认知更具形象性。所有关于形象的描写，既使幼儿对于各种事物有比较清楚准确的印象，又使幼儿对于角色心理有真切且较细致的体验，从而既能激发孩子们强烈的求知欲，又能满足他们的愉悦感，同时使其逐步习得一种成熟的语言状态。幼儿在不知不觉中了解了不同动物的特点、不同动物"嗯嗯"的特性，并产生追问："为什么不同？"这是一个难得而珍贵的开展科学教育的契机……

其二，语言的简洁性。儿童文学的语言是丰富的，包括作者在描写事物、刻画人物、叙说故事时的叙述语言，以及在作品中的角色对话与交往中的人物语言描写等。作者通过不一样的语言叙述方式，通过不同的语言对话和独白来赋予人物不同的性格和情感。幼儿年龄小，难于理解和接受抽象复杂的语言，所以优秀的儿童文学作品总是在充分展示语言多样性的同时力求语言的简洁生动，选取明朗并富有表现力的语词和句式，使语言赋有丰富多样而又简洁明快的艺术魅力。欣赏英国安东尼·布朗的《我爸爸》：其语言简洁明快，把孩子对爸爸的爱用具体形象的语言简洁明快地描写出来，于细微之处凝聚孩子对爸爸的爱，也体会到爸爸对孩子的深情。简洁的语言使孩子易懂易记易模仿，孩子在赏读过程中也许会饶有兴致地谈论起自己的爸爸"像……像……"语言往往是表达情感的直接方式。

其三，语言的音乐性。朱光潜曾这样论述文学的语言："情感的最直接表现是声音节奏，而文字意义反在其次。文字意义所不能表现出来的情感可以用声音节奏表现出来。"[①] 声音能够塑造形象，文学语言除了意义层面外，还有声音层面（包括字音、语调、节奏和押韵等特点）。它不仅和意义层面相联系，具有传情达意的作用，而且具有独特的审美价值，给读者以听觉上的美感、音乐性和韵律美。语言学曾指出，在儿童语言发展的过程中，有一种"语言结构的敏感性"。其一，对语词排列的敏感性；其二，对语言的声音、节奏、重复和语词节拍的敏感性；其三，对语言不同功能的敏感性。如林武宪的儿童诗《阳光》，其语词的排列让诗歌更有韵律，对整与重复的使用使童诗更易被理解和接受，在一遍遍重复过程中加深了理解。正如文化哲学家卡西尔所说："符号的记忆乃是一种过程，靠着这个过程人不仅重复他以往的经验而且重建这种经验。"[②] 看似一遍遍重复，实际上每一次经验都已经与前一次不同，是前一次的深入、更新与提升。优秀的儿童文学作品都具有自己不同的语言特点，荒诞奇幻、诗意盎然、滑稽幽默等；不同的儿童文学作家具有不同的语言风格，如冰心作品的语言"柔美温婉"、金波的"清新明快"、圣野的"充满诗意"、金逸鸣的"形象生动、寓理于诗"等，不同作品的语言风格会影响幼儿感受不同语言文字的美感。

可以说，语言是儿童文学的根本要素，其"浅语"艺术的特质

[①] 朱光潜：《天资与修养——朱光潜谈阅读与欣赏》，辽宁教育出版社2006年版，第111页。

[②] ［德］恩斯特·卡西尔：《人论——人类文化哲学导引》，甘阳译，上海译文出版社2013年版，第88页。

亦具有丰富的审美意味——它具有语言的特性，讲究语言的准确性与规范性，这对于处在语言发展关键期的幼儿读者来说尤为重要；它是一种艺术语言，表现在它必须与具体的形象联系在一起，或通过词语的选择，或通过语法关系的多样组合，让事物或情感可观、可感、可聆听、可想象，以唤起幼儿读者的情境感与形象感；儿童文学的"浅语"必须从儿童的艺术欣赏水平与欣赏趣味出发，通过"巧妙运用"形成幼儿读者心目中的艺术形象。语言文学最大的魅力即在于通过鲜明、生动、具体的语言，把大千世界的性质、情状展示给读者，使其即使没有亲眼所见，也能够感同身受、如临其境。儿童文学的"浅语"艺术，更突出地迎合了幼儿读者的文学审美特点与文学接受能力，更有效地引导幼儿将童书作品中的故事信息与自己亲身经历的生活经验十分容易地结合起来，最大限度地帮助幼儿达到语言与思维、符号与意义之间的有效迁移。

（二）叙事线索的"虚实"变幻

童书里的世界，总给我们以美好的联想与感受，这份"美感"是独属于儿童文学审美的，既包括感受语言风格上的"美"，也包括感受作品意境上的"美"，这是一个心灵体验与对话的过程。事实上，童书里的世界如同我们的现实生活世界一样，处处彰显与折射出美好与温暖，需要我们去感受、体味和挖掘，但这又和现实生活世界的美不同，因为它来得更突显，更符合儿童的审美需要。

幼儿对于世界的认识和感受总是借助于想象与幻想的，这是儿童思维的基本特点——形象的、具体的、想象的。因而，童书里的世界也大多是非写实性的，或者说其艺术幻想大多都是超现实的，是创造性的想象。正因如此，儿童文学离不开艺术幻想，没有艺术幻想也就没有儿童文学。当然，幻想与想象不是凭空的，而是具有一定的现实基础的，这就必然形成虚拟的与现实之间的联系与相互投射，从而也就构筑出童话所具有的象征意义。正因为对现实的关照与折射，儿童文学的叙事过程总是具有了现实与幻想两条线索，并且进行着各种巧妙的构思，文学研究者将之称为"双线结构"，即现实与幻想两条线索在作品中同时存在。这种叙事方式具有三种基本样式：其一，平行线——现实与幻想各成一个独立的世界，但两者又相互联系。如怀特的《夏洛的网》，小女孩与小猪都是真实的生命交集，共同生活在这个多彩的世界里，故事深刻地融入了孩子的泛灵思想与生命一体化心灵。其二，两线糅合——幻想人物存在于现实的生活中。如安徒生的《海的女儿》，幻想出一个虚拟的不存在的人物形象，并将之糅入现实生活中，充满着幻想，带给孩子现实生活所无法赋予的奇异之美，同时也贴合孩子认识过程中本就天马行空的想象。其三，虚实线——以虚拟的幻想世界为主线，现实世界为虚线。如英国作家米尔恩的代表作《小熊维尼·菩》，完全虚拟了一个世界，但是所思、所想、所感都是以现实生活为基础的。这种"虚实"变幻是儿童文学必要的美学品格，因为它是前两种文学特征实现的必要条件。

现实与幻想的交相辉映，蕴含着童书不同的意境之美和精神内蕴，呈现出极为不同的审美体验，体现出深刻的美学意境："虚拟"世界与"现实"世界的交融和变幻，总是以更适合的方式引导孩子们领略文学境界的美，无论是民间传统儿童文学还是文人的现代儿童文学，都体现了成人对儿童和儿童生活的热爱和期盼，蕴含了浓烈的人文关怀和现实观照。正因如此，我们会发现很多经典作品的虽然荒诞、离奇但不虚浮，因为它们是有根子的，这个根子就在于我们的现实生活以及我们的文化。他们通过不同的艺术风格、不同媒介材料的图画文学语言呈现了一幅幅美妙绝伦、真实可现、变幻多彩的故事情景。小读者的单纯与创作者的成熟或者说儿童世界的单纯与成人思考的成熟，本质上是一个基于图文的生命对话，也许哲学诠释学所谓的"视域融合"就是这样一种基于图文的来自不同主体间的生命对话，这种对话的精神就是童书的内在品质——童书本身内蕴的是作家对现实生活的深切感受，是其表达对现实认识和见解的绝妙方式。所以，无论从外在独特的文学特征，还是其内在的精神品质上，都需要我们深入思考儿童文学与信仰，儿童文学与哲学的关系，收获自身心灵的体验，也升华着对幼儿阅读指导的生命深度。

(三) 儿童精神的人文关怀

童书的美学品味必然承载着儿童文学的精神追求。儿童文学作为文学形态之一，同样渗透着深刻的人文关怀。放眼世界儿童文学在漫长的文学发展史上所经历的变化和发展，儿童文学是成人为传达对下一代的道德与文化期许而寻找的一种与儿童进行精神沟通与交流的方式，一种适合儿童身心发展特征的对话路径，一种能够为儿童所接受的沟通渠道。

世界上第一本童书产生于18世纪的欧洲，直到19世纪晚期，一些图画书才开始被出版和受到关注。[1]而我国自清末至今，走过了百余年历史的现代中国儿童文学，留下了许多童书佳作，哺育着一代代少年儿童健康成长。[2]并且随着社会的发展进步而不断更新着儿童文学的文本载体形式与功能样态。可以说，不同的人、不同的时代对儿童有不同的认识，亦有不同的文学表达方式，所以对于儿童文学、童书之于幼儿的意义，不同的人有不同的理解，但总有一些东西是永在的——对儿童生活的投射，对儿童精神的关照。这种投射与关照，实是对童书美学品味的核心透视，其源自于儿童文学作家独特的精神特质和生活感受力，与儿童读者的心灵对话，在一定程度上反映着成人世界对自身儿童时期的重新认识与回归，也体现了其对儿童世界存在的现实意义的关照，表现出某种特有的文化品格，通过文学作品表达人类对下一代的思想感情、人格品德、心灵修养等方面的期望。郭沫若先生曾在其《儿童文学之我见》中谈道："儿童文学当具有秋空霁月一样的澄明，然而绝不像一张白纸；当具

---

[1] [美] Jeanne M. Machado：《幼儿语言教育》，王懿颖等译，北京师范大学出版社2012年版，第230页。

[2] 杜羽：《好童书滋养儿童心灵》，《光明日报》2015年6月3日第9版。

有晶球宝玉一样的莹澈，然而绝不像一片玻璃。"① 这里的澄明与莹澈，也许最能把儿童文学所凝聚的透明的单纯与快乐表达出来，其亦指向了儿童文学的美学特征——对儿童精神的人文关怀。儿童文学研究者曹文轩曾阐述道："'如何使今天的孩子感动？'……在提出这一命题时，我们是带了一种历史的庄严感与沉重感的。……能感动他们的东西无非也还是那些东西——道义的力量、情感的力量、智慧的力量和美的力量，而这一切是永在的。"② 在童书里，作家充满着奇异色彩的想象与幼儿的幻想在精神意蕴上是趋于一致的，幼儿具有泛灵思想、视角上以自我为中心、思维方式上总是借助想象与幻想来理解事物及事物间的关系等，而童书作家"试图用童话的形式述说自己对这一世界的一些感受"③，即是对幼儿认知与情感的最佳应和；作家至真向善的情感、明辨是非的道德观、涵纳宇宙人生的哲理意识、富有儿童情趣的幽默感，引导着儿童的心智慢慢走向成熟；童书中自然流淌的纯净、真挚、质朴的情感以及精心营造的感人至深的美好意境，提升着儿童的艺术品位，为儿童读者提供了含蓄而久远的精神享受。

上述即是我们对儿童文学美学特质的解析与探究，这个问题往往被儿童文学研究者们认为是儿童文学本身最核心的问题。以往研究要么从美学角度寻找思想脉络，即探讨语言艺术在创造中的审美关系；要么以审美的独特性作为论述宗旨，以儿童为读者对象从儿童自身的成长特点以及精神心理特征出发，阐释儿童文学的基本美学特征。事实上，对儿童文学美学的探讨还应具有更加深层次的现实意义和更加深刻的美学意义。童书是儿童文学的文化承载，亦体现着儿童文学的精神意蕴，其外在的语言文学形式往往也深蕴了每个时代对儿童与儿童生活的热爱与期待，凝聚了对儿童精神的人文

---

① 朱自强：《现代儿童文学文论解说》，海豚出版社2014年版，第89页。
② 胡健玲、孙谦：《中国新时期儿童文学研究资料》，山东文艺出版社2006年版，第52页。
③ 方卫平：《中国儿童文学大系·理论》（3），希望出版社2009年版，第320页。

关怀，蕴含了某种对于儿童的认识和观念，并透过文学作家的"用心表达"与"有意描画"，通过文字、图画或其他语言艺术的形式来呈现和表达，承载着成人对儿童未来的一分热切。因而，关注当下儿童的生存状态，深入儿童的现实生活，了解他们的思想情感、心理特点和精神需求，当是童书本身的核心价值追求，亦是对童书美学品味的根本把握。

三 童书蕴含儿童文学所秉具的文化意义

童书的内容与形式是丰富纷繁的，它以儿童文学为主体，蕴含着非常丰富的社会文化内容，是特定文化的产物。如果说童书是儿童文学内容与精神的承载者，那么其所秉具的文化意义即主要指向儿童文学所内蕴的文化意味。

卡西尔曾说："艺术是我们个人生活的展示。"[①] 文学总有观照生活的现实力量。儿童的文学亦是如此，它充满着灵动的气息，是最具生命力思想的声音，需要在更广大范围里的传递与交流，需要有更久远时空的传承与思辨。童书文本作为最适宜的积淀与承载方式，当其被引入儿童生活，与儿童读者的个体文化层面相互融合之时，其秉具文化意义的生命本质才得以真正实现，于儿童的生活、生长与生命具有了深远的影响。如果基于儿童文学所内蕴的文化意味来理解童书所具有的文化意义的话，无论是传统民间儿童文学，还是现代文人儿童文学，它们由古至今都浸润和彰显出不同民族、历史与文化的血脉与性格，凝聚成文字并以文学语言的艺术形式呈现与表达出来。最早的儿童文学源于民间文学，具有集体性、口述性、地方性和民族性的特点，其作者是人民大众，其传播形式是从无文字记载的口耳相传，到有文字记录的搜集整理，极富地域性与民族性的色彩和特性。民间流传的儿童故事是儿童文学的雏形，从

---

① ［德］恩斯特·卡西尔：《人论——人类文化哲学导引》，甘阳译，上海译文出版社 2013 年版，第 290 页。

其文学艺术的角度讲,在幻想性、主题、人物、结构等方面有其独特性,如固定的叙事模式、类型化的人物角色与鲜明的道德主题等,蕴含着浓浓的人文情怀,从多方面反映出人们的生活和历史真实,也在一定程度上反映了其民族性格、心理特质和审美趣味。正如谭旭东在其《中国童话的问题与价值》中所谈:"民间童话展示了人类的叙述智慧。民间童话是人类的梦想,也是人类道德的入门书。作为一种幻想文体,童话承载了人类的梦想,也承载了人类对生存和道德的思考。它不但给人想象,更给人很多生活的启迪,尤其是成长生命的教育。"[①] 民间流传的传统儿童文学作品就如川流不息的河水一样永不枯竭,经由几千年的演化与传承,在漫长的时间里,在它们一天天变得更古老的时候,又不断加入新的元素,始终变化与发展着,适应着历史的变迁和时代发展的需要,它为什么具有如此强大的生命力?又为什么深受儿童喜爱与令儿童着迷?它在单纯的主题与叙事脉络中,却蕴含着丰富而深刻的思想内容:它起源于最古老的神话传说,吸收了最早的人类文明结晶,流传于广泛的民间大众中,积淀了地域民族的文化意蕴,更承载了世代对美好生活的热爱与追求。相较民间儿童文学,文人作者们专门为孩子们创作的儿童文学作品在文学、艺术、语言、构思等方面具有独特的艺术品位和美学特质,在精神意蕴和文学特征方面都更加凸显出专门性和专业性:驰骋真挚的爱的底蕴、诗意的语言与意境、完美的构思与结构、深刻的哲理与智慧、扎根于生活的丰富的想象力等。而这些艺术品位与美学特质又总是能与孩子的精神意蕴相融合,与孩子的童真心灵相契合,符合孩子的审美特点与阅读需要。童话大王郑渊洁在其《童话属于孩子们》中阐述道:"童话是写给孩子看的,因此童话作者首先应该想到孩子,应该剖析和了解儿童的特点。"[②]

[①] 谭旭东:《中国童话的问题和价值》,《中国文化报》2013年7月12日第3版。
[②] 方卫平:《儿童·文学·文化:儿童文学与儿童文化论集》,二十一世纪出版社2009年版,第199页。

儿童文学作家的艺术思考和创作总是以儿童读者为轴心的，他们把自己看到的、听到的、感受到的美好和快乐的作品分享给孩子们，通过图画和文字语言的表达形式将之熏染与润化，再如"春风化雨"般浸润儿童的生活，润泽儿童的心灵，从而呈现出全新的艺术面貌。

可以说，文学阅读实则是文化阅读，符号阅读实则是意义阅读，童书阅读实则是主体意义建构的过程。文学与文化、符号与意义、阅读与建构就其生命本质来说，是一个"以身体之，以心验之"的真实的主体体验过程。我们在幼儿阅读的过程中，所致力的也是将以儿童文学为内容主体的童书文本，化育成孩子"懂生活、会生活、爱生活"的文化环境，实现其作为幼儿阅读内容的重要载体在"文化—文学—教育—幼儿—生活"之间所必然具有的生命张力。

第三节　童书阅读的多维价值体现　幼儿阅读过程的发展性

一　求知的本能与想象的愿望

正如前文所述，童书的图文世界与幼儿精神的心理契合构成了幼儿阅读的内在动机，是其愿意走进童书世界的根源。

学龄前幼儿对生活环境的感受非常具有依赖性，且随机性强。表现在幼儿对其所身处环境的被动接受和主动适应上，幼儿们睁开眼睛看到什么、张开双手触摸什么、开放心灵吸收什么等从一定意义上说，都是基于其所身处的环境。除了现实生活世界的各种具象化事物外，各种语言符号也许是生活世界中存在样态最为广泛，媒介形式最为丰富的文化形式了，如日常生活中各种图文符号载体，包括标签、广告牌、说明书等说明信息类符号载体；或者以书籍为主的，呈现出各种想象情景和丰富的故事情节的文学想象类符号载体。可以说，在童书世界里几乎无所不能，可以最大限度地满足幼儿的想象需求、审美体验和愉快感受；或者恰是因为幼儿的想象，童书世界才充满可能，也给幼儿提供了更多发展的可能性。当然，不同的幼儿主体，在背景性知识与经验、整体性生活环境、个性化兴趣与需要等方面都具有显著的差异性，因此，他们在面对不同的童书内容时，会表现出不同的参与倾向、专注神态、语言表达、行为动作、情绪情感等阅读反应，这也是本书第二章基于田野研究所考察的真实生活与现实表现。我们认为，童书所呈现的内容既投射了现实生活世界，同时又通过各种文学想象超越了现实生活世界，幼儿对童书阅读需求的根本动因即在于童书对儿童想象空间的无限呈现与幼儿主体对未知领域的无限探求。基于此，童书阅读对孩子们必然意味着更独特的意义。

二　信息的互动与情感的社会化

阅读活动虽与游戏活动等直接经验不尽相同，但是同样充满了求知探索的快乐；阅读内容往往超越了现实时空，呈现出一个不同于现实世界的想象空间。如果说游戏是幼儿对当下生活环境探索的重要方式，那么阅读则建构了孩子在现实生活环境中可能无法得到满足的、超越现实世界而对想象世界的探索过程。阅读为孩子适应、探索、改变和改造周围环境提供了想象的空间与视野的拓展。可以说，阅读与游戏对幼儿的成长具有同样的意义，都是其与生活、世界对话的方式，都是其对环境适应、生存与发展的基本路径，反映了幼儿对未知领域的求知天性。

幼儿阅读的理解过程是多感官统合理解的过程，如耳听、眼看、手触等多感通道。而当一个人专注于所阅读之文时，这种多感官会高度统合成为一种全身心的投入与互动过程，触动心灵，激荡情感……对于幼儿来说，阅读既包括浅层次的书面符号信息的传递和理解，更蕴含着深层次的情感体验的融入与表达。曼德勒等研究者曾深刻地表明，儿童理解图式是在真实生活经验与故事阅读过程中共同形成的。[1] 他们通过与周围环境的不断互动对话，来认识和建立自我与外在环境的关系，建构对世界的认识。童书通过图画与文字呈现出一个想象的世界，也是一个充满了人世间各种复杂存在及其情感关系的世界，幼儿在一个个图画故事中见识了人生百态，也品尝着各种生活滋味，情感的体验经由自我投射自然形成迁移和共鸣。幼儿是将整个身心都浸入童书内容与主题中的，虽然幼儿对于某些情感的体验并不深刻，然而，随着时光的流逝、历练与积淀，童年时的各种经验与体验会在其心理深层打上烙印，这个烙印是幸福还是悲痛，都会在成人之后的某个时段甚至终生产生着影响。正如蒙台梭利的"精神胚胎"[2] 概念所认为的："我们生活的每一刻，包括我们的性格、我们的习惯、我们的情绪，实际上都在童年里头有一种同构的素质潜含在那里……"[3] 亦隐含着其对童年价值的思考：每个个体，无论伟大还是平凡，其人生与心灵都是从儿童时代及童年精神中得以孕育的，并以此作为起点，因为它孕育着成人精神的雏形。从这个意义上讲，将童书阅读寓于幼儿的游戏精神、生命的本真感受与现实的生活意味中，认识与情感不仅收获于当下的童年幸福体验，而且会将此延伸到未来的生命之中。

三 语言的表达与思维的呼应

3—6 岁的幼儿处于语言发展的关键期，他们大都渴望与外界环境进行对话交流，且常常表现出以自我为中心的思维方式，因而，大多数幼儿常具有比较强烈的语言交流倾向和语言表达欲望。此外，幼儿期亦是发展书面语言符号的敏感期，其口语能力，包括幼儿的

---

[1] Jean M. Mandler and Carol A. Robinson, "Development Changes in Picture Recognition," *Journal of Experimental Child Psychology*, Vol. 26, No. 1, 1978, pp. 122–136.

[2] ［意］蒙台梭利：《蒙台梭利幼儿教育科学方法》，任代文译，人民出版社 2001 年版，第 405 页。

[3] 刘铁芳：《回到原点：时代冲突中的教育理念》，华东师范大学出版社 2006 年版，第 83 页。

理解性词汇、表达性词汇和语法能力对于幼儿的童书阅读理解都有显著的影响,且会随着年龄的增长而逐渐增强,其中,表达性词汇是影响最大的口语能力因素。[1] 可以说,听力理解与口语水平也都是幼儿早期阅读的重要成分。

有研究者提出:"童书阅读是儿童接触书面语言的形式和运用的机会,是儿童发展语言能力的机会,是儿童掌握词汇构成和文字表征的机会,同时也是儿童发展学习读写的倾向态度的机会。"[2] 幼儿虽难以通过流畅且成熟化的口语交流方式来完成深入沟通,然而,不可否认的是,这一年龄阶段的幼儿已经具有了非常明确的内在表达欲望与外在表现行为。他们有喜怒哀乐,有情感欲求,虽然口头语言并非他们所擅长,但是正如马拉古奇所言"儿童有一百种语言",这意味着儿童表达方式的多维多样性。幼儿在童书阅读过程中的表达除了显示在诸如交谈、讲述、歌唱等有声语言上,还隐藏在他们的涂鸦、绘画、手工制作、节目表演等创作中;隐藏在孩子们的眼神、表情、动作甚至是沉默不语的情感流露中;也隐藏在孩子们上课、游戏、思考的活动中……在观察中我们发现,幼儿在童书阅读过程中的语言表达一定与画面信息相关、幼儿的关注点一定会受童书本身的图文线索的影响,幼儿之间的分享与共读一定会以童书的故事线索为载体等。幼儿的阅读大致经历了从最初的"文字和图画没有辨别意识"到"关注文字",并从文字中获得信息的过程。在这个过程中,随着幼儿年龄的增大,符号的认知让幼儿从心理上产生满足感,在口语和书面语言之间建立起联结,在文字和图画之间建立起意义联系,这些都为儿童最终成为自主的文字阅读者打下了基础。

---

[1] 李林慧:《学前儿童图画故事书阅读理解发展研究——多元模式意义建构的视野》,博士学位论文,华东师范大学,2011年。

[2] 周兢:《论早期阅读教育的几个基本理论问题》,《学前教育研究》2005年第1期。

理解是阅读的最主要目的，意义理解是读写能力的重要成分，[①]图画和文字共同作为图画书的呈现方式和表达系统，相互阐述和补充，各自为故事的表达发挥独特的作用。这不仅需要一定的语言表达能力，还需要对故事内容具有一定的理解能力等。对于年龄较小、语言理解和表达能力未发展完善的幼儿来说，他们对于图文的理解主要依赖于对图画的视觉感知与描述、对已有经验的联想和联系、对成人讲述故事的倾听与理解等，而鲜明生动的角色、形象、情节、主题往往能够在潜移默化中感染和熏陶其心灵的成长，幼儿会通过故事理解自己生活中的方方面面。可以说，现实生活给幼儿提供了很多感性的事实经验，但是童书更能给幼儿提供一个专门的"研究场域"，用儿童更容易接受的语言，用儿童更容易理解的方式，给孩子以自由的想象与探索的机会。诚如苏珊·朗格所指出的，理解符号的能力，即把关于感觉材料每一物都完全看成其所包含的特定形式的能力，是人类独具的精神品质。[②] 童书在幼儿丰富多彩的个体性格形成中发挥着不同的作用，给孩子带来了不同的阅读感受和想象趣味。

四　审美的感受与自我的发现

好的图画书会用图文叙述故事，富于趣味性的图画、简单形象化的文字、恰当的色彩运用、合理的节奏推展和细节描写等符合幼儿心理发展特点，能激发幼儿阅读的兴趣和动机，促使幼儿通过图画书获得快乐和情感的满足，带给孩子以无限的自由想象和美的体验，这种自由与美感赋予了幼儿在阅读过程中极大的主动性和创造性，引发幼儿对阅读的热爱。所以说，童书阅读是促进幼儿情感体验与意义建构的过程。

---

① 孟祥芝等：《中文读写能力及其相关因素的结构模型》，《心理发展与教育》2003年第1期。

② ［美］苏珊·朗格：《情感与形式》，刘大基等译，中国社会科学出版社1986年版，第427页。

每个儿童都会以不同的方式建构故事的意义，与故事产生不同的意义联结。他们以各自喜欢的方式与故事互动，建构故事的意义，不同年龄的儿童对故事意义的理解和建构具有不同的倾向与特点。无论从儿童图画书阅读的语言产出角度还是从视线注视角度，儿童通过读"图"来理解童书内容是无须多言的，他们完全有能力按照自己的想象将图画书里的一页一页图画"整合"成一个完整的故事，还会一眼就发现画面里隐藏的一些细节和"秘密"。图文视觉材料可以成为组织幼儿注意、记忆、思维、想象、语言及情感表达的积极的刺激信息，为其提供对于读写体验的积极主动的参与，提高语言结构、理解力和对故事结构的概念等，从而使幼儿"逐步持续地萌发尝试探索周围环境中书面语言的行为"[1]。有关儿童阅读反应的研究认为，儿童联系生活经验以及先前的阅读经验理解故事的角色、背景、情节，推断故事的发展，理解角色的情感、故事的深层含义与主体，同时也理解了图画和文字符号的不同形式与意义之间的关系。每个幼儿都有自己的思想和情感，幼儿阅读的过程更是一个涉及知识经验、语言、想象、思维、情感、社会化及审美能力发展等诸多因素的复杂心理过程（松居直，1997；瓦伦丁，1991；Jeanne M. Machado，2012）。所以，幼儿阅读不是简单的对一种"客观现象"的感知，独特的环境与丰富的内容更是构成了独有的文化背景，使得幼儿将其原初心智寓于一个更广阔的背景下进行心理互动与自我建构，当然，这需要成人的阅读指导，深入幼儿的内心世界，以个人的角色去"了解"这个世界，"理解"这个世界，"对话"这个世界，从而使得幼儿在童书阅读过程中获得更丰富的感受和更深刻的影响，如语言的习得与文化的熏染，对世界的认识和对自我的接纳，命名世界与自我意义的形成等。

---

[1] 余珍有：《日常生活中的早期阅读指导》，《学前教育研究》2005年第1期。

第 七 章

幼儿阅读现实问题的
反观与指导建议

　　幼儿是未成熟的生命主体，阅读是幼儿借由各种媒介文化符号交互作用从而达成个体生命成长的发展路径。幼儿阅读问题的田野考察价值即从幼儿生命本体出发，向教育日常生活方式发问，向生命存在的应然状态发问。在前几章内容中，研究者通过田野研究的方式深入幼儿园教育场域，对幼儿童书阅读反应进行了尽可能广泛、细致、充分的考察、描述和分析，力图通过教育民族志的方法呈现幼儿童书阅读过程的真实反应，阐释幼儿对于阅读文本的理解过程。不过，对于案例情景进行"深描"的目的不在于引导模仿和重复，而在于对不同情况下的"场景"建立联系、迁移和发现的认知过程。田野研究关于幼儿童书阅读理解过程形成的初步结论，可以作为反观幼儿阅读现实问题的参考镜鉴，旨在获得对现实具有更广泛意义的观点、认识和判断。

第一节　幼儿阅读现实的反观

　　在整个研究过程中，笔者选取了许多幼儿阅读情景进行"深描",并基于此获得了关于幼儿阅读理解过程的结构性理解,文中所列举的所有幼儿的表现总是给笔者以启发、灵感和惊喜,然而,这并不意味着幼儿阅读过程中不存在需要反思与警醒的问题。事实上,笔者置身于现实教育情景中时,常常会因为一些看似常识却隐含着深刻理念冲突的问题现象而感到困惑:"故事讲读与图画书阅读""独自阅读与自主阅读""屏幕阅读与纸质阅读""自由阅读与自主阅读""浅阅读与深阅读"等,具体来说,表现为幼儿教育者对于"阅"读的忽略而贯之以"讲"读、对于"自主"读的误解而偏向于"独自"读、对于"屏幕"读的依赖而忽略"纸质"读、对于"深"读的不解而导之以"浅"读等诸多问题。事实上,上述问题可以概括为幼儿教育者们对于幼儿阅读、阅读文本以及幼儿阅读指导的认识论问题。而究其根本,则在于对幼儿主体意识的欠缺。或者说,欠缺幼儿主体意识是当下幼儿阅读现实的最根本问题,具体观之,可以从如下几个问题维度进行详述。

一 幼儿自我发展能力被忽略

幼儿童书阅读的过程是主体意义建构的过程,是幼儿个体生命成长的发展过程。发展的主体是幼儿自身,意义建构的主体亦是幼儿本身。然而,在现实教育情景中,我们常常发现幼儿作为生命主体的存在价值、自我发展的能力、求知或学习的方式被无视、忽略甚至受到限制。幼儿天真烂漫、好奇好动、想象丰富且探索欲强,然而在童书阅读过程中,幼儿主体的发展却常存在各种规限,如"自由的欲求"与"规则的泛化"、"求知的本能"与"时空的限度"、"表达的多元"与"教育理解的不足"等。

如果说文化总是通过对某些行为、习惯、技术等的评价来表现的话,那么幼儿园阅读教育中教师对"听话""安静"幼儿的表扬,对"配合"教师活动而少有自我想法幼儿的夸赞,在幼儿阅读教育活动中园长、教师和家长对幼儿"认知""道德"培养的普遍性认同,则集中反映了成人的而非幼儿的文化观。成人以成年人的视角看待幼儿，以在幼儿中发现那些更像"大人"的孩子为傲，培养孩子像大人一样学习、做人和读书等。所以，笔者在幼儿园观察的数月里，常常会强烈地感受到成人"规则的泛化"与幼儿"自由的欲求"之间的冲突，例如 BH 幼儿园在绘本阅读教学中，教师要求幼儿仔细听故事而不要讲话，当幼儿看到图画兴高采烈地想要表达时，教师会担心秩序问题而不断强调纪律，对"表现好""听话"的孩子予以极力表扬，而那些好动、表演欲望强、爱抢答、配合不积极的幼儿总是被批评；对于幼儿是否喜爱阅读，往往将幼儿单一的行为反应——"看书"作为参照标准而没有看到幼儿与童书互动方式的多样性与多元感官通道的理解路径，从而忽视了幼儿对于童书内容天然的亲近感与精神的契合性等，这些都体现出其对于幼儿学习方式、思考方式、理解方式独特性的忽略，而希望幼儿像成人一样学习与思考的教育倾向。在这个小小的教育场域内，规则的泛化与自由的欲求愈来愈将"师—幼""人—人"的主体间关系推展为规训者与被规训者的关系，规则本身是没有消极意义的，很多常规的设定也旨在养成幼儿良好的习惯，但是"泛化的"规则确实事实性地限制了幼儿的自由表达空间，剥夺了幼儿的主体话语机会，尤其是当教师对幼儿阅读方式仅能给予单维理解而不能作出积极回应时，就已经使得这样的课堂成为没有生命对话的表演场，教师是控制全场的导演和主演，幼儿仅仅是被动的观演者，表面上的"安静""秩序"已是对幼儿天真、活泼生命状态的压抑。

笔者在这样的场景中常常有特别深的感触：什么是学习能力？学习能力是儿童在与周围环境相互作用过程中，获得有意义经验的能力。孩子们所能获得的"成长"养分，只能是他们自己自由自主地在环境中挖掘获得的，而不是成年人咀嚼后再单向地传递给他们。当然，这并不是否定教育的价值，教师的存在绝不在于单向地、直接地干预，而应重在间接地、环境一般地支持，支持孩子主动自由地寻求发展。让孩子有书可读，有选择自由、有交流机会、有表达权利，在自主自在中体味到阅读的乐趣，才能使其更好地成长为一个自主的阅读者。

二 童书本体存在意义式微

童书是幼儿阅读的内容载体，由色彩、线条、语言、情节、形象等图文形式构成，儿童文学作家通过图画的、文字的或其他语言艺术的形式来呈现和表达对于儿童及儿童生活的认识和观念、热爱和期待，凝聚了对儿童精神的人文关怀，蕴含了某种对于儿童的认识和观念。因而，童书本体的存在意义即是文学与审美的意义。每一本适宜幼儿阅读的优质童书，都有其自身内蕴的文学意义与审美意味。然而，在现实教育情景中，虽然儿童读物琳琅满目、文本载体形式丰富多样，童书本体的存在意义却渐显"式微"。

事实上，儿童读物虽琳琅满目却纷杂参差，文本载体形式虽丰富多样却"乱花迷眼"，很多幼儿教育者在面对幼儿阅读内容选择与甄别问题上，欠缺相应的文学素养与教育立场，常常带有盲目性与无所适从的心态。很多真正适宜低年龄幼儿阅读的优质材料并不一定能进入幼儿的阅读视界，相反，很多儿童文学的流行文化、"快餐文化"却由于通俗性强、流传面广而广泛被引入，这样的童书作品更多的是对当下电视卡通、影视动画的文本转化，大多以漫画的形式呈现，通篇以对话的样式推展故事情节，实质上与观看卡通动画的意义是相似的，真正的文学想象空间极少，且不似绘本图画书以图画叙事、以画面的整体协调给人以美好的熏染，幼儿如果长期浸淫在这类低质量的、通俗性的童书环境中，难以形成高尚的阅读审美趣味、善于思考的阅读习惯与深层想象的阅读体验等。

另外，由于大多数幼儿教师文学素养的欠缺，即使有优质的幼儿童书文本进入幼儿阅读的视域里，也常会因为教师对童书文学意义本身的认识不足而导致对童书文本的忽视。最典型的情景即在幼儿园集体阅读课上，常将"绘本阅读课"混同于"故事讲读课"，甚至在整个"阅读"过程中不见"书"，以教师"讲"幼儿"听"的方式"阅读"；或者完全以"屏幕式电子书"替代"传统纸质书",幼儿缺少直接与童书接触、互动的机会。在讲读故事的过程中,教师是讲述者,幼儿是倾听者;换个角度来看,即教师是已知者,幼儿是未知者。事实上,在师幼阅读童书的过程中,童书本身即是"讲述者",教师与幼儿都是阅读者,阅读不是传递与接受的方式,而是分享与对话的过程。正如本书第四章对于童书内容与形式的因素分析与第五章对于幼儿阅读理解过程的阐释,幼儿童书阅读的过程是符号互动的过程,是经验联结的过程,是意义建构的过程,是幼儿与教师同作为读者的生命主体与儿童文学作家作为作者的生命主体通过图文符号进行心灵对话的过程,教师与幼儿同为图画书的读者,观察、描述和想象画面的过程,即是对书面图文符号感受、体验与表达的过程。如果忽略了童书文本内在的生命意蕴,忽视了童书阅读过程本身的对话本质,而未给幼儿提供与童书充分的、直接的互动对话机会,这样的阅读指导无疑忽视了幼儿作为生命本体的地位,也未真正领会到童书本身的文化蕴含与生命意味。

　　童书本体意义的缺失,除上述对于童书文本存在的忽视外,还表现在对童书文学意义的过度解读或对童书审美价值的忽略等上。事实上,这些问题的实质是一脉相承的,幼儿教师如果欠缺了幼儿主体意识,往往会以"已知者""教育者"的姿态自居,而缺少了对幼儿声音的倾听,忽略了幼儿"读者"的身份,减少了幼儿与童书文本互动的机会,甚至单方面地将自己对于童书作品内容与意义的感受与理解直接传递给幼儿,甚至贯之以明显的说教意味与知识训练,而对于幼儿寓于童书图文的审美体验与想象空间重视不够,这样的阅读现实值得反思。所谓的过度解读,实际上并没有"度"的衡量,如果暂且不论文学解读范畴的合理性问题,只就教师如果"忘记了"幼儿的存在,而一味地进行单方面传达,这样的"读"已是过度,教师忽视了幼儿作为阅读主体与童书的深入互动才是阅读的本质,亦低估了童书本身对于幼儿读者的直接感染力与潜在影响力。

三 早期阅读认识存在的误区

早期阅读是儿童早期与书面图文符号互动的过程。国外研究者将早期阅读界定为"读写"萌发活动,并认为婴儿从一出生就开始获取有关读写的信息,在婴幼儿时期以及在以后的日子里他们继续积累着口头表达、阅读和书写的知识。[①]

可以说,在广泛意义上,人的阅读甚至与学习同义。每个人只要睁开眼睛就在阅读世界、阅读其自身所生活的环境,这个过程一定不是被动的而是渗透着个体的主观能动性的,因此阅读的过程就是人学习的过程和适应的过程。然而,在现实教育情景中,由于对幼儿自我发展能力的忽视、对阅读本身工具化的取向、对阅读教育功利化的倾向等,幼儿阅读的现实境遇常常伴随着很多对早期阅读偏狭的认识或误区,例如将早期阅读片面地理解为"读书",将早期阅读等同于"识字教育",将早期阅读视作"教育工具"等。

将早期阅读片面地理解为"读书"。当然,书籍是图文符号最典型的呈现方式,幼儿对于书籍文本的阅读亦是最典型的阅读活动。然而,对于幼儿阅读的认识不能直接等同于成年人阅读方式的传统理解,因为如果我们把幼儿阅读单纯地理解为传统意义上的"幼儿看书",无疑狭隘地理解了幼儿阅读过程中对图文符号的感受、理解与表达过程。笔者在最初进入幼儿园现场与幼儿教师们进行初步访谈时,曾就"幼儿是否爱阅读"做过一定的讨论,老师们普遍认为相较幼儿园其他教育活动,尤其是在区角活动的设计中,阅读角是最不受幼儿欢迎的活动区域,幼儿在阅读过程中,常常表现出坐不住、频繁换书、嬉戏溜号、对内容难专注的现象。然而就笔者对幼儿阅读过程的参与性观察结果来看,幼儿对于阅读的喜爱与其对于世界的探求欲是一致的,孩子们在阅读过程中的所有表达与其阅读

---

① [美]莱斯利·曼德尔·莫罗:《早期儿童读写能力发展》,叶红等译,南京师范大学出版社2013年版,第14页。

的内容是关联的，幼儿阅读反应的连续性是贯穿于幼儿生活世界的。很明显，笔者的发现与幼儿教师们的认识显得不是很一致，甚至是矛盾的。幼儿在阅读中有其独特的感知方式和理解路径，片面地将"读书"作为幼儿早期阅读的全部内涵，无疑割裂了幼儿阅读与生活世界的意义联结，忽视了幼儿感知图文符号的广泛方式与统合路径，狭隘了幼儿对图文内容自我表达的多元方式。幼儿与图文符号联结、感知与表达的过程，往往是以各种符号的现实生活形式展开的，其超越了"读书"本身，而寓于幼儿现实生活中，即一切与其所阅读到的图文符号相关的生活形式的联结、感知和表达都可能会纳入幼儿早期阅读的范畴。从这个意义上讲，早期阅读的理解是开放性的、多元化的、以幼儿为主体的。

将早期阅读等同于识字教育。基于问卷调查与田野观察的结果，反观当下幼儿阅读指导过程，依然有很多幼儿教师将早期阅读等同于幼儿识字的过程，如强调幼儿不识字即不能阅读，强调幼儿识字量的积累是阅读能力的标志等，因而会在幼儿阅读过程中突出某些字、词的认读，并进行反复机械的练习；在幼儿阅读指导过程中，专注于幼儿语言能力的训练，将作品根据识字、语音、语词等拆分为不同组块，作为现成的东西让幼儿认识等。然而，语言的学习实是一个通过语言表达心灵、传递思想的连续过程，是情感的本能需要与自然流露，强化的训练结果与幼儿机械的语言学习不得不令人深思！正如前几章对于幼儿识字与不识字阅读反应的描述与分析，我们不否认幼儿"识字"的可能性及其所具有的特殊意义，事实上，幼儿对于图文符号的视觉认知能力、对文字的前意识和识字量等，会影响其对图画的关注表现、理解程度甚至表达特点等，会对阅读过程与理解程度产生显著影响。然而，我们必须表明一个立场：识字是伴随着阅读经验自然发展的结果，而不是强化与训练的结果。幼儿寓于语言理解中的是对故事内容的文学性理解和依赖于对成人故事讲述的互动性理解。这种理解不同于一般化的故事图式理解，而是更注重幼儿对图文符号的视觉感知与描述、对已有经验的联想和联系、对故事情节的想象与再造、对阅读过程的自由体验与审美感受等。将早期阅读单纯地等同于识字教学，无疑剥离了语言本身的情境性意义，剥夺了幼儿主体的丰富性理解，由此何以可能建构幼儿对符号的情感体验，增强幼儿对图文符号的阅读热爱？

将早期阅读视作教育工具。表现在过度强调将儿童的阅读活动作为儿童获取知识信息或者进行道德说教的工具性价值等上。如教师在阅读指导过程中，常将"幼儿学到了什么知识或道理"作为评判阅读效果的标尺，这是不可取的。事实上，童书作为阅读内容蕴含着天然的教育性，这是不能否认的，然而，这种教育性绝不是单纯的说教，而是一种教化。优质的童书实是凝聚了创作者本身对于儿童及儿童生活的期待和热爱，蕴含了他们对于世界的思想、意识、价值观和情感态度。它们以符合幼儿心理精神需求的故事情节和艺术形象感染着小读者，具有强烈的感化力量。从这个意义上说，阅读对于幼儿的影响是情感的、审美的，知识的学习与信息的获得只有蕴含于这样的过程中才是有主体意义的。过度强调知识的学习或者道德的说教，或者说对任务型阅读的单纯、过度的强调，容易剥离幼儿童书阅读过程的乐趣、自由想象的表达空间。幼儿的阅读是对幼儿内部生活，即幼儿的情感和情绪的复写，是一种独特的或表现的语言艺术，是强烈感情的自发流溢。然而，基于成人立场的任何任务型阅读设计，却可能已经远离了孩子们的生活与内心世界，从而破坏了阅读、语言之于人本性中的情感。

四　阅读指导趋于功利

理念往往蕴含了方法。基于前述，教育者如若欠缺幼儿主体意识，他们在对幼儿阅读的具体指导过程中，必然体现出重"讲读"轻"阅读"、重"知识"轻"想象"、重"理解"轻"审美"、重"情节"轻"细节"、重"获得"轻"融入"等行为。前文已就部分问题进行了阐述，且已明晰其在本质上都是源于教师对幼儿本身生存价值、自我发展能力、学习方式的认识，即对幼儿作为生命主体的认识不到位。

如果说学前儿童的阅读是由"他读"到"自读"的发展过程，那么成人之于幼儿阅读的影响，在于把握每个年龄阶段儿童的最近发展区，适时恰好地调整指导方式。然而，在现实教育情景中，教师常常会将幼儿单纯地看作未知者与被教育的对象，从而极容易导致出现诸多问题：未能对幼儿阅读内容的整体情况有所考察和把握，所以在实际面对出版市场上的各种内容形式的童书材料，以及其他各种类型的开放性资源时，缺乏对其进行理性选择与反思批判的能力，易表现出无所适从的困惑或无立场的盲从，更倾向于"重实用""讲效果"等工具性或功利化价值取向，往往欠缺基于内容本身所蕴含的生命关怀与人文精神的深度考量。大多数幼儿教师在判断幼儿阅读存在的问题时，往往立足于自身的立场去认识与理解幼儿的童书阅读活动，而难以真正地从幼儿立场出发理解童书和理解阅读的过程，且容易忽视幼儿作为独立生命个体的内在精神世界。我们需要努力尝试以幼儿的角色立场来理解他们自身，积极地倾听幼儿的声音，细致地观察幼儿的阅读反应，深刻地理解幼儿的阅读表达。也许只有这样，我们才能够坦言，我们对于幼儿是否喜爱阅读、是否能够阅读、到底喜爱阅读什么，以及究竟适合怎样阅读的判断是合理的。事实上，在图画书的阅读中，几乎每个幼儿都是"读图"高手，如若忽视了幼儿在图像世界里的观察天分，轻视了幼儿在图画信息上的感知能力，而总是"喧宾夺主"地将自己对故事的理解与画面的观察生硬地"塞"给幼儿的做法是徒劳的，甚至是挫伤性的，因为这样的共读是缺少倾听的对话，这样的交流仅仅是单边的自导自演，这样的学习过程是被动的配合过程，而非主动观察、描述、思考与建构的过程。两者的差异性，不仅仅体现在其呈现方式上，还渗透着教师对于幼儿阅读能力的认识和把握。因而，幼儿教师的阅读指导一定蕴含着其对于幼儿生存价值与自我发展能力的认识和判断。

总而言之，阅读本身之于人类学习与发展的价值毋庸置疑，然而，需要深入反思的是我们当下阅读的目的是否合理，阅读的过程是否更合乎人的本性？如若不然，阅读困境必然随之而来。近年来，许多研究致力于探讨阅读困难产生的可能性因素，童年时代热衷于阅读，为什么长大之后就不再热爱阅读，甚至出现阅读障碍？笔者认为，其中一个重要原因即是儿童早期语言与阅读的条件、环境的提供、早期阅读行为的建立（包括动机、兴趣、习惯与方法）等存在着根本的价值立场问题，而这些问题在很大程度上源于社会中不合理的功利性阅读目的观以及缺失人文关怀的技术性阅读指导观的影响。致使儿童在人生之初，本能性的生命好奇与生活热爱，在一次次缺乏情感体验与生活意义经验的阅读过程中消磨了求知的欲望，在一场场以知识获得为目的的竞技角逐中弱化了对文本的情感体验，更消解了对阅读本身的热情与渴盼，取而代之的是对学习与阅读的阻抗！

第二节 幼儿阅读指导的建议

基于上述分析，幼儿园开展童书阅读指导当然是必要的，事实上，童书阅读即是教师和幼儿的一种日常生活。教育人类学的本体性意义就是向教育日常生活方式发问，向生命存在及其发展发问。[①]在前几章中，研究者通过田野研究的方式深入幼儿园现场，对童书阅读活动这一特殊的生活表现形式进行了细致描述，力图通过教育民族志的方法呈现幼儿园童书阅读中幼儿生命的样态。但仅有这些是不充分的，基于教育学立场的教育人类学研究，不仅应在描述日常生活的基本状态方面发挥价值，而且要提供理想的生活信念，为培育幼儿生命发展提供方向。因此，这里我们将在教育人类学关于人、生命、教育等概念的理解范畴内提出理想的幼儿童书阅读指导

---

① 李政涛：《教育人类学引论》，上海教育出版社2009年版，第61页。

的应然价值追求、内容选择以及组织过程的有益建议。

一 幼儿阅读指导的价值追求

（一）图文的生命对话

幼儿阅读的文本是以图文的书面语言形式呈现的，图文所表达的是虚拟生活世界的"人"的生命场域，而在阅读图文的过程中，不仅仅有外显的语言表达，更有内隐的思维过程，幼儿在阅读过程中使用语言传递和获得观念，不断构想现实与虚拟之间的联系，"通过在共同的经验或联合的行动中使用而获得意义的扩大和提纯"①，这是一个心灵碰触的机缘，美好且美妙。

故而，在幼儿童书阅读指导过程中，至少需考虑三个层次的问题：童书阅读（What）、幼儿童书阅读（Who）、幼儿童书阅读指导（How）。童书阅读隐含了谁在阅读，包括幼儿教师的阅读和幼儿读者的阅读；幼儿童书阅读指导关注的则是谁来指导，怎么指导的问题，这是直接关乎教育本身的问题。幼儿阅读教育是在"师"与"幼"、"你"与"我"的语言与思维的交流中不断建构富有积极意义的内在生活，这实际上是作者、师者与幼儿三方主体间基于作品的心灵沟通与生命对话过程。这种沟通超越对话而深植情感，是幼儿阅读者与文本所隐含的各方文化主体共同参与经验的过程，通过阅读"语言符号记录的有关遥远事物的知识所形成的文本"，或者说通过这种超越时空的沟通方式，参与经验的双方的倾向有所变化。

生活对于孩子与成年人具有同样的意义，阅读对于孩子也具有与成年人同样的价值，所不同的且最需要关注与思考的是幼儿身心发展特点的特殊性，尤其是在阅读过程中，以图文为载体，把握其语言与思维能力的发展水平，从理性上先行思考幼儿为什么需要阅读，为了什么阅读，以及他们能够阅读什么，更适合或者更乐于阅

---

① ［美］约翰·杜威：《民主主义与教育》，王承绪译，人民教育出版社1990年版，第23页。

读什么，对这些问题的思考是解答早期阅读价值问题的逻辑前提，因为只有这些问题解答好了，才能说我们具备了探讨怎样开展早期阅读才是最好策略这一问题的可能，才能真正感受到蕴含在儿童文学里的情感与温暖，也才能真正理解以图文为载体的幼儿阅读指导，是一个与生命主体对话的过程。

(二) 寓情的意义建构

幼儿阅读应是情感体验与意义建构的过程。幼儿的认知活动是与幼儿的生活经验、情绪情感有机地统一在阅读过程中的，脱离或忽视幼儿的经验与情感，就无法理解幼儿的阅读过程。

儿童文学作为人类意义世界的文化存在，是以符合幼儿文学接受能力的形式与内容来蕴含或彰显一定的人文思想、情感与价值观。基于田野研究，我们已经明确地发现，幼儿能够超出文本而对现实问题和常识观念进行思考，这不仅是幼儿与文本的深层交流和对话，也是幼儿对自我精神世界建构与理解升华的过程。幼儿对故事的理解总是与其生活体验相联系的，而文学作品的丰富内涵也会充实他们的精神世界。幼儿生活在现实的意义世界里，这是一个充满生命关怀的世界，只有生活于此，他们才能像人一样地生活与存在，他们对作品意义的建构不只是了解作品浅层次的情节和内容，更应该是对作品中传递的内在情感、对生活的思考与价值观等加以建构和理解。因此，在幼儿阅读内容的选择中，需关注文学作品理解与幼儿自我经验的相互交融，但这点在现实的幼儿阅读指导过程中却往往被忽视了。

从儿童文学作品本身来讲，教育性是儿童文学的基本特性之一，尤其对处在成长发展关键期的幼儿来说，他们需要对生活有更为广阔的观察和探索，而儿童文学能够帮助他们突破现实生存空间的局限，成为他们扩大视野、认识世界的一个窗口，这源于幼儿对求知本能需要的满足。因而，基于教育者的角度，一方面，我们需要体会和挖掘儿童文学作品中的这种情感和温暖，另一方面，我们更需要基于幼儿的现实生活经验和发展需要，来揣摩和体验幼儿的阅读感受。只有这样，我们才能和幼儿展开更有价值的共读、对话与分享，即基于儿童文学作者、幼儿教师和幼儿三方主体间的心灵沟通与对话，我们需要思考的是，我们可以为幼儿做什么，我们能够为幼儿做什么。基于这些认识与思考，我们所谈的儿童文学的教育意蕴，既基于童书作品本身的教育性，又要对幼儿的现实生活有所关照。而我们成人所做的只能是通过环境中介激发幼儿阅读的兴趣，没有炽热的情感就不可能有智慧的追求和享受，如何培养幼儿的阅读兴趣与情感，则是我们重新思考幼儿阅读指导的本质立足点。

（三）精神的美与自由

幼儿通过阅读体验现实生活中无法体验的想象世界的生活，获得精神上的美与自由。童书作为幼儿阅读内容的主要载体，其独特的美学特质是使幼儿在其现实生活经验的基础上体现对美的感受、理解与表达。理想的幼儿阅读过程无外乎是一种让幼儿能够在阅读中抒发自由的想象情愫，以单纯的心灵与文本成熟的思考展开对话，建构其对于生活的、世界的或者生命的个体意义理解的过程。

无论是关于幼儿阅读文艺美学研究，还是关于幼儿阅读心理过程研究，我们所希冀的无非是幼儿在其人生最初阶段就能够拥有更多的"美与自由"的体验，而阅读恰是最能够带给孩子审美与自由想象的过程与方式。这恰如大多数学者所认同的：

> 任何一本幼儿图书的成功主要取决于它对基本的人类任务、需求的表现和对儿童理解程度与反应水平的关注。更确切地说，幼儿需要成人和图书。他们需要的读物能够支持他们作为儿童拥有的权利，支持他们为满足普遍和个人的需求付出的努力，支持他们在世界中创造意义而付出的努力。[1]

---

[1] [美] Jeanne M. Machado：《幼儿语言教育》，王懿颖等译，北京师范大学出版社2012年版，第240页。

依循教育者立场的追问，我们发现幼儿阅读内容历来以文学阅读为基础，"每个儿童从文学阅读经历中获取各自的意义"[1]。当然，童书不可能替代幼儿真实的生活经历、交往和发现，因为正是这些才使得童书能被幼儿所理解。童书为幼儿的生活增添了另一个维度和信息的源泉，并且为其带来了快乐。每一个幼儿都会在他独特经验的基础上理解书的内容并作出相应的反应，可以说，关于幼儿的文学阅读反应研究应该成为幼儿阅读研究的重要领域，因为在这里，幼儿的需要与权利更能得到满足与尊重。

二 幼儿阅读指导的内容选择

（一）审思文学作品：幼儿阅读内容选择的范围

当下的媒介载体形式发展迅速且文化多元，所有幼儿在其生活环境中所接触到，且能为幼儿所接纳的书面语言材料都可以作为幼儿阅读的内容。从这个意义上说，凡是摄入幼儿感官的书面语言材料及其所构成的丰富而又复杂的图文符号形式及其视觉文化过程，都应该属于幼儿阅读内容的范畴。

那么，幼儿到底需要阅读什么？能够阅读什么？这实际上涉及两个层面的问题：一方面是从幼儿成长发展的内在需要出发考虑他们应该阅读什么，另一方面是从幼儿现实发展的实际能力出发考虑他们能够阅读什么，而这里的"什么"既包括幼儿阅读文本的内容，也包括幼儿阅读文本的形式。

幼儿阅读指导的内容载体，是以儿童文学为主体的图文材料，其中最重要的形式是童书。对于处于3—6岁年龄阶段的儿童所能接受与理解的读物，以图文相辅的童书为主，内容上则是以儿童文学为主体的童书，因为它们是影响最深刻、最广泛的教育载体。换句话说，幼儿阅读的内容与形式主要是儿童文学，在幼儿阶段所能接触与理解的文学体裁主要是童话、寓言、儿歌与儿童诗等；在呈现

---

[1] ［美］Jeanne M. Machado：《幼儿语言教育》，王懿颖等译，第229页。

方式上有图、文和图文结合等；在范围上则既有传统民间儿童文学，也有现代文人儿童文学，它们由古至今浸润和彰显出不同民族、历史与文化的血脉与性格，凝聚成文字并以文学语言的艺术形式呈现与表达，对儿童成长与发展的影响在"文化—文学—教育—儿童"之间形成必然的张力。我们需要体会和挖掘蕴含在儿童文学作品中的这种对于儿童与儿童生活的人文关怀和现实关照，只有这样，我们才能够基于儿童文学作品与幼儿进行更好的共读、对话与分享。

(二) 面向生活世界：幼儿阅读内容选择的原点

幼儿的童书阅读，寓于其中的是幼儿生活世界，关注的是幼儿对阅读内容的多通道感受路径，鼓励的是幼儿在阅读过程中更多元化的表达方式，旨在发展幼儿对童书的情感联结，重构幼儿阅读主体的教育交往，丰富幼儿在阅读过程中的生命体验，彰显幼儿阅读教育本身的文化意义。

从生活世界的视野看待教育问题，个人是生活世界中的人，浸入幼儿的生活世界，直面生命的存在样态。生活是整体的，正如陈鹤琴先生所主张的"整个教学法"——幼儿对世界的感知是整个的，所以我们的教育也应该是整体的。[1] 故而，我们要关注幼儿园阅读教育活动开展与阅读课程整合的情境，观察幼儿的行为，了解他们的生活体验；挖掘出他们所认同的理念与观点，从而获得真实的体验。幼儿园的学习强调综合性的主题活动与游戏，因为这往往更符合幼儿认知发展的学习特点，更贴合幼儿经验与体验生活世界的整体性要求。所以，也就能够给幼儿提供其能力范围内更多的表达机会与更充分的想象空间。

> 幼儿的学习方式主要不是通过记忆大量抽象的文本符号来学习，而是通过实际操作、亲身体验，去模仿、感知、探究，

---

[1] 陈鹤琴：《陈鹤琴教育思想读本》，《儿童语言教育》（第二辑），南京师范大学出版社2013年版，第62页。

"做中学""玩中学""生活中学",不断积累经验,逐步地建构自己对世界的理解与认识。游戏是幼儿极有意义的学习过程和学习方式,幼儿自己的生活是其学习的最重要的途径。①

对幼儿来说,阅读与游戏同样是其生活的基本活动方式。幼儿阅读的方式、幼儿阅读的内容、幼儿阅读的指向都以幼儿本身的年龄特征、知识经验、接受能力与思维方式为基础。可以说,幼儿的阅读更需浸润于一个整体的、充分的、丰富的与读写有关的各种内容与形式的环境中。因此,幼儿阅读内容的选择,并不着重于知识与文本信息本身,而更为关注熏陶幼儿的情感、建立书籍的概念、感受想象的自由、享有阅读的乐趣、获得阅读的经验、形成阅读的能力与习惯、生发思考的萌芽、建构自我的意义。儿童生命早期的教育是启蒙性的,在生活中发展,以直接经验为基础,旨在向每个幼儿展示其自身发展的各种可能性,为幼儿发展创造机会和条件,引导幼儿形成面向自我和他人的开放心态,为幼儿生命发展奠基,从而将幼儿引向对美好人生的追求。从这个意义上说,为幼儿提供童书阅读的机会,既满足其求知的需要,开阔幼儿探索世界的视野,又能够启蒙幼儿获得更多的经验与体验的机会,从而为幼儿发展提供更多的可能空间。生活的价值对于幼儿来说是同样的,幼儿的童书阅读只有寓于日常生活当中,才能使幼儿获得独特的生活经验,获得自我体验的机会。所有疑问都发生于现象,所有发现都需基于现实,所有反思都需根植于生活日常。唯有如此,才能认识到幼儿阅读反应与表现的丰富意义,体验到幼儿生活与成长过程的深刻意味,才能感受到阅读在幼儿生命状态中的内在意义与价值。

(三)敬畏生命价值:幼儿阅读内容选择的根本

每一个儿童都具有丰满的生命灵性。幼儿的童书阅读,至少是

---

① 李季湄、冯晓霞:《〈3—6岁儿童学习与发展指南〉解读》,人民教育出版社2013年版,第23页。

两个生命、两个意义世界的对话与交融,是虚拟与现实的意义联结与共同建构。

阅读,使人有了突破狭小生活空间而开阔生命视野的机会和可能。读者的想象赋予作品生命以灵动,赋予故事以独有的情感,这种互动不仅仅是行为动作上的交互,更在于一种心灵的对话。从这个意义上说,幼儿的阅读过程,实是不断与图文符号对话的过程,它实现了"现实世界"与"想象世界"的连接与对话,打破了"生活"与"想象"的现实界限,实现着"有限性"与"发展性"的生命张力。幼儿作为阅读主体,有其独特的学习方式、思考方式和行为方式,如他们会通过语言、行为、想象和所有能够表达的方式传递自己的声音,呈现出对于童书、对于生活、对于世界的态度与倾向,而幼儿阅读的这些方式、态度与倾向等,也往往更具有潜在的可塑性与发展的可能性。"教育须尊重和利用它,但不能强硬地以外铄力量取代这种儿童潜在的动力。"[1] 每个生命的存在都是此在,应敬畏生命,使其享受当下阅读过程中的情感与乐趣。幼儿爱阅读,根本上是因为阅读会为童年生活增添更多的美好情感与想象,"快乐"是这一年龄阶段最基本的价值原则,"率性"是这一年龄阶段最凸显的活动动因。所以,与幼儿从零开始,在对话中共读,在分享与沟通中形成情感共鸣、感受阅读意趣的选择就是最佳内容的选择。可以说,童书、陪伴与求知欲共同构成了幼儿热爱阅读的内外动因,而这些于幼儿、于我们,都应该是一个享受成长的过程。如若没有情感的参与和美好的感受,何来阅读的愉悦与乐趣,幼儿的生命也将缺失太多丰富与温暖。

因而,在图画书中,比故事更重要的必然是蕴含在图画中的生命意义。正如有研究者所提出的:"每则故事所传达的,绝不是表面绚丽的文字或情节而已,重要的是每则故事背后都蕴含了对生命的

---

[1] [美]约翰·杜威:《民主主义与教育》,王承绪译,人民教育出版社1990年版,第14页。

爱与期待。"① 所以，我们应该从更深层次来理解幼儿阅读的过程，其实质是通过阅读的理解过程来把握生命意义的过程。这亦是图画书创作者、出版者的精神原点，而由画面连缀而成的故事，潜藏在画面之中和画面之外的情感成为幼儿成长的精神滋养，幼儿通过语言对画面的描述、对话和讲述，是对图画内容的语言再现，这种反应是映射性的；幼儿通过想象对故事的发挥、拓展、延伸等，是对图画内容的语言联想和内容再造，这种反应是投射性的。幼儿是稚嫩的，是"未成熟"的，其行为方式大都以"快乐"为基本原则，但正是这种"未成熟"特性与"快乐性"原则，赋予了每一个幼儿丰满的生命灵性与强烈的探索精神。童书作为幼儿阅读内容的主要载体，具有独特的美学特质，如纯真、稚拙、变幻、欢愉和质朴等，理想的幼儿阅读过程，是幼儿在现实生活经验基础上对这种"美"的感受、理解与表达过程，以单纯的心灵自由抒发想象，与文本成熟的思考展开对话的过程，就是建构其对于生活的、世界的或者生命的个体意义理解的过程。

三 幼儿阅读指导的组织过程

（一）彰显幼儿童书阅读的文化意义

马克斯·韦伯认为，文化事件不单单是存在和发生，它们还具有意义并因这意义而发生。② 如果说童书是儿童文学内容与精神的承载者，那么其所秉具的文化意义即主要指向儿童文学所内蕴的文化意味，以及每个幼儿在阅读过程中所具有的不同文化背景与成长经历对阅读理解的参与。这些都会影响幼儿对童书内容的文学意义层面的理解，就如图画所呈现于幼儿面前的虽是同样的画面情景，但

---

① 黄郇英：《幼儿文学概论》，台北光佑文化事业股份有限公司2002年版，第163页。

② ［美］克利福德·格尔茨：《文化的解释》，纳日碧力戈译，上海人民出版社1999年版，第154页。

由于每个幼儿生活经验和社会文化背景的不同，他们是以不同的方式来理解和解释童书的画面、情景和形象的。换句话说，童书阅读承载和传递着文化意义，儿童文学精神蕴含了人性的共同主题"真、善、美"，当其被引入儿童生活，与儿童读者的个体文化层面相互融合之时，其文化意义的生命本质才得以真正实现，于儿童的生活、生长与生命具有了深远的影响。从这一点上说，基于教育人类学的分析视角，确实有利于考察现实文化背景下幼儿园童书阅读活动过程中幼儿的生命发展状态。

幼儿园阅读教育是孕育幼儿生命结构，为幼儿生命底色奠基的过程，当下幼儿园阅读教育的弊病，如以知识教育为中心，教师对幼儿的严格规训及控制，枯燥、繁杂、形式化的阅读都反映了幼儿园阅读教育对幼儿生命主体的忽视。如果基于幼儿生命教育的视角审思当下幼儿园阅读教育活动，就会发现人们对幼儿阅读教育本身的合理性缺乏理性的反思与批判；对幼儿阅读目的表现出功利化与工具性取向；对幼儿阅读内容表现出无选择性盲从或狭隘的知识化；对幼儿阅读过程的实践与研究表现出"重实用"倾向与人文性缺失；对幼儿阅读主体的认识表现出忽视自由人格的培养与"重教轻育"的现象；对幼儿园阅读方式的"有效性"存在误解等不同形式的问题。究其思想根源应是科学主义、社本主义、人本主义在幼儿教育观中的大肆渲染与社会土壤的功利性迎合，对这些问题如不加以及时研究、分析和审思，就极有可能导致幼儿教育观的倒戈，而使幼儿阅读教育的本然价值被"国家的教育""社会的教育""纯粹自然的教育"所吞噬，被外在的工具理性所湮没，最终无法实现教育培养人之所以为人的价值追求。一旦幼儿园童书阅读教育抛离了幼儿生命，幼儿生命结构的孕育就无从着手，并将影响其后的生命品质。因此，幼儿园童书阅读教育的核心意义是提升幼儿生命质感，为幼儿生命结构打好底色。

童书是一种文化存在样态，阅读是一种文化形式，承载了与其他口头或非口头文化形式同样的文化意义。格尔茨曾指出："文化是一种通过符号在历史上代代相传的意义模式,它将传承的观念表现于象征形式中。通过文化的符号体系,人与人得以相互沟通、绵延传续,并发展出对人生的知识及对生命的态度。"[1] 文化意义是幼儿园童书阅读教育的内容核心,通过使参与者注意有特殊意义的情感对象,实现文化意义上的传承。可以说,文学阅读实则是文化阅读,符号阅读实则是意义阅读,童书阅读实则是主体意义建构的过程。

(二) 丰富幼儿童书阅读的生命体验

一个事物或一种活动的存在,往往可以从不同角度赋予多重价值,且"价值使一种东西的存在有其自身的意义,使一个行动值得付诸实施"[2]。多重价值的赋予一方面意味着其本身的存在意义,另一方面也表明需基于一个相对的立场理解和把握不同的价值属性。本尼迪克曾指出:"价值领域最重要的位置属于生命。生命是最重要的,它是最高价值。"[3] 对于教育者而言,幼儿园童书阅读指导是基于幼儿、为了幼儿而开展的教育活动,促进幼儿生命成长与发展始终是阅读教育开展的出发点和落脚点。

幼儿童书阅读是幼儿园教育活动的日常形式,其对幼儿的认知、情意、社会性、审美等方面的发展,都具有极为重要的价值。不过,对于低龄儿童来说,其生活感受与生命意义都在充分享受经历的过程、实际获得的有益经验中得到满足。"经历""经验"与"体验"关系密切但又意味不同,经历是动作的发生,是动态的过程;经验是经历的过程及其结果形式;体验则基于经历和经验的意义,被内化为情感,形成个体独特的生命图式。幼儿阅读的文本是以图文的书面语言形式呈现的,图文所表达的是虚拟生活世界的"人"的生

---

[1] [美] 克利福德·格尔茨:《文化的解释》,纳日碧力戈译,上海人民出版社1999年版,第11页。

[2] [意] 莫迪恩:《哲学人类学》,李树琴译,黑龙江人民出版社2005年版,第125页。

[3] [美] 露丝·本尼迪克:《文化模式》,何锡章等译,华夏出版社1987年版,第37页。

命场域，而在阅读图文的过程中，不仅仅有外显的语言表达，更有内隐的思维过程。幼儿在阅读过程中使用语言传递和获得观念，不断构想现实与虚拟之间的联系，"通过在共同的经验或联合的行动中使用而获得意义的扩大和提纯"①，伽达默尔曾对"体验"与个体生命的整体关系进行过阐释："这中间有些东西事实上是每一个体验所具有的。每一个体验都是在生活的延续性中产生，并且同时与其自身生命的整体相连。"② 不同个体的经历、经验与体验在过程与程度上都具有极大的差异性，不过它们都是寓于生活而融入情感的。幼儿从童书阅读中获得的体验，既与其自身融入阅读活动的经历有关，也与其浸身心于童书世界的程度相关联，这些都将对其自身的生命感产生影响。

正因如此，在幼儿阅读指导过程中，我们所关注的不仅仅是描摹性的阅读，而是幼儿表现性的阅读；我们所强调的不仅仅是阅读技能的达成，而是阅读兴趣的启蒙；我们所需要的不单纯是知识与事实，而是思想与情感、经验与体验。事实不会必然产生思想，知识是对图文"信息"的认知和把握，思想则是对图文"意义"的诠释和理解，体验则是对图文"美感"的情与意。杜威认为："教师所能做的一切在于改变刺激，以便反映尽可能使学生确实形成良好的智力的和情绪的倾向。"③ 童书阅读内容应是多样的，阅读情境应是开放的，阅读过程应是统合的，同时阅读一定是与日常生活紧密联结的，只有这样，幼儿园童书阅读教育的活动才富有生命力和连续性。不同主体以阅读的内容为载体，体现的是不同生命的对话，由符号对话逐渐升华为意义对话。"语言是存在的家"，图像语言为幼儿的阅读提供了最理想和最真实的存在感。歌德说过："生活在理

---

① [美]约翰·杜威：《民主主义与教育》，王承绪译，人民教育出版社1990年版，第23页。

② [美]汉斯—格奥尔格·伽达默尔：《真理与方法》（上），洪汉鼎译，上海译文出版社1999年版，第78页。

③ [美]约翰·杜威：《民主主义与教育》，王承绪译，第197页。

想世界就是要把不可能的东西当作仿佛是可能的东西来对待。"① 对于我们成年人来说即是如此，既然期冀为幼儿提供一个美好的世界，当然只有理解了幼儿阅读内容本身所隐含的理想世界的生命意蕴与人文关怀，领悟到幼儿阅读过程孕育幼儿生命结构与"精神胚胎"的意义层面，幼儿园阅读教育才能超越狭隘的知识化阅读，而有效地为幼儿提供从符号阅读上升为意义阅读，并最终走向文化阅读的可能。

（三）重构幼儿童书阅读的教育交往

教师是幼儿园童书阅读活动的组织者和调控者，阅读过程的参与者们在情感与关注点上的相互连带，以及其间所产生的情感共鸣与认知体验，是幼儿园阅读教育活动的核心。甚至可以说，童书阅读所承载的文化意义的传递，根本上是通过教师与幼儿之间的交互作用完成的。教师如何组织、开展、调节阅读活动，通过何种方式与幼儿互动，是建立关注即情感连带的关键。涂尔干认为，只有每个人平均具有的信仰和感情的总和，才能构成他们自身明确的生活体系，这可以称之为集体意识或共同意识。② 师幼之间以及幼儿之间的交往情境与情感体验，在活动中被紧密地联系起来，形成主体间的共同情感，从而使得这种集体的情感和意识得以重新铸造，教师与幼儿的人际互动与情境交往是直接影响阅读过程及其反应表现的重要因素。幼儿园阅读教育是否真正充满生机与活力，从而产生共同的情感或认知体验，取决于师幼主体间关系及其互动过程。因此，建构幼儿园童书阅读活动中的教育交往应是幼儿园阅读教育的关键环节。

首先，幼儿童书阅读指导方法的向度之维——存在。我们之所以要鼓励幼儿阅读，是因为通过阅读会为其童年生活增添更多的美

---

① 康长运：《幼儿图画故事书阅读过程研究》，教育科学出版社 2007 年版，第 7 页。
② ［法］埃米尔·涂尔干：《社会分工论》，渠敬东译，生活·读书·新知三联书店 2017 年版，第 33—73 页。

好情感与想象，这是多么简单的道理！当我们悠闲地漫步，享受着沿途的风景时，并未曾想一定要记住所见景物之名，更未曾想必须理解风景背后的文化意蕴，我们每个人都有自己的知识背景和生活经验，这就是我们个体的文化。在面对新事物之时，我们不可能无动于衷，我们必然会生发一个感受、理解和表达的过程。当然，这一过程的范围与程度是因人而异的。幼儿也是如此，当他们在阅读时，我们就引领他享受其中，不关乎知识与技巧，只关注他们的情感与态度，鼓励他们自然表达，这种指导不是直接的代入式指导，而是间接的支持性指导。在幼儿阶段，一切功利化的学习都是值得审思与批判的，尽管"为未来生活做准备"的教育观先验地认为未来生活就是成人生活，并将成人生活与儿童生活做比较，认为儿童生活是"不成熟"的，需要发展到成人生活的成熟状态。但这是荒谬的，正如卢梭所批判的："幼儿期具有他们自己的观察、思考和感受的方式与途径，没有比想方设法去寻找用我们所认为的所谓更好的方式与途径去替代他们的更愚蠢的事情了。"[1] 每个生命的存在都是此在，敬畏生命，享受当下阅读过程中的情感与乐趣，阅读与学习都不是为了生存，而是为了存在，我们支持阅读指导，但是反对功利化的指导，究其根本，我们鼓励的是一切以帮助孩子养成阅读兴趣和情感为目标的阅读指导，而兴趣与情感的养成一定是基于幼儿生命关怀与现实生活的经验与体验，经验的是事实，体验的是思想，事实不必然导致思想，思想却一定是基于事实的情感体验。正如杜威所说："思想仅仅作为思想是不完全的，只有在实际的情境中应用，才能使思想具有充分的意义和现实性。"[2] 所以我们有什么理由坚信自己能够通过把握阅读事实而掌控幼儿阅读的情感与思想，唯有承认自己无知，愿意躬身与孩子在对话中共读，在分享与沟通

---

[1] 转引自 P. David Pearson, *Handbook of Reading Research*, London: Lawrence Erlbaum Associates, 2002, p. 506.

[2] ［美］约翰·杜威：《民主主义与教育》，王承绪译，人民教育出版社1990年版，第176页。

中形成情感共鸣、养成阅读情趣，潜移默化，自然似之。这对幼儿或者对我们成人来说都是一个享受成长的过程。

其次，幼儿童书阅读指导方法的思想之维——留白。文学想象力特有的"留白"艺术和"对话"特质，幼儿读者丰富的想象力，赋予作品内在的生命灵动和独有情感，这已然使得我们与幼儿基于童书作品的互动不仅仅是语言表达或行为动作上的交互，而更在于一种心灵的对话。因为只有这样的阅读过程，才能获得感同身受的经历和经验，才能体会作者与读者之间极其珍贵的情感共鸣，这时的思维与情感处于深层互动的状态，也更能够获得独有的主体意义。

最后，幼儿童书阅读指导方法的交往之维——对话。幼儿阅读是"幼"与"文"的相互作用，而幼儿阅读指导则是"幼""师"与"文"之间的相互关照，在这个过程中必然存在冲突，这个冲突并不是指向我们日常生活意义上的冲突，而是指存在于个体和各主体之间的新旧知识经验、内外情感体验、不同文化交融过程中的不适应并不断调和以达到平衡的过程。从这个意义上说，幼儿的童书阅读过程伴随着新旧知识经验的必然冲突，正如皮亚杰所强调的儿童的学习过程是对原有认知图式的不断同化、顺应、平衡的过程，但是，这个过程除了来源于儿童自身内在心理活动机制外，还需要外在环境的创设与支持。无疑，相较物质环境，人文精神环境的创设与支持的影响是更为深刻和深远的，尤其是以教师与父母对幼儿阅读的精神支持与帮助尤显重要。对于幼儿主体来说，其阅读的动力与方向只能来自于其本身，因为外在的指导与帮助只有基于幼儿情感态度的萌发，才能体现其应然的教育价值。幼儿阅读指导是教学交往的一种最基本形式，是幼儿教师与幼儿基于阅读内容的交往沟通过程，幼儿阅读过程中的师幼共读与沟通不是技术性的启发，而是教育性的愤悱，恰如雅斯贝尔斯"师生主体间交往理念"所诠释的，教育是人对人的主体间的灵肉交流活动，是人与人精神的相契合和"我"与"你"之间的对话。我们强调对话中共读的指导方式，阅读中的对话发生于冲突与认同过程之中，我们主张在共读过程中创造和把握冲突的契机,在对话中沟通,在交流中分享,在分享中认同,但认同不是服从,而是学会交往与尊重,学会在接受差异与不同中达成共识,即理解不代表接受。在这样的指导理念下,幼儿的视域会开阔,精神更自由,情感更豁达,从这个意义上讲,阅读是实现幼儿可能性生活世界的最好路径,是成人与幼儿相互走进彼此心灵的最佳方式,还有什么比这更重要的呢?

杜威曾言:"任何能量的表现都有结果,风吹过沙漠的沙,沙子的位置就改变,这是结果,是影响,但不是终结。"① 教师指导幼儿童书阅读的过程,是基于图文语言符号的自然交流和表达,是寓于情境体验的情感交融与分享,具有其应然的生命张力与教育本真。

---

① [美]约翰·杜威:《民主主义与教育》,王承绪译,人民教育出版社1990年版,第111页。

结　　语

　　本书的研究结果对进一步研究有几方面的重要影响。本部分将对幼儿阅读理解过程与文本内容特点的内在关联作进一步反思，探讨能够对数据进行分析的其他可能框架，并提出这一研究领域可能存在的其他研究线索。

　　阅读理解是幼儿阅读研究的核心议题。本书以"幼儿童书阅读反应"为研究焦点，旨在挖掘幼儿阅读反应对幼儿阅读理解过程的解释力。其中，幼儿阅读理解过程与童书文本内容特点的内在关联是本书的主要理论构想。就本书所形成的初步结论来看，我们还可以从如下几个方面展开更进一步的探讨：其一，幼儿阅读理解的过程与幼儿基于文本内容获得的经验有关，包括文本阅读与生活经验的联结、跨文本经验的联结、文本阅读与心理体验的联结等，阅读理解与个体经验之间具有紧密的关联性。据此，我们可以假设：幼儿阅读理解建构的内在过程与幼儿所身处的生活环境及其所获得的空间经验有关，而那些能够对文本内容具有多重解释力和丰富价值性的环境空间往往隐含着某种文化背景的潜在因素，这一线索值得我们进一步探讨。其二，幼儿阅读理解的过程是幼儿通过书面图文符号获得经验和意义的过程，学前儿童的前文字意识与书写表达都是对童书阅读理解的重要建构方式。早期儿童读写研究认为，幼儿的涂鸦、画画等初级符号表达形式都可视为幼儿书写的范畴，是幼儿运用书写符号进行自我表达的一种积极尝试，读与写紧密相融。所以，我们需要尊重、鼓励幼儿，并为其提供更多的书写符号表达的机会，重视幼儿早期书写在幼儿阅读过程中作为幼儿内部语言的外在表达方式的意义，从而帮助我们进一步揭示幼儿阅读理解与幼儿早期书写能力之间的内在联系。其三，图画故事书作为一种文本类型，具有多元化理解或解释的功能，我们可以从不同的角度认识和理解它，如基于幼儿感知图画故事书艺术风格的角度探讨幼儿阅读理解的建构过程；基于幼儿教师理解图画故事书主题风格的角度探讨其对幼儿阅读理解过程的影响性问题等。

相较而言，本书较少对成人（包括幼儿教师和家长）作为教育者的角色、作用和内在理念等方面进行细致讨论，仅仅在影响因素和教学指导建议中作了概要性的分析。这是因为研究者期望从幼儿更本然的阅读状态出发探讨幼儿阅读过程及其反应表现的相关问题，所收集的数据大都是围绕幼儿与文本之间的直接互动进行的。事实上，如果对本书所收集的数据进行重组或整合，也许还存在其他理论分析框架或者研究视角可以进行尝试性的探讨。如幼儿在与教师共读、与同伴进行分享性阅读的过程中，发展了诸如平等、合作、社会交往、规则或惯例等社会性问题，可以从社会学视角的意义建构层面进行讨论；幼儿在童书阅读过程中获得的巨大满足和快乐感受，常伴有游戏形式、语言与思维、符号与意义、虚拟与现实，其高度参与的想象力，文学性的语言表达，表演性的角色模仿等，都使得童书阅读过程中的游戏互动具有了更丰富的内容和更开阔的视域。因此，可以基于言语行为理论或者戏剧理论的视角展开一定的分析。幼儿在童书阅读过程中表现出显著的性别角色差异，男孩女孩的阅读内容选择、阅读理解方式等都表现出不同的回应特点，如男孩对于角色动作的关注，女孩对于形象情绪情感的敏感等，这些由性别差异所形成的反应类型的差异性，是由于社会性别角色期待的广泛影响，还是由于围绕在幼儿园阅读教育环境中的文本本身所产生的某些性别反应的特殊影响？如童话中的公主类型、父权主义类型等类似形式。这些方面的数据是否可以通过后现代文学理论中的一些概念，如原型批评理论等，进行进一步的启发性探讨？当然，这需要广阔的文学理论研究背景，研究者还需进行更深入的学习和思考。

除上述方面外，研究者还可以考虑从如下几个视角对幼儿阅读理解的过程进行后续研究，以使研究结论得到更完整和多维的理解。

其一，对幼儿个体进行追踪研究。我们基于幼儿阅读反应讨论幼儿阅读理解问题，首先需要认识到幼儿的阅读反应具有显著的个体差异性和情境依赖性。当然，幼儿阅读反应的风格相对稳定，但我们并不确定随着时间的推移，幼儿个体反应风格的变化具有哪些特征，童书文学内容对于幼儿的符号互动、经验联结、自我建构等阅读意义产生了怎样的转化力，同一本童书为处于不同年龄阶段的幼儿所提供的感受、理解和表达会产生怎样的发展性变化，这些变化与幼儿的阅读反应之间具有怎样的关联。虽然，对于幼儿个体的追踪性研究是极为复杂、费时、费力且具有巨大的不确定性的，然而，这种纵向追踪研究对于上述问题的理解和解释似乎是最为有意义的研究路径。

其二，对本书所概括的幼儿阅读反应类别以及幼儿阅读理解过程的分析进行更多的验证、拓展与改进。五种反应类型与阅读理解过程的结构性模型是否适用于其他幼儿阅读反应类型和理解过程？已有关于幼儿阅读反应或者读者反应类型的分析能否对本书所概括的幼儿阅读反应类别问题作出不同角度的论证或建议？

其三，童书内容隐含的意识形态与幼儿阅读理解的建构。无论是儿童文学作品的创作者还是童书文本本身，都必然具有一定的教育影响力。那么，童书所隐含的文化、道德、伦理等背景因素都有哪些具体的内容、形式和表现？如果假设这些因素会对幼儿的阅读理解产生潜在影响，其影响的方式或者过程是否可探？是否存在明晰的显性线索能够被把握和分析？

其四，幼儿园童书阅读情景与活动类型的相关研究。本书围绕幼儿园集体阅读活动、区角阅读活动和随机阅读活动三种幼儿园阅读教育活动类型进行了探讨，我们并不是旨在比较幼儿在此三类活动情景下的反应表现，而是期望获得关于幼儿阅读情景的更充分而广泛的描述，从而更好地把握幼儿阅读反应的类型和幼儿阅读理解的过程。不过，如果通过比较性的研究思路进行整理的话，也许可以获得不同阅读情景对幼儿阅读反应差异的特殊作用，以及在哪种阅读情景下，更容易发展幼儿阅读理解建构过程的思路。或许，上述问题可以通过幼儿园童书阅读情景的比较研究或者幼儿园阅读活动类型的比较研究进行不同思路的探索。

附录一　幼儿园阅读教育现状调查问卷

尊敬的老师，您好！

  我们是山东师范大学教育学部的科研人员，本问卷主要作为幼儿阅读教育研究之用。本问卷旨在了解您对幼儿阅读的看法及幼儿园开展幼儿阅读教育的状况。您的回答无对错之分，所得结果纯粹作为学术研究之用，不需具名，我们对您的个人资料将绝对保密，请放心依真实情形填写。您的回答对我们的研究非常重要。

  本问卷共有40个问题，请您在赞同的选项序号下打"√"，除个别表明多选外，其余皆为单选；如果没有符合您看法的选项，请您在一旁填上您的补充意见；另有几个开放性问题需请您详细说明。对您的合作与支持表示我们最真诚的感谢！

  请在符合您情况的选项□中打√

1. 您所在幼儿园的性质是：
①公立　　　　　　　②私立
2. 您现在所教的班级是：
①托班　　　　　②小班　　　　　③中班
④大班　　　　　⑤学前班　　　　⑥混龄班
3. 您所教班级的幼儿人数是：
①10人以下（含10人）　　②10—20人（含20人）
③20—30人（含30人）　　④30—40人（含40人）

⑤40 人以上

4. 您在幼儿园已工作：

①5 年以下　　　　　②5—10 年　　　　　③10—15 年

④15—20 年　　　　　⑤20 年以上

5. 您喜欢阅读吗？

①喜欢　　　　　　　②比较喜欢　　　　　③一般

④不太喜欢　　　　　⑤不喜欢

6. 您平均每周阅读_____时间：

①0—2 小时　　　　　②2—4 小时　　　　　③4—6 小时

④6—8 小时　　　　　⑤8 小时以上

7. 您通常喜欢读什么类型的书：（可多选）

①教育书籍　　　　　②报纸　　　　　　　③科普读物

④时装杂志　　　　　⑤文学书籍

⑥其他（请填写）_____

8. 您对儿童读物的喜欢程度：

①喜欢　　　　　　　②比较喜欢　　　　　③一般

④不太喜欢　　　　　⑤不喜欢

9. 您认为早期阅读对幼儿的重要程度：

①非常重要　　　　　②重要　　　　　　　③一般

④不重要　　　　　　⑤很不重要

10. 您认为幼儿阅读教育是：（可多选）

①师幼之间以图文讲述为主的交往活动

②教师教幼儿识字认字的活动

③听老师或媒体读作品的活动

④教师引导幼儿关注文字符号的活动

⑤其他（请填写）_____

11. 您对幼儿阅读教育的相关理论了解程度：

①很理解　　　　　　②有些了解

③不太了解　　　　　④很不了解

12. 您有没有参加过幼儿阅读教育相关的研习活动？
①有　　　　　　　　　　②没有
对您的幼儿阅读教育的理论与实践指导帮助大吗？
①很有帮助　　　　　　　②有些帮助
③不太有帮助　　　　　　④没有帮助

13. 您认为幼儿园开展幼儿阅读教学的必要性主要在于：
①幼儿本身的阅读需要　　②幼儿未来发展的需要
③《纲要》的规定　　　　④家长的需要
⑤幼儿园发展的需要

14. 您认为幼儿阅读教育的目的主要是：（可多选）
①让幼儿学到知识，促进其智力的发展
②从小培养幼儿良好的行为习惯和道德品质
③让幼儿掌握阅读方法，培养幼儿的阅读能力
④增加幼儿的阅读经验
⑤培养幼儿从小就喜欢书籍喜欢阅读
⑥其他（请填写）_____

15. 您认为幼儿园开展幼儿阅读教育对教师的要求体现在：（请按重要程度排序）
①教师自身应喜欢阅读，对阅读有浓厚的兴趣
②教师应具有科学的幼儿阅读教学观
③教师应具有较好的集中阅读教育技能
④教师应具有丰富的幼儿阅读教学知识
⑤其他（请填写）_____

16. 您所在幼儿园阅读教育的开展一般是：
①由幼儿园所在的上级主管部门决定　　②由园长决定
③由幼儿教师根据幼儿的实际自行决定　　④由幼儿决定

17. 您每周在每班开展幼儿集体阅读的次数是：
①无　　　　②1次　　　　③2次
④3次　　　⑤4次　　　　⑥其他（请填写）_____

18. 您每次开展幼儿阅读教学的时间是：

①10 分钟以下　　　　　　②10—20 分钟

③20—30 分钟　　　　　　④30—40 分钟

⑤不一定（为什么不一定？请回答）_____

19. 您所在园的幼儿阅读教育主要是何种形式？

①正式的幼儿阅读教学　　　②随机的幼儿阅读教育

③无任何相关活动形式　　　④其他（请填写）_____

您更赞同哪种阅读教学形式：_____

①正式的幼儿阅读教学　　　②随机的幼儿阅读教育

③说不清　　　　　　　　　④其他（请填写）_____

请谈一下您的选择理由：

20. 您在开展幼儿阅读教学时所选材料通常来源于：（可多选）

①幼儿园所订阅的语言教程及教学参考书中的文学作品

②公认的或他人推荐的优秀作品

③自己改编的材料

④幼儿自带材料

⑤其他（请填写）_____

21. 您通常会选择：

①情节生动，对幼儿认知发展有明显教育意义的

②情节生动，对幼儿社会性发展有明显教育意义的

③情节不生动，但具有明显教育意义的

④情节生动，但无明显教育意义的

22. 您选择的幼儿阅读内容依次是：（请按最常选—最不常选排序）

①识字图片、卡片

②儿歌、童谣、谜语

③古诗词

④图画书（绘本）、寓言故事、童话

⑤科学知识类

⑥日常生活中的一些材料，如各种标志、信件、账单、说明书、广告宣传单等

还有其他内容吗（请填写）_____

23. 您选择该类阅读材料的原因是：（可多选）

①材料形式丰富，能引起幼儿的兴趣

②内容和幼儿的生活较贴近

③适合本园的一些特点

④教师辅导书的指导清晰，可操作性强

⑤家长要求的

⑥很多幼儿园都在使用，所以就选了

24. 当您组织幼儿集体阅读时，阅读内容的选择权主要在于：

①园长或教研主任　　　②教师

③幼儿　　　　　　　　④有时由教师决定，有时由幼儿决定

⑤教师主导决定，幼儿参与选择

25. 您对于本班幼儿喜欢什么样的阅读内容：

①很了解　　　　②有些了解　　　　③不太了解

④很不了解

26. 您对于本班幼儿的阅读能力：

①很了解　　　　②有些了解　　　　③不太了解

④很不了解

27. 您对于本班幼儿文学接受能力了解的主要依据：（可多选）

①幼儿发展心理学相关理论

②对本班幼儿实际阅读情况的观察

③自己的阅读指导经验

④从未想过此问题

⑤其他（请填写）_____

28. 在幼儿阅读指导过程中，您通常运用哪些教学方法？（可多选）

①讲述法　　　　②提问法　　　　③角色扮演法

④讨论法　　　　⑤游戏法　　　　⑥朗读法

⑦练习法　　　　　⑧图书制作法

⑨其他（请填写）_____

29. 您在开展幼儿阅读指导时，常用的教学媒介是：（可多选）

①图片　　　　　②模型　　　　　③录音机

④电视机　　　　⑤录像机　　　　⑥幻灯

⑦计算机　　　　⑧投影仪

30. 在您的阅读教学过程中，幼儿的参与情况

①总是积极参与　②经常积极参与　③一般

④较少积极参与　⑤很少积极参与

31. 您通常怎样判断幼儿是否喜爱阅读？

①看幼儿是否能专心听讲

②看幼儿是否积极主动发言

③看幼儿是否能回答与阅读内容相关的问题

④看幼儿是否经常发问（相关不相关都可）

⑤其他（请填写）_____

32. 当幼儿对教师的阅读教学设计（内容或方法等）没有兴趣，不喜欢听时，您通常会：

①要求幼儿继续听教师讲述完整

②与幼儿沟通、协商，寻求平衡并调整教学内容或方法

③完全由幼儿决定，以幼儿兴趣为中心重新设计教学内容与方法

④其他（请填写）_____

请谈一谈您选择该方式的理由：_____

33. 在阅读教学过程中，您通常怎样评价幼儿的阅读？

①表扬或奖励做得好的幼儿，批评没做好的幼儿

②表扬或奖励做得好的幼儿，对于做得不好的幼儿不给予批评

③表扬或奖励所有幼儿

④对集体幼儿不给予任何评价

⑤对个别幼儿不给予任何评价

⑥其他（请填写）_____

为什么这样评价？_____

34. 您在创设幼儿阅读物质环境时最注重：

①墙饰（包括主题墙与家园栏）的布置

②提供与阅读内容有关的道具

③阅读角的布置

④活动室的空间布置

⑤其他（请填写）_____

理由是_____

35. 您在评价幼儿阅读教学的效果时，以下哪种方式运用得最多？

①在活动过程前、中、后，针对阅读内容向幼儿提问

②记录幼儿阅读前、中、后的表现，然后进行分析与总结

③让幼儿进行角色扮演，看幼儿是否能通过动作、表情、语言展现教学内容

④让幼儿动手操作如绘画等形式，评价幼儿与阅读内容相关的作品

⑤不大关注幼儿通过阅读获得哪些表现性结果，更看重幼儿在阅读过程中，是否全身心专注，享受其中

36. 您认为目前影响幼儿阅读教育的前三位因素是：

①教师自身的阅读态度、水平和教学技能

②园领导的支持

③家长的配合

④良好的阅读氛围

⑤幼儿已有经验的多少

⑥大量的、丰富的阅读材料

⑦其他（请填写）_____

37. 您认为就幼儿阅读教育来说，现在亟须解决的问题有：（请按重要程度排序）

①提高教师自身的阅读能力与文学素养

②教学方法的培训

③增加电教设备

④改变评价方法

⑤增加阅读教学时间

⑥提供和选择适宜的阅读材料

⑦缩小班额

⑧争取家长的配合

38. 您觉得幼儿在阅读过程中,存在的最突出的问题是什么?

39. 您认为在指导幼儿阅读过程中,最大的困难是什么?

40. 谈一谈在您的理解中,阅读之于幼儿发展最核心的价值是什么?

附录二　幼儿童书阅读情况的家长问卷调查

尊敬的家长，您好！

　　本调查问卷共有30个问题，问题多采用选择题方式等，简明扼要并易于回答；您可以匿名填写此份调查表；当有超过50%的题目不做回答时，本问卷将做无效处理；请您根据自己孩子的实际情况如实作答即可，谢谢您的支持与参与！

请在符合您情况的选项□中打√

1. 您孩子的性别是：（　　）

①男孩　　　　　　②女孩

2. 您孩子的年龄是：（　　）

①3周岁以下　　　②3—4周岁　　　③4—5周岁

④5—6周岁　　　　⑤6周岁以上

3. 您经常为孩子买书吗？（　　）

①经常，平均每月都会添置新书

②偶尔，会在节日或生日时作为礼物买

③不经常，平均每年不到五本

④从未专门给孩子选购过图书

4. 您给孩子购买童书的主要类型有哪些？（　　）

①儿童故事、诗歌等叙事性文学类图书

②自然探索类或社会现象的报告类图书

③操作性或游戏互动式图书

④建立简单知识或经验的概念类图书，如图卡

⑤工具书，如图画字典、百科全书、专题图书等

⑥更钟爱上述图书内容的漫画版或连环画形式等

5. 您会有意识地对童书的内容进行选择吗（体裁、角色形象、语言……）？

①会　　　　　　②不会　　　　　　③完全由孩子决定

6. 您会有意识地对童书的版式进行选择吗？（图文比例、版面大小、立体/平面……）

①会　　　　　　②不会　　　　　　③完全由孩子决定

7. 您认为幼儿阅读培养的目的主要是：（　　）（排序题）

①让幼儿学到知识，促进其智力的发展

②从小培养幼儿良好的行为习惯和道德品质

③让幼儿掌握阅读方法、培养幼儿的阅读能力

④增加幼儿的阅读经验

⑤培养幼儿从小就喜欢书籍、喜欢阅读

⑥其他

8. 选择购书或借阅书时，一般由您和孩子谁来决定？（　　）

①由家长决定　　　②由孩子决定

③双方商量与沟通后共同决定

9. 您家里是否为幼儿专门设置了阅读角或小书架？（　　）

①有　　　　　　②没有

10. 您喜欢和孩子一起共读吗？（　　）

①非常喜欢，常感到惊喜

②一般，只是尽父母之责

③不喜欢，没时间或太麻烦

11. 您觉得您的孩子喜欢阅读吗？（　　）

①非常喜欢　　　②比较喜欢　　　③一般

④比较不喜欢　　⑤非常不喜欢

12. 您觉得您的孩子最喜欢阅读什么类型的童书？（　　）（排序题）

① 儿童故事、诗歌等叙事性文学类图书

② 自然探索类或社会现象的报告类文学

③ 操作性或游戏互动式图书

④ 建立简单知识或经验的概念类图书，如图卡等

⑤ 工具书，如图画字典、百科全书、专题图书等

⑥ 更钟爱上述图书内容的漫画版或连环画形式等

13. 您觉得在叙事性文学类童书中，您孩子最喜欢阅读什么？（　　）（排序题）

① 童话、寓言、神话、民间故事、传说或传记等图画书

② 儿歌或散文诗类图画书

③ 改编自热播动画片的图画书

④ 绘本图画书

⑤ 漫画书或连环画等

14. 您平均每天与孩子共读多少时间？并请您简单描述一下您孩子在家中阅读的状态，如语言反应、行为动作反应、角色扮演或其他审美反应等。

15. 您认为幼儿园有必要专门开展幼儿早期阅读活动吗？

① 很有必要　　　② 没必要　　　③ 没想法

16. 您参与过幼儿园组织的相关幼儿阅读的活动吗？

① 经常参与　　　② 偶尔参与　　　③ 从未参与

17. 您与孩子所在班级的幼儿教师，以何种形式随机或专门讨论过幼儿阅读相关问题吗？

① 经常讨论　　　② 偶尔谈谈　　　③ 从未聊过

18. 您希望参加幼儿园组织的关于幼儿早期阅读的相关活动吗？

① 非常希望　　　② 一般，不过，会积极配合

③ 不关心，也不想参加

19. 请您对家园合作共同组织一些幼儿阅读相关活动，提出宝

贵建议。

20. 您的受教育程度是：（　　）

①高中及以下　　②专科学历

③本科学历　　　④硕士及以上

21. 您喜欢阅读吗？（　　）

①喜欢　　　　②比较喜欢　　　③一般

④比较不喜欢　⑤不喜欢

22. 您每天都会自主阅读图书吗？（　　）

①经常　　　　②偶尔

③不经常　　　④从不

23. 您通常喜欢读什么类型的书？（　　）（多选题）

①教育书籍　　②报纸　　　　　③科普读物

④时装杂志　　⑤文学书籍　　　⑥其他

24. 您对儿童读物的喜欢程度：（　　）

①喜欢　　　　②比较喜欢　　　③一般

④不太喜欢　　⑤不喜欢

25. 您为孩子选择童书时通常会倾向于：（　　）

①情节生动，对幼儿认知发展有明显教育意义的

②情节生动，对幼儿个性与社会性发展有明显教育意义的

③情节不生动，但具有明显教育意义的

④情节生动，但无明显教育意义的

26. 您认为幼儿阅读教育是：（　　）

①成人与幼儿之间以图文讲述为主的交往活动

②教幼儿识字认字的活动

③听父母、老师或媒体读作品的活动

④引导幼儿关注图文符号的活动

27. 您所居住地区是：（　　）

①发达城市地区　　　　　　　②一般城市地区

③城乡接合区（如城市郊区）　④乡镇地区

⑤农村地区

28. 您对孩子所就读幼儿园和班级的童书阅读教育情况满意吗？（   ）

①满意　　　　　②比较满意　　　　③一般

④不太满意　　　⑤不满意

29. 不满意的最主要原因是：（   ）

①所在幼儿园或班级老师不重视童书阅读

②所在幼儿园或老师本身的阅读素养不够

③所在幼儿园及教师的童书阅读指导理念与内容不合适

④所在幼儿园及教师的童书阅读指导方法不合适

⑤不了解所在幼儿园或班级教师的童书阅读教育情况

30. 您孩子所在幼儿园的性质是：（   ）

①公办园（示范园或实验园）

②公办园（普通幼儿园）

③公办园（乡镇幼儿园）

④私立园（规模大，在当地有影响力）

⑤私立园（普通幼儿园）

⑥私立园（乡镇幼儿园）

附录三　幼儿阅读反应观察记录表

班级：_____　姓名：_____

日期：	观察对象：		性别：		年龄：	
观察记录	基本情况	选择童书类型：		选择童书名称：		
		阅读持续时间	开始时间：		结束时间：	
		在符合描述的空格内画"√"				
		自己主动进入阅读区		不感兴趣，基本不看一眼		
		在教师推荐后进入阅读区		有一点兴趣，会翻一翻		
		在同伴影响下进入阅读区		非常感兴趣，会坐下来专注地看		
	行为描述	1. 阅读前：（图书选择过程） 2. 阅读中：（阅读反应表现） （1）语言表现 （2）动作（包括表情）表现 （3）同伴交流表现 3. 阅读后：（阅读反应表现。注：包括即时反应与延时反应） （1）语言反应 （2）动作（包括表情）反应 （3）审美反应（包括绘画涂鸦、表演讲述、同伴游戏等等）				
观察对象分析	请根据自己的感受与想法自由分析。（例如：你选择此观察对象的原因是？你认为影响此幼儿阅读行为与反应的关键因素有哪些？）					

附录四　幼儿教师访谈提纲（部分）

访谈主题班级里的图书角情况和幼儿阅读情况

问题1：能否请您对自己班级的图书情况进行一个系统介绍？

问题2：您所带班级的童书资源都有哪些来源？

问题3：您对班级里的童书资源的类别有哪些认识？

问题4：您班级里的阅读活动都有哪些形式？您是如何利用班级童书资源的？

问题5：您所带班级的幼儿参与阅读活动的积极性如何？

问题6：您认为本班幼儿最喜爱何种类型的童书？有哪些阅读反应表现？

问题7：您对本班幼儿的前阅读经验、阅读兴趣和阅读能力有哪些认识？

问题8：您觉得幼儿在阅读过程中，存在的最突出的问题是什么？

问题9：您认为在指导幼儿阅读过程中，最大的困难是什么？

问题10：幼儿园组织过家园共读活动吗？都有哪些形式？您觉得亲子共读与分享性阅读对于幼儿阅读过程的影响有哪些？

附录五　区角阅读活动实录（节选）

记录方式：录像转录与整理

时间：2017 年 2 月 22 日下午 15：00 整，图书角阅读活动开始。

区角阅读活动实录	幼儿阅读反应	研究者观察与思考
5 周岁的小爱最先来到图书角，在图书架前这翻翻，那看看，努力搜寻最想看的童书。终于经过两分钟左右的选择后，在最里面的小书架下格里找到了。选好童书，来到阅读桌前坐在小椅子上，开始阅读。 　　第一遍阅读： 　　估计对这本书的内容，小爱是比较熟悉的。因为她只是<u>短暂地扫了两眼（编码1）</u>童书封面，就迫不及待地翻开书页，之所以说是迫不及待，是因为她没有像翻一本新书一样，<u>从头到尾一页一页地翻看，而是一下子翻了三四页（编码2）</u>。不过，可能是她自己也觉得一下子翻得有点多，就打算再倒回去几页，<u>翻回前一页，用两只小手轻轻抚平了两个对折的页面（编码2）</u>，很快进入了阅读的状态，被画面吸引住了。与小爱在同一个阅读角位置的是她身边一个小男生，他	编码1：视觉感知 "短暂地扫视" 编码2：动作表现 "快速翻页""抚触页面"	**反思**：小爱看起来是非常有针对性的在选书，像是在寻找一本熟悉的书，我猜想也许她是在寻找上次没有读完的书。我凑上前看到小爱选择的是一本由英国儿童文学作家吉尔·芒登创作的绘本图画《乘着火车去旅行》，这是黄色楼车系列中的一本，语言韵律十足，对话稚拙有童趣，色彩缤纷绚丽，情节奇

此刻正因为图画书中的一个大大萝卜的画面，而不停地敲打着大萝卜所在的地方，难道是在拔萝卜吗？声音很大，边敲打边叫着，不过这却丝毫没有影响小爱的专注，她安静地观察着画面。（童书内容信息：画面上有一个大大的很凸显的黑洞，是火车隧道。一列红色火车正从左侧画面横穿向右，呈现着马上就要进入通道的状态，地面上是绿油油的小草。）<u>小爱用手摸了摸画面上黑黑的火车隧道入口的洞，又用小手指在火车厢的地方左右摩挲了几回（编码2）</u>，突然轻呼出一声（编码4）："它没上车！"（编码3）不过，好像也不是特别有针对性地对谁说着，而更像是自言自语，我不由自主地回应她说："谁没上车？"小爱没有回头看我，<u>继续埋着头看着这一页（编码1）</u>，不过她一边<u>用手指头点着车厢的某个地方（编码2）</u>，一边对我说："它，没下车。"（编码3）我看到这个地方的"它"，应该是火车司机。身边的男孩子立马站起来贴近画面仔细瞅了瞅，回答说："到站了！它没吧？"小爱也没有看他，只是小声地附和了一声："是！"（编码3）得到回答的男孩坐回到自己的座位上，并且热情地邀请她说："看我的！"一边说一边调整自己手上图画书的方向，给我们看，小爱没有反应（编码1），我担心男孩子冷场，就指着画面上的一个形象问道："这猫怎

妙，吸引幼儿在不可思议的快乐旅程中认识事物（不同的动物、场景等）、学会识数、认识颜色和欣赏故事情节等

编码2：动作互动
"抚触画面""手指指点画面"

编码3：语言描述
"画面描述""对话表达"

编码4：情绪情感
"发现惊喜"

编码3：语言描述
"对话表达"

编码1：视觉感知
"视线专注"

么了?"男孩用肯定的语气说:"哭了。"我好奇地问:"为什么?"正在这时,小爱突然大声喊道:"有两个……(不对)有三个小羊!"

男孩好像答非所问,有点含糊地说:"有两只小鸭子吗?"也许他在猜测故事内容,如猫的哭也许与两只小鸭子有关。

我没有打断他的想象,这时听到小爱继续大声地说:"有三个羊!"(编码3)我转向小爱,看到她用手指指着火车的车厢,一边点着小羊(编码2),一边念叨着:"是三个羊。"(编码3)我看了看画面,因为小爱用手按在画面上,不是特别清楚,我好像看到是不止三只,但不确定,所以追问她说:"什么?"这时,小爱明显处在回答我问题的状态,而不是自言自语,她降低了声音缓缓说:"是三个羊!"

我有意纠正其量词来重复她的话:"是三只羊吗?"小爱瞄了瞄自己的手指,应该是在数数。身边的男生也被我们吸引了,(或许因为我的关注,小男生才关注到这边小爱的阅读内容。)对小爱的说法用很大的声音问询道:"三?!"刚要说出来的话还含在嘴里,他也用手指指着车厢数了数,然后大声说:"三——小——,还有一个羊呢!"几乎同时,小爱应该也是重新数了数,伸出四根小手指对我说:"四个羊。"(编码2—3)我再次重

编码3:语言描述
"画面描述"

编码2:动作互动
"手指指点画面"
编码3:语言描述
"画面描述"

编码3:语言描述
"对话表达"

编码2—3:行为动作与语言表达
"对话表达"中的行为伴随
编码2:动作互动

反思:小爱的反应,是对我刚才的重复和追问"是三只羊吗"的反应,显然她认为我的反问是在质疑她话语中的数字是否正确,而没有注意到我初时意指的量词使用问题

画面内容的特点:
在画面上方,车厢外也有几只小羊!页面上最凸显的是小火车,所以小爱刚才应该是先注意到车厢里的小羊,然后又看到绿草地上几只大的描画的比较细致的、在整体画面上比较显眼的几只小羊;在比

复："四只羊啊!"小男孩也重复说："五只羊呢!"小爱完全向我打开了话匣子，指着除了车厢外的地方（编码2），如绿草地上的羊儿说："还有这个羊，不是这个!"（编码3）然后又指向画面最下方的一只羊儿，点了下又移开。向上面车厢里看了一会儿，再向下面绿草地上的羊群看了一会儿，应该是在比较它们是不是一样的，大概停了五秒钟，突然用手大面积地划过画面（编码1—2），并且口中清晰地说："这都是小羊！这里都是小羊！！"（编码3）小爱语气里充满了发现新大陆似的满足！（编码4）说完，小爱翻到下一页，并且立即就感觉到了画面的变化和不同，说出："哦！天黑啦!"（编码1—2—3）和观察前面一页画面不同的是，小爱不是首先观察小火车和隧道，而是首先注意与前一页变化较多的细小细节，只见她的小手，指着画面最左上方的大象（编码1—2）说："大象——"（拖长音，应该是在观察大象的特点，并选择合适的形容词来描述。在画面上方，大象扬起高高的鼻子，鼻子孔里有一朵像小风车一样的小花。）小爱自言自语道："像长长的鼻子花!"（编码3）我被逗笑了，鼻子花，孩子的视界啊！说完，指着黑隧道一划而过，也没有语言描述，突然使劲儿戳中画面最右上方的魔术师大声说："变魔术!"（编码3—4）

"手指点画"

编码3：语言描述
"画面描述"
编码1—2：视觉感知与行为互动
"视觉感知"中的行为伴随、"视线迁移""观察比较""手指点画""大面积抚触画面"
编码3：语言描述
"画面描述"
编码4：情绪情感
"发现中的惊喜"

编码1—2—3：
视觉观察 + 行为动作 + 语言描述

编码1—2：
视线关注点的变化与行为动作的伴随

编码3：语言描述
"画面描述"
编码1：动作互动
编码3—4：语言描述与情感反应
"画面联想与表达"
"情感投入"

较上下不同画面时，最后发现在车厢外的画面上方还藏着几只小一点的、描画的不是特别细致的几只小羊

文本内容特点：相较前一页，显著的画面信息是相同的，如小火车还是那辆小火车，黑洞洞的隧道也还在原来的位置，所不同的是背景，配图的形象变化了，增加了大象、魔术师、长颈鹿、气球等等新信息……此外，画面色彩有些变化，变暗了一些，天空更深更蓝，并且有零零散散的几颗明亮的小星星

反应变化的原因分析：相较前一页所配辅的细节形象特别丰富，需要小读者作出细致观察和比较

思考：这里，小爱说的是"变魔术"，而不是"魔术师"，也许孩子认识事物的顺序是首先知道它是干什么的，但并不知道它的名称是什么。总是先注意事物的存在，后了解事物的功能，最后获得对这一事物的概念

说完，小爱翻到下一页，我回应她说："变魔术啊！"小爱很认真地观察着新画面（编码1），没有继续向我描述。 此时，男孩把书合起来说："看完了。"说着站起身来说道："再换一本去！" 小爱自顾自地看书，并没有对其他小朋友频繁地换书有所关注（编码1）。[在新画面上，小爱首先关注到的不是像观察上一页时，那些配饰图画的内容，而是对这一页火车厢内成员的变化更感兴趣（编码1）。]她自言自语地说："鼓掌猫来了，都上车了！"（编码3）原来是小火车上又换了新乘客——几只小白猫。 小爱说完，继续翻到了下一页，（画面上还是两个突兀的大黑隧道口，小火车在中间穿梭，车上又换了小乘客：六只小兔子。远处是茂密的树林和遥远的天空，在树林中间隔三差五地出现了三只小猫的模样，好像在提醒小读者，小猫在这里下车了，去了森林里；近处依然是一片草地，星星点点地有几朵小蘑菇，仿佛还散发着清香味道呢。）小爱一翻到这一页，就被最近处的一棵大树吸引了（编码1）。树很大，上面星星落落地开了些小白花，粗看上去特别像圣诞树，（是不是因为像圣诞树，所以会首先吸引小爱的目光呢?!）最有趣的是，在这棵"圣诞树"底下的部分，有一只俏皮的小猫只露出了一张小小的猫	编码1：视觉感知 "画面观察" 编码1：视觉感知 "视线专注" 编码1：视觉感知 "视线关注点变化" 编码3：语言描述 "画面描述" 编码1：视觉感知 "观察专注"	**反应变化的原因分析**：相较前面一页，这幅画面里的小火车，位置背景都有变化，但是变化的是背景，且是整体的背景。如添加了一幢小房子，房门口站着一位慈爱的老奶奶，远处的小山一目了然，内容清晰、明快、简单。而相对应的，这一页的画面上还同时出现了两个火车隧道山洞，左侧画面一个，右侧画面一个，非常凸显，似乎引导着小读者自然而然地对这两个山洞间的事物发生兴趣。事实也确实如此，小爱会比较多地关注小火车的走向，小火车厢里动物的变化，不过首先关注的还是动物种类的变化，并未注意到动物数量、颜色的变化

脸，好像在捉迷藏呢。小爱看了一会儿这个位置，可能因为教室里有小朋友在哭闹（小班孩子哭闹的现象非常多），她转头看了看，又看向窗外，嘟囔着说了一句："外面下雨了！"说完，又低下头回到了故事书里，翻过来看了看，突然惊讶地说："小鸭子也上车啦！"声音很响亮（编码3—4），我也兴奋地回应她说："啊，小鸭子也上车了呀！这么多啊！"不过显然小爱没有太关注这些背景性画面的信息变化，而是比较有针对性地更关注车厢里的小动物及其变化（编码1—2）。小爱翻过书页，用小手指指着车厢惊叹道："这些小鸡都上车了！"（编码1—3）我积极反馈道："嗯！"小爱指着车厢里新上来的乘客小鸡说："它们两个也都上车了"（编码2—3），我连忙惊叹道："这么多小鸡啊！"小爱非常认同地点头答应："嗯！"（编码3）我继续鼓励她观察："多少只啊？"小爱数也没数，张开左手回答我说："它们有五个嘛！"（编码3）我指了指画面上的小火车，柔声鼓励她说："你看看是吗？你数一数好不好？"小爱于是很认真地用左手肘按着书，右手食指点着小火车车厢里的小鸡开始数数，"一、二、三、四、五、六……"数着数着，不出声了，不过虽然没再口头数，但是手指没停下，到最后刚好九只小鸡。（编码2—3）小爱又翻了

编码3—4：语言描述与情感反应
"画面描述""发现惊喜"

编码1—2—3：视觉感知中的语言、动作与情感表达
"观察画面""手指点画""语言描述""情感投入"

编码2—3：动作互动与语言描述
"手指点画""画面描述"

编码3：语言描述
"对话表达"中的动作伴随

编码2—3：动作互动与语言描述
"手指点画""画面描述"

编码3：语言描述
"对话表达""画面想象与描述"

文本图文特点：
画面上的小火车好像变长了一些，车厢里满满的都是小鸭子，黄黄的在画面上很鲜明，共八小只，也禁不住发出感叹！而画面背景也变化了很多，远处是草原，也有几棵大树，近处则是蓝蓝的池塘，相较之前的绿草地，变化较大，事物、颜色都变化了

文本图文特点：
画面上，上空是蓝蓝的天空、地面上是嫩绿的草地，在最左边画面的几厘米处画着半截载着小毛驴的小火车车厢，看样子是要被带走了

一页，马上就是故事书的封底画面了——小爱指着火车厢和小毛驴大声说："走啦！它们走啦！"继续敲打着此处画面，重复叫着："它们走啦！"（编码2—3）我追问道："走了啊！上哪去啦？"小爱停顿了两秒钟，一边又翻到书的封面，一边回答我说："去旅游啦！"（编码3）……

附录六　本书引用的童书[*]

［德］维尔纳·霍尔茨瓦特（文）、沃尔夫·埃布鲁赫（图）：《是谁嗯嗯在我头上》，方素珍译，河北教育出版社2007年版。

高洪波、金波：《植物大战僵尸》，中国少年儿童出版社2014年版。

刘正兴等：《十万个为什么（幼儿版）》，少年儿童出版社1996年版。

［英］奥利维亚·布鲁克斯（著）、彼得·司各特（绘）：《海洋生物》，化学工业出版社2018年版。

周东：《猜猜这是谁》，北方妇女儿童出版社2017年版。

张冬梅：《鸡宝宝，快出来》，江西高校出版社2012年版。

［法］克利斯提昂·约里波瓦（文）、克利斯提昂·艾利施（绘）：《我去找回太阳》，郑迪蔚译，二十一世纪出版社2013年版。

［美］汉纳—巴伯拉：《猫和老鼠》，王梦达等译，译林出版社2016年版。

程舟行：《猜谜农场》，晨光出版社2000年版。

美国迪士尼公司：《白雪公主和七个小矮人》，林晓燕译，中央广播电视大学出版社2012年版。

崔钟雷：《公主童话》，浙江人民出版社2012年版。

［美］约翰·斯坦贝克：《小红马》，史津海等译，浙江文艺出

---

[*] 所列童书依照其在文中出现的先后顺序排列。

版社 2009 年版。

童趣出版有限公司编写：《喜羊羊和灰太狼》，人民邮电出版社 2007 年版。

［英］吉尔·芒登（文）、安德里亚·帕特里珂（图）：《乘着火车去旅行》，林昕译，湖北少年儿童出版社 2013 年版。

［法］埃尔维·杜莱（文/图）：《点点点》，蒲蒲兰译，二十一世纪出版社 2012 年版。

［英］简·威利斯（文）、托尼·普斯（图）：《嘿，站住!》，长江少年儿童出版社 2017 年版。

［比利时］圭多·苑·詹纳斯汀（文/图）：《摆臀布吉舞》，李洪谧译，漓江出版社 2013 年版。

［韩］金大圭（文/图）：《我想跳舞》，王双双译，漓江出版社 2013 年版。

［英］理查德·乌林（文）、霍利·斯温（图）：《通缉令》，陈玲亚译，漓江出版社 2013 年版。

［美］玛格丽特·怀兹·布朗（文）、克雷门·赫德（图）：《逃家小兔》，黄廼毓译，明天出版社 2013 年版。

［美］莱恩·史密斯（文/图）：《这是一本书》，陈科慧译，二十一世纪出版社 2016 年版。

杨红樱：《淘气包马小跳》，安徽少年儿童出版社 2014 年版。

［美］乔安娜·柯尔（文）、布鲁斯·迪根（图）：《神奇校车》，蒲公英童书馆译，贵州人民出版社 2011 年版。

古月等（编）、童介眉等（绘）：《西游记（连环画）》，湖南美术出版社 2008 年版。

［德］克里克勒尔：《科学小实验》，段云译，中国铁道出版社 2015 年版。

山海美术电影制片厂（著）、张博庆（改编）：《黑猫警长》，外语教学与研究出版社 2014 年版。

梁子：《你找到了吗》，北方妇女儿童出版社 2010 年版。

孙静:《动物小百科——海底世界》,长江少年儿童出版社2017年版。

[美]艾瑞克·卡尔(文/图):《好饿的毛毛虫》,郑明进译,明天出版社2008年版。

[美]乔安娜·柯尔(文)、布鲁斯·迪根(图):《神奇校车——追寻恐龙》,蒲公英童书馆译,贵州人民出版社2011年版。

[美]安东尼·布朗(文/图):《形状游戏》,宋珮译,河北教育出版社2010年版。

[丹]安徒生:《安徒生童话》,邓敏华译,黑龙江美术出版社2016年版。

美国美泰公司:《蝴蝶仙子和精灵公主》,长江少年儿童出版社2014年版。

[法]汤米·温格尔(文/图):《三个强盗》,张剑鸣译,明天出版社2009年版。

蒋利等(编)、郅红(图):《三只小猪盖房子》,四川少年儿童出版社2008年版。

孙幼军:《狐狸和乌鸦》,二十一世纪出版社2010年版。

[法]法兰克·艾许(文/图):《月亮,生日快乐》,高明美译,明天出版社2014年版。

[英]安东尼·布朗(文/图):《我爸爸》,余治莹译,河北教育出版社2007年版。

[美]山姆·麦克布雷尼(文)、安妮塔·婕朗(图):《猜猜我有多爱你》,梅子涵译,明天出版社2013年版。

[瑞士]麦克·格雷涅茨(文/图):《月亮的味道》,彭懿译,二十一世纪出版社2007年版。

[意大利]伊塔洛·卡尔维诺(文):《一个分成两半的子爵》,吴正仪译,译林出版社2012年版。

[韩]赵美子(文/图):《咕嘟咕嘟泡泡》,王双双译,漓江出版社2013年版。

［法］安德烈·德昂（文/图）：《亲爱的小鱼》，余治莹译，河北教育出版社 2007 年版。

［美］赫姆·海恩（文/图）：《最奇妙的蛋》，李紫蓉译，明天出版社 2009 年版。

［美］路斯·克劳斯（文）、克洛克特·强森（图）：《胡萝卜种子》，大志译，人民文学出版社 2004 年版。

［美］雷蒙·布力格（文/图）：《雪人》，明天出版社 2009 年版。

方明：《山东省幼儿园课程指导教师用书大班（下）——故事〈真正的想法〉》，明天出版社 2014 年版。

［美］E. B. 怀特：《夏洛的网》，任溶溶译，上海译文出版社 2014 年版。

［英］A. A. 米尔恩：《小熊维尼·菩》，刘锐编译，新时代出版社 2012 年版。

［美］米歇尔·邵伯（文/图）：《美丽的梦想》，陈宝译，新疆青少年儿童出版社 2016 年版。

左伟（文/图）：《神奇的小石头》，中国少年儿童出版社 2014 年版。

［英］贝妮黛·华兹（文/图）：《城市老鼠和乡下老鼠》，刘海颖译，湖北少年儿童出版社 2009 年版。

参考文献

一 中文文献

陈鹤琴：《陈鹤琴教育思想读本》第二辑《儿童语言教育》，南京师范大学出2013年版。

陈如意：《动物童话与幼儿心理》，北京师范大学出版社1997年版。

陈世明：《图像时代的早期阅读》，复旦大学出版社2008年版。

陈向明：《质的研究方法与社会科学研究》，教育科学出版社2000年版。

方卫平：《儿童·文学·文化：儿童文学与儿童文化论集》，二十一世纪出版社2009年版。

方卫平：《中国儿童文学大系·理论》（3），希望出版社2009年版。

方卫平：《中国儿童文学理论批评史》（卷一），明天出版社2006年版。

高丙中：《日常生活的文化与政治：见证公民性的成长》，社会科学文献出版社2012年版。

洪汛涛：《洪汛涛论童话》，海豚出版社2014年版。

胡健玲、孙谦：《中国新时期儿童文学研究资料》，山东文艺出版社2006年版。

黄郇英：《幼儿文学概论》，台北光佑文化事业股份有限公司2002年版。

黄云生：《儿童文学教程》，浙江大学出版社1996年版。

蒋风：《儿童文学概论》，湖南少年儿童出版社1982年版。

金波:《唤醒童年——金波谈儿童文学》,江苏少年儿童出版社 2010 年版。

金波:《金波论儿童诗》,海豚出版社 2014 年版。

康长运:《幼儿图画故事书阅读过程研究》,教育科学出版社 2007 年版。

李季湄、冯晓霞:《〈3—6 岁儿童学习与发展指南〉解读》,人民教育出版社 2013 年版。

李政涛:《教育人类学引论》,上海教育出版社 2009 年版。

联合国教科文组织国际教育发展委员会:《学会生存——教育世界的今天和明天》,华东师范大学比较教育研究所译,教育科学出版社 1996 年版。

刘铁芳:《回到原点:时代冲突中的教育理念》,华东师范大学出版社 2006 年版。

刘云杉:《学校生活社会学》,南京师范大学出版社 2000 年版。

楼必生、屠美如:《学前儿童艺术综合教育研究》,北京师范大学出版社 1997 年版。

庞丽娟:《文化传承与幼儿教育》,浙江教育出版社 2005 年版。

彭懿:《世界图画书阅读与经典》,接力出版社 2011 年版。

屠美如:《儿童美术欣赏教育研究》,教育科学出版社 2001 年版。

王铭铭:《西方人类学思潮十讲》,广西师范大学出版社 2005 年版。

韦苇:《世界童话史》,福建教育出版社 2002 年版。

夏丏尊、叶圣陶:《文心》,中国青年出版社 1983 年版。

徐继存:《教育学的学科立场——教育学知识的社会学考察》,北京师范大学出版社 2014 年版。

杨善华:《当代西方社会学理论》,北京大学出版社 1999 年版。

以群:《文学问题漫论》,作家出版社 1959 年版。

俞国良:《社会心理学》,北京师范大学出版社 2006 年版。

曾巩:《曾巩集》,中华书局 1984 年版。

张必隐:《阅读心理学》,北京师范大学出版社 1992 年版。

张厚粲:《儿童阅读的世界》,北京师范大学出版社 2016 年版。

张世英:《美在自由——中欧美学思想比较研究》,人民出版社 2012 年版。

周兢:《早期阅读发展与教育研究》,教育科学出版社 2007 年版。

朱光潜:《天资与修养——朱光潜谈阅读与欣赏》,辽宁教育出版社 2006 年版。

朱自强:《儿童文学论》,中国海洋大学出版社 2005 年版。

朱自强:《现代儿童文学文论解说》,海豚出版社 2014 年版。

庄孔韶:《人类学经典导读》,中国人民大学出版社 2008 年版。

[德] 恩斯特·卡西尔:《人论——人类文化哲学导引》,甘阳译,上海译文出版社 2013 年版。

[德] 福禄培尔:《人的教育》,孙祖复译,人民教育出版社 1991 年版。

[德] 汉斯—格奥尔格·伽达默尔:《真理与方法》(上),洪汉鼎译,上海译文出版社 1999 年版。

[德] 马克斯·韦伯:《社会科学方法论》,韩水法译,商务印书馆 2013 年版。

[德] 沃尔夫冈·伊瑟尔:《阅读活动——审美反应理论》,金元浦等译,中国社会科学出版社 1991 年版。

[德] 乌韦·卡斯滕斯:《滕尼斯传——佛里斯兰人与世界公民》,林荣远译,北京大学出版社 2010 年版。

[俄] M. 巴赫金:《诗学与访谈》,白春仁等译,河北教育出版社 1998 年版。

[俄] 康·德·乌申斯基:《人是教育的对象:教育人类学初探》(上卷),人民教育出版社 1989 年版。

[俄] 列夫·维果茨基:《思维与语言》,李维译,北京大学出版社 2010 年版。

[俄] 列夫·维果茨基:《维果斯基教育论著选》,余震球译,人民

教育出版社 2004 年版。

［法］G. 米亚拉雷等：《教育科学导论》，思穗等译，教育科学出版社 1991 年版。

［法］埃米尔·涂尔干：《社会分工论》，渠敬东译，生活·读书·新知三联书店 2017 年版。

［法］保罗·阿扎尔：《书，儿童与成人》，梅思繁译，湖南少年儿童出版社 2014 年版。

［法］加斯东·巴什拉：《梦想的诗学》，刘自强译，生活·读书·新知三联书店 1996 年版。

［古希腊］亚里士多德：《形而上学》，吴寿彭译，商务印书馆 1981 年版。

［加］马克斯·范梅南：《生活体验研究——人文科学视野中的教育学》，宋广文等译，教育科学出版社 2003 年版。

［加］佩里·诺德曼、梅维斯·雷：《阅读儿童文学的乐趣》，陈中美译，少年儿童出版社 2008 年版。

［美］C. 赖特·米尔斯：《社会学的想象力》，生活·读书·新知三联书店 2001 年版。

［美］H·加登纳：《艺术涂抹——论儿童绘画的意义》，兰金仁等译，中国商业出版社 1994 年版。

［美］M. H. Jane：《孩子的智力成长之路：从婴儿期到青少年期》，陈海天等译，四川大学出版社 2013 年版。

［美］Jeanne M. Machado：《幼儿语言教育》，王懿颖等译，北京师范大学出版社 2012 年版。

［美］保罗·D. 利迪、珍妮·艾丽斯·奥姆罗德：《实证研究：计划与设计》，吴瑞林等译，机械工业出版社 2015 年版。

［美］杰克·R. 弗林克尔、诺曼·E. 瓦伦：《教育研究的设计与评估》，蔡永红译，华夏出版社 2004 年版。

［美］凯西·卡麦兹：《建构扎根理论：质性研究实践指南》，边国英译，重庆大学出版社 2009 年版。

[美] 康拉德·菲利普·科塔克：《简明文化人类学》，熊茜超等译，上海社会科学院出版社 2011 年版。

[美] 克利福德·格尔茨：《文化的解释》，纳日碧力戈译，上海人民出版社 1999 年版。

[美] 莱斯利·曼德尔·莫罗：《早期儿童读写能力发展》，叶红等译，南京师范大学出版社 2013 年版。

[美] 露丝·本尼迪克：《文化模式》，何锡章等译，华夏出版社 1987 年版。

[美] 罗伯特·K. 殷：《案例研究：设计与方法》，周海涛等译，重庆大学出版社 2017 年版。

[美] 罗伯特·埃默森等：《如何做田野笔记》，符裕等译，上海译文出版社 2012 年版。

[美] 玛丽·伦克·贾隆格：《幼儿文学：零岁到八岁的孩子与绘本》，叶嘉青编译，台北心理出版社 2008 年版。

[美] 内奥米·S. 巴伦：《读屏时代：数字世界里我们阅读的意义》，庞洋等译，电子工业出版社 2016 年版。

[美] 苏珊·朗格：《情感与形式》，刘大基等译，中国社会科学出版社 1986 年版。

[美] 沃尔科特：《校长办公室的那个人：一项民族志研究》，杨海燕译，重庆大学出版社 2009 年版。

[美] 亚伯拉罕·马斯洛：《动机与人格》，许金声等译，中国人民大学出版社 2012 年版。

[美] 约翰·杜威：《民主主义与教育》，王承绪译，人民教育出版社 1990 年版。

[美] 詹姆斯·H. 麦克米伦、萨利·舒马赫：《教育研究：基于实证的探究》，曾天山等译，教育科学出版社 2013 年版。

[日] 上笙一郎：《儿童文学引论》，郎婴等译，四川少年儿童出版社 1983 年版。

[日] 松居直：《我的图画书论》，季颖译，湖南少年儿童出版社

1997年版。

［日］松居直：《幸福的种子》，刘涤昭译，明天出版社2007年版。

［意］蒙台梭利：《蒙台梭利幼儿教育科学方法》，任代文译，人民出版社2001年版。

［意］莫迪恩：《哲学人类学》，李树琴等译，黑龙江人民出版社2005年版。

［英］艾登·钱伯斯：《说来听听：儿童、阅读与讨论》，蔡宜容译，台北天卫文化图书有限公司2001年版。

［英］慕荷吉、阿尔班：《早期儿童教育研究方法》，费广洪等译，高等教育出版社2012年版。

［英］瓦伦丁：《实验审美心理学》，潘智彪译，台北商鼎文化出版社1991年版。

［英］英克尔斯：《社会学是什么》，陈观盛等译，中国社会科学出版社1981年版。

陈洁：《阅读媒介对5—6岁儿童故事生成的影响——基于数字化阅读和绘本阅读的比较研究》，《电化教育研究》2017年第6期。

陈向明：《扎根理论在中国教育研究中的运用探索》，《北京大学教育评论》2015年第1期。

丁海东：《儿童精神的人文品性及其教育诉求——文化二维论视野下的儿童精神及教育》，《西北师大学报》（社会科学版）2010年第5期。

丁海东：《论儿童精神的诗性逻辑》，《学前教育研究》2005年第Z1期。

高伟：《体验：教育哲学新的生长点》，《湖南师范大学教育科学学报》2003年第4期。

顾淑芳：《幼儿绘本阅读教学的组织策略》，《上海教育科研》2015年第7期。

郭咏梅：《幼儿文学类图画书的特征与阅读指导》，《学前教育研究》2015年第8期。

韩映红、王静：《学前儿童无字图画书故事元素注视的眼动研究》，《天津师范大学学报》（社会科学版）2016年第5期。

韩映红等：《不同阅读方式对5—6岁幼儿阅读效果的影响比较》，《学前教育研究》2010年第9期。

韩映红等：《布质书和纸质书对2—3岁幼儿阅读效果的影响》，《学前教育研究》2012年第5期。

韩映红等：《图画书重复阅读对4—5岁幼儿注视模式的影响》，《学前教育研究》2016年第1期。

贺红等：《多元化早期阅读材料的研究》，《学前教育研究》2005年第2期。

胡颖：《多元化阅读中幼儿阅读习惯养成的实践研究》，《天津教科院学报》2011年第4期。

姜薇等：《汉语语音范畴性知觉在儿童早期阅读中的作用》，《心理发展与教育》2015年第3期。

姜艺、郑薏苡：《基于图画书特质幼儿园图画书阅读教学策略》，《学前教育研究》2011年第5期。

金莉莉：《论童话中的"残酷"叙事与幼儿阅读》，《学前教育研究》2003年第10期。

康长运：《图画故事书与学前儿童的发展》，《北京师范大学学报》（人文社会科学版）2002年第4期。

李复新、瞿葆奎：《教育人类学：理论与问题》，《教育研究》2003年第10期。

李莉：《全阅读教育理念与儿童早期阅读》，《学前教育研究》2011年第2期。

李林慧：《早期阅读理解能力发展：多元模式的意义建构》，《学前教育研究》2015年第7期。

李林慧等：《3—6岁儿童图画书自主阅读的眼动控制研究》，《中国特殊教育》2017年第10期。

李文玲：《图画知觉的特性》，《心理科学进展》1991年第2期。

李召存：《以儿童为本：走向"为了儿童"与"基于儿童"的整合》，《学前教育研究》2015 年第 7 期。

林其羿等：《儿童的假想伙伴与其认知、人格和社会性发展的关系》，《学前教育研究》2016 年第 5 期。

刘宝根、李林慧：《早期阅读概念与图画书阅读教学》，《学前教育研究》2013 年第 7 期。

刘健等：《2—3 岁婴幼儿绘本选择偏好影响因素分析》，《学前教育研究》2016 年第 7 期。

刘妮娜等：《不同阅读方式下学前儿童在图画书阅读中对文字的关注》，《学前教育研究》2012 年第 5 期。

马维娜：《写作：一种反求诸己的追问》，《江苏教育研究》2003 年第 2 期。

马鹰：《儿童图画书阅读过程中的知觉选择和理解性特征的眼动研究》，《幼儿教育》（教育科学）2013 年第 10 期。

孟祥芝等：《中文读写能力及其相关因素的结构模型》，《心理发展与教育》2003 年第 1 期。

邱云：《幼儿阅读的心理特点及其教育策略》，《福建师范大学学报》（哲学社会科学版）2003 年第 2 期。

舒华、李平：《学前儿童语言与阅读的发展及其促进》，《学前教育研究》2014 年第 10 期。

孙杰远：《教育研究的人类学范式及其改进》，《教育研究》2015 年第 6 期。

王津、周兢：《知识类图画书的概念、价值及其阅读指导策略》，《学前教育研究》2013 年第 5 期。

王静、韩映红等：《无字图画书故事理解特点研究》，《上海教育科研》2016 年第 4 期。

王玉：《读者反应理论及其对我国幼儿文学阅读教育的启示》，《幼儿教育》（教育科学）2009 年第 Z6 期。

王玉：《幼儿文学教育的新理念》，《学前教育研究》2009 年第 2 期。

文灵芝等：《论儿童文学中的教育功能》，《当代教育理论与实践》2010 年第 1 期。

吴康宁：《我国教育社会学的三十年发展（1979—2008）》，《华东师范大学学报》2009 年第 2 期。

伍秋萍等：《3—12 岁儿童对汉语声、韵、调的意识与早期阅读的关系：基于元分析的证据》，《心理与行为研究》2017 年第 5 期。

伍新春：《如何选择适合儿童的图书》，《教育导刊》2004 年第 5 期。

辛国庆：《潍坊市学前教育状况分析与发展对策研究》，《潍坊高等职业教育》2015 年第 6 期。

徐虹：《符码分析理论视角下图画书阅读教学的理念及策略》，《学前教育研究》2012 年第 3 期。

许莹：《数字化环境下的阅读教育新模式——学前儿童电子书应用带来的启示》，《中国电化教育》2014 年第 10 期。

余珍有：《日常生活中的早期阅读指导》，《学前教育研究》2005 年第 1 期。

张明红：《关于早期阅读的思索》，《学前教育研究》2000 年第 4 期。

张明红：《早期阅读材料的选择》，《幼儿教育》（教育科学版）2007 年第 9 期。

张亚妮、程秀兰：《基于"学习故事"的行动研究对幼儿园教师实践智慧生成与发展的影响》，《学前教育研究》2016 年第 6 期。

张义宾、周兢：《纸媒还是屏媒？——数字时代儿童阅读的选择》，《现代教育技术》2016 年第 12 期。

赵微：《阅读困难的早期发现》，《学前教育研究》2005 年第 1 期。

赵微：《阅读困难儿童认知加工过程研究的理论分歧》，《陕西师范大学学报》（哲学社会科学版）2004 年第 10 期。

赵微、荆伟：《阅读与阅读困难认知过程实证研究与理论分析》，《心理科学》2010 年第 4 期。

周洪飞：《识字和不识字幼儿图书阅读的比较研究》，《学前教育研究》1999 年第 2 期。

周晖、张豹：《幼儿早期阅读水平的发展——横断和追踪研究》，《心理发展与教育》2008年第4期。

周兢：《论早期阅读教育的几个基本理论问题——兼谈当前国际早期阅读教育的走向》，《学前教育研究》2005年第1期。

周兢：《幼儿园早期阅读教育研究的新进展——由汉语儿童早期阅读研究反思早期阅读教育问题》，《幼儿教育》（教育科学）2009年第12期。

周兢、刘宝根：《汉语儿童从图像到文字的早期阅读与读写发展过程：来自早期阅读眼动及相关研究的初步数据》，《中国特殊教育》2010年第12期。

周钰、王娟：《信息载体影响文本阅读的实证研究》，《中国远程教育》2015年第10期。

[奥] W. 布雷岑卡、李其龙：《教育学知识的哲学——分析、批判、建议》，《华东师范大学学报》1995年第4期。

[美] 奥格布等：《教育人类学的研究目的和研究方法》，《现代外国哲学社会科学文摘》1998年第1期。

杜文军：《作为一种方法论的课堂人种志研究》，博士学位论文，西北师范大学，2009年。

高晓妹：《汉语儿童图画书阅读眼动研究》，博士学位论文，华东师范大学，2009年。

康长运：《幼儿图画故事书阅读》，博士学位论文，北京师范大学，2007年。

李慧加：《台湾幼儿图画书阅读反应研究现状与考察》，第九届儿童文学与儿童语言学术研讨会论文集，台北富春文化，2005年。

李林慧：《学前儿童图画故事书阅读理解发展研究——多元模式意义建构的视野》，博士学位论文，华东师范大学，2011年。

李玲：《儿童语素意识的发展及其与儿童早期阅读的关系》，硕士学位论文，陕西师范大学，2010年。

廖春美:《婴儿在婴儿中心阅读图画书的反应行为之探讨》,第六届儿童文学与儿童语言学术研讨会论文集,台北富春文化,2003年。

林以德:《第七种语言:行动网络时代儿童的阅读、游戏与学习》,博士学位论文,台湾台东大学,2014年。

卢峰:《阅读的价值、危机与出路——新教育实验"营造书香校园"的哲学思考》,博士学位论文,苏州大学,2013年。

史大胜:《美国儿童早期阅读教学研究——以康州大哈特福德地区为个案》,博士学位论文,东北师范大学,2010年。

王津:《学前儿童科学知识图画书阅读理解研究》,博士学位论文,华东师范大学,2013年。

吴燕:《互动式分享阅读对4—6岁幼儿阅读兴趣、叙事能力的影响》,博士学位论文,上海师范大学,2014年。

杨怡婷:《幼儿阅读行为发展之研究》,博士学位论文,台湾大学家政教育研究所。

朱伶俐:《幼儿对图画书回应行为之探究》,硕士学位论文,屏东师范学院国民教育研究所,2004年。

[美]达莱纳·E.温甘德:《基础理论与定性方法》,北京国际图联大会中国组委会秘书处编:《国际图书馆协会联合会第58、59届大会论文选译》,书目文献出版社1996年版。

杜羽:《好童书滋养儿童心灵》,《光明日报》2015年6月3日第9版。

谭旭东:《中国童话的问题和价值》,《中国文化报》2013年7月12日第3版。

王珺:《跟安东尼·布朗一起玩形状游戏》,《中国教育报》2015年5月30日第4版。

二 外文文献

Andrew Ortony. "Theoretical and Methodological Issues in the Empirical

Study of Metaphor. " in R. C. Charles, *Researching Response to Literature and Teaching of Literature.* Norwood, NJ: Ablex, 1985.

Beach Richard and Hynds Susan. "Research on Response to Literature. " in David Pearson. *Handbook of Reading Research*, Lawrence Erlbaum Associates, Vol. 3, 2002.

Becky Francis. *Boys, Girls and Achievement: Addressing the Classroom Issues.* UK: Taylor and Francis, 2002.

Bowman T. Bowman, M. Suzanne Donovan and M. Susan Burns, Eds. *Eager to Learn: Education Our Preschoolers.* Washington, DC: National Academy Press, 2000.

Christopher J. Lonigan and Beth M. Phillips. "Response to Instruction in Preschool: Results of Two Randomized Studies with Children at Significant Risk of Reading Difficulties. " *Journal of Educational Psychology*, Vol. 108, No. 1, 2016.

Elizabeth Sulzby and Beverly Otto. " 'Text' as an Object of Metalinguistic Knowledge: A Study in Literacy Development. " *First Language*, Vol. 3, No. 9, 1982.

Elizabeth Sulzby. "Children's Emergent Reading of Favorite Storybook: A Development Study. " *Reading Research Quarterly*, Vol. 20, No. 4, 1985.

Evans Janet. "War and Peas in the 21st Century: Young Children Responding Critically to Picture Story Texts. " in Yetta Goodman and Prisca Martens, Eds. *Critical Issues in Early Literacy: Research and Pedagogy.* Mahwah, NJ: Lawrence Erlbaum Associates, 2007.

Fathi M. Ihmeideh. "The Effect of Electronic Books on Enhancing Emergent Literacy Skills of Pre-school Children. " *Computers & Education*, Vol. 79, No. 7, 2014.

Guernsey Lisa. "Are Ebooks any Good? . " *School Library Journal*, Vol. 57, No. 6, 2011.

Jessica Taylor Piotrowski and Marina Krcmar. "Reading with Hotspots: Young Children's Responses to Touchscreen Stories. " *Computers in Human Behavior*, Vol. 70, No. 5, 2017.

Joy A. Thompson and Susan Sonnenschein. "Full-day Kindergarten and Children's Later Reading: The Role of Early Word Reading. " *Journal of Applied Developmental Psychology*, Vol. 42, No. 11, 2016.

Judith Vander Woude and Ellen Barton. "Specialized Corrective Repair Sequences: Shared Book Reading with Children with Histories of Specific Language Impairment. " *Discourse Processes*, Vol. 32, No. 1, 2001.

M. Justice Laura, Ryan P. Bowles and Lori E. Skibbe. "Measuring Preschool Attainment of Print-concept Knowledge: A Study of Typical and At-risk 3 to 5 Years Old Children Using Item Response Theory. " *Language, Speech and Hearing Services in Schools*, Vol. 37, No. 3, 2006.

Kenneth S. Goodman. "Reading: A Psycholinguistic Guessing Game. " *Literacy Research and Instruction*, Vol. 6, No. 4, 1967.

Alexis R. Lauricella, Barr Rachel and Sandra L. Calvert. "Parent-child Interactions during Traditional and Computer Storybook Reading for Children's Comprehension: Implications for Electronic Storybook Design. " *International Journal of Child-Computer Interaction*, Vol. 2, No. 1, 2014.

Lawrence R. Sipe. The Construction of Literary Understanding by First and Second Graders in Response to Picture Storybook Readalouds, Ph. D. Dissertation, The Ohio State University, 1996.

Lawrence R. Sipe. "The Construction of Literary Understanding by First and Second Graders in Oral Response to Picture Storybook Read—alouds. " *Reading Research Quarterly*, Vol. 35, No. 2, 2000.

Christopher J. Lonigan et al. "Anthony J. L. Development of Emergent Literacy and Early Reading Skills in Preschool Children: Evidence from a Latent Variable Longitudinal Study." *Development Psychology*, Vol. 36, No. 5, 2000.

L. S. Vygotsky. *Mind in Society: The Development of Higher Psychological Processes*. Cambridge, MA: Harvard University Press, 1978.

Marc Prensky. "Digital Natives, Digital Immigrants." *On the Horizon*, Vol. 9, No. 5, 2001.

Michael Pressley, Joan Rankin and Linda Yokoi. "A Survey of Instructional Practices of Primary Teachers Nominated as Effective in Promoting Literacy." *The Elementary School Journal*, Vol. 96, No. 4, 1996.

Monique Senechal et al. "On Refining Theoretical Models of Emergent Literacy: The Role of Empirical Evidence." *Journal of School Psychology*, Vol. 39, No. 5, 2001.

Patricia Enciso Edmiston. *The Nature of Engagement in Reading: Profiles of there Fifth Graders' Engagement Strategies and Stances*, Ph. D., The Ohio State University, 1990.

P. David Pearson. *Handbook of Reading Research*. London: Lawrence Erlbaum Associates, 2002.

Ray, Doiron. "Using Nonfiction in a Read aloud Program: Letting the Facts Speak for Themselves." *The Reading Teacher*, Vol. 47, No. 8, 1994.

Ruth Wilson. "A Sense of Place." *Early Childhood Education Journal*, Vol. 24, No. 3, March 1997.

Sandra Wright, April Fugett and Francine Caputa. "Using E-readers and Internet Resources to Support Comprehension." *Educational Technology & Society*, Vol. 16, No. 1, 2013.

Selma Babayigit and Rhona Stainthorp. "Correlates of Early Reading Comprehension Skills: A Componential Analysis." *Educational Psychology*, Vol. 34, No. 2, 2014.

Sigal Eden, Yoram Eshet-Alkalai. "The Effect of Formation Performance: Editing Text in Print versus Digitalformats." *British Journal of Educational Technology*, Vol. 44, No. 5, 2013.

Simcock Gabrielle and Deloache Judy. "Get the Picture? The Effects of Iconicity on Toddlers." *Developmental Psychology*, Vol. 42, No. 6, 2006.

C. Snow and P. O. Tabors. *Intergenerational Transfer of Literacy. Family Literacy: Directions in Research and Implications for Practices*, Washington, DC: Office of Educational Research and Improvement, U. S. Department of Education, 1996.

E. Sulzby and W. H. Teale. *Young Children's Storybook Reading: Longitudinal Study of Parent-child Interaction and Children's Independent Functioning, Final Report to the Spencer Foundation*. Ann Arbor: The University of Michigan, 1987, 1987.

William Teale and Elizabeth Sulzby. "Emergent Literacy: New Perspectives." in D. Strickl and L. Morrow Eds. *Emergent Literacy: Young Children Learn to Read and Write*, Neward, DE: International Reading Association, 1989.

索 引

B

编码　40,41,45,59,62,64,66—72,76,77,94,150,214

E

儿童文学　13,15,24,27,28,30—32,71,80,126,131,150,178,219,220,223,226—228,234,237,238,242,245,262,268,279—292,301,302,309—312,315,316,325

F

符号互动　22—27,32,62,254,302,325

G

共读　25,42,55,63,65,69,76,94,106,113,115,117—119,123,128,133,135,136,142,160,162,165,187,190,194—198,200,201,203,209,225,229,230,242—248,257,268,269,277,282,295,306,310,312,314,320,321,324

故事　4,5,7,8,10,11,13,17,24,29—32,46,60,63,65,71,75,80—84,87—91,93,95—113,115,116,118—124,126,128—132,134—139,141,142,144—148,151—154,157,158,161—165,167—169,172,173,175—185,191—194,196—201,205,206,208—222,224,227—238,240—245,247—253,255—262,264—272,280,282—284,286,287,290,292—297,299—302,304—306,309,314,315,318,324

H

绘本　29,56,63,69,87,88,91,93,95,96,106,111,129,138,144,166,191,193—197,199,260,284,300,301

J

集体阅读　14,39,40,56,60—66,

索　引

68，76，77，85，93，94，104—113，116—118，120，122，123，135，139，149，171，172，191，194，196，199，241，301，325

教材　　56，57，63，87—89，93，196，197，272

经验联结　　115，212，257—259，302，325

Q

前阅读经验　　60，170，171，181，185，186

情感　　5，19，21，23，24，26，27，39，44，46，51，54，61，63，74，75，87，91—93，97，106，109，110，113，116，120，130，131，134—137，141，144，147，150—152，156，158，161，162，164，166—168，172，173，182，188，189，194—198，200，201，203，207，209，210，212，216—222，224—227，229，231，233，235—237，239，243，245—248，251—253，255—262，264，266—268，271，272，274，276，277，280—286，289，290，293—297，304，305，307—310，312—315，317—322，324

S

审美　　4，6，8—10，16，18，24，25，27，32，38，39，61，69，71，79，86，93，123，150，152，161，164—169，185，

196，205，206，211，212，215—217，219—225，227，228，233，234，238，243，252，253，255—258，260，261，264，274，281—283，285—287，289，291，292，296，297，301，302，305，310，317

生活世界　　17，18，20，21，24，34，37，38，54，57，74，134，212，233，257，258，275—279，286，292，293，304，308，312，317，322

生命价值　　35，313

诗歌　　29，135，136，144，175，196，218，222，224—227，238，249，262，285

视觉　　4，10，17，22，23，32，66，69，71，109，111，139，150，152—154，156，161，164，167，168，184，194，201，207，215，216，226，230，231，241，244，247，253，256，258，260，272，275，296，297，304，311

随机阅读　　39，40，56，62，63，65，66，68，76，77，85，93，94，112，120—123，139，144，148，149，172，183，241，247，325

T

田野研究　　1，6，16，20，21，32—36，39—45，47，52，54，55，57—59，68，77，147，222，239，241，293，298，307，309

童话　　29，30，88，89，114，115，118，

119，161，172，176，178—180，218—222，226，233，234，237，238，269，281，286，289，291，311，324

童书　1，2，4，5，7，8，17，18，21，22，24—32，34，36—44，48，52—57，59—65，67，68，74，80，82，83，85—93，104，106—110，113—124，126—131，133—147，149—153，155，157，159—173，175，177—183，186，187，189，191，193—196，198—201，205—218，222，226—235，237—242，246，247，250—268，271—275，279—284，286—290，292—302，305—308，310—319，321—326

图画书　7，9，26—29，31，44，56，63，65，69，91，95，110，113—115，119，127—130，133，134，137—140，142—144，146，150，151，153，155，161，165，166，169，173，176—185，194，198—200，205，208—212，227—232，234，235，238，242—248，250—252，255—257，259，261—264，266，267，284，288，296，297，299，301，302，306，314，315

W

文本　4，6—9，12，13，16，18，22，24—26，29—32，36，40，44，45，47，51，61—63，65—72，79，81，86，92，93，109，115，120，124，149—153，157，163，167，168，183，193，205，206，212—217，224，234，237—239，241，253，254，257，258，260—262，275，276，279，281，288，290，292，298，299，301—303，307—313，315，317，323—325

文化　1，12，25，30—32，36，37，39，40，42—44，46—48，50，54—56，59，61，66，71，75，84，92，93，129，134，158，169，171，195，196，211，238，255，258，260，275，278，279，281，285，287—292，297—299，301，302，308，309，311，312，314—317，319—321，323，325

文字　7，9，17，23，28，29，35，40，44，65，68，69，77，88，90，91，98，99，109，114，116，118，120，122，127，130，131，133，134，137—144，150，151，155，161—165，168，177—179，181—187，191，193，194，196—199，207，208，210—212，214，215，226，228，229，231—233，236，238，241，242，244—246，248，254—256，261，262，264—272，275，277，278，280，282，283，285，290，292，294—297，301，304，312，314，323

Y

幼儿阅读反应　3—7，9，11，12，16，17，26—28，39—41，44，57，61，62，66—70，73，76，80，81，87，94，111，113，116，121，149—152，166—169，

201,212,217,218,227,228,231,234,240,241,253,260,261,304,313,323,325,326

幼儿阅读理解　5—8,10,14,17,21,28,39,79,81,94,124,152,166—169,178,187,213,218,227,236,240—242,253,277,279,299,302,323—326

语言　1,3,4,6,8,9,11—13,16,17,20—23,25—27,30—32,37,39,40,43—45,55,56,61,63,66,69—71,74,85,93,97—99,102,104,107,112,114—116,118,123,125—129,131,133—135,137—145,147,149—152,154—161,164,165,167,168,172,175,177,179,181,183—190,194—196,199,206,211,212,214,215,218,220—234,236,239,241—244,247,248,253,255,256,258—261,263,264,266,267,269,271,274,277,278,280,282—297,301,304,305,307,308,310—312,314,315,317,318,321,322,324

寓言　29,30,88,218,221,222,238,311

阅读环境　2,3,7,11,48,62,81,82,85—87,89,90,92,93,135,170,239,240,253,254,261

阅读偏好　3,9,10,13,64,83,117,138,175,186,198,211

Z

早期阅读　1—3,5,6,11—14,18,21,23,25,41,84,168,176,181,188,189,208,218,239,242,256,260,276,295,302—305,307,309

早期阅读指导　189,297

自我发展能力　299,303,305,306

自我建构　259,297,325

自主阅读　3,86,91,115—117,119,121,123,142,149,187,190,193,195,196,200,204,240,244,268,283,299

后　　记

　　《幼儿童书阅读反应的田野研究》是在我的博士学位论文的基础上略作修订而成的。2020年9月，我的博士学位论文忝列国家社科基金优秀博士论文出版项目，本书便是该项目的结项成果。著作出版之际，不揣浅陋，聊缀数语，致敬、共勉！

　　繁花总在来路，回转只留余香。四年读博时光转瞬即逝，提笔追溯，犹记在写作博士论文过程中，常会感慨等到论文付印之时，一定要将这一路求学的那些铭心瞬刻与永恒、困顿与挣扎、心念与成长原原本本地在后记中沉淀下来，以记录四年读博生活所有历经的未知和艰辛，可是果真要行文时才发现，原来"沉淀"要远比"经历"之时难言，唯有一点很是清晰——所有未知锤炼生活以深度，所有艰辛赋予人性以深刻。在四年博士学习生活里，沉浸于书斋时的苦思与愉悦使我对"读书"有了新的认识，奔走于田野中的忙碌与困惑使我对"做研究"有了些许内在的体悟，在反思与重建的过程中亦经历了难以言表的苦痛与焦灼。随着博士学习阶段的即将结束，我深知作为一名真正的教育研究者的生活才刚刚开始，虽然稚嫩却渗透心力的博士学位论文算作对四年博士学习与研究的一个总结吧。

　　非常感谢我的博士导师魏薇教授，论文从选题、开题、研究、修改无不凝聚了导师的心血。回首读书时光，难忘师恩。导师为教倡导"开放民主"精神，所以在研讨时我会毫无顾忌地自由表达哪怕非常稚嫩的观点，而每遇疑惑时也总是在第一时间里请教导师以指点迷津；导师为学坚持"实践研究"取向，长久扎根田野的研究精神，使我在学习和研究过程中受益匪浅。想起魏老师为我修改了数遍才公开发表的学术论文，想起博士学位论文撰写期间的几易其稿，导师对我的成长倾注了无数的心血。她的为教为学为人，一直激励着我不断前行，感谢老师多年来对我的理解、包容和支持。

特别要感谢徐继存教授四年来对我的指导和帮助，徐老师严谨的学术精神与踏实的学术作风，无不鞭策、激励着我们每一位在山东师范大学课程中心求学的学子，让我们学会如何进行学术研究，让我们省思学者所应有之学科尊严。在博士学位论文的选题、开题和撰写过程中，何其有幸能得到徐老师的悉心指教！论文研究方向的确定、核心问题的聚焦、研究方法的明晰，甚至论文框架的调整等等，可以说在每一个困境超脱的关键节点，都离不开徐老师犀利而深刻的悉心指导，临近毕业，特别要对徐老师深深地道一声：感谢您！

回首博士学位论文的整个撰写过程，实感若非诸位老师的循循鼓励与殷殷教诲，实难成行。每每感到迷茫或停滞不前时，孙宽宁老师总能给予我最及时的反馈和最温暖的回应，犹记在初次提交给孙老师的论文初稿上，记录着的细细密密的点评和修改建议，深为孙老师的认真与热忱所感动；车丽娜老师为人谦和，待人亲切，总是在细微之处给人以默默的支持与鼓励，也总会在利害之处给我以切实的指导反馈；王晓诚博士与我年岁相仿，但是在做学问上，她不仅是我的"良师"更是"益友"，感谢王晓诚博士为我论文撰写提供的大量的外文文献资料，这些文献在国内很难找到，非常珍贵，不胜感激！感谢吉标老师、孙建老师、高盼望博士、王永明博士、王飞博士、于翠翠博士、乔孜萍博士、王锦博士等师兄、师姐的关心，求学之路，因为汝之前行与引导，而使得我能够奋勉以求共进。

感谢天津教科院张武升教授，华南师范大学教育学院张广君教授，山东师范大学崔永杰教授、高伟教授、周海银教授在我学习、开题、预答辩过程中的指导，诸位老师的指点与教导，帮助我有机会越出个人视域的框限，去发现毕业论文思考过程中很多难以自省的问题，去研寻后续研究过程中那些还需要进一步思考的方向等。此外，也非常感谢在参加学术会议期间，北京师范大学王本陆教授、南京师范大学齐学红教授、山西大学刘庆昌教授、南京师范大学徐文斌教授在会议或研讨期间以不同的形式对我论文所给予的指导和帮助。

求学历程多艰辛，幸得知遇同行人。感谢四年来，能与蔺红春博士同窗相伴，无数个日日夜夜的夜半攻读与焦心苦思，渗融在彼此的倾心互助与同心共勉中；感谢周建东博士、张珊博士、王婷博士、赵笑飞博士、郑立群博士、刘君玲博士、尹小霞博士、黄亚楠博士、林志芳博士、马季博士一直以来给我的关心。感谢硕士师弟耿潇逸在台湾访学期间为我收集和整理了部分台湾本土的研究资料，感谢硕士师弟、师妹们在我学习过程中提供过的无私帮助。

在实证研究过程中，要诚挚地感谢 BH 幼儿园的老师们和孩子们，请原谅由于研究的需要而无法一一列出你们的名字。感谢你们愿意真诚地接待我这个"局外人"，为我提供了良好的科研条件，更感谢你们让我走进真实的幼儿园教育生活，总是宽容我在一次次"打扰"中，参与你们真实的生活，分享你们的内心感受，感谢你们的真诚和无私！质性研究是一个需要付出大量劳动的复杂工程，不仅需要大量文献材料的梳理，还需要对田野调查所收集的材料及时做笔记与反思，尤其是对访谈录音与录像的转录整理，枯燥且费时，所以在职攻读博士学位的四年里，为了安心读书做好研究，我仅承担了工作单位极少的教学任务，这里不仅有单位领导的支持和理解，更有同事们的包容与宽待。

感谢我的爱人多年来为我求学付出的辛苦，读博伊始恰逢三岁女儿入幼儿园，这期间的辛苦可想而知，然而在耳边眼里从未有过抱怨或不满，而总是鼓励和理解。如今，四年时光如东逝水，虽予女儿的陪伴无多，然每次珍贵的同处，总能于最纯真而诚挚的情感中迸发出我论文写作的灵感和动力。感谢我的父母家人多年来对我们家庭的照顾，为我提供了许多宝贵的研究时间和空间，使我能够追寻求学理想，奋勇前进！

感谢全国社科工作办刘冰等诸位老师为优博项目的立项付出的辛勤劳动。感谢张珊博士翻译校对本书的英文摘要。

寥寥之言难尽意，拳拳之心始终存；
回望来时求索心，今日犹念莫失之！